Die Haftungsvorschriften der §§ 13 c und d UStG

Europäische Hochschulschriften

Publications Universitaires Européennes
European University Studies

Reihe II
Rechtswissenschaft

Série II Series II
Droit
Law

Bd./Vol. 4656

PETER LANG
Frankfurt am Main · Berlin · Bern · Bruxelles · New York · Oxford · Wien

Andreas Friedrich

Die Haftungsvorschriften der §§ 13 c und d UStG

Eine kritische Analyse bezüglich der Vereinbarkeit mit Prinzipien einer indirekten Umsatzbesteuerung und insolvenzrechtlichen Grundlagen

PETER LANG
Internationaler Verlag der Wissenschaften

Bibliografische Information der Deutschen Nationalbibliothek
Die Deutsche Nationalbibliothek verzeichnet diese Publikation in der Deutschen Nationalbibliografie; detaillierte bibliografische Daten sind im Internet über <http://www.d-nb.de> abrufbar.

Zugl.: Erlangen, Nürnberg, Univ., Diss., 2007

D 29(n2)
ISSN 0531-7312
ISBN 978-3-631-57479-9

www.peterlang.de

Vorwort

Die vorliegende Arbeit wurde im August 2006 abgeschlossen und im Wintersemester 2006/2007 von der Juristischen Fakultät der Friedrich-Alexander-Universität Erlangen-Nürnberg als Dissertation angenommen. Literatur und Rechtsprechung konnten bis Juli 2007 berücksichtigt werden.

Mein ganz persönlicher Dank gilt Herrn Professor Dr. Wolfram Reiß, der es mir ermöglicht hat, diese Arbeit am Lehrstuhl für Deutsches und Internationales Steuerrecht, Finanz- und Haushaltsrecht zu erstellen und der mich sowohl bei der Auswahl des Themas als auch während der Erstellung durch seine stete Gesprächsbereitschaft und seine wertvollen Argumente unterstützte. Zudem möchte ich mich bei meinem Zweitgutachter, Herrn Professor Dr. Thomas Ackermann für die Erstellung seines Gutachtens bedanken. Darüber hinaus danke ich dem Lehrstuhlteam, das mich trotz meiner Stellung als externer Doktorand herzlich aufgenommen hat und jederzeit mit Rat und Tat zur Seite stand.

Ein ganz besonderer Dank gebührt meinen Eltern, Ursula und Peter Friedrich, die mich während meines gesamten Lebensweges stets vorbehaltlos begleitet und selbstlos gefördert haben. Diese Arbeit widme ich meiner Ehefrau Dr. Heidi Friedrich-Vache, die mir die Kraft und Motivation gab, meine Dissertation zu schreiben und fertig zu stellen sowie mir in liebvoller und geduldvoller Art zur Seite stand.

München, im September 2007 Andreas Friedrich

Inhaltsverzeichnis

KAPITEL III

Haftung bei Änderungen der Bemessungsgrundlage nach § 13 d UStG

KAPITEL IV

Vorbildfunktion der InsO für die Aufnahme einer Regelung der Fälle des § 13 c UStG in die InsO?

Abbildungsverzeichnis

Abkürzugsverzeichnis

Abs. .... Absatz
ABS .... Asset Backed Securities
abzgl. .... abzüglich
a.F.. .... alte Fassung
Anm. .... Anmerkung
AO .... Abgabenordnung
AöR. .... Archiv des öffentlichen Rechts (Zeitschrift)
Art. .... Artikel
Aufl. .... Auflage

BB .... Betriebs-Berater (Zeitschrift)
Bd. .... Band
bearb. .... bearbeitet
Beschl. .... Beschluss
BFH .... Bundesfinanzhof
BFHE .... Sammlung der Entscheidungen des Bundesfinanzhofs
BFH/NV .... Sammlung amtlich nicht veröffentlichter Entscheidungen des Bundesfinanzhofs (Zeitschrift)
BGB .... Bürgerliches Gesetzbuch
BGBl. I (II) .... Bundesgesetzblatt Teil I (Teil II)
BHO .... Bundeshaushaltsordnung
BMF .... Bundesministerium der Finanzen
BR-Drucks. .... Bundesrats-Drucksache
BStBl. I (II, III) .... Bundessteuerblatt Teil I (Teil II, Teil III)
BT-Drucks. .... Bundestags-Drucksache
BT .... Besonderer Teil
Buchst. .... Buchstabe
BVerfG .... Bundesverfassungsgericht
BVerfGE .... Sammlung der Entscheidungen des Bundesverfassungsgerichts
bzw. .... beziehungsweise

DB .... Der Betrieb (Zeitschrift)
ders. .... derselbe
d.h. .... das heißt
DStR .... Deutsches Steuerrecht (Zeitschrift)

EFG	Entscheidungen der Finanzgerichte (Zeitschrift)
EG	Europäische Gemeinschaft
EGInsO	Einführungsgesetz zur Insolvenzordnung
EU	Europäische Union
EuGH	Europäischer Gerichtshof
EuGHE	Sammlung der Entscheidungen des Europäischen Gerichtshofes
f.	folgende
ff.	und die folgenden
FG	Finanzgericht
FS	Festschrift
GG	Grundgesetz
GmbH	Gesellschaft mit beschränkter Haftung
GrEStG	Grunderwerbssteuergesetz
HGB	Handelsgesetzbuch
HBeglG	Haushaltsbegleitgesetz
ZPO	Zivilprozessordnung
Hrsg.	Herausgeber
i.d.F.	in der Fassung
i.d.R.	in der Regel
i.H.v.	in Höhe von
InsO	Insolvenzordnung
i.S.	im Sinne
i.S.d.	im Sinne der/des
IStR	Internationales Steuerrecht (Zeitschrift)
i.V.m.	in Verbindung mit
KO	Konkursordnung
KTS	Zeitschrift für Insolvenzrecht (Zeitschrift)
m.E.	meines Erachtens
Mio.	Millionen
Mrd.	Milliarden

MwStSystRL................................ Richtlinie 2006/112/EG des Rates vom 28.11.2006 über das gemeinsame Mehrwertsteuersystem
m.w.N. .... mit weiteren Nachweisen

Nr. .... Nummer
NJW .... Neue Juristische Wochenschrift
NJW-RR .... Neue Juristische Wochenschrift Rechtsprechungsreport
NWB .... Neue Wirtschafts-Briefe (Zeitschrift)
NZI .... Neue Zeitschrift für das Insolvenzrecht

o.O. .... ohne Ortsangabe
o.V. .... ohne Verfasserangabe

RAO .... Reichsabgabenordnung
RGBl. .... Reichsgesetzblatt
Rn. .... Randnummer
Rs. .... Rechtssache
Rz. .... Randziffer

S. .... Seite
s.o. .... siehe oben
6. EG-Richtlinie .... Sechste Richtlinie 77/388/EWG v. 17.5.1977
Slg. .... Amtliche Sammlung der Entscheidungen des EuGH (deutsche Ausgabe)
sog. .... sogenannte(s/r)
StÄndG .... Steueränderungsgesetz
StuW .... Steuer und Wirtschaft (Zeitschrift)

Tz. .... Textziffer

u.a. .... und andere, unter anderen/-m
Unterabs. .... Unterabsatz
UR .... Umsatzsteuer-Rundschau (Zeitschrift)
Urt. .... Urteil

UStÄndG	Umsatzsteueränderungsgesetz
UStB	Umsatz-Steuer-Berater (Zeitschrift)
UStDV	Umsatzsteuer-Durchführungsverordnung
UStG	Umsatzsteuergesetz
UStR	Umsatzsteuerrecht
usw.	und so weiter
UVR	Umsatzsteuer- und Verkehrsteuer-Recht (Zeitschrift)
v.	vom, von
verb	verbundene
vgl.	vergleiche
WPg	Die Wirtschaftsprüfung (Zeitschrift)
z.B.	zum Beispiel
ZinsO	Zeitschrift für das gesamte Insolvenzrecht
ZIP	Zeitschrift für Wirtschaftsrecht
ZPO	Zivilprozessordnung
ZRP	Zeitschrift für Rechtspolitik (Zeitschrift)
ZVG	Zwangsversteigerungsgesetz
zzgl.	zuzüglich

Symbolverzeichnis

€ .... Euro (Währungseinheit)

§ .... Paragraph

% .... Prozent

= .... ist gleich

\+ .... zuzüglich

− .... abzüglich

KAPITEL I

Einführung

1. Aufnahme von Haftungsvorschriften in das UStG zur Eindämmung von Steuerausfällen

Die Umsatzsteuer ist neben der Einkommensteuer für die Bundes- und Länderhaushalte die bedeutsamste Einnahmequelle. So hat das Ist-Aufkommen im Jahre 2004 rund 137,4 Mrd. € betragen.[1] Dieses Steueraufkommen könnte allerdings noch deutlich höher sein, wenn nicht mehrere „Schlupflöcher" im Umsatzsteuerrecht und Betrugsdelikte im Zusammenhang mit der Umsatzsteuer zu jährlichen Einnahmeverlusten in Milliardenhöhe führen würden. Dabei entstehen die Verluste für den Fiskus zum einen durch nicht abgeführte Umsatzsteuerbeträge, zum anderen durch im Ergebnis zu Unrecht vergütete Vorsteuerbeträge. Demnach bezieht sich das Betrugspotential sowohl hinsichtlich der Umsatz- bzw. Ausgangssteuerseite (2001 etwa 553 Mrd. €) als auch hinsichtlich der Vorsteuerseite (2001 rund 446 Mrd. €) auf Beträge, die höher liegen als der Bundeshaushalt. Dies kann durch die Erhebungen einiger Bundesländer bestätigt werden.[2] Bereits im Jahr 1997 hat die Deutsche Bundesbank darauf hingewiesen, dass ein auffälliges Missverhältnis zwischen dem damals stetigen Wirtschaftswachstum und dem Aufkommen an Umsatzsteuer besteht.[3] Dieser Trend hat sich bis heute fortgesetzt.

Darüber hinaus bietet nach dem Bericht des BRH[4] die Entwicklung des Umsatzsteueraufkommens im Verhältnis zum Bruttoinlandsprodukt Anlass zur Sorge. Es besteht zwischen diesen beiden Werten eine hohe Abhängigkeit. Nach wie vor zeigt das Bruttoinlandsprodukt eine stetige Aufwärtstendenz und hat bis zum Ende des Jahres 2002 einen Stand von 2,2 Billionen € erreicht. Im Gegensatz hierzu ist das Umsatzsteueraufkommen in der gleichen Zeit nur noch bis zum Jahre 1999 mehr oder weniger stetig gestiegen. Im Jahre 1999 erfolgte ein starker Einbruch und Abwärtstrend des Umsatzsteueraufkommens.[5] Als Begründung für die Steuerausfälle gibt auch der BRH an, dass die Umsatzsteuer aufgrund ihrer Systematik und ihren Besonderheiten einer hohen Betrugsanfälligkeit unterliegt, insbesondere durch die Geltendmachung von Vorsteuern, denen keine Erwerbsgeschäfte mit entsprechenden Umsatzsteuerzahlungen gegenüber

---

1 Vgl. BMF-Finanzbericht 2004, 261 ff.
2 Vgl. Bericht des BRH v. 3.9.2003, BT-Drucks. 15/1495, 40.
3 Vgl. Monatsbericht der Deutschen Bundesbank, August 1997, http://www.bundesbank.de/download/volkswirtschaft/mba/1997/199708mba_geldmeng.pdf (01.08.2006).
4 Vgl. Bericht des BRH v. 3.9.2003, BT-Drucks. 15/1495, 15.
5 Vgl. Bericht des BRH v. 3.9.2003, BT-Drucks. 15/1495, 15.

stehen – sog. Scheingeschäfte, wonach kein Umsatz im umsatzsteuerrechtlichen Sinne stattgefunden hat. Hingegen ist es bei den vom BRH identifizierten Fallgestaltungen in der Hinsicht anders, dass ein solches Geschäft tatsächlich stattgefunden hat, aber keine Zahlung der Umsatzsteuer erfolgte, obwohl beispielsweise Vorsteuer (anfangs zu Recht) abgezogen wird. Daneben wird als weitere Ursache benannt, dass Scheinunternehmen gezielt in die Insolvenz getrieben werden, um bei Rückabwicklung von Geschäften bereits ausbezahlte Vorsteuer nicht zurückzuerstatten. Zum anderen können Scheinunternehmen im Fall ihrer Insolvenz die in Rechnung gestellte Umsatzsteuer nicht mehr abführen, für die aber ihre Abnehmer auf ihrer Eingangsseite Vorsteuern bereits zum Abzug gebracht haben.[6]

Im Rahmen des Art. 5 Nr. 14 Steueränderungsgesetz 2003[7] sind § 13 c und § 13 d UStG aufgrund des Vorschlags des BRH als neue Haftungsvorschriften eingefügt worden, die die Haftung insbesondere bei Abtretung, Verpfändung und Pfändung sowie bei Änderungen der Bemessungsgrundlage regeln.[8] Der BRH hat damit durchweg zur Behebung der systembedingten Schwachstellen des Umsatzsteuersystems und zur Vermeidung künftiger Steuerausfälle in großem Stil eine Risikoverlagerung zu Lasten der Wirtschaft vorgeschlagen.[9] Die gesetzlichen Haftungstatbestände wurden danach auf Anregung des Deutschen Bundesrates[10] im Verlauf des Gesetzgebungsverfahrens zur Vermeidung von Umgehungstatbeständen umfassend auf alle Fälle der Zession bzw. der regulären Kreditbesicherungen und sog. echten Forderungserwerbe, bei denen der Abtretungsempfänger einen Kaufpreis für den Erwerb der Forderungen entrichtet[11], Verpfändung und Pfändung von Forderungen ausgeweitet[12] und nicht nur auf die vom BRH beanstandete Konstellation beschränkt. Dies gilt auch für § 13 d UStG, der nicht nur eine Haftung für die vom BRH identifizierten betrügerischen Fälle begründet, sondern allgemein bei steuerpflichtigen Lieferungen von beweglichen Gegenständen aufgrund eines Mietvertrags oder eines mietähnlichen Vertrages, für die sich die Bemessungsgrundlage geändert hat oder das vereinbarte Entgelt uneinbringlich geworden ist.[13]

---

6 Vgl. Bericht des BRH v. 3.9.2003, BT-Drucks. 15/1495, 19.

7 *Zweites Gesetz zur Änderung steuerlicher Vorschriften* v. 15.12.2003, BGBl. I 2003, 2645, BStBl. I 2003, 710.

8 Vgl. BMF-Schreiben v. 24.5.2004, IV B 7 – S-7279a – 17/04, IV B 7 – S-7279b – 2/04, BStBl. I 2004, 514, Rn. 5.

9 Vgl. Kühn, A., UR 2003, 530 (532).

10 Vgl. Bundesrat, Stellungnahme zum Entwurf des *StÄndG 2003* v. 17.10.2003, BT-Drucks. 15/1798, 10 f.

11 Vgl. Hahne, K. D., UR 2004, 633 (633).

12 Vgl. BMF-Schreiben v. 24.5.2004, IV B 7 – S-7279a – 17/04, IV B 7 – S-7279b – 2/04, BStBl. I 2004, 514, Rn. 2.

13 Vgl. BMF-Schreiben v. 24.5.2004, IV B 7 – S-7279a – 17/04, IV B 7 – S-7279b – 2/04, BStBl. I 2004, 514, Rn. 42.

Ziel dieser haftungsbegründenden Tatbestände ist es, die beschriebenen Steuerausfälle v.a. infolge von Unternehmensinsolvenzen zu verhindern. Diese entstehen beispielsweise im Rahmen der Abtretung dadurch, dass der abtretende Unternehmer für die Begleichung seiner Umsatzsteuerverbindlichkeiten keine ausreichenden finanziellen Mittel mehr zur Verfügung hatte, weil der Abtretungsempfänger (Zessionar) die sicherungsübereigneten Forderungen selbst eingezogen und die hieraus erzielten Beträge anschließend in voller Höhe – einschließlich darin enthaltenem Umsatzsteueranteil aus den zugrunde liegenden Umsatz – auf seine Forderungen angerechnet hat.[14] Die Folge war die Niederschlagung von Steuerforderungen.[15]

So berechtigt diese Sichtweise des BRH aus fiskalischen Aspekten erscheint, so sind die eingeführten Maßnahmen des § 13 c und § 13 d UStG in der Hinsicht im Folgenden zu untersuchen, dass sie gerade nicht nur die vom BRH identifizierten wenigen manipulierten Fallkonstellationen „belasten", sondern auch neben einer Vielzahl von Normalkonkursen und Insolvenzen gewöhnliche Abtretungsgeschäfte und insbesondere Leasinggeschäfte mit einschließen.[16]

2. Problemstellung und Zielsetzung

Problematisch und insbesondere völlig neu ist die Situation seit der Einführung der §§ 13 c und d UStG, dass nun das UStG Haftungstatbestände neben den bereits seit 1.1.2002 bestehenden § 25 d UStG kennt. Bislang wurde die Haftung für Steuerschulden ausdrücklich und grundsätzlich (mit wenigen Ausnahmen) innerhalb der AO als übergeordnetes Gesetz geregelt. Eine Frage, die die vorliegende Arbeit zu beantworten sucht, lautet demnach, weshalb der Gesetzgeber in der Systematik der Umsatzbesteuerung und Festlegung des Steuerschuldners im UStG Haftungstatbestände in diesem Einzelsteuergesetz – außerhalb der AO – aufgenommen hat. Zwar gibt es steuerliche Haftungstatbestände wie die zur Lohnsteuer (§ 42 d EStG) oder zur Kapitalertragsteuer auch außerhalb der AO; diese Regelungen betrafen bisher jedoch (eher ausschließlich) im EStG die direkte Besteuerung.

Als allgemeine Haftungsvorschrift innerhalb der Verfahrensvorschriften zum Steuerschuldrecht besteht § 71 AO für Steuerhinterzieher und Mittäter. Da die Tatbestandsvoraussetzungen dieser Haftungsvorschrift vielseits zutreffend für zu allgemein und schwer nachweisbar gehalten werden, hat der Gesetzgeber versucht, die missbräuchlichen Fälle im UStG als Einzelsteuergesetz durch die §§ 13 c und d UStG aufzunehmen. Dabei fällt im ersten Blick dem Wortlaut

---

14 Vgl. Slotty-Harms, U./Jansen, A., UR 2004, 221 (221); Hahne, K. D., UR 2004, 633 (633).

15 Vgl. Bericht des BRH v. 3.9.2003, BT-Drucks. 15/1495, 19.

16 Vgl. Kühn, A., UR 2003, 530 (532).

nach auf, dass sich diese Haftungsregelungen aber eben gerade nicht nur auf missbräuchliche Gestaltungen beschränken. Somit sind die Gründe im Rahmen dieser Arbeit zu untersuchen, die eine Sonderregelung für Haftungsvorschriften insbesondere neben der Regelung des § 71 AO nötig macht.

Eine weitere Untersuchung wird ferner nötig sein, inwieweit die durch die Haftungsvorschriften ermöglichte exponierte Stellung des Fiskus, insbesondere im Fall der Insolvenz des umsatzsteuerschuldenden Unternehmers, die Regelungen des Insolvenzrechts – mit der hier vorgesehenen Gläubigerstellung – tangiert.[17]

Darüber hinaus erscheint nicht nur der Konflikt mit den Rechtsprinzipien auf nationaler Ebene, sondern vor allem auch die Vereinbarkeit mit EU-Recht v.a. mit der 6. EG-Richtlinie als Grundlage für das gemeinsame europäische Umsatzsteuersystem als äußerst fraglich. Dabei wird der Grundsatz der Neutralität des Umsatzsteuersystems im Zusammenhang mit den Haftungsvorschriften zu erörtern sein. Ziel dieser Arbeit ist es, die beiden Haftungsvorschriften § 13 c UStG und § 13 d UStG darzustellen und zu analysieren, ob der Gesetzgeber durch diese Einführung systemkonform i.S. des Umsatzsteuerrechts und darüber hinaus verfassungsgetreu gehandelt hat. Dabei wird darzustellen sein, inwieweit die Haftungsregelungen §§ 13 c und d UStG mit EU-Recht vereinbar sind, namentlich eine Rechtfertigung in der 6. EG-Richtlinie und innerhalb der Systematik der Umsatzsteuer als ausschließliche Belastung nichtunternehmerischen Handelns finden. Ferner wird abzuwägen sein, ob die Inanspruchnahme des Haftungsschuldners mit dem im GG verankerten Verhältnismäßigkeitsprinzip vereinbar ist, namentlich ob die Haftung eines (unbeteiligten) Dritten nach §§ 13 c und d UStG – als Sonderregelung neben § 71 AO – im Verhältnis zu dem mit ihr verfolgten Zweck steht. Letztlich sind die im UStG geregelten Haftungsvorschriften, die insbesondere dann greifen, wenn eine der Vertragspartei zahlungsunfähig ist, auf ihre Vereinbarkeit mit den Grundprinzipien der InsO zu prüfen. In diesem Zusammenhang ist zu untersuchen, ob es für § 13 c UStG als sinnvoll zu erachten wäre, diese von § 13 c UStG umfassten Fälle in einer entsprechenden Regelung zu §§ 166, 170 Abs. 2 InsO – Verwertung von sicherungshalber übereigneter Gegenstände durch den Sicherungsnehmer im Falle der Insolvenz des Sicherungsgebers – in der InsO zu regeln.

3. Vorgehensweise der Untersuchung

Zunächst wird in Kapitel II ein Überblick über die neu eingeführte Haftungsnorm des § 13 c UStG gegeben. Vorweg gestellt werden in Kapitel II.2. die materiellen Tatbestandsvoraussetzungen der Norm. Dabei erfolgt vor allem eine Untersuchung der von § 13 c UStG betroffenen Abtretung.

---

[17] Vgl. Kapitel IV.

Nach Erörterung der umsatzsteuerlichen Auswirkungen und Rechtsfolgen (Kapitel II.3.) wird in Kapitel II.4. die weiteren von § 13 c UStG umfassten Handlungsalternativen der Verpfändung und Pfändung dargestellt sowie anschließend, ob ebenso das Factoring oder die ABS-Transaktionen von dem Anwendungsbereich des § 13 c UStG umfasst sind. Schließlich wird in Kapitel II.6. von verschiedenen Seiten – umsatzsteuerrechtlich, gemeinschaftsrechtlich und verfassungsrechtlich – geklärt, inwieweit § 13 c UStG im Einklang mit den umsatzsteuerlichen Grundprinzipien steht und mit der 6. EG-Richtlinie[18] vereinbar ist. Eine wichtige Rolle übernehmen mithin der Grundsatz der Neutralität mit seiner Ausprägung als Wettbewerbsneutralität und der Verbrauchsteuercharakter der Umsatzsteuer. Daneben ist darauf einzugehen, inwieweit nationales Verfassungsrecht durch die Schaffung von § 13 c UStG im Zusammenhang mit dem Prinzip der Verhältnismäßigkeit verletzt wird.

Insbesondere im Bereich der Leasinggeschäfte sieht § 13 d UStG ebenfalls eine Haftungsinanspruchnahme vor, die den leistenden Unternehmer in seiner Eigenschaft als Leistungsgeber trifft. Kapitel III beschreibt die einzelnen Tatbestandsvoraussetzungen für eine Haftungsinanspruchnahme des leistenden Unternehmers, der für nicht durch den Leistungsnehmer berichtigte und zurückgestellte Vorsteuerbeträge haften soll. Auch in diesen Fallkonstellationen ist die Wahrung des Primärprinzips der Neutralität des Umsatzsteuersystems zu beleuchten. Zugleich soll auf nationaler Ebene schon ein Verstoß gegen den Gleichheitssatz mit seiner Ausprägung einer gleichmäßigen und gerechten Besteuerung i.S.d. Art. 3 GG festgestellt werden.

Anschließend wird in Kapitel IV erörtert, ob es sich anbieten würde, für die von § 13 c UStG erfassten Fälle, insbesondere für den Fall der Sicherungsabtretung, eine entsprechende Regelung in der InsO aufzunehmen. Dabei wird der Vergleich mit den Vorschriften der §§ 166, 170 Abs. 2 InsO zu ziehen sein, die eine Regelung bezüglich der Umsatzsteuer in Fällen der Verwertung von sicherheitshalber übereigneter Gegenstände durch den Sicherungsnehmer im Falle der Insolvenz des Sicherungsgebers enthalten. Hierbei ist besonders darauf einzugehen, ob umsatzsteuerrechtlich und insolvenzrechtlich eine vergleichbare Situation vorliegt, d.h. also die Umsatzsteuerforderung in Fällen einer Sicherungszession ebenso eine Masseverbindlichkeit i.S.v. § 55 InsO darstellt, wie dies bei der Sicherungsübereignung der Fall ist oder vielmehr eine Insolvenzforderung i.S.v. § 38 InsO vorliegt.

Zudem ist zu untersuchen, ob neben diesem Vorschlag auch andere insolvenzrechtliche Möglichkeiten zur Regelung der Anwendungsfälle des § 13 c UStG sinnvoll erscheinen. Auch ist in diesem Zusammenhang auf den Ausgleichsanspruch des Haftungsschuldners einzugehen und darauf, inwiefern und in welchem Umfang der Haftungsschuldner Regressansprüche beim eigentlichen Steu-

[18] Richtlinie 77/388/EWG, ABl. EG 1977 Nr. L 145, 1.

erschuldner i.S.d. § 13 c UStG besitzt. Abschließend soll das gefundene Ergebnis anhand eines Beispielfalles dargestellt werden.

In Kapitel V ist bei § 13 d UStG insbesondere aus insolvenzrechtlicher Sicht vertieft zu erörtern, welche Besonderheiten sich aus der Tatsache ergeben, dass es sich bei den in dieser Norm genannten Anwendungsfällen i.d.R. um Dauerschuldverhältnisse handelt.

Die Herausarbeitung der offensichtlichen Verstöße der im UStG geregelten Haftungsvorschriften gegen die Systematik des Umsatzsteuerrechts und gegen das Verfassungsrecht, die in Kapitel VI abschließend zusammengefasst werden, wirft die zentrale Frage nach einer Änderung der Haftungsvorschriften zur Abwehr der beschriebenen Verstöße auf bzw. stellt die Frage, inwieweit Alternativen zu §§ 13 c und 13 d UStG denkbar und sinnvoll erscheinen.

KAPITEL II

§ 13 c UStG als Haftungsvorschrift im Bereich der Forderungsabtretung, Verpfändung oder Pfändung

1. Zweck der Einführung des Haftungstatbestandes § 13 c UStG

Mit § 13 c UStG wurde ein neuer umsatzsteuerlicher Haftungstatbestand zulasten des Empfängers einer abgetretenen Forderung eingeführt, um einem Gestaltungsmissbrauch vorzubeugen.[19] Danach haftet insbesondere bei Abtretung des Anspruchs auf Gegenleistung der Abtretungsempfänger für die festgesetzte und fällige Umsatzsteuer bezogen auf das Entgelt aus einem steuerpflichtigen Umsatz des Abtretenden, soweit der Abtretungsempfänger die Gegenleistung vereinnahmt hat. Entsprechendes gilt bei Verpfändung und Pfändung.[20]

Unter bestimmten Voraussetzungen wird durch die Regelung des § 13 c UStG ein Gesamtschuldverhältnis i.S.d. § 44 AO für die Fälle begründet, in denen ein Unternehmer Kundenforderungen abtritt und der Abtretungsempfänger die Forderungen einzieht oder an einen Dritten überträgt.[21] Die in der abgetretenen Forderung enthaltene Umsatzsteuer ist von dem Abtretungsempfänger zu entrichten, wenn der leistende Unternehmer die Umsatzsteuer bei Fälligkeit nicht oder nicht vollständig entrichtet hat.[22]

Die einleitend festgestellten Steuerausfälle beruhen nach den Erkenntnissen des BRH darauf, dass in einer Vielzahl von Fällen Unternehmen nach einer sog. Globalzession unter Hinterlassung erheblicher Umsatzsteuerschulden insolvent werden, woraufhin die Steuerverwaltung Steuerforderungen nicht mehr vollständig realisieren konnte. Beispielsweise ist eine Kreditvergabe an Unternehmen im Leasinggeschäft an die gleichzeitige Abtretung der Rechte aus den bestehenden oder künftigen Leasingeinnahmen geknüpft. Gerate der Kreditnehmer danach in finanzielle Schwierigkeiten und drohe er mit seinen Kredittilgungen und/oder Zinszahlungen auszufallen, so macht der Zessionar seine Rechte aus der Abtretung geltend und zieht die an ihn zur Sicherheit abgetretenen Forderungsbeträge selbst ein. Diese abgetretenen Bruttobeträge würden vollumfänglich zur Tilgung der Forderung verwendet, ohne dass der Zedent die aus dem

[19] Vgl. Nieskens, H., UR 2004, 105 (125); Wagner, W., in: Sölch, O./Ringleb, K., UStG, § 13 c UStG, Rn. 56.

[20] Vgl. Stadie, H., in: Rau, G./Dürrwächter, E., UStG, § 13 c UStG, Rn. 1; Weimann, R., UStG, § 13 c UStG, S. 578.

[21] Vgl. Walkenhorst, R., SteuerStud 2004, 153; Wagner, W., in: Sölch, O./Ringleb, K., UStG, § 13 c UStG, Rn. 6; BR-Drucks. 630/03, 78.

[22] Vgl. Nieskens, H., UR 2004, 105 (125).

zugrunde liegenden Umsatzgeschäft resultierende Umsatzsteuer mangels Einnahme begleichen könne.[23]

Nach der Rechtslage vor der Einführung des § 13 c UStG war der Zessionar, obwohl er den in den eingezogenen Forderungsbeträgen enthaltenen Umsatzsteuerbetrag vereinnahmt hat, weder Steuer- bzw. Haftungsschuldner noch gegenüber dem Zedenten verpflichtet, zur Begleichung der Umsatzsteuer Mittel freizugeben. Somit bleibt dem Zedenten nur die Möglichkeit, die Umsatzsteuer aus anderen Mitteln aufzubringen. Jedoch ist er hierzu regelmäßig nicht mehr in der Lage, so dass ein Umsatzsteuerrückstand verbleibt, der für den Fiskus uneinbringlich bleibt. Eine derart beabsichtigte Vorgehensweise wurde u.a. durch den BRH letztlich aufgedeckt. Darüber hinaus vereinbarten die Beteiligten ebenfalls neben der Globalabtretung aller Forderungen ausdrücklich, dass der Zedent seine jeweiligen gesetzlichen Umsatzsteuerforderungen an den Zessionar zur Sicherung seiner Ansprüche abtritt.[24]

Bis Ende 1998 konnte der Fiskus Umsatzsteuerforderungen, die innerhalb eines Jahres vor Konkurseröffnung entstanden und fällig geworden waren (bzw. als fällig galten), nach § 61 Abs. 1 Nr. 2 KO als Konkursgläubiger geltend machen.

Mit seinen Umsatzsteuerforderungen war der Fiskus bevorrechtigter Gläubiger, womit er neben den Banken seine ausstehenden Forderungen vollumfänglich erhalten hat, während die übrigen Gläubiger nicht (voll) befriedigt werden konnten. Dies hat sich durch die Ablösung der Konkursordnung durch die InsO 1999 geändert. Die InsO sieht nun ein solches bevorzugtes Recht für den Fiskus nicht mehr vor. Deshalb erhöht sich zunehmend mit der steigenden Zahl von Unternehmensinsolvenzen das Risiko des Fiskus, mit der Umsatzsteuer im Rahmen des Insolvenzverfahrens auszufallen.[25] Der Gesetzgeber ist dem BRH gefolgt und hat in § 13 c UStG die Haftung und als Folge dessen die „Gesamtschuld" des Zessionars eingeführt und den Anwendungsbereich auf Abtretungen sowie auf Verpfändungen und Pfändungen ausgedehnt.[26]

2. Materielle Tatbestandsvoraussetzungen des § 13 c UStG

Um eine Bewertung der Haftungsvorschrift durchführen zu können, sind zunächst die einzelnen Tatbestandsvoraussetzungen darzustellen. Nach dem Wortlaut des § 13 c Abs. 1 UStG ist Voraussetzung für eine Inanspruchnahme des

---

[23] Vgl. Nieskens, H., UR 2004, 105 (125); Stadie, H., in: Rau, G./Dürrwächter, E., UStG, § 13 c UStG, Rn. 3, 4.

[24] In einem Fall hatte eine Leasinggesellschaft, die zunächst die Globalzession nur auf Nettobeträge bezogen hatte, nochmals gesondert die Umsatzsteuer an die finanzierenden Kreditinstitute abgetreten, vgl. Bericht des BRH vom 3.9.2003, BT-Drucks. 15/1495, 39.

[25] Vgl. Marx, S., NZI 2005, 258 (258).

[26] Vgl. Wagner, W., in: Sölch, O./Ringleb, K., UStG, § 13 c UStG, Rn. 8.

Haftungsschuldners durch den Fiskus, dass der leistende Unternehmer die festgesetzte Steuer im Zeitpunkt der Fälligkeit nicht oder nicht vollständig entrichtet hat, der Anspruch auf die Gegenleistung abgetreten wurde und der Abtretungsempfänger die Forderung vereinnahmt hat.[27]

2.1 Unternehmereigenschaft des abtretenden Unternehmers sowie des Abtretungsempfängers

Der persönliche Anwendungsbereich des § 13 c Abs. 1 UStG setzt sowohl die Unternehmereigenschaft des leistenden Unternehmers (Abtretende) als auch die des Abtretungsempfängers, Pfandgläubigers und Vollstreckungsgläubigers voraus.[28] Dabei kommt es nicht darauf an, dass die Forderungsabtretung für das Unternehmen des Abtretungsempfängers erfolgt ist. Wird diese Forderung aus privaten Gründen an einen Unternehmer abgetreten, so kann dieser als Haftungsschuldner dennoch in Anspruch genommen werden.[29] Da die Haftung nach § 13 c UStG jedoch weiterhin voraussetzt, dass sich auf Seiten des leistenden Unternehmers eine zu entrichtende Steuer ergibt, scheidet die Haftung des Kleinunternehmers selbstverständlich mangels Zahllast im Ergebnis grundsätzlich aus.[30]

Die Unternehmereigenschaft ist nach § 2 UStG zu beurteilen. Dabei stellt der Unternehmerbegriff des UStG rein formal auf eine unter bestimmten Umständen ausgeübte Tätigkeit ab. Damit ist der Begriff wesentlich weiter als ein Unternehmerbegriff, der darauf abstellt, dass sich eine Person unter Einsatz von Kapital und Arbeitskraft intensiv am Wirtschaftsleben beteiligt. Nach § 2 Abs. 1 UStG ist derjenige Unternehmer, der eine nachhaltige Tätigkeit zur Erzielung von Einnahmen (berufliche oder gewerbliche Tätigkeit) selbstständig ausübt. Aufgrund dessen umfasst der Kreis der Unternehmer sowohl die Gewerbetreibenden als auch Landwirte, Angehörige der freien Berufe, sonstige Privatleute, die aus der Nutzung ihres Vermögens fortlaufende Einnahmen erzielen, juristische Personen des öffentlichen Rechts im Rahmen ihrer Betriebe gewerblicher Art, forstwirtschaftliche Betriebe und bestimmte Sondertätigkeiten.[31] Gleich-

---

27 Vgl. Walkenhorst, R., SteuerStud 2004, 154; Nieskens, H., UR 2004, 105 (126); Wagner, W., in: Sölch, O./Ringleb, K., UStG, § 13 c UStG, Rn.11; Stadie, H., in: Rau, G./Dürrwächter, E., UStG, § 13 c UStG, Rn. 37.

28 Vgl. BMF-Schreiben v. 24.5.2004, IV B 7 – S-7279a – 17/04 / IV B 7 – S-7279b – 2/04, BStBl. I 2004, 514, Rn. 2; Walkenhorst, R., SteuerStud 2004, 154; Nieskens, H., UR 2004, 105 (126); Wagner, W., in: Sölch, O./Ringleb, K., UStG, § 13 c UStG, Rn. 16; Stadie, H., in: Rau, G./Dürrwächter, E., UStG, § 13 c UStG, Rn. 7.

29 Vgl. Weimann, R., UStG, § 13 c UStG, S. 580; Hahne, K. D., BB 2003, 2720 (2721).

30 Vgl. BMF-Schreiben v. 24.5.2004, IV B 7 – S-7279a – 17/04, IV B 7 – S-7279b – 2/04, BStBl. I 2004, 514, Rn. 11.

31 Vgl. Liebau, T., BB 2005, 415 (416); Nichtunternehmer ist hingegen eine juristische Person des öffentlichen Rechts, soweit nicht ein Betrieb gewerblicher Art (§ 2 Abs. 3 UStG)

wohl muss der Unternehmerbegriff des deutschen Umsatzsteuerrechts aufgrund des Anwendungsvorrangs des Gemeinschaftsrechts im Licht der gemeinschaftsrechtlichen Regelung des Art. 4 der 6. EG-Richtlinie ausgelegt werden.[32] Nach Art. 4 Abs. 1 und 2 der 6. EG-Richtlinie (Art. 9 Abs. 1 MwStSystRL[33]) ist als Steuerpflichtiger anzusehen, wer die Tätigkeiten eines Erzeugers, Händlers oder Dienstleistenden einschließlich der Tätigkeit des Urproduzenten, der Landwirte sowie der freien Berufe und der diesen gleichgestellten Berufe selbstständig und unabhängig von ihrem Ort ausübt, gleichgültig mit welchem Zweck und mit welchem Ergebnis. Dabei gilt auch als wirtschaftliche Tätigkeit eine Leistung, die die Nutzung von körperlichen oder nicht körperlichen Gegenständen zur nachhaltigen Erzielung von Einnahmen umfasst.[34]

Der Unternehmer erbringt i.S.d. UStG bei vorliegender Steuerbarkeit und mangels Steuerbefreiung grundsätzlich steuerpflichtige Ausgangsumsätze. Für die ausgeführte Leistung erlangt der leistende Unternehmer eine Gegenleistung, die zugleich die Bemessungsgrundlage der Umsatzsteuer darstellt. Nach dem „Do-ut-des"-Prinzip hat ein wirtschaftlicher Zusammenhang zwischen Leistung und Gegenleistung zu bestehen, expressis verbis insgesamt ein Leistungsaustausch. Für die Annahme einer wirtschaftlichen Verknüpfung i.S.d. Tatbestandsmerkmals „gegen Entgelt"[35] ist keine vollkommene wirtschaftliche Verknüpfung erforderlich, denn es reicht bereits aus, wenn kein gegenseitiger Vertrag besteht und der eine Beteiligte eine Leistung erbringt, in der Erwartungshaltung, hierfür eine Gegenleistung zu erhalten, während der andere Beteiligte die erwartete Gegenleistung erbringt.[36] I.S.d. § 13 c UStG muss der Anspruch auf die Gegenleistung (die Entgeltsforderung) für einen nach § 1 Abs. 1 Nr. 1 UStG steuerbaren und steuerpflichtigen Umsatz abgetreten, verpfändet oder gepfändet sein.[37]

2.2 Forderungsabtretung gemäß § 398 BGB als Hauptanwendungsfall nach dem Wortlaut des § 13 c UStG

§ 13 c UStG umfasst seinem Wortlaut nach die Fälle der Abtretung, Pfändung oder Verpfändung, die im Folgenden in ihren Grundausgestaltungen vorgestellt

---

vorliegt, vgl. BMF-Schreiben v. 24.5.2004, IV B 7 – S-7279a – 17/04, IV B 7 – S-7279b – 2/04, BStBl. I 2004, 514, Rn. 11.

32 Vgl. BFH, Urt. v. 5.5.1994 - V R 23/93, BFHE 174, 565; Birkenfeld, W., in: Hartmann, A./Birkenfeld, W., UStG, Teil D 110, 19 f.

33 Richtlinie 2006/112/EG des Rates vom 28.11.2006 über das gemeinsame Mehrwertsteuersystem, ABl. EG 2006 Nr. 347, S. 1 (MwStSystRL), ersetzt zum 1.1.2007 die 6. EG-Richtlinie

34 Vgl. Heidner, H.-H., in: Bunjes, J./Geist, R., UStG, § 2 UStG, Rn. 8.

35 Vgl. BFH, Urt. v. 7.5.1981 - V R 47/76, BStBl. II 1981, 495.

36 Vgl. Völkel, D./Karg, H., Umsatzsteuer, S. 105.

37 Vgl. Nieskens, H., UR 2004, 105 (125); Stadie, H., in: Rau, G./Dürrwächter, E., UStG, § 13 c UStG, Rn. 25.

werden. Dabei erfolgt zunächst die Beschränkung auf den Hauptanwendungsfall des § 13 c UStG der Forderungsabtretung, während in den Kapiteln II.4. f. auf die weiteren betroffenen Abtretungsbereiche der Verpfändung und Pfändung und zudem auf weitere möglicherweise von § 13 c UStG erfassten Bereiche, z.B. im Rahmen des Factoring oder ABS-Transaktionen, eingegangen wird.

Der Abtretungsempfänger haftet nach § 13 c Abs. 1 UStG, soweit der leistende Unternehmer seinen Anspruch auf Gegenleistung für einen steuerbaren und steuerpflichtigen Umsatz an einen anderen Unternehmer abgetreten hat. Bereits aus dem Wortlaut („soweit") lässt sich schließen, dass auch eine Abtretung von Teilforderungen erfasst ist.

Für das Vorliegen einer Abtretung der Forderung durch den leistenden Unternehmer an den Abtretungsempfänger kommt es im Rahmen des § 13 c Abs. 1 Satz 1 UStG nach *Wagner*[38] nicht auf die umsatzsteuerliche Wertung, sondern auf das zivilrechtliche Vorliegen einer Abtretung an. Da das Gesetz auf eine Abtretung abstellt, ist es ohne Belang, welcher Art das zugrunde liegende Verpflichtungsgeschäft ist.[39] Die Haftung tritt nach dem Wortlaut mithin nicht nur bei einer Sicherungsabtretung, sondern auch dann ein, wenn die Abtretung entgeltlich erfolge. Bei Abtretung der Forderung durch den Abtretungsempfänger (Kettenabtretung) gilt Satz 3 der Vorschrift des § 13 c Abs. 1 UStG, wonach die Forderung bei einer solchen Abtretung durch den Abtretungsempfänger an einen Dritten in vollem Umfang als vereinnahmt gilt.[40]

Der Begriff der Abtretung (Zession) wird in § 398 BGB bestimmt. Danach ist eine Abtretung die durch Vertrag vorgenommene Übertragung einer Forderung von dem Gläubiger (Zedenten) auf einen Anderen (Zessionar). Bei diesem Vertrag ist der Schuldner (Leistungsempfänger der ausgeführten steuerpflichtigen Leistung) nicht beteiligt und der Gläubigerwechsel wird unmittelbar vollzogen. Die Abtretung ist also kein Verpflichtungsgeschäft, sondern eine (abstrakte) Verfügung. Mit dem Abschluss des Abtretungsvertrages tritt der neue Gläubiger an die Stelle des bisherigen (§ 398 Satz 2 BGB), so dass der Altgläubiger über diese Forderung nicht mehr verfügen kann. Die Forderung geht auf den Zessionar in dem Rechtszustand über, den sie beim Zedenten eingenommen hat.[41] Eine besondere Form der Abtretung stellt die bereits angedeutete Sicherungsabtretung dar, der weite wirtschaftliche Bedeutung zukommt. Nach der Gesetzesbegründung ist auch insbesondere die Sicherungszession vom Anwendungsbereich des

---

38 Vgl. Wagner, W., in: Sölch, O./Ringleb, K., UStG, § 13 c UStG, Rn. 19.

39 Fehlt ein solches jedoch, so kann der Zedent die Rückabtretung vom Zessionar nach Bereicherungsrecht fordern, denn der Zessionar ist dann rechtsgrundlos um die Forderung bereichert.

40 Siehe hierzu Kapitel II.2.4.

41 Vgl. Grüneberg, C., in: Palandt, O., BGB, § 398 BGB, Rn. 18 f.

§ 13 c UStG erfasst, wie der ausdrückliche Verweis[42] auf die Fälle der Globalzession unterstreicht, die i.d.R. Sicherungsabtretungen darstellen.[43] Der Zweck besteht darin, den Zessionar durch die Abtretung der Forderung wegen einer anderen, ihm gegen den Zedenten zustehenden Forderung zu sichern, ihm jedoch nicht zum (endgültigen) Gläubiger der abgetretenen Forderung zu machen. Die Sicherungsabtretung ist von der Zweckrichtung her mit der Sicherungsübereignung vergleichbar.[44]

Die umfassende Globalzession ist im Kreditgeschäft heute ein weit verbreitetes Instrument, um Kreditforderungen abzusichern. Dabei tritt der Kreditnehmer seine gegenwärtigen und zukünftigen Forderungen gegen seine Kunden – meist verdeckt gegenüber dem Schuldner – zur Sicherung eines Darlehens an den Kreditgeber (i.d.R. eine Bank) ab. Nach bisheriger Rechtslage des UStG musste der Kreditgeber bei der Einziehung der (Brutto-)Forderung nach der Offenlegung der Zession nicht mit einer Steuer-Inanspruchnahme in der Form der Haftung durch den Fiskus rechnen, wenn der Kreditnehmer (Abtretender) die in der Forderung enthaltene Umsatzsteuer nicht beim Finanzamt (angemeldet und) abgeführt hat. Wurde der Abtretende vor der Begleichung seiner Umsatzsteuerschulden insolvent, so konnte der Fiskus seine Steuerforderungen seit Bestehen der InsO i.d.R. nicht mehr voll realisieren.[45]

Weder im UStG noch in der Gesetzesbegründung[46] zu § 13 c UStG findet sich indes eine Differenzierung danach, zu welchem Zweck die Forderungsabtretung erfolgt ist. Es ist für die Haftung unbeachtlich, ob es sich um eine Sicherungszession, eine Inkassozession oder einen Forderungskauf wie z.B. das echte Factoring[47] handelt.

Gleichfalls ist es haftungsrechtlich ohne Belang, ob ein Fall der Singular- oder Globalzession vorliegt. Daher spielt es keine Rolle, ob sich eine Bank bei Darlehensgewährung im Wege der Globalzession sichert oder aber ein Lieferant, der auf die Begleichung seiner Forderung wartet, eine einzelne Forderung aus einem Rechtsgeschäft abgetreten erhält, um sich unmittelbar aus dem Einzug jener Forderung zu befriedigen. Der Abtretungsempfänger haftet in jedem Fall als Gesamtschuldner (§ 44 AO) neben dem Zedenten nach Maßgabe der Neuregelung.

Unklar ist, ob für die Haftung des Abtretungsempfängers vorausgesetzt wird, dass die Abtretung wirksam ist. Der Wortlaut des § 13 c UStG spricht in diesem

---

42 Vgl. BMF-Schreiben v. 24.5.2004, IV B 7 – S-7279a – 17/04 / IV B 7 – S-7279b – 2/04, BStBl. I 2004, 514, Rn. 3.

43 Vgl. Haunhorst, S., in: Reiß, W./Kraeusel, J./Langer, M., UStG, § 13 c UStG, Rn. 15.

44 Vgl. Grüneberg, C., in: Palandt, O., BGB, § 398 BGB, Rn. 1, 20. Dieser Ansatz wird in Kapitel IV.3. aufgegriffen.

45 Vgl. Slotty-Harms, U./Jansen, A., UR 2004, 221 (221).

46 So BT-Drucks. 15/1798; BT-Drucks. 15/1562; BR-Drucks. 630/03.

47 Vgl. Kapitel II.4.1.1.

Zusammenhang nur von der Vereinnahmung der abgetretenen Forderung. Der Abtretungsvertrag nach § 398 BGB ist wie erwähnt ein Verfügungsgeschäft, dessen Wirksamkeit nach dem Abstraktionsprinzip in der Regel von dem Kausalgeschäft (Sicherungsabrede, Kauf, etc.) unabhängig zu beurteilen ist. Jedoch gilt dieser Grundsatz nicht uneingeschränkt, denn die Vertragsparteien können Kausalgeschäft und Abtretung auch zu einer rechtsgeschäftlichen Einheit zusammenfassen, so dass Mängel des Kausalgeschäftes auf die Abtretung durchschlagen.[48] Es kann ferner ein Abtretungsverbot z.B. nach § 400 BGB der Wirksamkeit der Abtretung entgegenstehen. Falls sich die Unwirksamkeit der Abtretung ergibt, so dürfte sich der Abtretungsempfänger künftig gleichwohl einerseits dem vom Finanzamt geltend gemachten Haftungsanspruch nach § 13 c UStG und andererseits dem Rückforderungsanspruch des Zedenten ausgesetzt sehen, wobei eine Haftung nach § 13 c UStG grundsätzlich ausscheidet, wenn sich die Abtretung als unwirksam erweist, denn zum einen fehlt es bereits an dem Vorliegen des Tatbestandsmerkmales „Abtretung“ und zum anderen liegt auch keine Vereinnahmung vor. Zwar kann der Abtretungsempfänger dem Zedenten die Aufrechnung mit seinem eigenen Ausgleichsanspruch (§ 426 BGB) entgegenhalten, jedoch wird der Zedent einwenden, dass eine Haftung nach § 13 c UStG und damit eine gesamtschuldnerische Haftung infolge der Unwirksamkeit der Abtretung nicht bestanden hat. Folglich wird auch die Wirksamkeit des Haftungsbescheides vom Ausgang des zivilrechtlichen Rechtsstreites über die Wirksamkeit der Abtretung im Ergebnis abhängen.[49]

2.3 Festsetzung und Fälligkeit der Umsatzsteuer

Nachdem die grundsätzlich gemäß dem Wortlaut betroffenen Leistungsbeziehungen und hieraus entstandene Steuerschuld abgehandelt ist, sieht § 13 c UStG als weitere Voraussetzung für die Haftungsinanspruchnahme die Festsetzung der betroffenen Steuer vor, anders als in den Fällen der allgemeinen Haftung[50] für Umsatzsteuer.[51] Eine Steuerfestsetzung stellt bei Umsatzsteuerschulden nicht nur einen Jahressteuerbescheid oder einen Vorauszahlungsbescheid dar, sondern auch gemäß § 168 AO eine Steueranmeldung i.S.d. § 18 UStG, die unter dem Vorbehalt der Nachprüfung (§ 164 AO) steht.[52] Maßgebend ist in erster Linie die Umsatzsteuer je Voranmeldungszeitraum, bei deren Berechnung entsprechend § 16 Abs. 1 und 2 UStG der zugrunde liegende Umsatz berücksichtigt wurde.[53]

---

48 Vgl. Heinrichs, H., in: Palandt, O., BGB, § 398 BGB, Rn. 3.
49 Vgl. Haunhorst, S., in: Reiß, W./Kraeusel, J./Langer, M., UStG, § 13 c UStG, Rn. 17.
50 Vgl. z.B. BFH, Urt. v. 12.10.1999 - VII R 98/98, BStBl. II 2000, 486, zu II.2.b.
51 Vgl. Wagner, W., in: Sölch, O./Ringleb, K., UStG, § 13 c UStG, Rn. 24.
52 Vgl. Stadie, H., in: Rau, G./Dürrwächter, E., UStG, § 13 c UStG, Rn. 29.
53 Vgl. Wagner, W., in: Sölch, O./Ringleb, K., UStG, § 13 c UStG, Rn. 25.

Die Festsetzung der Umsatzsteuer(-zahllast) wird in § 13 c UStG – wie auch in § 13 d UStG – gerade deshalb verlangt, da der Steueranspruch kraft Gesetz erst durch Tatbestandsverwirklichung entsteht (§ 38 AO), wie nachfolgend näher ausgeführt werden soll.

2.3.1 Berücksichtigung des Umsatzes bei Berechnung der festgesetzten Steuer

Die Haftung wird nach dem Gesetz unter anderem davon abhängig gemacht, dass bei der Berechnung der festgesetzten Steuer der Umsatz, der Grundlage der abgetretenen Forderung ist, berücksichtigt worden ist. Eine Haftung nach § 13 c UStG scheidet in dem Fall aus, in dem die Umsatzsteuer, für die die Haftung in Betracht kommt, in der selbst berechneten bzw. festgesetzten Steuerzahlung für den angeblichen Voranmeldungszeitraum nicht enthalten ist. Hieraus ergibt sich die Fragestellung, ob das Finanzamt ohne weiteres davon ausgehen kann, dass der Umsatz (in zutreffender Höhe) in der entsprechenden Umsatzsteuer-Voranmeldung enthalten ist. Bei Bestreiten durch den Haftungsschuldner wird die insoweit darlegungs- und beweispflichtige Finanzbehörde wohl die Berücksichtigung der Steuerschuld im betroffenen Voranmeldungszeitraum nachzuweisen haben. Es stellt sich gleichermaßen die Frage, falls die Steuerfestsetzung des Voranmeldungszeitraumes auf einer Schätzung der Besteuerungsgrundlage (§ 162 AO) beruht, ob grundsätzlich davon auszugehen ist, dass (auch) der fragliche Umsatz enthalten ist. Dafür spricht, dass der Unternehmer anderenfalls durch die Nichtabgabe der Umsatzsteuer-Voranmeldung die Haftung des Abtretungsempfängers verhindern kann.[54]

Kernfrage ist in diesem Zusammenhang, ob bei Abtretung von Netto-Forderungen – Gesamtbetrag der Forderung abzüglich der darin enthaltenen Umsatzsteuer – und Tilgung der Umsatzsteuer mit dem ihm verbleibenden Differenzbetrag durch den leistenden Unternehmer diese Haftungsvoraussetzung vermieden wird.[55] Mit dem Merkmal „festgesetzte Steuer“ stellt § 13 c UStG, bei deren Berechnung dieser Umsatz berücksichtigt worden ist, nicht auf genau den für diesen Umsatz entstandenen Steuerbetrag ab, sondern auf die Steuerberechnung gemäß § 16 UStG, namentlich die Saldierung der gesamten in den Anmeldungszeitraum fallenden Steuer- und Vorsteuerbeträge. Dabei ist eine Einzelzuordnung von Steuerzahlungen nicht berücksichtigt bzw. beachtlich.[56] Ein sachlicher Zusammenhang zwischen der in der Forderung enthaltenen Um-

---

[54] Vgl. Haunhorst, S., in: Reiß, W./Kraeusel, J./Langer, M., UStG, § 13 c UStG, Rn. 26.

[55] Befürwortend Hahne, K. D., DStR 2004, 210 (210), der aber zutreffend darauf hinweist, dass § 13 c Abs. 1 Satz 1 UStG auch den vom leistenden Unternehmer als Nettobetrag angesehenen Teilbetrag der Forderung als sog. Gesamtbetrag erfasst, der Umsatzsteuer enthält; die Nettovereinbarung ist insoweit unbeachtlich.

[56] Vgl. Wagner, W., in: Sölch, O./Ringleb, K., UStG, § 13 c UStG, Rn. 35.

satzsteuer und dem rückständigen Steuerbetrag muss nicht bestehen. Somit kann die nicht entrichtete Umsatzsteuer auch auf einer Vorsteuerkürzung oder einer zusätzlichen Erfassung anderer Umsätze beruhen. Entscheidend ist ausschließlich, dass die festgesetzte Umsatzsteuer nicht vollständig entrichtet wurde.[57]

Soll der materielle Steueranspruch – sowie gegebenenfalls ein Haftungsanspruch – durchgesetzt werden, muss in einem Verwaltungsverfahren ermittelt und verbindlich entschieden werden, gegen wen und in welcher Höhe der Steueranspruch besteht.[58] Die Entstehung des Steueranspruchs i.S.d. § 38 AO ist Voraussetzung für seine Festsetzung oder Anmeldung. Im UStG findet sich eine Regelung der Tatbestandsverwirklichung nur hinsichtlich der Umsatzsteuer für die einzelnen Umsätze (§ 1 Abs. 1 Nr. 1 UStG). Dementsprechend regelt die Vorschrift des § 13 Abs. 1 UStG nur, wann die Umsatzsteuer für die einzelnen Umsätze entsteht. So entsteht sie gemäß § 13 Abs. 1 Nr. 1 a UStG bei der Berechnung nach vereinbarten Entgelten (§ 16 Abs. 1 Satz 1 UStG) grundsätzlich mit Ablauf des Veranlagungszeitraums, in dem die Leistungen ausgeführt wurden. Die Jahresumsatzsteuer ist entstanden, sobald sie nach § 16 Abs. 1 und 2 UStG (unter der Berücksichtigung von § 17 UStG) berechenbar ist, d.h. mit Ablauf des Kalenderjahres. Der Vorsteueranspruch ist umsatzsteuerrechtlich lediglich unselbständiger Anspruch, der bei der Berechnung der Umsatzsteuerzahllast mitberücksichtigt wird und in die Festsetzung der Umsatzsteuer eingeht.[59] Der Haftungsanspruch dagegen entsteht, sobald der Tatbestand verwirklicht ist, an den die Haftungsnorm die Haftungsfolge knüpft. Der Haftungsanspruch kann in der Regel jedoch nicht vor Entstehung der Erstschuld (= Anspruch aus dem Steuerschuldverhältnis) entstehen, was dem Grundsatz der Akzessorietät entspricht. Dies bedeutet, dass grundsätzlich die Erstschuld gegen den Erstschuldner (Leistender bzw. Abtretender) entstanden sein muss sowie noch bestehen muss bzw. grundsätzlich festzusetzen ist.[60] Denn die Festsetzung, die der Konkretisierung des Anspruchs aus dem Steuerschuldverhältnis (§§ 152 - 191 AO) dient, ist Grundlage der Erhebung (§ 218 AO).[61] Ohne wirksame Festsetzung existiert mithin grundsätzlich keine Zahlungsverpflichtung, folglich auch nicht gegen den Haftungsschuldner nach § 13 c UStG. Generell bleibt festzuhalten, dass eine Haftung an sich eine bestehende und fällige Schuld voraussetzt. Problematisch ist dabei einzig, dass nach der Regel-Sollbesteuerung des § 16 UStG eine Saldierung verlangt wird, die Summe der gemäß § 13 Abs. 1 UStG entstandenen (Umsatz-)Steueransprüche als Ausgangsgröße zur Errechnung der für den Besteuerungszeitraum nach Abzug der Vorsteuerbeträge gemäß § 16 Abs. 2 UStG

---

57 Vgl. Weimann, R., UStG, § 13 c UStG, S. 579.
58 Vgl. Trzaskalik, C., in: Hübschmann, W./Hepp, E./Spitaler, A., AO, § 155, Rn. 2.
59 Vgl. BFH, Urt. v. 17.12.1998 - VII R 47/98, BStBl. II 1999, 423; Schuster, S., in: Hübschmann, W./Hepp, E./Spitaler, A., AO, § 38, Rn. 49.
60 Vgl. Boeker, H., in: Hübschmann, W./Hepp, E./Spitaler, A., AO, § 191, Rn. 19.
61 Vgl. Alber, A., in: Hübschmann, W./Hepp, E./Spitaler, A., AO, § 218, Rn. 3-4.

festzusetzende Steuer[62], womit sozusagen kein isolierter Steueranspruch auf einen bestimmten Umsatzsteueranteil besteht.

Es bleibt darauf hinzuweisen, dass von der praktischen Seite her im Fall der Abtretung eines Anspruchs auf die Gegenleistung für einen steuerpflichtigen Umsatz an einen anderen Unternehmer – und ebenso bei Pfändung oder Verpfändung – gemäß § 22 Abs. 4 d UStG dem leistenden Unternehmer sowie dem Abtretungsempfänger bereits Aufzeichnungspflichten auferlegt sind, auch wenn es (noch) nicht zu einer Haftungsinanspruchnahme nach § 13 c UStG gekommen ist.

2.3.2 Nichtentrichtung der festgesetzten Umsatzsteuer bei Fälligkeit

Weiterhin setzt die Haftung des Abtretungsempfängers voraus, dass die festgesetzte Steuer, bei deren Berechnung dieser Umsatz berücksichtigt worden ist, nicht oder nicht vollständig entrichtet ist.[63] Auch daraus kann keineswegs geschlossen werden, dass der Abtretungsempfänger nur für die Leistung der Umsatzsteuer aus der Lieferung oder Leistung haftet, die Grundlage der an ihn abgetretenen Forderung ist. Derartiges wäre im System des Umsatzsteuerrechts auch nicht praktikabel, da für den jeweiligen Voranmeldungszeitraum stets der Gesamtbetrag der Umsatzsteuer bzw. die Zahllast (= Saldo aus Umsatzsteuer und Vorsteuerbeträgen) anzumelden und abzuführen ist. Hiermit hat der Abtretungsempfänger dem Grunde nach für die Umsatzsteuerschuld des Abtretenden in dem Voranmeldungszeitraum einzustehen, in dem der entscheidende Umsatz angemeldet ist, der den Gegenstand der Abtretung darstellt.[64]

Kritisch ist in diesem Zusammenhang zu sehen, wie Zahlungen des Steuerschuldners zu behandeln sind, die ausweislich der Tilgungsbestimmung auf die Haftungsschuld des Leistungsempfängers geleistet werden. Dabei ist nach der Auffassung der Finanzverwaltung eine Tilgungsbestimmung des Steuerschuldners, wonach eine erfolgte Teilzahlung vorrangig auf die abgetretene Forderung entfallende Umsatzsteuerschuld verrechnet werden soll, unbeachtlich.[65] Hierfür spricht ebenso, dass die festgesetzte Umsatzsteuer bzw. die Umsatzsteuerschuld nicht aus mehreren Einzelforderungen besteht, sondern einen Saldo darstellt, der durch Verrechnung von Umsatzsteuer auf Grund der Umsätze mit Vorsteuerbeträgen entstanden ist.[66]

---

62 Vgl. Reiß, W., in: Reiß, W./Kraeusel, J./Langer, M., UStG, § 16, Rn. 9.

63 Vgl. BMF-Schreiben v. 24.5.2004, IV B 7 – S-7279a – 17/04/ IV B 7 – S-7279b – 2/04, BStBl. I 2004, 514, Rn. 11; Stadie, H., in: Rau, G./Dürrwächter, E., UStG, § 13 c UStG, Rn. 37.

64 Vgl. Haunhorst, S., in: Reiß, W./Kraeusel, J./Langer, M., UStG, § 13 c UStG, Rn. 27.

65 Vgl. BMF-Schreiben v. 24.5.2004, IV B 7 – S-7279a – 17/04, IV B 7 – S-7279b – 2/04, BStBl. I 2004, 514, Rn. 16.

66 Vgl. BFH, Urt. v. 29.6.1982 - VIII R 181/78, BStBl. I 1982, 753.

Bei genauerer Betrachtung könnte man ferner zu der Auffassung gelangen, dass der Abtretungsempfänger für die während des gesamten Jahres geschuldete Umsatzsteuer haftet, denn die Umsatzsteuer ist eine Jahressteuer (§ 16 Abs. 1 Satz 2 UStG) und Bemessungszeitraum ist das Kalenderjahr. Jedenfalls schließt die gesetzliche Formulierung, die voraussetzt, dass die festgesetzte Steuer, bei deren Berechnung dieser Umsatz berücksichtigt worden ist, nicht entrichtet wird, ein solches Verständnis (explizit) nicht aus.[67] Auch die gesetzliche Begründung[68] steht einer solchen Auffassung nicht entgegen. Eine Haftung des Abtretungsempfängers könnte selbst dann drohen, wenn sich eine nachträgliche Erhöhung der Umsatzsteuerjahresschuld ergibt und zwar ungeachtet dessen, dass die Höhe der Umsatzsteuer, die zivilrechtlich unselbstständiger Teil der abgetretenen Forderung ist, unverändert bleibt.

Nach Ansicht von *Haunhorst*[69] erscheint dies jedoch nicht sachgerecht. Denn eine Haftung ist – nach dem Sinn und Zweck der Norm – dann ausgeschlossen, wenn der leistende Unternehmer die Vorauszahlung für den maßgeblichen Voranmeldungszeitraum entrichtet hat und die abgetretene Forderung in dem vorangemeldeten Betrag enthalten war. In einem solchen Fall kann die spätere Erhöhung der Steuerschuld nicht zu einer nachträglichen Haftung des Abtretungsempfängers führen. Somit greift § 13 c UStG grundsätzlich nicht, wenn sich für das entsprechende Kalenderjahr eine zu entrichtende Steuer i.S.d. § 18 Abs. 3 UStG zu Gunsten des Fiskus ergibt und der leistende Unternehmer (Abtretender) den Unterschiedsbetrag nach § 18 Abs. 4 UStG bei Fälligkeit nicht bzw. nicht vollständig entrichtet hat.[70] Zu haften nach § 13 c UStG ist mithin, wenn die in der abgetretenen Forderung enthaltene Umsatzsteuer erstmals in der selbst berechneten und festgesetzten Steuer für das Kalenderjahr enthalten ist, sofern der leistende Unternehmer den Unterschiedsbetrag i.S.d. § 18 Abs. 4 UStG bei Fälligkeit nicht oder nicht vollständig entrichtet hat.[71]

Der Gesetzgeber weist dabei ausdrücklich darauf hin, dass der Abtretungsempfänger nachrangig als Haftungsschuldner in Anspruch genommen werde, weil zunächst feststehen müsse, dass der leistende Unternehmer die festgesetzte Steuer im Zeitpunkt der Fälligkeit nicht oder nicht vollständig entrichtet habe.[72] Ungeklärt ist allerdings, wie in den Fällen nachträglicher Zahlung zu verfahren ist. Erfolgt keine Zahlung durch den Schuldner bei Fälligkeit und kommt es infolgedessen zum Erlass eines Haftungsbescheides gegen den Abtretungsemp-

---

67 Vgl. Haunhorst, S., in: Reiß, W./Kraeusel, J./Langer, M., UStG, § 13 c UStG, Rn. 28 f.

68 Vgl. BT-Drucks. 15/1562, 46.

69 Vgl. Haunhorst, S., in: Reiß, W./Kraeusel, J./Langer, M., UStG, § 13 c UStG, Rn. 29 f.

70 Vgl. BMF-Schreiben v. 24.5.2004, IV B 7 – S-7279a – 17/04, IV B 7 – S-7279b – 2/04, BStBl. I 2004, 514, Rn. 13.

71 Vgl. BMF-Schreiben v. 24.5.2004, IV B 7 – S-7279a – 17/04, IV B 7 – S-7279b – 2/04, BStBl. I 2004, 514, Rn. 12.

72 Vgl. BT-Drucks. 15/1562, 46.

fänger, der daraufhin einen der Umsatzsteuerschuld entsprechenden Betrag an das Finanzamt abführt, so ist nun fraglich, welche Wirkung die nachträgliche Zahlung des Schuldners entfaltet. Eine Tilgungswirkung könnte ihr nur dann zukommen, wenn die der Haftung zugrunde liegende Steuerschuld nicht bereits durch Zahlung des Haftungsschuldners getilgt ist, dieser mithin ausschließlich auf seine Haftungsschuld geleistet hat. Hat der Haftungsschuldner hingegen auf den ergangenen Haftungsbescheid noch nicht geleistet und erbringt der Abtretende zu diesem Zeitpunkt nachträgliche Leistungen auf die Steuerschuld, so muss der Haftungsbescheid ganz bzw. teilweise widerrufen werden (§ 131 AO). Denn in diesen Fällen steht die Rechtmäßigkeit des Leistungsgebotes gemäß § 219 AO in Frage, weil die Haftungsschuld akzessorisch ist, also vom (Fort-) Bestand der Steuerschuld abhängt. Nach zutreffender Ansicht von *Haunhorst*[73] führt der Umstand, dass die Haftung nach § 13 c UStG maßgeblich an die Zahlung zum Zeitpunkt der Fälligkeit anknüpft, nicht dazu, dass jedwede nachträgliche und damit verspätete Zahlungen des Steuerschuldners im Hinblick auf die Haftung des Abtretungsempfängers unbeachtlich wäre. Denn Sinn und Zweck der Neuregelung ist es, den Umsatzsteueranspruch des Fiskus zu sichern und nicht den Abtretungsempfänger zum vorrangig in Anspruch zu nehmenden Steuerschuldner zu machen.[74]

Die nach § 13 c UStG vorausgesetzte Fälligkeit tritt für die Vorauszahlung nach § 18 Abs. 1 Satz 3 UStG am zehnten Tag nach Ablauf des Voranmeldungszeitraums ein.[75] Die Jahressteuer ist gemäß § 18 Abs. 4 UStG einen Monat nach Eingang der (abweichenden) Anmeldung oder Bekanntgabe des Steuerbescheides fällig. Hat der leistende Unternehmer die für den Voranmeldungszeitraum festgesetzte Umsatzsteuer, bei deren Berechnung der steuerpflichtige Umsatz berücksichtigt wurde, bei Fälligkeit entrichtet, ist für diesen Umsatz der Haftungstatbestand nicht (mehr) erfüllt, wenn anschließend eine in der Anmeldung bzw. Festsetzung für das Kalenderjahr abweichend festgesetzte Steuer nicht bei deren Fälligkeit entrichtet wurde. Entscheidend ist nur, ob der leistende Unternehmer die festgesetzte Steuer für den betreffenden Voranmeldungszeitraum nicht entrichtet hat, falls dort angemeldet oder festgesetzt wurde. Da die jeweilige Steueranmeldung das Ergebnis einer Saldierung der Steuer- und Vorsteuerbeträge des betroffenen Anmeldungszeitraums ist, wird nicht die Steuer für einen bestimmten Umsatz entrichtet.

Wird jedoch über das Vermögen des leistenden Unternehmers das Insolvenzverfahren eröffnet, so können die Steuerbeträge nicht mehr festgesetzt werden, so dass das Steuerfestsetzungsverfahren unterbrochen wird. Sollte der Umsatzsteu-

---

73 Vgl. Haunhorst, S., in: Reiß, W./Kraeusel, J./Langer, M., UStG, § 13 c UStG, Rn. 30.

74 A.A. wohl Wiese, G./Gradl, S., DB 2004, 844 (844), die von einer gleichrangigen Haftung ausgehen.

75 Vgl. Wagner, W., in: Sölch, O./Ringleb, K., UStG, § 13 c UStG, Rn. 31.

erbetrag, für den gehaftet werden soll, durch den Insolvenzverwalter bzw. den Insolvenzschuldner angemeldet worden sein, so gilt die Umsatzsteuer gemäß § 41 Abs. 1 InsO insoweit als fällig i.S.d. § 13 c UStG.[76] Entsprechendes gilt, wenn die Umsatzsteuer von Amts wegen zur Insolvenztabelle angemeldet worden ist.[77]

Problematisch ist die Anknüpfung des Gesetzes an den Zeitpunkt der Fälligkeit in Fällen der Aussetzung der Vollziehung der Steuerschuld.[78] Nach § 13 c Abs. 1 Satz 2 UStG gilt die Steuer als noch nicht fällig, wenn die Vollziehung der festgesetzten Umsatzsteuer gegenüber dem leistenden Unternehmer ausgesetzt ist. Eine Inanspruchnahme des Abtretungsempfängers scheidet beispielsweise aus, wenn es ernsthaft zweifelhaft ist, ob die vom Abtretenden erbrachte, der abgetretenen Forderung zugrunde liegende Leistung der Umsatzsteuerbesteuerung unterliegt und deshalb die Aussetzung der Vollziehung nach § 361 AO gewährt wird. Denn diese ist erst in dem Zeitpunkt, in dem die festgesetzte Steuer fällig wird, frühestens also ab Vereinnahmung der Forderung, möglich.[79] Somit muss das Finanzamt vor Erlass des entsprechenden Haftungsbescheides prüfen, ob eine Aussetzung der Vollziehung der festgesetzten Steuer gewährt worden ist. Ist dies der Fall, so ist der Erlass des Haftungsbescheides (zumindest vorläufig) zurückzustellen.[80]

Allerdings dürften die Konstellationen problematischer sein, in denen es nachträglich – nach Ergehen eines Haftungsbescheides gegenüber dem Abtretungsempfänger – zur Aussetzung der Vollziehung der Steuerschuld kommt. Es bestehen dann bei diesen, nicht mehr als fällig geltenden Forderungen Zweifel am Vorliegen der Haftungsvoraussetzungen. Diesbezüglich drängt sich die Frage auf, ob die bei Erlass des Haftungsbescheides vorgelegenen Voraussetzungen nicht mit der Gewährung der Aussetzung der Vollziehung im Nachhinein weggefallen sind. Abweichend von den sonstigen Fällen des Erlasses eines Haftungsbescheides nach § 191 AO dürfte für die Frage der Rechtmäßigkeit des Haftungsbescheides nicht der Zeitpunkt des Erlasses der Einspruchsentscheidung, sondern der der mündlichen Verhandlung maßgebend sein, weil in den Fällen des § 13 c UStG der Finanzbehörde kein Ermessen eingeräumt ist. Die Aussetzung der Vollziehung der Umsatzsteuerschuld, die nach dem Erlass eines Haftungsbescheides erfolgt, führt mithin zur Rechtswidrigkeit desselben. Deshalb wäre eine Rücknahme des Haftungsbescheides nach § 130 AO geboten, mit der Folge, dass der Haftungsschuldner, der auf den Haftungsbescheid hin ge-

---

76 Hierauf wird in Kapitel IV noch genauer eingegangen.

77 Vgl. BMF-Schreiben v. 24.5.2004, IV B 7 – S-7279a – 17/04, IV B 7 – S-7279b – 2/04, BStBl. I 2004, 514, Rn. 17.

78 Vgl. Haunhorst, S., in: Reiß, W./Kraeusel, J./Langer, M., UStG, § 13 c UStG, Rn. 22.

79 Vgl. BMF-Schreiben v. 24.5.2004, IV B 7 – S-7279a – 17/04, IV B 7 – S-7279b – 2/04, BStBl. I 2004, 514, Rn. 15.

80 Vgl. Haunhorst, S., in: Reiß, W./Kraeusel, J./Langer, M., UStG, § 13 c UStG, Rn. 23.

zahlt hat, infolge der sodann gewährten Aussetzung der Vollziehung den gezahlten Betrag zurückfordern kann.[81]

Zu beachten ist in diesem Zusammenhang § 13 c Abs. 1 Satz 2 UStG, wonach bei Aussetzung der Vollziehung eine Fälligkeit nicht gegeben ist. Die Formulierung des Satzes 2 ist hinsichtlich des Gegenstandes der Aussetzung unklar. Die Aussetzung der Vollziehung sollte die Steuerfestsetzung betreffen, bei deren Berechnung dieser Umsatz berücksichtigt worden ist, denn es geht um die vollständige oder nicht vollständige Entrichtung dieser Steuer.[82]

2.3.3 Entgeltsbestimmung bei Abtretung der Entgeltsforderung

Um die Umsatzsteuer überhaupt festsetzen zu können, ist sie zunächst zu bestimmen, was insbesondere bei der Forderungsabtretung und beim Factoring[83] nicht unproblematisch erscheint. Bemessungsgrundlage ist das in § 10 Abs. 1 Satz 2 UStG gesetzlich fixierte Entgelt bzw. alles, was der Leistungsempfänger aufwendet, um die Leistung zu erhalten, abzüglich des darin enthaltenen Umsatzsteuerbetrages.

Zu klären ist, welche Auswirkungen sich auf den Entgeltsumfang beim Leistenden und Vorsteuerabzug beim Leistungsempfänger bei Abtretung der Entgeltsforderungen durch den Leistenden ergeben, vor allem wenn sie gegen einen unter dem Nennwert der Entgeltsforderung liegenden Betrag erfolgt. Nach h.M. wird national bei § 10 Abs. 1 Satz 2 UStG darauf abgestellt, was der Leistungsempfänger tatsächlich für die Leistung aufwendet.[84] Demgegenüber bestimmt Art. 11 Teil A Abs. 1 Buchst. a der 6. EG-Richtlinie (Art. 73 MwStSystRL) als Bemessungsgrundlage alles, was den Wert der Gegenleistung bildet, die der Lieferer oder Dienstleistende erhält.[85] Praktisch gesehen entspricht gleichwohl die Richtlinienregelung § 10 Abs. 1 UStG, da die Aufwendung des Leistungsempfängers für die Leistung normalerweise auf den Leistenden übergehen. Dabei darf es bei der anderen Bezugsperson – bei der Abtretung – nicht zu einem anderen Ergebnis der Entgeltsbestimmung nach § 10 Abs. 1 UStG führen, denn beide Vorschriften beruhen auf der systematischen Vorstellung, dass sich Aufwendungsausgang beim Leistenden und Aufwendungszugang beim Empfänger decken müssen. Vielmehr ist zu prüfen, ob bei diesem Ausgangspunkt die Voraussetzung entsprechend der bisherigen h.M. zutrifft, also die Vornahme einer spä-

81 Vgl. Haunhorst, S., in: Reiß, W./Kraeusel, J./Langer, M., UStG, § 13 c UStG, Rn. 24.

82 Vgl. Wagner, W., in: Sölch, O./Ringleb, K., UStG, § 13 c UStG, Rn. 41.

83 Die Einordnung des Factoring in den Anwendungsbereich des § 13 c UStG wird in Kapitel II.4.1 näher erläutert.

84 Vgl. BFH, Urt. v. 27.5.1987 - X R 2/81, BStBl. II 1987, 739.

85 Beide Definitionen stimmen grundsätzlich überein, da der Leistungsempfänger i.d.R. genau das erhält, was der Empfänger zuvor aufgewendet hat, vgl. Leonard, A., in: Bunjes, J./Geist, R., UStG, § 10 UStG, Rn. 3.

teren Berichtigung des Entgelts und des Vorsteuerabzugs beim Leistungsempfänger nach Maßgabe des zuletzt vom Zessionar vereinnahmten oder beigetriebenen Betrages.[86] Nach dem Urteil des BGH vom 26.2.1997[87] entsteht in der Person des Zedenten ein auf § 17 Abs. 2 Nr. 1 UStG beruhender Steuererstattungsanspruch, wenn im Rahmen des echten Factoringgeschäfts die Forderung ausfällt und danach die abgetretene Kaufpreisforderung uneinbringlich wird.[88] Dagegen ist bei Abtretung unter Preis an einen Factor als umsatzsteuerliche Konsequenz eine Berichtigung i.S. einer Entgeltsminderung gemäß § 17 Abs. 1 UStG durch diese nachträgliche Änderung der Bemessungsgrundlage durchzuführen.

2.3.4 „Vereinnahmung" der Forderung einschließlich des geschuldeten Umsatzsteuerbetrages

Eingeschränkt wird die Haftungsinanspruchnahme dadurch, dass nach Maßgabe des § 13 c Abs. 2 UStG der Abtretungsempfänger für die in der Forderung enthaltene Umsatzsteuer nur „einzustehen" hat, soweit sie in dem von ihm vereinnahmten Betrag enthalten ist. Somit setzt die Haftung voraus, dass der Abtretungsempfänger die Forderung ganz oder teilweise bereits vereinnahmt hat.[89] Die Bedeutung des Merkmals der Vereinnahmung sowie dessen Zweck liegen folglich in der Begrenzung der Haftungsinanspruchnahme des Abtretungsempfängers.

Bei der Frage, ob eine Forderungsabtretung bereits als Vereinnahmung gewertet werden kann, muss zwischen zwei Arten von Forderungsabtretungen unterschieden werden: Wird die Forderung dem ursprünglich Leistenden (Zedent) zwecks bzw. statt Zahlung abgetreten, so führt diese Abtretung beim Leistenden im Abtretungszeitpunkt zu einer Vereinnahmung, soweit die Abtretung an Zahlungs Statt gemäß § 364 Abs. 1 BGB erfolgt. Regelmäßig erfolgt die Forderungsabtretung jedoch nur erfüllungshalber (§ 364 Abs. 2 BGB). In diesem Falle löst sie nur dann die Vereinnahmung im Abtretungszeitpunkt aus, wenn es sich um eine bereits fällige, einziehbare Forderung handelt.[90] Ist die abgetretene Forderung dagegen noch nicht fällig oder einziehbar, wird das Entgelt erst bei Zahlung bzw. Erfüllung der abgetretenen Forderung vereinnahmt.[91]

---

86 Vgl. Wagner, W., in: Sölch, O./Ringleb, K., UStG, § 10 UStG, Rn. 72.
87 Vgl. BGH, Urt. v. 26.2.1997 - VIII ZR 128/96, NJW-RR 1997, 604.
88 Vgl. Wagner, W., in: Sölch, O./Ringleb, K., UStG, § 10 UStG, Rn. 73; siehe hierzu weiter Kapitel II. 4.1.1.
89 Vgl. Haunhorst, S., in: Reiß, W./Kraeusel, J./Langer, M., UStG, § 13 c UStG, Rn. 34.
90 Vgl. BFH, Urt. v. 22.4.1966 - VI 137/65, BStBl. III 1966, 394; BFH, Urt. v. 30.10.1980 - IV R 97/78, BStBl. II 1981, 305.
91 Vgl. Nieskens, H., in: Rau, G./Dürrwächter, E., UStG, § 13 UStG, Anm. 201.

In dem Fall der nur teilweisen Vereinnahmung der abgetretenen Forderung gilt nach dem Wortlaut („soweit"), dass sich die Haftung auf die Umsatzsteuer, die im tatsächlich vereinnahmten Betrag enthalten ist, beschränkt.[92] In jeder vereinnahmten Teilforderung ist ein entsprechender Umsatzsteuerbetrag enthalten. Dieser Betrag ist für die Ermittlung der Höhe der Haftungssumme aus der vereinnahmten Forderung herauszurechnen und zwar – wegen der Unselbstständigkeit der Umsatzforderung – selbst dann, wenn der Abtretungsempfänger darauf hinwirkt, dass etwaige Zahlungen zunächst auf die Hauptforderung und erst im Anschluss auf die Umsatzsteuerforderung erfolgen.[93]

Probleme in Bezug auf die Vereinnahmung ergeben sich bei einem trotz Abtretung erfolgten Forderungseinzug durch den leistenden Unternehmer selbst. Leitet der die Leistung erbringende Unternehmer die eingezogene Forderung an den Abtretungsempfänger weiter oder gibt er dem Abtretungsempfänger die Möglichkeit des Zugriffs auf den eingezogenen Geldbetrag, so geht die Finanzverwaltung von einer Vereinnahmung der Forderung durch den Abtretungsempfänger aus. Nach der Auffassung der Finanzverwaltung soll bei Verkauf der Forderung durch den leistenden Unternehmer grundsätzlich noch keine Vereinnahmung durch den Abtretungsempfänger vorliegen, sofern der Kaufpreis tatsächlich in den Verfügungsbereich des leistenden Unternehmers gelangt, d.h. der Abtretungsempfänger nicht die Möglichkeit des Zugriffs erlangt.[94]

Im Falle der Insolvenz[95] bestehen indes in Bezug auf die Frage der Vereinnahmung der abgetretenen Forderung Unklarheiten. Zieht der im Insolvenzverfahren über das Vermögen des leistenden Unternehmers bestellte Insolvenzverwalter die Forderung anstelle des Abtretungsempfängers i.S.d. § 166 Abs. 2 InsO ein, geht die Finanzverwaltung von der Vereinnahmung des Betrages nach Abzug der Feststellungs- und Verwertungskosten (§ 170 InsO) durch den Abtretungsempfänger aus. Grund hierfür ist das durch die Abtretung begründete Absonderungsrecht (§§ 49 ff. InsO) des Abtretungsempfängers.[96]

Im Ergebnis dürfte es an einer Vereinnahmung fehlen, wenn es tatsächlich infolge der Unwirksamkeit der Abtretung zu einer Rückerstattung des Erlangten durch den Abtretungsempfänger kommt.[97] Ein Haftungsbescheid muss in einem solchen Fall nach § 131 AO widerrufen werden. Auch die Finanzverwaltung folgt – wie bereits ausgeführt – dieser Ansicht und geht davon aus, dass sich die

---

92 Vgl. BMF-Schreiben v. 24.5.2004, IV B 7 – S-7279a – 17/04, IV B 7 – S-7279b – 2/04, BStBl. I 2004, 514, Rn. 18.

93 Vgl. Haunhorst, S., in: Reiß, W./Kraeusel, J./Langer, M., UStG, § 13 c UStG, Rn. 35.

94 Vgl. BMF-Schreiben v. 24.5.2004, IV B 7 – S-7279a – 17/04, IV B 7 – S-7279b – 2/04, BStBl. I 2004, 514, Rn. 19 f.

95 Siehe hierzu ausführlich in Kapitel IV.

96 Vgl. BMF-Schreiben v. 24.5.2004, IV B 7 – S-7279a – 17/04, IV B 7, S-7279b – 2/04, BStBl. I 2004, 514, Rn. 21; de Weerth, J., ZinsO 2004, 190 (190).

97 Vgl. Haunhorst, S., in: Reiß, W./Kraeusel, J./Langer, M., UStG, § 13 c UStG, Rn. 40.

Haftung letztlich auf die in dem endgültig vereinnahmten Betrag enthaltene Umsatzsteuer beschränkt, wenn der Abtretungsempfänger den zunächst vereinnahmten Betrag ganz oder teilweise an den leistenden Unternehmer zurückerstattet. Hingegen fehlt es an einer Vereinnahmung nicht, wenn der Abtretungsempfänger einen der Umsatzsteuerschuld entsprechenden Betrag an den leistenden Unternehmer zahlt, ohne dass bei diesem die Unwirksamkeit der Abtretung zugrunde liegt.[98] Es kann keine Rückgängigmachung der einmal erfolgten Vereinnahmung durch die Verwendung des Betrages, d.h. die Zahlung an den Unternehmer, erfolgen.[99] Bei einer nachträglichen nach § 17 UStG berichtigten Steuerschuld ist für eine Haftung nach § 13 c UStG maßgeblich, dass der abtretende Unternehmer in einem solchen Fall nur dann eine entsprechende Berichtigung durchführen kann, wenn er seitens des Abtretungsempfängers über den (zum Teil) eintretenden Forderungsausfall Kenntnis erlangt.[100]

Mit einem neuen BMF-Schreiben vom 30.1.2006[101] wird klarstellend die Vereinnahmungsvoraussetzung abgetretener Forderungen durch den Abtretungsempfänger erörtert. Hierbei werden die Fälle, in denen der Abtretungsempfänger von seiner Einziehungsbefugnis und von seiner Verfügungsbefugnis Gebrauch macht, dargestellt. Eine Vereinnahmung durch den Abtretungsempfänger liegt in den Fällen der Sicherungsabtretung vor, wenn dieser die Forderung unter Offenlegung der Sicherungsabrede selbst beim Schuldner der Forderung einzieht. In diesem Fall entzieht der Abtretungsempfänger dem leistenden Unternehmer dessen Einziehungsbefugnis aufgrund der im Rahmen der Globalzession getroffenen Vereinbarungen. Dies gilt entsprechend hinsichtlich der Vereinnahmung des Kaufpreises für eine abgetretene Forderung durch den Forderungskäufer bzw. Abtretungsempfänger (Abschnitt 182 b Abs. 20 UStR), soweit der Kaufpreis auf einem beim Forderungsverkäufer geführten Konto des leistenden Unternehmers eingeht.

Die Forderung gilt auch in den Fällen einer Vereinnahmungsfiktion als vereinnahmt, wenn die Forderung an einen Dritten abgetreten wird und zwar unabhängig von der Höhe des hierfür enthaltenen Betrages, § 13 c Abs. 1 Satz 3 UStG. Somit besteht eine Haftung selbst dann, wenn der Abtretende gar kein oder lediglich ein unter dem Nennbetrag der Forderung liegendes Entgelt erhält.[102] Nach den Vorstellungen des Gesetzgebers wird die Haftung der Höhe nach auch im Hinblick auf den in der vereinnahmten Forderung enthaltenen Umsatzsteuer-

98 Vgl. BMF-Schreiben v. 24.5.2004, IV B 7 – S-7279a – 17/04, IV B 7 – S-7279b – 2/04, BStBl. I 2004, 514, Rn. 22.

99 Vgl. Haunhorst, S., in: Reiß, W./Kraeusel, J./Langer, M., UStG, § 13 c UStG, Rn. 40.

100 Vgl. Slotty-Harms, U./Jansen, A., UR 2004, 221 (222).

101 BMF-Schreiben v. 30.1.2006, IV A 5 – S-7279a – 2/06, BStBl. I 2004, 514, Rn. 18.

102 Vgl. BMF-Schreiben v. 24.5.2004, IV B 7 – S-7279a – 17/04, IV B 7 – S-7279b – 2/04, BStBl. I 2004, 514, Rn. 23.

betrag begrenzt.[103] Nach dem Gesetzeswortlaut erscheint es unerheblich, ob es sich um eine Sicherungsabtretung oder eine in sonstiger Weise bedingte Abtretung handelt. Mithin geht die gesetzliche Fiktion bei der nochmaligen Abtretung durch den Abtretungsempfänger stets von einer vollständigen Vereinnahmung der Forderung aus.[104] Daraus ist im Ergebnis zu folgen, dass sich für den Haftungsschuldner bei Weiterabtretung das Haftungsrisiko relativ erhöht, wenn sein Erlös unter dem Nennwert der Forderung liegt. Die Berechnung der Umsatzsteuer, für die der Abtretungsempfänger haftet, erfolgt dadurch, dass die in der abgetretenen Forderung enthaltene Umsatzsteuer (abgetretene Umsatzsteuer) zu der Umsatzsteuer auf die gesamten Umsätze in Verhältnis zu setzen ist. Der hierauf zu entfallende Hundertsatz ist auf die festgesetzte Steuer (Zahllast) anzuwenden. Der ermittelte Betrag stellt die in der festgesetzten Umsatzsteuer enthaltene abgetretene Umsatzsteuer dar. Weiterhin ist zu prüfen, in welcher Höhe die in den Gesamtumsätzen enthaltene abgetretene Umsatzsteuer entrichtet worden ist. Hierzu ist der entrichtete Betrag zu der gesamten festgesetzten Steuer in Verhältnis zu setzen, welches auf die in den Gesamtumsätzen enthaltene Umsatzsteuer anzuwenden ist. Hieraus resultiert der Haftungsbetrag.[105] Da der Abtretungsempfänger nur in Höhe der in dem vereinnahmten Betrag enthaltenen Umsatzsteuer haftet, verbleibt – so nur der Hinweis – eine Umsatzsteuerschuld beim leistenden Unternehmer.

Bei der Frage um die Vereinnahmung geht es im Ganzen um den übergeordneten Gesichtspunkt, dass der Zessionar die abgetretene Forderung mit darin (theoretisch) enthaltenem Umsatzsteueranteil vereinnahmt hat und ihm letztlich die Einziehung des Forderungsbetrages zugute kommt.

Der Betrag ist unter den Voraussetzungen vereinnahmt, wie sie allgemein im Rahmen der Besteuerung nach vereinnahmten Entgelten gemäß § 20 UStG und § 13 Abs. 1 Nr. 1 a Satz 4 und Nr. 1 b UStG gelten. Die Formulierung in § 13 c Abs. 1 Satz 1 UStG setzt dabei nicht voraus, dass der Abtretungsempfänger selbst den Betrag vereinnahmt. Eine Vereinnahmung durch den Abtretungsempfänger ist mithin auch dann gegeben, wenn dieser die Einziehung der Forderung dem Abtretenden überlässt.[106] Jedoch legt die Finanzverwaltung § 13 c Abs. 1 Satz 1 UStG richtigerweise so aus, dass der Zessionar die Forderung vereinnahmt haben muss. Im Umkehrschluss bedeutet dies, dass eine Vereinnahmung nicht gegeben ist, wenn die Forderung trotz Abtretung vom Steuerschuldner

---

[103] Vgl. Slotty-Harms, U./Jansen, A., UR 2004, 221 (221); EuGH, Urt. v. 26.6.2003 - Rs. C-305/01, Slg. 2003, I-6739.

[104] Vgl. Haunhorst, S., in: Reiß, W./Kraeusel, J./Langer, M., UStG, § 13 c UStG, Rn. 42.

[105] Vgl. Slotty-Harms, U./Jansen, A., UR 2004, 221 (223).

[106] Vgl. Stadie, H., in: Rau, G./Dürrwächter, E., UStG, § 13 c UStG, Rn. 46; Wagner, W., in: Sölch, O./Ringleb, K., UStG, § 13 c UStG, Rn. 38.

vereinnahmt wurde.[107] Die Vereinnahmung durch den Zessionar ist demnach so zu verstehen, dass dem Zessionar der vom Forderungsschuldner eingezogene Betrag zur Verfügung steht. Letztlich muss die Einziehung dieses Betrages wirtschaftlich dem Abtretungsempfänger zugute kommen.

Weiterhin ist es unerheblich, an wen der Forderungsschuldner zahlt. Wird an den Zessionar gezahlt, da ihm gegenüber die Zession offen gelegt wurde, und leitet dieser dennoch den Betrag an den Zedenten zur freien Verwendung weiter, so liegt gerade keine haftungsbegründende Vereinnahmung nach § 13 c UStG durch den Zessionar vor. Zahlt er umgekehrt an den Zedenten und leitet dieser den Betrag an den Zessionar weiter, beispielsweise durch vorherige Vereinbarung dieses Vorgehens oder durch Eintreten des Sicherungsfalles – mit Widerruf der Einziehungsbefugnis durch den Zessionar –, so liegt eindeutig eine Vereinnahmung durch den Abtretungsempfänger i.S.d. § 13 c UStG vor[108], da dem Abtretungsempfänger der Forderungsbetrag wirtschaftlich zuwächst. Daher ist es völlig zutreffend, dass eine Vereinnahmung durch den Abtretungsempfänger auch dann vorliegt, falls auf Veranlassung des Zedenten Zahlungen auf ein Konto erfolgen, auf welches der Zessionar Zugriff erhält. Gleiches gilt, wenn der Insolvenzverwalter die Forderung nach § 166 Abs. 2 InsO eingezogen hat, wegen des Absonderungsrechts gemäß § 170 InsO aber den Verwertungserlös an den Zessionar – nach Abzug der Kosten der Feststellung und Verwertung – weiterleitet.[109]

Mithin lässt sich grundsätzlich feststellen, dass eine Vereinnahmung durch den Abtretungsempfänger stets, aber auch nur dann vorliegt, wenn der eingezogene Betrag dem Abtretungsempfänger so zugänglich gemacht wird, dass er darüber frei verfügen kann oder anders formuliert, wenn dieser Betrag seinem Vermögen endgültig (wirtschaftlich) zugeführt wird. Dabei ist es unerheblich, auf welchem Wege dies geschieht. Es ist also nicht erforderlich, dass der Forderungsschuldner unmittelbar an ihn zahlt. Umgekehrt reicht jedoch auch die Zahlung an ihn nicht aus, wenn der eingezogene Betrag ihm gerade nicht zur freien Verwendung verbleibt, sondern er ihn an den Zedenten auskehrt.[110] Im Umkehrschluss bedeutet die Vereinnahmung beim Zessionar für die haftungsauslösende Rechtsfolge des § 13 c UStG, dass der Forderungsbetrag dem Zedenten (endgültig) nicht für die Bezahlung der Umsatzsteuerschuld zur Verfügung steht.

---

[107] Vgl. Reiß, W., Factoring, in: Carlé, D./Stahl, R./Strahl, M., Gestaltung und Abwehr im Steuerrecht, S. 542.

[108] Vgl. Reiß, W., Factoring, in: Carlé, D./Stahl, R./Strahl, M., Gestaltung und Abwehr im Steuerrecht, S. 543.

[109] Vgl. BMF-Schreiben v. 24.5.2004, IV B 7 – S-7279a – 17/04, IV B 7 – S-7279b – 2/04, BStBl. I 2004, 514, Rn. 19-22; hierzu wird in Kapitel IV.3.4 noch näher eingegangen.

[110] Vgl. Stadie, H., in: Rau, G./Dürrwächter, E., UStG, § 13 c UStG, Rn. 53; Reiß, W., Factoring, in: Carlé, D./Stahl, R./Strahl, M., Gestaltung und Abwehr im Steuerrecht, S. 543.

2.3.4.1 Merkmal der Vereinnahmung bei der Globalzession

In der Besteuerungspraxis bereitet insbesondere das Haftungskriterium der Vereinnahmung der Forderung durch den Abtretungsempfänger Schwierigkeiten, da eine Legaldefinition diesbezüglich nicht existiert. Problematisch sind einerseits tatsächliche Forderungsverkäufe, bei denen der Abtretungsempfänger eine Gegenleistung für den Erwerb der Forderung entrichtet und daher dem Grunde nach keine Gefährdung der Umsatzsteueransprüche des Fiskus eintreten kann.[111] Auf der anderen Seite ist die Anwendung des § 13 c UStG auf sämtliche Formen der „stillen" Zession von Forderungen umstritten, bei denen der leistende Unternehmer die abgetretenen Forderungen selbst einzieht. Auch das jüngste BMF-Schreiben vom 30.1.2006[112] praktiziert eine eher weite Auslegung des Vereinnahmungsbegriffs bei Globalzessionen.

Fraglich bleibt, ob § 13 c UStG auch bei sog. stillen Abtretungen, die gewöhnlich in Form der Globalzession bestehen, Anwendung findet und wie sich das Kriterium der „Vereinnahmung" diesbezüglich auswirkt. Bei der Globalzession tritt der Kreditnehmer seine gegenwärtigen und künftigen Forderungen gegen seine Kunden (meist verdeckt) zur Sicherung eines Kredits ab, d.h. mit Blick auf § 13 c UStG und das Merkmal der Vereinnahmung wird bei der stillen Zession der Forderungsbetrag vom Zedenten „vereinnahmt" und an den Zessionar weitergeleitet. Der Unternehmer (Abtretende) konnte ohne die Regelung des § 13 c UStG beispielsweise aus Liquiditätsmangel nicht in der Lage sein, seine Umsatzsteuerschuld zu begleichen, da die auf die Forderung entfallende Umsatzsteuer vom Kunden an den Kreditgeber (Abtretungsempfänger) und nicht an den Unternehmer gezahlt wurde. In dem Entwurf des BMF-Schreibens[113] zu § 13 c UStG wurde die Rechtsauffassung vertreten, dass § 13 c UStG keine Anwendung findet, wenn der leistende Unternehmer die Forderung trotz Abtretung, Verpfändung oder Pfändung weiterhin im eigenen Namen und für eigene Rechnung einzieht. Jedoch wird in dem BMF-Schreiben vom 24.5.2004[114] hierzu Gegenteiliges ausgeführt. Danach gilt in den Fällen der Sicherungsabtretung die Forderung durch den Abtretungsempfänger auch dann als vereinnahmt, soweit der leistende Unternehmer die Forderung selbst einzieht und den Geldbetrag an den Abtretungsempfänger weiterleitet oder soweit der Abtretungsempfänger die Möglichkeit des Zugriffs auf den Geldbetrag hat. Jedoch erweist sich das Tatbestandsmerkmal der Vereinnahmung von Forderungen bei solchen stillen Abtretungen als grundsätzlich problematisch, denn für eine Haftung des Abtretungsempfängers müsste die Forderungsvereinnahmung des abtretenden Unternehmers dem Abtretungsempfänger zugerechnet werden, was wirtschaftlich klar zu

[111] Vgl. Hahne, K. D., UR 2006, 433 (434).

[112] BMF-Schreiben v. 30.1.2006, IV A 5 – S-7279a – 2/06, BStBl. I 2006, 207.

[113] Vgl. Entwurf eines BMF-Schreibens zu §§ 13 c und 13 d UStG, BT-Drucks. 15/1562.

[114] Vgl. BMF-Schreiben v. 24.5.2004, IV B 7 – S-7279a – 17/04, IV B 7 – S-7279b – 2/04, BStBl. I 2004, 514, Rn. 21.

bejahen ist im Rahmen der Globalzession. In der Forderungsvereinnahmung und in der Weiterleitung der erlösten Beträge an den Abtretungsempfänger liegen nicht zwei voneinander zu trennende Tatbestände vor, womit die Weiterleitung der erlösten Beträge als Vereinnahmung der Forderungen durch den Abtretungsempfänger anzusehen ist, da ihm letztlich der Forderungsbetrag zuzurechnen ist, indem (und wenn) die Einziehung – wie üblicherweise bei stiller Zession – für Rechnung des Abtretungsempfängers erfolgt.[115] Im umgekehrten Fall, in dem der Betrag nicht an den Abtretungsempfänger „weitergeleitet" wird, liegt eine Vereinnahmung durch den Abtretungsempfänger in den Fällen des Forderungsverkaufs nicht vor, denn der Forderungsverkäufer erhält den Kaufpreis vom Zessionar tatsächlich zu seiner freien Verfügung.[116]

§ 13 c UStG stellt schließlich darauf ab, inwieweit der Zessionar die abgetretene Forderung im Sinne einer wirtschaftlichen Zurechnung vereinnahmt hat, und nicht darauf, dass der Zedent als Forderungsverkäufer vom Abtretungsempfänger als Forderungskäufer den Kaufpreis für die Forderung zur freien Verfügung erhalten hat. Die Frage, aus welchem Rechtsgrund die Forderungsabtretung erfolgte, wird in § 13 c UStG gerade nicht gestellt. Entscheidend ist allein, wer die abgetretene Forderung vereinnahmt hat, und nicht, ob eine der Abtretung zugrunde liegende Verbindlichkeit aus dem Kausalgeschäft – hier der Kauf – erfüllt wurde oder eben nicht.

Zwar liegt der Haftung des Abtretungsempfängers nach § 13 c UStG die Empfehlung des BRH zugrunde, wonach dieser hauptsächlich beanstandet, dass es zu großen Ausfällen im Zusammenhang mit Globalzessionen gekommen sei.[117] Die Globalzession ist das typische Sicherungsmittel im Zusammenhang mit einer Kreditgewährung an Unternehmer, worauf sie jedoch nicht beschränkt ist. Auch das Factoring – echtes wie unechtes – ist regelmäßig mit der Globalzession verbunden. Aber weder der BRH noch der Gesetzgeber haben zum Ausdruck gebracht, dass § 13 c Abs. 1 UStG nur Abtretungen aufgrund von Globalzessionen erfassen soll.[118] Allerdings könnte ein gewisser Anhaltspunkt dafür sprechen, dass lediglich zur Sicherheit abgetretene Forderungen erfasst sein sollen. Denn nach § 13 c Abs. 3 UStG werden Pfändungen, Verpfändungen von Forderungen den Abtretungen gleichgestellt. Nur die Sicherungszession ersetzt gerade typischerweise die Verpfändung. Somit könnte sich hieraus eine teleologische Einschränkung des § 13 c Abs. 1 UStG dahingehend rechtfertigen, dass lediglich solche Forderungsabtretungen erfasst werden sollen, die ihre causa in einer Si-

115 A.A. Hahne, K. D., UR 2004, 633 (636 f.).

116 Vgl. Reiß, W., Factoring, in: Carlé, D./Stahl, R./Strahl, M., Gestaltung und Abwehr im Steuerrecht, S. 544.

117 Vgl. Bericht des BRH vom 3.9.2003, BT-Drucks. 15/1495, 41; Hahne, K. D., DStR 2004, 210 (210); ders. BB 2003, 2720 (2720).

118 Vgl. Reiß, W., Factoring, in: Carlé, D./Stahl, R./Strahl, M., Gestaltung und Abwehr im Steuerrecht, S. 544.

cherheitsleistung für eine Kreditgewährung haben.[119] Bei Forderungsverkäufen sind nicht nur Globalzessionen betroffen, sondern grundsätzlich auch ABS-Transaktionen – falls diese von § 13 c UStG überhaupt erfasst sein sollen – sowie (echte) Factoring-Geschäfte denkbar, an denen das Merkmal der Vereinnahmung ebenfalls zu beurteilen ist.[120]

2.3.4.2 Vereinnahmung im Zusammenhang mit echtem sowie unechtem Factoring

Geht man nun von einer derartigen teleologischen Einengung aus, so fallen weder Forderungsverkäufe im Rahmen von ABS-Transaktionen noch ein Zusammenhang mit dem echten Factoring unter § 13 c UStG.[121] Jedoch erwähnt der Gesetzesentwurf der Bundesregierung ausdrücklich das echte Factoring als Anwendungsfall des § 13 c UStG[122], indem auch unter anderem der echte Factor als Unternehmer i.S.d. § 2 UStG qualifiziert wird. Der Gesetzestext verlangt auch lediglich eine Abtretungshandlung und keinen Umsatz des Abtretenden an den Abtretungsempfänger. Zwar schließt dies eine teleologische Einschränkung nicht zwangsweise aus, es lässt eine solche jedoch als sehr problematisch erscheinen, was sich insbesondere bei ABS-Transaktionen (u.a. Kapitel II.2.3.4.3) zeigt.[123] Denn der BFH hat über das Urteil des EuGH hinaus eine Leistung des Anschlusskunden an das Factoring-Unternehmen verneint, obwohl das echte Factoring zivilrechtlich im Kern als Forderungsverkauf durch den Anschlusskunden angesehen wird. Somit erscheint zumindest fraglich, ob § 13 c UStG auf das echte Factoring anzuwenden ist, da umsatzsteuerlich im Ergebnis ein Forderungsverkauf des Anschlusskunden an den Factor verneint wird.[124]

Beim Factoring-Geschäft lässt sich das Factoring-Unternehmen Forderungen des sog. Anschlusskunden (Unternehmer) vor Fälligkeit abtreten und bezahlt diese sofort, allerdings mit einem gewissen Abschlag. Zu betonen ist, dass der Factor keine pauschale Finanzierungsleistung erbringt und sich hierfür – im Unterschied zur Globalzession – Forderungen zur Sicherheit abtreten lässt, sondern dass der Anschlusskunde für jede konkrete Einzelforderung Geld erhält.

Jedenfalls ist nicht das echte Factoring oder gar der Forderungskauf ohne Übernahme des Forderungseinzugs in eine Kreditgewährung des Forderungskäufers

119 Vgl. Reiß, W., in: Weber, S./Reiß, W., BB 2004, 1367 (1373); Hahne, K. D., DStR 2004, 210 (210).
120 Weiterführend Kapitel II.5.1 ff.
121 Siehe hierzu Kapitel II.5.1 ff.
122 Vgl. BR-Drucks. 630/03, 78.
123 Vgl. Reiß, W., Factoring, in: Carlé, D./Stahl, R./Strahl, M., Gestaltung und Abwehr im Steuerrecht, S. 545.
124 Vgl. BFH, Urt. v. 4.9.2003 - V R 34/99, UR 2004, 32; Slotty-Harms, U./Jansen, A., UR 2004, 221 (224).

an den Forderungsverkäufer umzudeuten, wie es das BMF in Bezug auf die materiell-rechtliche Beurteilung der §§ 1, 2 UStG begehrt.[125] Für § 13 c UStG kann nur maßgebend sein, dass zivilrechtlich gerade keine Sicherungszession für einen Kredit vorliegt, sondern in beiden Fällen ein echter Forderungskauf.[126]

Nimmt man nun den Forderungskauf aufgrund problematischer teleologischer Reduktion allerdings vom Anwendungsbereich des § 13 c UStG aus, so kann entgegen der Auffassung der Finanzverwaltung nicht vorausgesetzt werden, dass der Zedent den Kaufpreis zur freien Verfügung erhalten hat.[127] Dies würde schlicht eine freie Rechtsfindung darstellen und mit einer teleologischen Reduktion nichts mehr gemeinsam haben, denn § 13 c UStG handelt von der Vereinnahmung der abgetretenen Forderung und nicht von der Vereinnahmung des Kaufpreises für die abgetretene Forderung. Bei einem Forderungskauf vereinnahmt jedoch der Forderungskäufer die Forderung und nicht der Zedent, der die Gegenforderung erhält. Nichts anderes ergibt sich, wenn der Zedent die Forderung für den Zessionar einzieht und sie dann an den Zessionar auskehrt. Wie das BMF in anderen Fällen richtig erkennt, bedeutet Vereinnahmung nicht Einziehung vom Forderungsschuldner, sondern endgültigen Erhalt zur eigenen freien Verfügung.[128]

Das BMF scheint allerdings beim Abstellen auf den Erhalt der Gegenleistung statt auf die Vereinnahmung der Forderung im Sinn gehabt zu haben, dass der Forderungsverkäufer den Kaufpreis dazu nutzen kann, daraus die Umsatzsteuerschuld zu begleichen. Insoweit bestünde die gleiche wirtschaftliche Lage wie bei Vereinnahmung der Forderung durch ihn.[129] Zwar ist dem beizustimmen, jedoch stellt dies keine Besonderheit speziell beim Forderungskauf dar, denn auch bei der Sicherungsabtretung von Forderungen für einen Kredit kann die Kreditsumme vom Zedenten dazu genutzt werden, die Umsatzsteuer aus den abgetretenen Forderungen zu tilgen. Natürlich wird, soweit es sich um die Abtretung erst künftiger Forderungen im Rahmen von Globalzessionen handelt, die Kreditsumme inzwischen anderweitig verwendet worden sein. Dies ist allerdings eben gleichermaßen auch beim Forderungsverkauf möglich und im Übrigen gerade Voraussetzung für die Haftung, denn bei Verwendung des erhaltenen Kredits oder des Kaufpreises zur Tilgung der Umsatzsteuerschuld aus den abgetretenen Forderungen könnte die Haftung nicht eintreten. Somit vermag dieses Argument eine unterschiedliche Behandlung der Forderungsabtretung zur Sicherheit ge-

---

125 Vgl. BMF-Schreiben v. 3.6.2004, IV B 7 – S-7104 – 18/04, UR 2004, 374.

126 Vgl. Slotty-Harms, U./Jansen, A., UR 2004, 221 (223).

127 Vgl. BMF-Schreiben v. 24.5.2004, IV B 7 – S-7279a – 17/04, IV B 7 – S-7279b – 2/04, BStBl. I 2004, 514, Rn. 20.

128 Vgl. Reiß, W., Factoring, in: Carlé, D./Stahl, R./Strahl, M., Gestaltung und Abwehr im Steuerrecht, S. 544 f.

129 Vgl. Hahne, K. D., DStR 2004, 212; Reiß, W., Factoring, in: Carlé, D./Stahl, R./Strahl, M., Gestaltung und Abwehr im Steuerrecht, S. 546.

genüber der Forderungsabtretung aufgrund eines Forderungsverkaufs zu tragen. Folgt man dem BMF und nimmt den Forderungskauf aus dem Anwendungsbereich des § 13 c UStG heraus, so verbleiben folglich nur die klassische Sicherungszessionen bei Bankkrediten und die Zessionen im Rahmen des sog. unechten Factoring, respektive der unechten Forfaitierung, denn sowohl dem unechten Factoring als auch der unechten Forfaitierung liegen Kreditgewährungen an den Zedenten zugrunde. Jedoch erfolgt die Forderungsabtretung nicht sicherungshalber, sondern erfüllungshalber und außerdem zur Ermöglichung der Dienstleistung des Factors. Gleichwohl wird aber auch durch die Forderungsabtretung eine zusätzliche Sicherungsfunktion erfüllt.[130]

Die Zahlung des echten Factors kann generell nicht in eine (rechtliche oder wirtschaftliche) Kreditgewährung – wie beim unechten Factoring – umgedeutet werden, nur weil rein wirtschaftlich betrachtet Liquidität erstrebt und erlangt wird. Denn die Entgeltentrichtung für den Erwerb der Forderung kann gerade nicht in die umsatzsteuerliche Leistung einer Kreditgewährung umgedeutet werden.[131] Anders als beim echten Kreditgeschäft muss es daher dabei bleiben, dass die Kaufpreiszahlung des echten Factors Entgelt für die Forderungsübertragung durch den Anschlusskunden darstellt.

Sieht man wie *Reiß* den Zweck des § 13 c UStG darin, dem Fiskus deshalb einen Haftungsschuldner zu verschaffen, weil sein Schuldner den Betrag der abgetretenen Forderung nicht mehr zur Tilgung der Umsatzsteuerschuld verwenden kann, so trifft dies für die erfüllungshalber zur Tilgung eines Kredits abgetretene Forderung zumindest ebenso zu wie bei der sicherungshalber abgetretenen Forderung. Denn es ist gerade der Sinn einer erfüllungshalber erfolgten Abtretung, dass sich der Zessionar, sogar vorrangig, aus der an ihn abgetretenen Forderung Befriedigung verschaffen soll.[132] Somit ist entgegen dem BMF anzunehmen, dass auch bei einem Forderungskauf eine Vereinnahmung durch den Abtretungsempfänger vorliegt.

2.3.4.3 Differenzierung in Hinblick auf die Vereinnahmung bei ABS-Transaktionen

Ebenfalls Ziel der ABS-Transaktionen ist es, dass sich der Forderungsgläubiger/Assetverkäufer durch die Veräußerung eines nicht liquiden Bestandes von Finanzaktiva neue Liquidität verschafft, um die so gewonnene Liquidität für andere Investitionen zu nutzen. Asset Backed Securities sind Schuldverschreibungen, die durch bestimmte Vermögenswerte gesichert sind. Mit dem Forderungs-

[130] Vgl. Reiß, W., Factoring, in: Carlé, D./Stahl, R./Strahl, M., Gestaltung und Abwehr im Steuerrecht, S. 546.

[131] Vgl. Weber, S./Reiß, W., BB 2004, 1367 (1371).

[132] Vgl. Reiß, W., Factoring, in: Carlé, D./Stahl, R./Strahl, M., Gestaltung und Abwehr im Steuerrecht, S. 546 f.

ankauf nimmt die Zweckgesellschaft im Gegensatz zum Factor, der nach geänderter Rechtsprechung eine Leistung an den Anschlusskunden erbringt, lediglich die Position des Leistungsempfängers ein. Für eine Leistung der Zweckgesellschaft an den Originator bleibt erkennbar kein Raum.[133] Das Ausfallrisiko der Forderungen geht auf die Zweckgesellschaft über. Der Zweck der ABS-Transaktion besteht demnach gerade ausschließlich darin, dem Originator durch Veräußerung der Forderung Liquidität zu verschaffen. Dies lässt sich wirtschaftlich schon nicht – wie etwa beim unechten Factoring – in eine Kreditgewährung umqualifizieren.[134] Die Forderungen werden vom Originator veräußert, in einem Pool verselbständigt und einer eigens dafür gegründeten Zweckgesellschaft übertragen, die diese Schuldverschreibungen wiederum an Investoren verkauft.[135] Verwaltung, Einziehung und Durchsetzung der Forderungen („Servicing") hingegen werden von der Zweckgesellschaft („Special Purpose Vehicle") üblicherweise nicht übernommen. Der Assetverkäufer tritt daher gegenüber seinen Kunden weiterhin im eigenen Namen, allerdings für Rechnung der Zweckgesellschaft auf (stille Zession).

Geht man davon aus, dass der Gesetzeswortlaut zu weit ginge und auch dem Willen des Gesetzgebers im Hinblick auf die Finanzierungsbedingungen am Finanzplatz Deutschland nicht entspräche, würde man ABS-Transaktionen in § 13 c UStG einbeziehen, so müssen in der Tat dennoch Unterschiede der ABS-Transaktionen gegenüber den übrigen Fallgestaltungen bei Forderungsabtretungen herausgearbeitet werden. Bei ABS-Transaktionen fließt dem Originator der Kaufpreis und damit freie Liquidität zu, die er zur Begleichung seiner Umsatzsteuerschuld verwenden kann. Es handelt sich mithin um eine endgültige Zuführung von Liquidität, wenn diese aus der Veräußerung von Vermögensgegenständen resultiert. Zwar wird auch durch Kreditaufnahme Liquidität zugeführt, wodurch bestehende Umsatzsteuerschulden getilgt werden können. Da aber § 13 c UStG zweifellos die Sicherungszessionen erfassen will, reicht eben der bloße Zufluss von frei verwendbarer Liquidität nicht aus.[136] Mithin wäre im Ergebnis schon eine Vereinnahmung i.S.d. § 13 c UStG durch den „Abtretungsempfänger" (Zweckgesellschaft) irrelevant, da dem Unternehmer (Originator) bereits liquide Mittel aus der Vermögensübertragung zugeflossen sind, auch wenn die Beträge aus der Einziehung der Forderungen („Servicing") durch den Originator erfolgt und an die Zweckgesellschaft weitergeleitet werden. Insofern dient die Voraussetzung bzw. das Merkmal der Vereinnahmung gerade auch zur Beantwortung der Frage, welche Forderungsabtretungen von § 13 c UStG zu erfassen sind.

---

133 Siehe hierzu weitere Ausführungen in den Kapiteln II.5.2 ff.
134 Vgl. Weber, S./Reiß, W., BB 2004, 1367 (1369).
135 Vgl. Weber, S./Reiß, W., BB 2004, 1367 (1367).
136 Vgl. Weber, S./Reiß, W., BB 2004, 1367 (1373).

Generell lässt sich in Bezug auf das Merkmal der Vereinnahmung zusammenfassend konstatieren, dass die Vereinnahmung einer Forderung durch den Abtretungsempfänger vorliegt, wenn diesem eine Zahlung des Forderungsschuldners unmittelbar zufließt.[137] Aber auch bei „mittelbarer Vereinnahmung", insbesondere bei stiller Zession, bei der der leistende Unternehmer die Forderungen selbst einzieht, fingiert die Finanzverwaltung eine Vereinnahmung des Abtretungsempfängers.[138] Denn nach Sinn und Zweck der Vorschrift des § 13 c UStG soll ein Abtretungsempfänger haften, soweit nicht mehr der leistende Unternehmer selbst über die betreffenden Zahlungseingänge bzw. Forderungserlöse verfügen kann, sondern der Abtretungsempfänger die Möglichkeit des Zugriffs auf den Geldbetrag hat. Im Entwurf eines BMF-Schreibens zu § 13 c UStG vom März 2004 vertrat die Finanzverwaltung noch die Auffassung, eine Haftung trete nicht ein, wenn der Leistende die abgetretene Forderung im eigenen Namen und auf eigene Rechnung einzieht, was bei der Globalzession der Fall ist. Der Vereinnahmungsbegriff wurde indes so ausgeweitet, dass eine solche für die Fälle vorliegen soll, in denen der leistende Unternehmer die Forderung selbst einzieht und den Geldbetrag an den Abtretungsempfänger weiterleitet oder der Abtretungsempfänger Zugriffsmöglichkeit auf den Geldbetrag hat, darüber verfügen kann und daher die (wirtschaftliche) Verfügungsmacht über den in der abgetretenen Forderung enthaltenen Umsatzsteueranteil hat. Eine solche fingierte oder „mittelbare" Vereinnahmung ist – auch wenn sie vom reinen Wortlaut des § 13 c UStG nicht gedeckt sein mag – nur konsequent.

2.4 Abtretung an einen Dritten nach § 13 c Abs. 1 Satz 3 UStG

Zu beachten gilt des Weiteren im Falle einer Mehrfachabtretung nach § 13 c Abs. 1 Satz 3 UStG die Fiktion, dass für den Abtretungsempfänger, der seinerseits die Forderung an einen Dritten abgetreten hat, diese Forderung in voller Höhe als vereinnahmt gilt, so dass er für die im Gesamtbetrag der weiter übertragenen Forderung enthaltene Umsatzsteuer in Haftung genommen werden kann.[139] Damit genügt diese Regelung den Grundsätzen der Praktikabilität, da ansonsten weder für den abtretenden Unternehmer noch für die Finanzbehörde ersichtlich ist, in welcher Höhe die Haftung endgültig eingreifen solle. Andererseits bedeutet diese Fiktion einen Haftungsausschluss des nachfolgenden Abtretungsempfängers, denn er haftet nicht mehr für die Umsatzsteuer aus der abgetretenen, verpfändeten oder gepfändeten Forderung des ursprünglich leistenden Unternehmers. Diese Haftung tritt gemäß § 13 c Abs. 2 Satz 1 UStG ab dem

---

137 Vgl. Hahne, K. D., UR 2006, 433 (434).

138 Zuletzt durch BMF-Schreiben v. 30.1.2006, IV A 5 – S-7279a – 2/06, BStBl. I 2006, 207, zu II.1.

139 Vgl. Walkenhorst, R., SteuerStud 2004, 154; Nieskens, H., UR 2004, 105 (126); Weimann, R., UStG, § 13 c UStG, S. 580.

Zeitpunkt ein, in dem die festgesetzte Steuer fällig wird, nicht jedoch ab dem Zeitpunkt der Vereinnahmung der abgetretenen, verpfändeten oder gepfändeten Forderung.[140]

Nach der Auffassung der Bundesregierung soll diese Fiktion der Vereinnahmung unabhängig davon gelten, welche Gegenleistung der ursprüngliche Abtretungsempfänger für die Übertragung der Forderung erhalten hat, also auch dann, wenn die Abtretung unentgeltlich erfolgte.[141] Dabei ist in der Literatur umstritten, ob dieser Auffassung bedenkenlos gefolgt werden kann. Nach *Stadie*[142] ist zu differenzieren: Sollte die Weiterabtretung aus unternehmerischen Gründen erfolgen, z.B. um eine eigene Refinanzierung zu besichern, so verstößt nach dieser Ansicht die Vorschrift gegen das Übermaßverbot und darf nicht angewendet werden, da es an dem die Haftung rechtfertigenden sachlichen Grund fehlt. Somit greift hiernach die Haftung auch nur dann, wenn und soweit der Dritte die Forderung vereinnahmt hat, denn das Gesetz verlangt nicht die Vereinnahmung durch den ersten Abtretungsempfänger. Nach gegenteiliger Ansicht von *Wiese/Gradl*[143] ist die Regelung sachgerecht, weil der erste Abtretungsempfänger die Haftung nicht hätte auslösen müssen. M.E. ist hier *Stadie* nicht zu folgen, da entsprechend dem Wortlaut der Vorschrift der Abtretungsempfänger theoretisch den abgetretenen Forderungsbetrag durch Weiterabtretung erhalten hat, in welcher Höhe auch immer. Auch in sonstigen Fällen ist es im Rahmen der Umsatzbesteuerung unerheblich, was der Leistungsempfänger mit der erhaltenen Leistung (hier Forderung) bezweckt. Wurde beispielsweise eine Forderung in Höhe von 119.000 € durch den leistenden Unternehmer (U_1) abgetreten, greift gemäß § 13 c Abs. 1 Satz 3 UStG der Haftungstatbestand, der den Abtretungsempfänger (A_1) trifft, wenn er die Forderung nicht selbst eingezogen hat, sondern an einen weiteren Dritten (A_2) abgetreten und hierfür 90.000 € als Entgelt erlangt hat. Die Forderung gilt dann in Höhe von 119.000 € bei A_1 als vereinnahmt. Es liegt also stets entsprechend dem Gesetzeswortlaut eine (fiktive) Vereinnahmung vor, d.h. der Abtretungsempfänger kann für die im Gesamtbetrag der weiter übertragenen Forderung enthaltene Umsatzsteuer in Haftung genommen werden, unabhängig davon, welche Gegenleistung der ursprüngliche Abtretungsempfänger für die Übertragung der Forderung erhalten hat. Der (erste) Abtretungsempfänger wird so behandelt, als habe er 119.000 € erhalten. Unabhängig davon ergibt sich natürlich eine Umsatzsteuerschuld von Null, wenn der Dritte letztlich den Betrag nicht vereinnahmen kann, falls der Schuldner (Leistungsempfänger des ursprünglich Abtretenden) zahlungsunfähig ist. Denn unter den Voraussetzungen des § 17 UStG kann der abtretende Unternehmer die Umsatzsteuer berichtigen, da der Leistungsempfänger weniger bzw. nichts für

[140] Vgl. Nieskens, H., UR 2004, 105 (126).
[141] Vgl. Reg.-Begr. zu Art. 4 Nr. 13 StÄndG 2003, BR-Drucks. 630/03, 78.
[142] Vgl. Stadie, H., in: Rau, G./Dürrwächter, E., UStG, § 13 c UStG, Rn. 53.
[143] Vgl. Wiese, G./Gradl, S., DB 2004, 844 (844).

den Erhalt der Leistung aufgewendet hat, als ursprünglich vereinbart war. Durch die Uneinbringlichkeit des vereinbarten Entgelts für die steuerpflichtige Leistung schuldet U_1 im Endeffekt als Folge des § 17 Abs. 2 Nr. 1 i.V.m. § 17 Abs. 1 Nr. 1 UStG keine Umsatzsteuer. Dieses Problem wird gleichwohl nicht von § 13 c Abs. 1 Satz 3 UStG erfasst, denn hier wird A_1 so behandelt, als habe er von dem Leistungsempfänger des U_1 119.000 € erhalten, also den vollen Forderungsbetrag.

3. Haftungsinanspruchnahme als Rechtsfolge i.S.d. § 13 c Abs. 2 UStG

§ 13 c Abs. 2 UStG regelt, in welcher Weise und Höhe eine Haftungsinanspruchnahme des Abtretungsempfängers stattfindet, wenn die Voraussetzungen des Abs. 1 vorliegen. Die Inanspruchnahme des Abtretungsempfängers erfolgt durch Haftungsbescheid. Dabei hat die gesetzlich festgeschriebene Verpflichtung der Finanzbehörde zum Erlass eines Haftungsbescheides bei Vorliegen der Haftungsvoraussetzungen Auswirkungen auf den Zeitpunkt, auf den im Rahmen der Prüfung der Rechtmäßigkeit des Haftungsbescheides abzustellen ist und damit auch auf die Berücksichtigung nachträglicher Ereignisse. Im Gegenteil zu den in das Ermessen des Finanzamtes gestellten Haftungsbescheiden i.S.d. § 191 AO, bei denen entscheidend ist, ob die Voraussetzungen zum Erlass des Haftungsbescheides im Zeitpunkt der letzten Verwaltungsentscheidung vorlagen[144], ist bei § 13 c UStG der Zeitpunkt der letzten mündlichen Verhandlung maßgebend.[145] Liegen die Voraussetzungen für eine Inhaftungnahme sowohl dem Grunde als auch der Höhe und dem Zeitpunkt nach vor, so ordnet § 13 c Abs. 2 Satz 2 UStG abweichend von § 191 AO die Inanspruchnahme ohne Ermessensausübung durch die Finanzbehörde an.[146]

3.1 Möglichkeit des Haftungsausschlusses

Nach § 13 c Abs. 2 Satz 4 UStG kann – wie bereits im Rahmen der Vereinnahmungsvoraussetzung angedeutet – die Haftung dadurch ausgeschlossen werden, dass der Abtretungsempfänger Zahlungen i.S.d. § 48 AO auf die festgesetzte Umsatzsteuer zu Gunsten des leistenden Unternehmers erbringt.[147] Mit der Zahlung verringert sich die Steuerschuld des leistenden Unternehmers. Nach der Auffassung der Finanzverwaltung kann der vom Abtretungsempfänger geleistete Betrag an den leistenden Unternehmer erstattet oder mit anderen Steuerrück-

[144] Vgl. BFH, Urt. v. 20.5.1994 - VI R 105/92, BStBl. II 1994, 836; BFH, Urt. v. 12.6.1996 - II R 71/74, BFH/NV 1996, 873; Groll, R., in: Gräber, F./Groll, R./von Koch, H.-R., FGO, § 102 FGO, Rn. 13 ff.

[145] Vgl. Haunhorst, S., in: Reiß, W./Kraeusel, J./Langer, M., UStG, § 13 c UStG, Rn. 45.

[146] Vgl. Nieskens, H., UR 2004, 105 (127).

[147] Vgl. Wagner, W., in: Sölch, O./Ringleb, K., UStG, § 13 c UStG, Rn. 49.

ständen des leistenden Unternehmers verrechnet werden, wenn die vom leistenden Unternehmer selbst berechnete oder festgesetzte Steuer im Fälligkeitszeitpunkt entrichtet wird.[148] Mit Blick auf § 37 Abs. 2 AO ist dies grundsätzlich zutreffend, kann aber nur dann gelten, wenn der Abtretungsempfänger nach § 48 AO, § 13 c Abs. 2 Satz 4 UStG auf die Steuerschuld des leistenden Unternehmers und damit die Steuerschuld eines Dritten tatsächlich zahlt. Jedoch sind die Fälle anders zu behandeln, bei denen der Abtretungsempfänger infolge der Inanspruchnahme durch Haftungsbescheid Zahlungen auf seine eigene Schuld erbringt. Von diesem Haftungsausschluss sind dem Wortlaut nach Zahlungen des Abtretenden selbst nicht erfasst, was angesichts der Regelung des § 48 AO nicht verwundert, da dort die Leistung Dritter geregelt ist.[149] Somit leistet der Haftungsschuldner bei der Zahlung nach § 13 c Abs. 2 Satz 4 UStG auf eine fremde Schuld, wohingegen er bei der Inanspruchnahme nach § 13 c Abs. 1 UStG als Haftungsschuldner auf eine eigene Schuld leistet.

3.2 Beschränkung der Haftung

Liegen die tatbestandlichen Voraussetzungen des § 13 c Abs. 1 UStG vor, so trifft den Abtretungsempfänger, Pfandgläubiger bzw. Vollstreckungsgläubiger eine Haftung, die betragsmäßig dreifach begrenzt ist. Zum einen ist sie auf den bestehenden Steueranspruch beschränkt. Hat beispielsweise der leistende Unternehmer eine Forderung über 119.000 € – darin enthalten 19.000 € gesondert ausgewiesene Umsatzsteuer – dem Abtretungsempfänger abgetreten, ist jedoch bei Fälligkeit die festgesetzte Umsatzsteuer nur in Höhe von 10.000 € nicht entrichtet, so wird die Haftung des Leistungsempfängers auf die Höhe des noch bestehenden Steueranspruchs auf 10.000 € begrenzt.

Die zweite Beschränkung bezieht sich auf den in der abgetretenen, verpfändeten oder gepfändeten Forderung enthaltenen Umsatzsteuerbetrag. Hat der Unternehmer z.B. bei Fälligkeit die festgesetzte Umsatzsteuer i.H.v. 20.000 € nicht entrichtet, entfällt auf die betroffene abgetretene Forderung allerdings nur ein Umsatzsteuerbetrag von 19.000 € durch zugrunde liegender Leistung mit einem Entgelt von 100.000 €, so wird die Haftung auf den der abgetretenen Forderung zugrunde liegenden Umsatzsteuerbetrag (hier 19.000 €) beschränkt. Zuletzt ist die Haftung auf den mit der abgetretenen, verpfändeten oder gepfändeten Forderung vereinnahmten Umsatzsteuerbetrag begrenzt. Somit wird die Haftungsinanspruchnahme auch dadurch beschränkt, dass der Abtretungsempfänger, Pfandgläubiger oder Vollstreckungsgläubiger nur in Höhe des Betrages in Haftung genommen werden kann, der in dem realisierten Forderungsbetrag enthalten ist.

---

[148] Vgl. BMF-Schreiben v. 24.5.2004, IV B 7 – S-7279a – 17/04, IV B 7 – S-7279b – 2/04, BStBl. I 2004, 514, Rn. 39.

[149] Vgl. Haunhorst, S., in: Reiß, W./Kraeusel, J./Langer, M., UStG, § 13 c UStG, Rn. 54.

Hat folglich der Abtretungsempfänger die Forderung nicht voll, sondern lediglich teilweise, z.B. von insgesamt 20.000 € lediglich 11.900 € realisiert, so wird der Haftungsumfang des Abtretungsempfängers auf den darin enthaltenen Umsatzsteuerbetrag (hier 1.900 €) begrenzt.

Nach § 18 Abs. 2 Satz 1 bzw. 2 UStG hat der leistende Unternehmer eine Voranmeldung für das Kalendervierteljahr oder den Kalendermonat abzugeben. Nach §§ 167, 168, 155 AO steht diese Steueranmeldung einer Steuerfestsetzung gleich, wenn die Festsetzung nicht zu einer abweichenden Steuer führt oder der Steuer- bzw. Haftungsschuldner die Steueranmeldung nicht abgibt. § 18 Abs. 1 Satz 3 UStG ordnet als Fälligkeitszeitraum den zehnten Tag nach Ablauf des Voranmeldungszeitraums an.[150] Hat zu diesem Zeitpunkt bereits der Abtretungsempfänger, Pfandgläubiger oder Vollstreckungsgläubiger die Forderung ganz oder teilweise realisiert, haftet er bereits von diesem Zeitpunkt an für die in der abgetretenen, verpfändeten oder gepfändeten Forderung entstandene und vereinnahmte Umsatzsteuer.[151] Hat dagegen der Abtretende die Steuer zu diesem Zeitpunkt entrichtet, scheidet eine Haftung nach § 13 c UStG zwingend aus.[152]

4. Entsprechende Haftung des Pfandgläubigers und Vollstreckungsgläubigers gemäß § 13 c Abs. 3 UStG

Die Haftung des § 13 c UStG tritt auch in den Fällen der Verpfändung oder Pfändung von Forderungen ein.[153] Ursprünglich war geplant, die gesamtschuldnerische Haftung nach § 13 c Abs. 1 und 2 UStG nur auf den Fall der Abtretung zu beschränken. Erst auf Vorschlag des Bundesrates hin wurde Abs. 3 eingefügt. Bei der Verpfändung einer Forderung i.S.d. §§ 1273 ff., 1279 ff. BGB kann der Pfandgläubiger die Forderung bei Pfandreife einziehen und somit seine eigene Forderung gegen den Gläubiger befriedigen (§§ 1282, 1288 Abs. 2 BGB). In der Praxis werden wegen der Pflicht zur Anzeige an den Schuldner nach § 1280 BGB Pfandrechte an Forderungen nur selten bestellt. Das eben Dargestellte gilt auch für Pfändungen von Forderungen, denn es macht keinen Unterschied, ob der leistende Unternehmer eine Forderung freiwillig als Sicherheit anbietet oder ob dessen Gläubiger in eine Forderung vollstreckt.[154] In beiden Fällen kann sich der Gläubiger aus dem Bruttobetrag der Forderung befriedigen. Haftungsrecht-

---

150 Vgl. Wagner, W., in: Sölch, O./Ringleb, K., UStG, § 13 c UStG, Rn. 31.

151 Vgl. Nieskens, H., UR 2004, 105 (126); Wagner, W., in: Sölch, O./Ringleb, K., UStG, § 13 c UStG, Rn. 23 ff.

152 Vgl. Schuhmann, H., in: Rau, G./Dürrwächter, E., UStG, § 18 UStG, Rn. 220; a.A. Hahne, K. D., BB 2003, 2720 (2721); ders. DStR 2004, 210 (212), wonach maßgebend allein das Kalenderjahr ist.

153 Vgl. BMF-Schreiben v. 24.5.2004, IV B 7 – S-7279a – 17/04, IV B 7 – S-7279b – 2/04, BStBl. I 2004, 514, Rn. 5; Wagner, W., in: Sölch, O./Ringleb, K., UStG, § 13 c UStG, Rn. 56.

154 Vgl. Weimann, R., UStG, § 13 c UStG, S. 580.

lich ohne Belang ist es, ob der Steuerschuldner die Forderung freiwillig abtritt bzw. verpfändet oder diese gepfändet wird.[155]

4.1 Pfändungen i.S.d. §§ 829 ff. ZPO

Eine Pfändung ist als staatliche Beschlagnahme eines Gegenstandes zu dem Zwecke der Gläubigerbefriedigung zu definieren.[156] Durch die Pfändung nach §§ 803 ff. ZPO wird eine Sache (Forderung oder Recht) der Verfügungsmacht des Schuldners entzogen und für die Befriedigung des Gläubigers festgelegt (sog. Verstrickung). Dabei wird die Pfändung dadurch bewirkt, dass der Gerichtsvollzieher sie in Besitz nimmt.[157] Die Pfändung selbst führt nach § 804 ZPO zur Beschlagnahme und begründet für den Gläubiger ein Pfändungspfandrecht, d.h. den prozessualen Anspruch auf Erlöszuteilung nach einer bestimmten Rangordnung.[158] Der Forderungspfändung können Geldforderungen, Herausgabe- oder Lieferungsansprüche und andere Vermögensrechte unterliegen.[159]

Die Pfändung einer Geldforderung ist in den §§ 829 ff. ZPO geregelt. Sie stellt den Normalfall der Forderungspfändung dar. Gegenstand der Pfändung von Geldforderungen ist eine auf Leistung eines bestimmten Geldbetrages gerichtete Forderung des Schuldners gegen einen Drittschuldner. Dabei dürfen auch noch nicht fällige, einredebehaftete, bedingte, befristete oder künftige Geldforderungen gepfändet werden.[160] Mit der Pfändung der Geldforderung erlangt der Gläubiger ein Pfandrecht an der Geldforderung seines Schuldners gegen einen Drittschuldner, wobei die Verwertung mit Überweisung gemäß § 835 ZPO oder anderweitig (§ 844 ZPO) erfolgt.[161]

4.2 Verpfändungen

Die Verpfändung einer Forderung nach § 1274 Abs. 1 Satz 1 BGB i.V.m. § 1280 BGB erfolgt nach den für die Übertragung der Forderung geltenden Vorschriften, also nach den Abtretungsregeln. Ähnlich wie bei der Sicherungsabtretung kann der Pfandgläubiger die Forderung bei Pfandreife einziehen (§§ 1282, 1288 Abs. 2 BGB) und damit seine eigene Forderung gegen den Gläubiger befriedigen.[162] Dabei führt die Verpfändung des Gegenstandes als solche noch nicht zu einer umsatzsteuerrechtlichen Lieferung. Bei der Bestellung eines

155 Vgl. BT-Drucks. 15/1798, 11.
156 Vgl. Putzo, H., in: Thomas, H./Putzo, H., ZPO, § 803 ZPO, Rn. 1.
157 Vgl. Stöber, K., in: Zöller, R., ZPO, § 803 ZPO, Rn. 2.
158 Vgl. Stöber, K., in: Zöller, R., ZPO, § 804 ZPO, Rn. 2.
159 Vgl. Lackmann, R., Zwangsvollstreckungsrecht, Rn. 276.
160 Vgl. Lackmann, R., Zwangsvollstreckungsrecht, Rn. 288.
161 Vgl. Stöber, K., in: Zöller, R., ZPO, § 829 ZPO, Rn. 1.
162 Vgl. Stadie, H., in: Rau, G./Dürrwächter, E., UStG, § 13 c UStG, Rn. 58.

Pfandrechtes an einer Sache durch den Eigentümer führt die Übergabe der Pfandsache zwar zu einer Verschaffung der Verfügungsmacht, da jedoch nach dem Willen der Beteiligten noch nicht die wirtschaftliche Substanz der Sache endgültig auf den Gläubiger übertragen werden soll, liegt zu diesem Zeitpunkt noch keine Lieferung vor. Mit Eintritt der Pfandreife erlangt der Pfandgläubiger die Verwertungsbefugnis. Erst durch die Verwertung der Pfandsache werden umsatzsteuerrechtlich zwei Lieferungen ausgeführt, namentlich die Lieferung des Pfandschuldners an den Pfandgläubiger und die des Pfandgläubigers an den Erwerber.[163] Zwar werden Pfandrechte an Forderungen in der Praxis wegen der Pflicht zur Anzeige an den Schuldner gemäß § 1280 BGB nur selten bestellt, nach der Gesetzesbegründung zu § 13 c UStG sollten sie aber dennoch zur Vermeidung von Umgehungen von dem Anwendungsbereich des § 13 c UStG umfasst werden.[164]

5. Weitere von § 13 c UStG betroffene Fallkonstellationen

Nach seinem Wortlaut sind nur die Abtretung, Pfändung und Verpfändung vom Anwendungsbereich des § 13 c UStG umfasst. Im Folgenden ist nun zu erörtern, ob unter die von § 13 c UStG umfasste Abtretung auch die Fälle des Factoring, der ABS-Transaktionen oder des verlängerten Eigentumsvorbehaltes zu subsumieren sind.

5.1 Factoring als Forderungsverkauf bzw. Forderungsabtretung

In den Anwendungsbereich des § 13 c UStG könnte das Factoring fallen. Das Factoring stellt eine alternative Finanzierungsform zum herkömmlichen Bankkredit dar.[165] Dabei trägt es einem erhöhten Bedarf an Liquidität und Schutz vor Kreditrisiken Rechnung.[166] Die wachsende Bedeutung dieser Finanzierungsform wird durch die steigenden Umsatzzahlen des Factoring bestätigt.[167]

Aus wirtschaftlicher Sicht liegen die Vorteile des Factoring für die Unternehmensführung v.a. in der Entlastung sowie Erleichterung in ihrer Planungs- und Überwachungsarbeit. Im Finanzierungsbereich sichert ein Factoringvertrag dem Forderungsverkäufer unanhängig von der Lage auf den Finanzmärkten ein mit-

---

163 Vgl. BFH, Urt. v. 16.4.1997 - XI R 87/96, BStBl. II 1997, 588; a.A. Stadie, H., in: Rau, G./Dürrwächter, E., UStG, § 25 a UStG, Rn. 35.

164 Vgl. BT-Drucks. 15/1798, 11, zu Art. 4 Nr. 13.

165 Vgl. Reiß, W., Factoring, in: Carlé, D./Stahl, R./Strahl, M., Gestaltung und Abwehr im Steuerrecht, S. 524.

166 Vgl. Wöhe, G., Einführung in die Allgemeine Betriebswirtschaftslehre, S. 848.

167 Vgl. *Lambeck*, nach dem der Factoringumsatz einen Zuwachs von über 70 % entspricht, Lambeck, P., Factoring und Forfaitierung als Alternativen der Fremdfinanzierung, in: Christians, F. W., Finanzierungshandbuch, S. 469.

telfristiges Finanzierungsvolumen, das sich der Umsatzentwicklung und Lagerhaltung automatisch anpasst.[168] Dabei ist dem Factoringfinanzierungssystem als spezifisch die Tatsache zuzuordnen, dass es durch den Verkauf und die Abtretung der Forderung beim Kunden zu einer Vermögensumschichtung und zu einer Kapitalfreisetzung kommt. Dieser Aspekt der Umfinanzierung ist auch dahingehend aufrechtzuerhalten, dass der Factor – entsprechend der Art des Factoring – die Forderung entweder nicht endgültig erwirbt, so dass eine Rückbelastung des Kunden bei Forderungsausfall möglich ist, oder aber, wenn er sie endgültig erwirbt, nicht der volle Rechnungsbetrag finanziert wird. Vielmehr ist darauf abzustellen, dass es durch die Kooperation mit dem Factor zu einer Kapitalfreisetzung kommt, durch die der Finanzierungsspielraum des Betriebes erweitert wird, da zumindest Teilbeträge der im Bestand an Forderungen aus Warenlieferungen und Leistungen bisher erforderlicher Kapitalbindungen über den Factoringvertrag freigesetzt werden.[169]

Ziel des Factoring ist die Verwertung bzw. Verwaltung der Forderungen eines Unternehmers, wobei zunächst der sog. Factor – zumeist ein Kreditinstitut – und das Unternehmen als Kunde einen Rahmenvertrag abschließen. Durch diesen wird der Kunde verpflichtet, dem Factor alle oder nach bestimmten Kriterien festgelegten Forderungen zum Erwerb anzubieten, welche das Unternehmen im Rahmen seiner Geschäftstätigkeit erlangt. Im Gegenzug verpflichtet sich der Factor, die ihm angebotenen Forderungen unter bestimmten Voraussetzungen zu übernehmen und dem Kunden den Wert derselben abzüglich eines Diskonts, d.h. eines bestimmten prozentualen Anteils der nominalen Forderungshöhe, gutzuschreiben.[170] Aufgrund dieser Konstruktion hat das Factoring stets eine Finanzierungsfunktion, weil der Kunde seine Forderungen durch diese liquide macht, ohne sie im einzelnen bei dem Schuldner durchzusetzen, was aufgrund einer hinausgeschobenen Fälligkeit unter Umständen überhaupt noch nicht möglich wäre.[171]

Das Finanzierungsinstitut übt neben dem Erwerb der Forderungen (Finanzierungsfunktion) und der Übernahme des Kreditrisikos (Delkrederefunktion) ebenfalls eine Dienstleistungsfunktion aus. Dabei besteht der „Service" vor allem in der Führung der Debitorenbuchhaltung des Vertragspartners[172], in der Übernahme des Mahnwesens, oft sogar in der Ausstellung der Rechnung für den Vertragspartner, im Inkassodienst von nicht abgetretenen Forderungen und in einer

168 Vgl. Sellien, R./Sellien, H., Wirtschaftslexikon, S. 1722.

169 Vgl. Vormbaum, H., Finanzierung der Betriebe, S. 427.

170 Vgl. Oetker, H./Maultzsch, F., Vertragliche Schuldverhältnisse, S. 726.

171 Vgl. Esser, J./Weyers, H.-L., BT 1, § 4 IV 4, S. 28; Larenz, K./Canaris, C.-W., Lehrbuch zum Schuldrecht, Bd. II/2, § 65 I 1, S. 85; Martinek, M., in: Staudinger, J., BGB, § 675 BGB, Rn. B 121.

172 Beim echten Factoring führt der Factor dagegen seine eigene Debitorenbuchhaltung, denn die Forderungen gehen in seinen Vermögensbereich über.

allgemeinen Unternehmensberatung, die nicht nur die Finanzierungsfragen, sondern auch beispielsweise die Fragen der Investition, der Produktion, des Absatzes einschließen kann.[173]

Jedoch sind trotz dieser Gemeinsamkeiten beim Factoringvertrag zwei Grundformen zu unterscheiden, deren zivilrechtliche Beurteilung aufgrund ihrer jeweiligen Ausgestaltung voneinander abweicht, was sich jedoch im Rahmen der umsatzsteuerrechtliche Beurteilung infolge der EuGH-Rechtsprechung[174] nicht mehr auswirkt. Unabhängig von der umsatzsteuerrechtlichen Frage liegt zivilrechtlich beim Factoring eindeutig eine Abtretung einer Forderung mit darin enthaltenem Umsatzsteueranteil vor. Vor dem Hintergrund der EuGH-Rechtsprechung zum echten und unechten Factoring geht es nicht um die Frage, wie im Urteil geklärt, wer eine Leistung erbringt, sondern darum, ob die Abtretung einer Forderung i.S.d. § 13 c UStG vorliegt. Letztlich kann unter diesem Aspekt die EuGH-Rechtsprechung keine direkte Rolle spielen, denn es fehlt an der direkten Beziehung zu § 13 c UStG. Gleichwohl zeigt diese Rechtsprechung, dass das echte Factoring als Forderungsabtretung zu qualifizieren ist und damit zu untersuchen ist, ob das echte Factoring unter den Anwendungsbereich des § 13 c UStG fällt.

5.1.1 Echtes Factoring

5.1.1.1 Zivilrechtliche Ausgestaltung des echten Factoring

Das echte Factoring sieht einen Rahmenvertrag vor, in dem der Factor die Forderungen des Kunden unbedingt und endgültig übernimmt. Deshalb werden zur Ausführung des Rahmenvertrages über die einzelnen Forderungen Forderungsverkäufe i.S.d. § 453 Abs. 1 Alt. 1 BGB geschlossen, die der Kunde als Verkäufer durch eine Abtretung der Forderung an den Factor erfüllt.[175] Als Gegenleistung zahlt der Factor den Kunden den Nennbetrag der Forderung abzüglich eines bestimmten Diskonts, dessen Höhe sich nach verschiedenen Parametern richtet, insbesondere dem Risiko der Nichtdurchsetzbarkeit der Forderung bei dem Schuldner (Bonitätsrisiko) und den für die Forderung geltenden Zahlungsbedingungen (Fälligkeit etc.). Im Falle des echten Factoring trägt der Kunde somit nach § 326 Abs. 1 BGB lediglich das Risiko des Bestehens der Forderung (Verität).[176] Die bedeutsamste Abweichung des echten Factoring von einem „schlichten" Forderungskauf besteht folglich darin, dass die Ankäufe der Forderungen planmäßig und umfassend aufgrund eines Rahmenvertrages erfolgen.[177]

---

173 Vgl. Wöhe, G., Einführung in die Allgemeine Betriebswirtschaftslehre, S. 848 f.
174 Vgl. EuGH, Urt. v. 26.6.2003 - Rs. C-305/01, Slg. 2003, I-6739.
175 Vgl. BGH, Urt. v. 15.4.1987 - VIII Z R 97/86, NJW 1987, 1878 (1878).
176 Vgl. Oetker, H./Maultzsch, F., Vertragliche Schuldverhältnisse, S. 726.
177 Vgl. Oetker, H./Maultzsch, F., Vertragliche Schuldverhältnisse, S. 727.

5.1.1.2 Umsatzsteuerliche Behandlung des echten Factoring und Aufnahme in den Anwendungsbereich des § 13 c UStG

„Soweit" der leistende Unternehmer seinen Anspruch auf die Gegenleistung für einen nach § 1 Abs. 1 Nr. 1 UStG steuerbaren und steuerpflichtigen[178] Umsatz an einen anderen Unternehmer abgetreten hat, haftet der Abtretungsempfänger nach § 13 c UStG. Nach § 398 BGB ist eine Abtretung (Zession) die durch Vertrag vorgenommene Übertragung einer Forderung vom Gläubiger (Zedenten) auf einen anderen (Zessionar). Bei diesem Vertrag über den unmittelbaren Gläubigerwechsel ist der Schuldner (Leistungsempfänger des Abtretenden) nicht beteiligt. Die Abtretung kann sich dabei nicht nur auf einzelne Forderungen beziehen, sondern auch alle bestehenden und künftigen Forderungen umfassen. Diese sog. Globalzession ist ein typisches Instrument der Kreditsicherung. Die Regelung des § 13 c Abs. 1 UStG erfasst mithin jede Form der Abtretung, nicht nur der Sicherungsabtretung[179] oder Globalzession.

Aus Sicht der bisherigen FG-Rechtsprechung und Verwaltungsauffassung[180] stellte der Forderungsverkauf durch den Anschlusskunden (veräußernder Unternehmer) beim echten Factoring gemäß Abschnitt 60 Abs. 3 UStR eine steuerfreie Abtretung von Geldforderungen i.S.d. § 4 Nr. 8 c UStG an den Factor dar. Bei seiner Entscheidung vom 10.12.1981[181] ist der BFH der zivilrechtlichen Einordnung des echten Factoring durch den BGH[182] gefolgt. Dabei sind die mit der steuerfreien Abtretung der Geldforderung in unmittelbarer oder mittelbarer wirtschaftlicher Verbindung stehenden Vorsteuerbeträge gemäß § 15 Abs. 2 Nr. 1 i.V.m. Abs. 3 Nr. 1 b UStG nur dann abzugsfähig, wenn der Forderungsverkauf in unmittelbarem Zusammenhang mit einem Gegenstand steht, der in ein Drittland ausgeführt worden ist. Auch hatte der Anschlusskunde keine Möglichkeit, gemäß § 9 Abs. 1 UStG zur Steuerpflicht zu optieren, da der Factor nach damaliger Auffassung beim echten Factoring nicht unternehmerisch tätig i.S.d. § 2 UStG war.[183]

---

178 Die Übertragung von Forderungen aus nicht steuerbaren oder steuerfreien Umsätzen (z.B. Kreditforderungen) begründet die Haftung i.S.d. § 13 c Abs. 1 UStG nicht.

179 Der Zweck besteht darin, den Zessionar durch die Abtretung der Forderung wegen einer anderen, ihm gegen den Zedenten zustehenden Forderung zu sichern, ihn jedoch nicht zum (endgültigen) Gläubiger der abgetretenen Forderung zu machen. Die Sicherungsabtretung ist von der Zweckrichtung her mit der Sicherungsübereignung zu vergleichen.

180 Vgl. BFH, Urt. v. 10.12.1981 - V R 75/76, BStBl. II 1982, 200 (200).

181 Vgl. BFH, Urt. v. 10.12.1981 - V R 75/76, BStBl. II 1982, 200 (200).

182 Vgl. BGH, Urt. v. 3.5.1972 - VII ZR 170/71, NJW 1972, 1715; BGH, Urt. v. 19.9.1977 - VIII ZR 169/76, NJW 1977, 2207; BGH, Urt. v. 7.6.1978 - VIII ZR 80/77, NJW 1978, 1972; BGH, Urt. v. 14.10.1981 - VIII ZR 149/80, NJW 1982, 164; BGH, Urt. v. 15.4.1987 - VIII ZR 97/86, NJW 1987, 1878.

183 Vgl. Lickteig, T., UR 2004, 454 (454).

Der EuGH hat mit Urteil vom 26.6.2003[184] entschieden, dass Factoring-Unternehmen auch beim echten Factoring unternehmerisch tätig sind, womit umsatzsteuerlich nun zum unechten Factoring (Kapitel II.5.1.2.2) Gleichbehandlung besteht. Im Falle des echten Factoring erbringt der Factor gegenüber dem Anschlusskunden eine Dienstleistung, die im Wesentlichen darin besteht, ihn von der Einziehung der Forderungen und dem Restrisiko ihrer Nichterfüllung zu entlasten.[185] Hierfür zahlt der Anschlusskunde ein Entgelt, das der Differenz zwischen Nennbetrag der abgetretenen Forderung und dem Preis entspricht, den der Factor dem Anschlusskunden für die Forderung zahlt.[186] Über das EuGH-Urteil hinaus hat der BFH in seiner Nachfolgeentscheidung eine Leistung des Anschlusskunden an das Factoring-Unternehmen verneint, obwohl das echte Factoring zivilrechtlich im Kern als Forderungsverkauf durch den Anschlusskunden gesehen wird.

Folgt man dem EuGH, so erhält der Factor für seine Dienstleistung nur die ihm übertragene Forderung. Da der Factor auch noch den Kaufpreis zu entrichten hat, handelt es sich mithin schlicht um einen tauschähnlichen Umsatz mit Baraufgabe, § 3 Abs. 12 Satz 2 UStG. Somit ergibt sich die Bemessungsgrundlage für die Factoringleistung nach § 10 Abs. 2 Satz 2 UStG aus dem gemeinen Wert der übertragenen Forderung abzüglich des Kaufpreises (Baraufgabe) abzüglich darin enthaltener Umsatzsteuer. Hierbei könnte allenfalls problematisch sein, welcher Wert der übertragenen Forderung beizumessen ist. So wird man, entsprechend der Ansicht des EuGH, für im Zeitpunkt der Übertragung fällige Forderungen den Nennwert der Forderung als den zugrunde legenden Wert anzusehen haben. Diese Grundlage ist allerdings dann verfehlt, wenn im Zeitpunkt der Übertragung bereits für die Parteien ersichtlich ist, dass die Forderung diesen Wert nicht haben wird, wenn die Forderung zu dem Zeitpunkt noch nicht fällig ist, oder wenn im Zeitpunkt der Übertragung bereits erkennbar ist, dass ein Ausfall- oder Bonitätsrisiko besteht. In diesen Fällen ist der Wert entsprechend den Umständen des Einzelfalles nach objektiven Kriterien zu ermitteln.[187]

In dieser Konsequenz erscheint zunächst fraglich, ob § 13 c UStG überhaupt auf das echte Factoring anzuwenden ist, da umsatzsteuerlich im Ergebnis ein Forderungsverkauf des Anschlusskunden an das Factoring-Unternehmen durch die jüngste BFH-Rechtsprechung verneint wird. M.E. ist es unerheblich, ob ein Forderungsverkauf oder -kauf vorliegt, denn auch bei einem Forderungskauf wird die Forderung abgetreten. Denn wie bereits zur EuGH-Rechtsprechung erwähnt, geht es nicht um die Beurteilung der Leistungsströme, namentlich wer an wem

---

184 Vgl. EuGH, Urt. v. 26.6.2003 - Rs. C-305/01, Slg. 2003, I-6739.

185 Vgl. BFH, Urt. v. 4.9.2003 - V R 34/99, BFH/NV 2003, 1675 (1675).

186 Vgl. EuGH, Urt. v. 26.6.2003 - Rs. C-305/01, Slg. 2003, I-6739; Nachfolgeentscheidung des BFH, Urt. v. 4.9.2003 - V R 34/99, BFH/NV 2003, 1675 (1675).

187 Vgl. Reiß, W., Factoring, in: Carlé, D./Stahl, R./Strahl, M., Gestaltung und Abwehr im Steuerrecht, S. 531 f.

leistet, sondern darum, ob das Factoring als Forderungsabtretung zu qualifizieren ist. Dies ist bereits bei zivilrechtlicher Orientierung zu bejahen. Zudem wird in der Begründung zum Regierungsentwurf ausdrücklich darauf hingewiesen, dass auch der echte Factor als Unternehmer i.S.d. § 2 UStG qualifiziert und damit von § 13 c UStG erfasst wird.[188] Diese Intention des Gesetzgebers erscheint vordergründig unschlüssig, da sich beim echten Factoring erhebliche Unterschiede zu sonstigen Forderungsabtretungen ergeben, denn der Factor übernimmt im Gegensatz zu normalen Abtretungen das volle Ausfallrisiko für die erworbenen Forderungen.[189] Aus dem Wortlaut des Gesetzes kann mithin nur geschlossen werden, dass nur eine Abtretungshandlung vorliegen muss und somit kein Umsatz des Abtretenden an den Abtretungsempfänger erforderlich ist. Folglich würde bei einer Berufung lediglich auf den reinen Wortlaut des § 13 c UStG das echte Factoring nicht vom Anwendungsbereich des § 13 c UStG umfasst werden. Allerdings folgt eine Einbeziehung des echten Factoring aus dem Gesetzeszweck, da das echte Factoring zivilrechtlich wie wirtschaftlich eine Forderungsabtretung darstellt. Somit ist festzuhalten, dass nach dem Wortlaut des § 13 c UStG lediglich Abtretungen umfasst sind. Zwar steht nach dem Zweck bei einer Abtretung der Umsatzsteuerteil nicht zur Zahlung an den Fiskus zur Verfügung, aber dafür ist eine Zahlung aus der Gegenleistung möglich. Dabei spielt es eine Rolle, v.a. von der wirtschaftlichen Betrachtungsweise her, welche Finanzierungsfunktion dem echten Factoring zukommt. Das Factoring besitzt stets eine Finanzierungsfunktion, weil der Kunde seine Forderungen durch einen Factoringvertrag liquide macht, ohne sie im einzelnen bei dem Schuldner durchzusetzen, was aufgrund einer hinausgeschobenen Fälligkeit unter Umständen überhaupt noch nicht möglich wäre. Da bei dem Factoring eine Forderungsabtretung vorliegt, unterscheidet es sich dahingehend von einem Darlehen, denn das Darlehen ist umsatzsteuerrechtlich die Überlassung von Kapital auf Zeit und damit eine sonstige Leistung. Die bedeutsamste Abweichung des echten Factoring von einem „schlichten" Forderungskauf besteht somit darin, dass die Ankäufe der Forderungen planmäßig und umfassend aufgrund eines Rahmenvertrages erfolgen.[190] Nach Abschnitt 182 b Abs. 20 UStR gilt die Forderung in den Fällen des Forderungsverkaufs nicht durch den Abtretungsempfänger als vereinnahmt, soweit der Abtretende für die Forderungsabtretung eine Gegenleistung in Geld vereinnahmt hat. Da im Rahmen des echten Factoring nach neuer EuGH-Rechtsprechung[191] keine Leistung durch den Abtretenden an den Abtretungsempfänger erfolgt, für die der Abtretende eine Gegenleistung erhält, steht Abschnitt 182 b Abs. 20 UStR einem Einbezug des echten Factoring in den Anwendungsbereich des § 13 c UStG nicht entgegen. Zudem stehen dem

---

188 Vgl. BR-Drucks. 630/03, 78.

189 Vgl. Haunhorst, S., UVR 2004, 377 (378).

190 Vgl. Oetker, H./Maultzsch, F., Vertragliche Schuldverhältnisse, 2004, S. 727.

191 Vgl. EuGH, Urt. v. 26.6.2003 - Rs. C-305/01, Slg. 2003, I-6739.

Anschlusskunden durch den Betrag, den er aus dem Verkauf der Forderung an den Factor erhalten hat, bereits finanzielle Mittel zur Verfügung, aus denen seine Umsatzsteuerschuld beglichen werden kann.[192]

Ebenfalls spricht die Entstehung der Vorschrift für dieses Ergebnis, da dem Factor der Bruttobetrag der Forderung zufließt.[193] Gleichwohl hat der Anschlusskunde durch den Betrag, den er aus dem Verkauf der Forderung an den Factor erhalten hat, bereits die finanziellen Mittel erhalten, aus denen er seine Umsatzsteuerschuld begleichen könnte.[194] Generell ist zu konstatieren, dass die tatbestandsmäßige Anknüpfung an die Übertragung einer Forderung insofern gerechtfertigt ist, weil das Ausscheiden einer Forderung mit dem Bruttobetrag aus dem Vermögen des Steuerschuldners erfahrungsgemäß oftmals die Ursache dafür ist, dass er bei Fälligkeit der Umsatzsteuer nicht in der Lage ist, diese aus seinen liquiden Mitteln zu befriedigen.[195] Aufgrund der Tatsache, dass Factoringgeschäfte in der Regel kurzfristig angelegt sind, müsste der Anschlusskunde hier bewusst die Zahlung der Umsatzsteuerschuld unterlassen und die Geldmittel anderweitig verwenden. Die Kreditgewährung liegt allerdings bei (meist verdeckten) Globalzessionen zu Sicherungszwecken oft schon Jahre zurück. Da es aber auf ein Verschulden des Anschlusskunden nicht ankommt, um eine Haftung nach § 13 c UStG eintreten zu lassen, wird man die Factoring-Unternehmer nicht aus den Anwendungsbereich der Vorschrift nehmen können.[196] Zusammenfassend lässt sich damit feststellen, dass das echte Factoring vom Anwendungsbereich des § 13 c UStG erfasst wird.

5.1.2 Unechtes Factoring

5.1.2.1 Zivilrechtliche Kennzeichen des unechten Factoring

Im Gegensatz zum echten Factoring, das dem Geschäftstyp Kauf zuzuordnen ist, stellt das unechte Factoring einen gemischten Vertrag im engeren Sinne dar. Bei ihm ist der Rahmenvertrag darauf gerichtet, dass der Factor die Forderungen des Kunden nicht unbedingt übernimmt, sondern die Übernahme der jeweiligen Forderung wird rückabgewickelt, wenn sich diese als nicht durchsetzbar erweist. Letzteres kommt vor allem bei der Insolvenz des Schuldners in Betracht. Folglich wird auch der einbehaltene Diskont im Vergleich zum echten Factoring wesentlich niedriger sein. Anders als beim echten Factoring werden im Rahmen des unechten Factoring Forderungen an den Factor nicht endgültig veräußert,

---

192 Vgl. Hahne, K. D., BB 2003, 2720 (2721); Slotty-Harms, U./Jansen, A., UR 2004, 221 (224).

193 Vgl. Slotty-Harms, U./Jansen, A., UR 2004, 221 (224).

194 Vgl. Hahne, K. D., BB 2003, 2720 (2721).

195 Vgl. auch Blesinger, H., in: Offerhaus, K./Söhn, H./Lange, H.-F., UStG, § 13 c UStG, Rn. 12.

196 Vgl. Slotty-Harms, U./Jansen, A., UR 2004, 221 (224).

sondern erfüllungshalber (vorläufig) übertragen, so dass ihre Durchsetzung zumindest auch dem Geschäftskreis des Kunden zuzurechnen ist.[197] Dabei wird eben nicht dem Factor die Forderung zur eigenen wirtschaftlichen Verwertung übertragen.

Für die Vorläufigkeit des Geschäftes über die einzelnen Forderungen kommen verschiedene rechtliche Konstruktionen in Betracht, so z.B. die Vereinbarung einer Übernahme der Forderung unter der aufschiebenden Bedingung der Durchsetzbarkeit (§ 158 Abs. 1 BGB) oder auch ein Rücktrittsvorbehalt zugunsten des Factors, wenn sich die Forderung als nicht durchsetzbar erweist.[198] Aufgrund der Tatsache, dass beim unechten Factoring das Bonitätsrisiko beim Kunden verbleibt, entspricht ein derartiges Geschäft also nicht dem Leitbild des klassischen Forderungskaufs. Vielmehr handelt es sich einerseits um ein Darlehensgeschäft, bei dem der Factor als Darlehensgeber auftritt und der Kunde als Darlehensnehmer in Bezug auf seine Rückzahlungsschuld aus § 488 Abs. 1 Satz 2 BGB erfüllungshalber die Forderungen gegen Dritte abtritt.[199] Sollten diese nicht durchsetzbar sein, lebt der Rückzahlungsanspruch des Factors wieder auf. Dabei ergibt sich die Entgeltlichkeit aus dem vom Factor einbehaltenen Diskont, d.h. der Differenz zwischen dem Betrag der übernommenen Forderung und dem Betrag, der dem Kunden hierfür erstattet wird und somit das ausgezahlte Darlehenskapital bildet. Daher übernimmt der Diskont die Funktion des Disagios bei einem reinen Darlehensvertrag.[200] Zudem enthält der Diskont bei dieser Geschäftsart eine Gegenleistung für die vom Factor übernommene Debitoren-Buchhaltung und die Durchsetzung der Forderung als Verwaltungsfunktion.[201]

5.1.2.2 Umsatzsteuerliche Behandlung des unechten Factoring und Nichterfassung von § 13 c UStG

Das unechte Factoring weist rechtlich wie auch wirtschaftlich erhebliche Parallelen zur Kreditgewährung mit stiller Sicherungszession auf, wenn man im unechten Factoring auch eine Kreditgewährung durch den Factor an den Anschlusskunden sieht. Gemeinsam ist beiden, dass die Forderung gerade nicht wirtschaftlich auf den Factor und den Sicherungsnehmer übertragen werden soll. Allerdings verbleibt als entscheidender Unterschied, dass der Factor die Einziehung übernimmt, während der Sinn der stillen Sicherungszession gerade darin

[197] Insoweit enthält das unechte Factoring ein Element der entgeltlichen Geschäftsbesorgung i.S.d. § 675 Abs. 1 BGB, vgl. Larenz, K./Canaris, C.-W., Lehrbuch zum Schuldrecht, Bd. II/2, 1994, § 65 II 2a, S. 88.

[198] Vgl. Martinek, M., in: Staudinger, J., BGB, § 675 BGB, Rn. B 133.

[199] Vgl. BGH, Urt. v. 15.4.1987 - VIII Z R 97/86, NJW 1987, 1878 (1878); Esser, J./Weyers, H.-L. BT 1, § 4 IV 4, S. 29.

[200] Vgl. Oetker, H./Maultzsch, F., Vertragliche Schuldverhältnisse, S. 727.

[201] Vgl. Larenz, K./Canaris, C.-W., Lehrbuch zum Schuldrecht, Bd. II/2, § 65 I 1, S. 85.

liegt, dass die Einziehung weiterhin vom Zedenten vorzunehmen ist, solange nicht – etwa bei Notleiden des Kredites und im Insolvenzfall des Kreditnehmers – die Zession aufgedeckt wird. Diese unterschiedliche Regelung bezüglich der Übernahme der Einziehung durch den Zedenten oder den Zessionar lässt sich vor dem Hintergrund erklären, dass beim unechten Factoring die Forderung erfüllungshalber zur Rückzahlung des Kredits abgetreten werden, wohingegen bei der stillen Sicherungszession sie eben nur sicherungshalber übertragen werden, d.h. der Rückgriff auf die Forderung also erst bei Fehlschlagen der Rückzahlung erfolgen soll. Weiterhin tritt noch hinzu, dass beim unechten Factoring der Zedent gerade Wert auf die Übernahme der Einziehung zu seinen Gunsten durch den Factor legt. Jedenfalls steht in beiden Fällen der Forderungsübertragung kein Kaufpreis als synallagmatische Gegenleistung gegenüber.[202]

Die Forderungszession beim unechten Factoring stellt umsatzsteuerlich keine Leistung des Anschlusskunden an den Factor dar und zwar deshalb, weil die Forderung dem Factor lediglich zum Zwecke der Einziehung übertragen wird und erfüllungshalber zwecks Rückzahlung des gewährten Darlehens. Dabei wird gerade nicht dem Factor die Forderung zur eigenen wirtschaftlichen Verwertung übertragen. Sie verbleibt wirtschaftlich bis zur Einziehung durch den Factor, trotz der Zession, im Vermögen des Anschlusskunden. Nur dies ermöglicht im Übrigen auch, dass ihre Einziehung durch den unechten Factor wegen Eintrittes der Erfüllungswirkung dazu führt, dass die Darlehensschuld des Anschlusskunden getilgt wird. Gerade aus diesem Grund fehlt es an einem Entgelt für die Zession der Forderung und schon vorher an einer Leistung.[203]

Anders als beim echten Factoring werden die Forderungen also an den Factor nicht endgültig veräußert, sondern erfüllungshalber und somit nur vorläufig übertragen, so dass ihre Durchsetzung zumindest auch dem Geschäftskreis des Kunden zuzurechnen ist. Insoweit enthält das unechte Factoring ein Element der entgeltlichen Geschäftsbesorgung i.S.d. § 675 Abs. 1 BGB.[204] Da die Forderung im Rahmen des unechten Factoring wirtschaftlich bis zur Einziehung durch den Factor (trotz Zession) im Vermögen des Anschlusskunden verbleibt, fällt das unechte Factoring im Gegensatz zum echten Factoring letztlich nicht in den Anwendungsbereich des § 13 c UStG. Denn das unechte Factoring stellt im Ergebnis eine Vorfinanzierung dar und ist damit als Parallele zum Darlehen zu sehen. Im Unterschied zur stillen Zession zieht der unechte Factor die Forderung nur erfüllungshalber ein. Da diese eingezogene Forderung mit dem Darlehen in der Regel verrechnet wird, wird sie nicht an den Anschlusskunden weitergelei-

---

202 Vgl. Reiß, W., Factoring, in: Carlé, D./Stahl, R./Strahl, M., Gestaltung und Abwehr im Steuerrecht, S. 524.

203 Vgl. Reiß, W., Factoring, in: Carlé, D./Stahl, R./Strahl, M., Gestaltung und Abwehr im Steuerrecht, S. 533.

204 Vgl. Larenz, K./Canaris, C.-W., Lehrbuch zum Schuldrecht, Bd. II/2, § 65 II 2a, S. 88.

tet. Somit lässt sich festhalten, dass das unechte Factoring nicht vom Anwendungsbereich des § 13 c UStG umfasst wird.

5.2 ABS-Transaktionen

Eine weitere Form auf Abtretungsebene, die für den Anwendungsbereich ebenfalls anzudenken ist, sind ABS-Transaktionen. Bei Asset Backed Securities (ABS) handelt es sich um Schuldverschreibungen (securities), die durch bestimmte Vermögenswerte (assets) gesichert (backed) sind. An den ABS-Transaktionen sind der Assetverkäufer (Originator), eine Zweckgesellschaft und Investoren beteiligt. Dabei werden die Forderungen vom Originator veräußert, in einem Pool verselbstständigt und auf eine eigens dafür gegründete Zweckgesellschaft („Special Purpose Vehicle") übertragen. Damit geht das Ausfallrisiko der Forderung auf die Zweckgesellschaft über. Bei Banken als Forderungsverkäufer spielt die Übernahme des Ausfallrisikos insoweit mittelbar eine weitergehende Rolle, als sie dadurch zugleich ihre Eigenkapitalstruktur verbessern, denn die veräußerten Forderungen müssen nicht mehr nach bankaufsichtsrechtlichen Regeln mit Eigenkapital unterlegt werden.[205] Durch die Veräußerung an eine Zweckgesellschaft gewinnen Banken zudem neuen Spielraum für ihr Kreditgeschäft, so dass ABS-Transaktionen insbesondere für Banken Bedeutung zukommt. Diese werden nun nicht mehr bei dem Verkäufer bilanziert, sondern sie scheiden aus dessen Bilanz aus. Die Zweckgesellschaft emittiert die Schuldverschreibungen und verkauft sie an Investoren.[206] Mit dem Verkaufserlös refinanziert die Zweckgesellschaft den angekauften Forderungspool. Die emittierten Schuldverschreibungen sind durch den Forderungspool, der einer Rating-Einstufung unterliegt, besichert. Diese Möglichkeit ergibt sich dann, wenn die Zweckgesellschaft sich durch Begebung von Schuldverschreibungen am Kapitalmarkt günstig refinanzieren kann und diesen Vorteil an den Forderungsverkäufer ganz oder teilweise weitergibt. Dies erfolgt durch die Zahlung eines Kaufpreises für die regelmäßig erst später fällig werdenden Forderungen an den Forderungsverkäufer, bei dem der Zinsabschlag für die Zeit bis zum Einzug der Forderungen geringer ist als bei einer Zwischenfinanzierung durch einen Bankkredit an Zinsen zu zahlen wäre. Die Bonität der Emission wird ausschließlich von der Qualität der unterlegten Forderungen und deren Besicherung bestimmt. Damit ist Voraussetzung für eine kostengünstige Kapitalaufnahme eine bonitätsmäßig hohe Einstufung der den Emissionen zugrunde liegenden Forderungen, denn durch ein hohes Rating können – bezogen auf vergleichbare Finanzierungsalternativen – bessere Finanzierungskonditionen erzielt werden. In der Regel wird bei einer ABS-Transaktion ein Forderungsbestand aus einer Bank- oder

---

[205] Vgl. dazu Dreyer, G./Schmidt, H./Kronat, O., BB 2003, 91 (91); Hultsch, C., DB 2000, 2129 (2129).

[206] Vgl. Witzani, E., BB 2000, 2125 (2125).

Nichtbankbilanz herausgelöst und an eine eigens zum Zwecke der Durchführung gegründete Zweckgesellschaft regresslos veräußert (meist im Wege einer stillen Zession, d.h. ohne Offenlegung des Forderungsverkaufs gegenüber dem Schuldner). Der Originator führt als Geschäftsbesorger (Service Agent) die Kundenbeziehung weiter und haftet nach Übertragung auf die Zweckgesellschaft nicht mehr für die Bonität der Forderung. Die Zweckgesellschaft refinanziert den Kaufpreis des Forderungspools über die Begebung (Emission) von Anleihen, den ABS. Dabei erfolgt die Bedienung der Anleihen aus den Zahlungsströmen der an die Zweckgesellschaft veräußerten Darlehen.

Die Zweckgesellschaft wird in der Regel, um die Erwerber der ABS vor einem Risiko aus einem möglichen Konkurs ihrerseits zu schützen, einen Treuhand- und Sicherheitenvertrag mit einem Treuhänder abschließen, in dem zur Besicherung der Verpflichtungen aus den ABS die erworbenen Darlehensforderungen einschließlich aller Nebenrechte und aller sonstigen Aktiva der Zweckgesellschaft übertragen werden. Als Sonderfall der ABS lassen sich die Mortgage Backed Securities nennen, wo ausschließlich hypothekarisch gesicherte Forderungen auf die Zweckgesellschaft übertragen werden.[207] Nach dem typischen Strukturprinzip einer ABS-Gestaltung und mit Rücksicht auf die Kundenbeziehung verbleibt die Verwaltung, Einziehung und Durchsetzung der Forderungen („Servicing") regelmäßig beim Assetverkäufer. Dieser tritt demnach gegenüber seinen Kunden weiterhin im eigenen Namen, allerdings für Rechnung der Zweckgesellschaft auf, sog. stille Zession.

Ziel der ABS-Transaktion ist neben der Übernahme des Ausfallrisikos durch die Zweckgesellschaft[208], dass sich der Forderungsgläubiger (Assetverkäufer) durch die Veräußerung eines nicht liquiden Bestandes von Finanzaktiva neue Liquidität verschafft. Diese kann für neue Investitionen oder zur Schuldentilgung genutzt werden.[209] Des Weiteren kann durch die Verlagerung des Forderungsausfallrisikos auf die Zweckgesellschaft eine Bilanzentlastung zur Verbesserung der Bilanzkennzahlen erreicht werden.[210]

Wenn dem Forderungsverkäufer weiterhin ein Zugriff auf die abgetretenen bzw. übertragenen Forderungen möglich ist, wie auch umgekehrt ein Rückgriff auf den Forderungsverkäufer bei Forderungsausfall ausgeschlossen werden muss, können die angesprochenen Ziele weder rechtlich noch wirtschaftlich erreicht werden. Natürlich kann die Absicht einer günstigen Refinanzierungsmöglichkeit der Zweckgesellschaft am Kapitalmarkt nur erreicht werden, wenn die übertragenen Forderungen jedenfalls grundsätzlich von guter Bonität sind, denn ande-

---

[207] Vgl. Witzani, E., BB 2000, 2125 (2125 f.).

[208] Vgl. Reiß, W., Factoring, in: Carlé, D./Stahl, R./Strahl, M., Gestaltung und Abwehr im Steuerrecht, S. 534.

[209] Vgl. Weber, S./Reiß, W., BB 2004, 1367 (1368).

[210] Vgl. Weber, S./Reiß, W., BB 2004, 1367 (1368).

renfalls sind die Schuldverschreibungen gerade nicht durch verwertbare Forderungen gedeckt, so dass wirtschaftlich keine „asset backed"-Securities vorliegen und sich die Refinanzierungsbedingungen durch Ausgabe verzinslicher Schuldtitel verschlechtern.

5.2.1 Umsatzsteuerliche Behandlung der Forderungsabtretung und Einziehung durch den Forderungsverkäufer

Entgegen dem Factoring verbleibt die Einziehungsbefugnis trotz der Zession gerade beim Forderungsverkäufer, respektive wird sie ihm vom Forderungskäufer als dem rechtlichen und wirtschaftlichen Forderungsinhaber eingeräumt.[211] Nach Auffassung der Finanzverwaltung liegt hierin der maßgebliche Unterschied zum echten Factoring.[212] Sie will hinsichtlich des Einzugs der nunmehr fremden Forderungen durch den Forderungsveräußerer – gleichwohl ohne praktische Konsequenz – zwei Sachverhalte unterscheiden. Zum einen soll bei Einziehung auf Grund vorbehaltenen Rechts im eigenen Interesse bereits keine Leistung an den Forderungskäufer (Zweckgesellschaft) vorliegen. Zum anderen ist sie, wenn die Einziehung auf einer gesonderten Vereinbarung beruht, als unselbstständige Nebenleistung zur Forderungsübertragung anzusehen.[213] Jedoch macht diese Differenzierung keinen rechten Sinn, denn der Gegensatz zu einer gesonderten Vereinbarung ist nicht ein eigenes Interesse, sondern das Fehlen einer solchen Vereinbarung. Im Übrigen erfolgt die Einräumung einer Einziehungsbefugnis für eine fremde Forderung immer auf Grund einer Vereinbarung. Dabei darf die Frage nach dem Vorliegen einer Leistung nicht von der Formalie abhängig gemacht werden, ob eine gesonderte Vereinbarung vorliegt.[214]

Durch das „Servicing" der abgetretenen Forderung, welches beim Originator verbleibt, wird gegenüber der Zweckgesellschaft eine sonstige Leistung i.S.d. § 3 UStG erbracht. Allerdings ist zu klären, ob diese Leistung auch umsatzsteuerpflichtig ist. Wenn man das Servicing als eigenständige Hauptleistung qualifiziert, so käme man zu dem Ergebnis, dass es sich gerade nicht um eine steuerfreie, sondern von der Steuerbefreiung ausgenommene umsatzsteuerpflichtige Einziehung von Forderungen i.S.d. § 4 Nr. 8 c Halbsatz 2 UStG handelt. Die Umsatzsteuer würde mithin wegen der Nichteinziehbarkeit bei der Zweckgesellschaft zu einem echten Kostenfaktor für den Originator werden, da die Zweckgesellschaft Vorsteuerbeträge als Unternehmer infolge der steuerfreien Ausgangsumsätze nicht abziehen kann. Jedoch lässt im Einklang mit der Finanz-

---

211 Vgl. Reiß, W., Factoring, in: Carlé, D./Stahl, R./Strahl, M., Gestaltung und Abwehr im Steuerrecht, S. 535.

212 Vgl. BMF-Schreiben v. 3.6.2004, IV B 7 – S-7104 – 18/04, UR 2004, 374, Rn. 2.

213 Vgl. BMF-Schreiben v. 3.6.2004, IV B 7 – S-7104 – 18/04, UR 2004, 374, Rn. 5.

214 Vgl. Reiß, W., Factoring, in: Carlé, D./Stahl, R./Strahl, M., Gestaltung und Abwehr im Steuerrecht, S. 535.

verwaltung eine wirtschaftliche Betrachtungsweise der ABS-Transaktionen eine Qualifikation als Hauptleistung nicht zu, denn in dem Servicing des Originators ist vielmehr eine unselbstständige Nebenleistung zur nach § 4 Nr. 8 c UStG steuerfreien Forderungsabtretung an die Zweckgesellschaft zu sehen, wobei die Nebenleistung umsatzsteuerrechtlich das Schicksal der Hauptleistung teilt und folglich ebenfalls von der Umsatzsteuer befreit ist.[215] Dies ist auch der Fall, wenn für die Nebenleistung ein besonderes Entgelt verlangt und entrichtet worden ist[216], denn eine Leistung ist so als Nebenleistung zu einer Hauptleistung anzusehen, wenn sie im Vergleich zu der Hauptleistung nebensächlich ist, mit ihr eng im Sinne einer wirtschaftlich gerechtfertigten Abrundung und Ergänzung zusammenhängt und üblicherweise in ihrem Gefolge vorkommt.[217] Bei wirtschaftlicher Betrachtung sind diese Voraussetzungen unter Berücksichtigung der besonderen Verhältnisse der ABS-Transaktionen gegeben. Da die Forderungen regelmäßig im Wege einer stillen Zession an die Zweckgesellschaft veräußert werden und der Forderungsschuldner von dem Forderungsverkauf und dem damit verbundenen Gläubigerwechsel keine Kenntnis erlangt, ist das Servicing des Originators als notwendiger Bestandteil des Forderungsverkaufs zu sehen. Denn ohne die Übernahme des Forderungseinzuges und der Forderungsverwaltung durch den Originator würde die Transaktion nicht zustande kommen. Die Leistungen des Originators sind im Ergebnis als steuerbare, aber steuerfreie sonstige Leistungen i.S.d. § 3 Abs. 9 i.V.m. § 3 a Abs. 4 Nr. 6 a und § 4 Nr. 8 c UStG zu bestimmen. Auf Grund der Fiktion des § 3 a Abs. 3 UStG gelten seine Leistungen an dem Ort als erbracht, an dem der leistungsempfangende Unternehmer (Zweckgesellschaft) seinen Sitz oder seine Betriebsstätte hat. Somit sind die Leistungen in Deutschland nicht steuerbar, wenn die Zweckgesellschaft ihren Sitz im Ausland – EU- oder Drittland – hat.[218]

Letztlich darf von der Frage, wer die Forderung einziehen soll und auch tatsächlich einzieht, nicht abhängen, ob die gegen einen Kaufpreis erfolgende Übertragung einer Forderung eine Leistung darstellt oder nicht. Beispielsweise trifft die Begründung, beim Factoring stelle die Forderungsübertragung lediglich eine Leistungsbereitstellung dar, bestenfalls für das unechte Factoring zu. Das Kennzeichen einer Leistungsbereitstellung ist es gerade, dass der Bereitstellende dadurch dem vermeintlichen Empfänger der Bereitstellung gerade nichts zuwendet und deshalb der Bereitstellung auch kein Entgelt gegenübersteht. Dabei nehmen die bereitgestellten Dienste gerade nicht am Leistungsaustausch teil. Wenn jedoch die abgetretene Forderung – anders als beim unechten Factoring – in das Vermögen des Factors übergeht und dieser daraufhin einen Kaufpreis entrichtet,

215 Vgl. Weber, S./Reiß, W., BB 2004, 1367 (1368).

216 Vgl. BFH, Urt. v. 28.4.1966 - V R 158/63, BStBl. III 1966, 476 (476).

217 So die früher übliche Definition des BFH, vgl. BFH, Urt. v. 10.9.1992 - V R 99/88, BStBl. II 1993, 316 (316).

218 Vgl. Weber, S./Reiß, W., BB 2004, 1367 (1368).

so kann nicht davon die Rede sein, dass dem Factor nicht ein Gut zugewendet wird, für das er ein Entgelt (den Kaufpreis) entrichtet. Genauso verhält es sich bei einem Forderungsverkauf im Rahmen der ABS-Transaktion oder einem anderen Forderungsverkauf, selbst wenn der Verkäufer die Einziehung für den Käufer und nunmehrigen Inhaber der Forderung übernimmt. In beiden Fällen kann von einer bloßen Leistungsbereitstellung keine Rede sein.[219]

5.2.2 Leistung des Forderungskäufers

Ähnlich wie beim echten Factoring stellt sich hier die Frage, ob trotz Vorliegens eines Forderungskaufes der Forderungskäufer mit dem Ankauf der Forderung nicht seinerseits eine Leistung an den Forderungsverkäufer erbringt, für die er ein Entgelt erhält. Gleichwohl ergeben sich hier Unterschiede zum echten Factoring, da hier der Forderungskäufer dem Forderungsverkäufer durch die Einziehung der Forderung keine Leistung i.S.d. Umsatzsteuerrechts erbringt. Vielmehr könnte es in diesem Zusammenhang fraglich sein, ob der Forderungsverkäufer durch die Einziehung der nicht mehr ihm gehörenden Forderung an den Käufer eine Leistung erbringt.[220] Hierfür ist die Entscheidung des EuGH[221] einzubeziehen, wonach in dem Übergang des Ausfallrisikos auf den Forderungskäufer eine Leistung des Forderungskäufers gesehen wird. In diesem Zuge ist konsequenterweise angenommen worden, dass die Leistung nach § 4 Nr. 8 g UStG, respektive Art. 13 Teil B Buchst. d Nr. 2 der 6. EG-Richtlinie (Art. 135 Abs. 1 Buchst. c MwStSystRL), parallel zu den Leistungen eines Kreditkarteninstitutes gegenüber den Vertragsunternehmen zu befreien wäre. Dabei kann die durch den EuGH[222] für das echte Factoring vorgenommene einheitliche Beurteilung als insgesamt steuerpflichtige Leistung wegen der Wesentlichkeit der Einziehungsleistung, während die Übernahme des Ausfallrisikos nur als Modalität betrachtet wird, hier keine Anwendung finden, weil der Forderungskäufer gerade nicht die Einziehung vornimmt. In beiden Fällen – für Steuerbefreiung oder Steuerpflicht im weiterführenden Sinne der EuGH-Rechtsprechung – stellt sich die Problematik der Bestimmung des Entgelts, das auf die Übernahme des Ausfallrisikos entfällt.

Reiß[223] folgt dieser Auffassung des EuGH insoweit nicht, als der Forderungskäufer für die Forderung allein den Kaufpreis erbringt. Es liegt keine zusätzliche

219 Vgl. Reiß, W., Factoring, in: Carlé, D./Stahl, R./Strahl, M., Gestaltung und Abwehr im Steuerrecht, S. 536.
220 Vgl. Reiß, W., Factoring, in: Carlé, D./Stahl, R./Strahl, M., Gestaltung und Abwehr im Steuerrecht, S. 536.
221 Vgl. EuGH, Urt. v. 25.5.1993 - Rs. C-18/92, Slg. 1993, I-2890.
222 Vgl. EuGH, Urt. v. 26.6.2003 - Rs. C-305/01, Slg. 2003, I-6739.
223 Vgl. Reiß, W., Factoring, in: Carlé, D./Stahl, R./Strahl, M., Gestaltung und Abwehr im Steuerrecht, S. 537.

Leistung durch die Übernahme einer Ausfallgarantie oder durch die Erteilung einer unbedingten Zahlungszusage auf Grund abstrakten Schuldversprechens vor. Der Übergang des Ausfallrisikos stellt vielmehr für ihn die sich aus dem Forderungskauf automatisch ergebende Rechtsfolge dar. Der vom EuGH für den Fall des echten Factoring gezogene Parallele zur Leistung des Kreditkarteninstituts folgt *Reiß* nicht, denn das Kreditkarteninstitut erhält vom Vertragsunternehmen durch den Abzug von dessen Forderung eine Vergütung, die allein darauf beruht, dass es diesem gegenüber ein Zahlungsversprechen übernommen hat und dann auch tatsächlich erfüllt. In einem solchen Fall ist es klar, dass der Zahlung des Vertragsunternehmers an das Kreditkartenunternehmen eine eigenständige Leistung des Kreditkarteninstituts durch Übernahme eines Zahlungsversprechens und die Zahlung gegenübersteht, zumal sich sonst die Frage stellen würde, warum das Vertragsunternehmen Zahlungen leisten würde. Dabei liegt ein Forderungsverkauf des Vertragsunternehmens an das Kreditkarteninstitut gegen einen unter dem Nennwert liegenden Preis, wie auch die höchstrichterliche Zivilrechtsprechung[224] nunmehr anerkennt, gerade nicht vor, sondern die Zahlung des Kreditkarteninstituts erfolgt auf Grund eines abstrakten Schuldversprechens. Alleine das Abstellen bezüglich der Leistung des Kreditkarteninstitutes beim echten Factoring auf die Ähnlichkeit zur Einziehung im Rahmen des unechten Factoring, wie es der EuGH in seiner Entscheidung durchgeführt hat, und das Außenvorlassen der Übernahme des Ausfallrisikos, kann nicht überzeugen. Somit besteht nach dieser Ansicht kein Grund, eine sich durch den bloßen Kauf ergebende Risikoübernahme hinsichtlich der Bonität des Forderungsschuldners dennoch als eigenständige Leistung des Käufers an den Verkäufer zu behandeln, wenn eine Übernahme der Einziehung durch den Forderungskäufer nicht erfolgt.[225]

Für ausgeschlossen hält es das BMF, dass der Forderungskäufer an den Forderungsverkäufer wegen des Übergangs des Ausfallrisikos eine nach § 4 Nr. 8 g UStG befreite Leistung erbringe. Stattdessen wird davon ausgegangen, dass der Forderungskauf sich „umsatzsteuerrechtlich damit insgesamt als ein Rechtsgeschäft darstelle, bei dem der Forderungskäufer einen Kredit gewährt und der Forderungskäufer als Entgelt seine Forderung abtritt".[226] Dabei sei zunächst unerheblich, dass der Forderungsverkauf weder zivil- und handelsrechtlich noch steuerbilanziell als Kreditgewährung behandelt werde, sondern als echter Kauf zu betrachten sei.

---

224 Vgl. BGH, Urt. v. 16.4.2002 - XI ZR 375/00, NJW 2002, 2234; BGH, Urt. v. 24.9.2002 - XI ZR 420/01, NJW 2002, 3698; BGH, Urt. v. 13.1.2004 - XI ZR 479/02, NJW-RR 2004, 481; BGH, Urt. v. 16.3.2004 - XI ZR 13/03, NJW-RR 2004, 1124.

225 Vgl. Reiß, W., Factoring, in: Carlé, D./Stahl, R./Strahl, M., Gestaltung und Abwehr im Steuerrecht, S. 538.

226 Vgl. BMF-Schreiben v. 3.6.2004, IV B7 – S7104 – 18/04, UR 2004, 374, Rn. 9.

Selbst wenn man dem BMF in seiner Grundansicht folgen möchte, kann nach *Reiß* beim Forderungskauf – sofern es sich nicht um einen Kauf im Rahmen des echten Factoring handelt – insgesamt eine Kreditleistung durch den Käufer nicht angenommen werden. Denn nach EuGH- und BFH-Rechtsprechung[227] versteht man Kreditgewährung als die Zurverfügungstellung von Kapital zur Nutzung gegen das Versprechen künftiger Rückzahlung. Der Leistungsaustausch bei der Kreditleistung besteht in der Überlassung der Kreditvaluta auf Zeit und dem dafür zu entrichtenden Entgelt, üblicherweise in Gestalt von Zinsen.[228] Dabei nehmen die Auszahlung der Kreditvaluta und ihre Rückzahlung am Leistungsaustausch gerade nicht teil. Der Forderungskauf wäre nach dem Wortlaut des BMF umsatzsteuerrechtlich dahingehend zu würdigen, dass der Forderungskäufer durch die Zahlung des Kaufpreises dem Forderungsverkäufer einen Kredit gewährt und dafür die Forderung als Entgelt erhält. Dabei verweist das BMF[229] ausdrücklich darauf hin, dass dann ein tauschähnlicher Umsatz i.S.d. § 3 Abs. 12 Satz 2 UStG vorliegt. Kredite sind gewöhnlich auf Rückzahlung des Kreditbetrages ausgelegt, was bei einem Forderungskauf nicht vorgesehen ist. Der Forderungsverkäufer als angeblicher Kreditnehmer braucht den ihm in Gestalt des Kaufpreises angeblich gewährten Kreditbetrag nicht zurückzahlen, sondern kann ihn behalten. Auch wenn umsatzsteuerliche Begriffe mit Rücksicht auf die Harmonisierung innerhalb der EU autonom unter Betrachtung der Zielsetzung der 6. EG-Richtlinie auszulegen sind und daher tatsächlich keine Bindung an ein zivilrechtliches Begriffsverständnis besteht, so ist nicht ersichtlich, welche spezifisch umsatzsteuerliche Zielsetzung es gebietet, die Zahlung eines Kaufpreises durch den Käufer umsatzsteuerlich als Kreditgewährung des Käufers an den Verkäufer einzuordnen und umgekehrt die Übertragung der Forderung als Entgeltsentrichtung für die Kreditgewährung zu behandeln. Im Ergebnis stellt ein Rechtsverhältnis, bei dem die überlassene Valuta gerade nicht zurückzugewähren ist, sondern stattdessen ein anderer Gegenstand (Forderung) zu leisten ist, umsatzsteuerlich kein Kreditverhältnis dar.[230]

Weiterhin lässt sich nach *Reiß* die Notwendigkeit einer Differenzierung zwischen dem echtem Factoring, bei dem der Forderungskäufer keine Kreditleistung erbringt, und dem Forderungskauf, für den mit tatsächlicher Einziehung durch den Forderungsverkäufer insgesamt ein Kredit vorliegen soll, erkennen. Dabei ist insbesondere ungewiss, weshalb diese Umqualifizierung aus der Zahlung eines Kaufpreises durch den Leistungsempfänger in eine Kreditgewährung

227 Vgl. EuGH, Urt. v. 11.7.1996 - Rs. C-306/94, Slg. 1996, I-3715; BFH, Urt. v. 8.3.1956 - V 216/54 U, BStBl. III 1956, 158; BFH, Urt. v. 4.12.1996 - I R 151/93, BStBl. II 1997, 327.

228 Vgl. BFH, Urt. v. 21.7.1988 - V R 210/83, BFHE 154, 261 (261).

229 Vgl. BMF-Schreiben v. 3.6.2004, IV B7 – S-7104 – 18/04, UR 2004, 374, Rn. 9 und 14.

230 Vgl. Reiß, W., Factoring, in: Carlé, D./Stahl, R./Strahl, M., Gestaltung und Abwehr im Steuerrecht, S. 539.

durch den Leistenden allein dadurch bewirkt werden soll, dass der Forderungsverkäufer die Forderung aufgrund einer Einziehungsbefugnis des Käufers einziehen darf und einzieht. Auch lässt sich eine Folgerung nicht aus der EuGH-Rechtsprechung ableiten, denn der EuGH, der nur zum echten Factoring entschieden hat, ist gerade nicht von einer Kreditgewährung des Factors ausgegangen. Weiterhin liegen keine Hinweise vor, dass der EuGH den Forderungskauf außerhalb eines Factoringverhältnisses als Kreditgewährung durch den Käufer an den Verkäufer behandeln würde. Der Grund für die Sichtweise des BMF kann in der Irreleitung durch die Tatsache gesehen werden, dass dem Forderungskauf, namentlich der ABS-Transaktion, wirtschaftlich eine Finanzierungsfunktion zuteil wird. Gleichwohl liegt eine solche Finanzierungsfunktion ebenso bei echtem wie bei unechtem Factoring vor, was letztlich auch für jede Deinvestition durch Veräußerung gilt. Gleichwohl ist nicht jeder Finanzierungsvorgang eine Kreditgewährung, da im Rahmen der Finanzierung zu unterscheiden ist zwischen Fremdkapitalaufnahme – Vorliegen eines Kredites – und Veräußerung von eigenen Gütern zur Verschaffung von Liquidität, wie es sich beim Forderungsverkauf darstellt. Hier wird weder Fremdkapital zur Nutzung überlassen noch besteht eine Rückzahlungsverpflichtung des angeblichen Kreditnehmers.[231]

Zudem beruht auf dieser Verwechslung von Finanzierung und Kredit die Auffassung, die Zweckgesellschaft erbringe jedenfalls durch den Ankauf von noch nicht fälligen Forderungen gegen einen entsprechend abgezinsten Kaufpreis wegen der unbestreitbar vorliegenden Finanzierungswirkung eine nach § 4 Nr. 8 a UStG steuerfreie Kreditleistung an den Originator. Dabei bestehe das Entgelt in der Zinskomponente.[232] Allerdings wird hier das fragliche Ergebnis vermieden, die gesamte Forderung als Entgelt zu sehen. Hingegen stellt eine Zinskomponente kein Entgelt dar. Dieses Entgelt wird erklärt als Differenz zwischen Nennwert der angekauften Forderung und dem wegen der Abzinsung niedrigeren Kaufpreis, wobei es allerdings für die Annahme einer Kreditgewährung bereits an einer Leistung der Zweckgesellschaft fehlt, denn die einzige Leistung, die sie an den Originator erbringt, ist die Zahlung des Kaufpreises. Diese bloße Entgeltentrichtung (mit finanziellen Mitteln bzw. Geld) stellt i.S.d. Umsatzsteuerrechts keine Leistung dar. Eine darüber hinausgehende Leistung ist nicht erkennbar. Es wird auch nicht – wie etwa beim Warenkredit – vorgeleistet und quasi für die Stundung der Gegenleistung ein Entgelt verlangt, sondern es erfolgt eine Leistung Zug um Zug, wobei jedoch wegen der erst später eintretenden Fälligkeit der übertragenen Forderung und des dadurch gegenwärtig geringeren Wertes auch der Kaufpreis (um die Zinskomponente) niedriger als im Zeitpunkt des Ankaufes ist. Mithin stellt die sog. Zinskomponente nicht das

231 Vgl. Reiß, W., Factoring, in: Carlé, D./Stahl, R./Strahl, M., Gestaltung und Abwehr im Steuerrecht, S. 539 f.

232 Vgl. Furherr, G., IStR 2004, 10 (11).

Entgelt für eine Kreditleistung des Forderungskäufers an den Forderungsverkäufer dar, denn durch diese kommt lediglich zum Ausdruck, dass die übertragende Forderung zum jetzigen Zeitpunkt gerade nicht den Kaufpreis wert ist, der dem Nennwert der Forderung entspricht. Daher liegt nach der Ansicht der Finanzverwaltung beim Forderungskauf ohne Übernahme des Forderungseinzugs eine Kreditgewährung vor. Dies ist auch nicht in der Hinsicht vertretbar, dass zwar nicht die gesamte Forderung das Entgelt für die Kreditgewährung darstellt, sondern nur die Differenz zwischen Nennwert der Forderung und Kaufpreis, soweit diese Differenz auf eine Diskontierung wegen erst später bestehender Einziehungsmöglichkeit zurückzuführen ist.[233]

5.2.3 Anwendung des § 13 c UStG auf ABS-Transaktionen

Nach dem Wortlaut des § 13 c UStG sind ABS-Transaktionen nicht von dem Haftungstatbestand erfasst, denn hiernach umfasst § 13 c UStG lediglich die Forderungsabtretung, die Verpfändung und die Pfändung. Nach dem Gesetzeszweck jedoch wären sie einzubeziehen, wenn es sich um abgetretene Forderungen handelt, die einen Umsatzsteueranteil betragsmäßig enthalten. Der Ankauf von Forderungen im Rahmen von ABS-Transaktionen kann sowohl Forderungen von Kreditinstituten als auch Forderungen von Nichtbanken aus Lieferungen und sonstigen Leistungen darstellen. Diese Frage ist unabhängig davon zu beantworten, dass die Anwendung des § 13 c UStG auf ABS-Transaktionen vom Ergebnis her weder dem Sinn und Zweck des Gesetzes noch der steuerpolitisch gewollten Förderung von ABS-Transaktionen und des Finanzstandortes Deutschland dienlich wäre. M.E. führt der Zufluss an finanziellen Mitteln – der zur Begleichung der Steuerschuld verwendet werden kann – beim Steuerschuldner dazu, dass eine Haftung nach dem Sinn des § 13 c UStG gerade ausgeschlossen ist.

Eine Gefährdung des Umsatzsteueraufkommens liegt bei ABS-Transaktionen zudem nicht vor, denn dem Verkäufer der Forderung fließt stets unmittelbar mit der Abtretung der Forderung der Kaufpreis und damit entsprechend freie Liquidität endgültig zu, die zur Erfüllung der Umsatzsteuerpflichten verwendet werden kann. Mithin verbleibt die Verwaltung, Einziehung und Durchsetzung der Forderungen beim Forderungsverkäufer. Auch würde sich die Anwendung des § 13 c UStG auf die Refinanzierungskonditionen erheblich auswirken, denn entweder wird das Rating der Zweckgesellschaft entsprechend negativ ausfallen, soweit diese mit einem Haftungsrisiko belastet bleibt, oder aber die Zweckgesellschaft muss durch vorläufige Einbehaltung des Umsatzsteueranteils bis zum Nachweis der Bezahlung durch den Originator das Haftungsrisiko ausschließen.

---

[233] Vgl. Reiß, W., Factoring, in: Carlé, D./Stahl, R./Strahl, M., Gestaltung und Abwehr im Steuerrecht, S. 540 f.

Dies bedeutet allerdings auf jeden Fall eine verschlechterte Finanzbedingung für den Originator.[234] Somit muss im Ergebnis festgehalten werden, dass der Haftungstatbestand des § 13 c UStG nicht für ABS-Transaktionen greift.

5.3 Verlängerter Eigentumsvorbehalt zur Warenkreditsicherung

Ein weiteres wichtiges Instrument der Warenkreditsicherung ist der verlängerte Eigentumsvorbehalt. Bei einem Eigentumsvorbehalt nach § 449 BGB behält sich der Verkäufer einer beweglichen Sache das Eigentum bis zur Zahlung des vollständigen Kaufpreises vor. Grundsätzlich dient der Eigentumsvorbehalt dem Sicherungsbedürfnis des Verkäufers, wenn er den Kaufpreis nicht im Voraus oder Zug um Zug gegen Übergabe der gekauften Sache erhält. Der Sicherungszweck wird dadurch erfüllt, dass bei einem Eigentumsvorbehalt das Eigentum nach aufschiebend bedingter Einigung (§§ 929, 158 Abs. 1 BGB) mit der ex nunc wirkenden Zahlung des Kaufpreises ohne weitere Willenserklärung des Verkäufers auf den Käufer übergeht.[235] Eine besondere Form des Eigentumsvorbehaltes stellt der verlängerte Eigentumsvorbehalt dar. Ein solcher ist gegeben, wenn Verkäufer und Käufer vereinbaren, dass an Stelle des Eigentumsvorbehaltes bei dessen Erlöschen (z.B. durch Weiterveräußerung, Verbindung, Verarbeitung) die neue Sache oder die daraus entstehende Forderung treten soll.[236]

Dabei bleiben die gelieferten Waren bis zur vollständigen Tilgung der Kaufpreisschuld im Eigentum des Lieferanten. Jedoch ist der Käufer berechtigt, die Ware weiter zu verkaufen und das Eigentum an den Waren zu verschaffen. An die Stelle des Vorbehaltseigentums tritt nach der Sicherungsabrede die Abtretung der Kaufpreisforderung aus der Weiterlieferung.[237] Diese Abtretung der künftigen Forderung stellt eine Sicherungsabtretung i.S.d. § 13 c UStG dar.[238]

6. EU-Richtlinienkonformität und Systemkonformität des § 13 c UStG

Der Gesetzgeber hat mit der Einführung des § 13 c UStG für die Fälle einer Abtretung neue Haftungsvorschriften in das Umsatzsteuerrecht eingeführt. Zu fragen gilt in dieser Hinsicht, ob er dabei innerhalb seines gesetzlichen Rahmens gehandelt hat bzw. insbesondere die umsatzsteuerlichen Systemprinzipien wahrt. Diese Systemprinzipien des Umsatzsteuerrechts bestehen auf Europäischer Ebene und sind in der 1. und 6. EG-Richtlinie[239] verankert. Sie sind formuliert, um das Ziel der EU zur Harmonisierung und Schaffung eines Binnen-

---

234 Vgl. Weber, S./Reiß, W., BB 2004, 1367 (1370, 1373).
235 Vgl. Putzo, H., in: Palandt, O., BGB, § 398 BGB, Rn. 1.
236 Vgl. Putzo, H., in: Palandt, O., BGB, § 398 BGB, Rn. 18.
237 Vgl. Blesinger, K., in: Offerhaus, K./Söhn, H./Lange, H.-F., UStG, § 13 c UStG, Rn. 15.
238 Vgl. Putzo, H., in: Palandt, O., BGB, § 398 BGB, Rn. 18.
239 Richtlinie 67/227/EWG v. 11.4.1967, ABl. EG 1967 Nr. L 71, 1301.

marktes zu unterstützen und voranzutreiben. Dabei gilt insbesondere, dass in Bezug auf die indirekte Besteuerung nach Art. 93 EG-Vertrag die Harmonisierungskompetenz im Bereich der Umsatzbesteuerung beim Gemeinschaftsgesetzgeber liegt. In diesem Zusammenhang ist zu untersuchen, ob der nationale deutsche Gesetzgeber überhaupt die Ermächtigung innehat, Haftungsvorschriften wie die des § 13 c UStG in den umsatzsteuerlichen Gesetzestext aufzunehmen.

6.1 Gemeinschaftsrechtliche Grundlage des Art. 21 Abs. 3 der 6. EG-Richtlinie für die Haftungsvorschrift des nationalen UStG

Als gemeinschaftsrechtliche Grundlage für die Einführung des deutschen § 13 c UStG bezeichnet die Gesetzesbegründung[240] Art. 21 Abs. 3 der 6. EG-Richtlinie (Art. 205 MwStSystRL), demzufolge in den Fällen nach Abs. 1 und 2 die Mitgliedstaaten bestimmen können, dass eine andere (weitere) Person als der Steuerschuldner die Steuer gesamtschuldnerisch zu entrichten hat, d.h. als echter Entrichtungsschuldner. Nach dem (in erster Linie einschlägigen) Art. 21 Abs. 1 a der 6. EG-Richtlinie ist Steuerschuldner „der Steuerpflichtige, der eine steuerpflichtige Lieferung von Gegenständen durchführt bzw. eine steuerpflichtige Dienstleistung erbringt.[241]

Dabei ist umstritten, ob Art. 21 der 6. EG-Richtlinie als gemeinschaftsrechtliche Grundlage für die Einführung des § 13 c UStG gesehen werden kann. Nach *Nieskens*[242] verkennt der Hinweis in der amtlichen Begründung, § 13 c UStG beruhe auf Art. 21 Abs. 3 der 6. EG-Richtlinie dass § 13 c UStG lediglich von einer betragsmäßigen gesamtschuldnerischen Haftung ausgeht, während Art. 21 Abs. 3 der 6. EG-Richtlinie von einer umsatzbezogenen gesamtschuldnerischen Haftung spricht. Aufgrund des Verweises in Art. 21 Abs. 3 der 6. EG-Richtlinie auf Art. 21 Abs. 1 und 2 (Art. 193 ff. MwStSystRL) wird klargestellt, dass nur in Bezug auf eine konkrete Leistung bzw. Umsatz die gesamtschuldnerische Haftung angeordnet werden darf.[243] Im Gegensatz dazu sieht § 13 c Abs. 1 UStG ausdrücklich die Möglichkeit einer Haftungsbegründung des Abtretungsempfängers, Vollstreckungsgläubigers oder Pfandgläubigers für diejenige nicht entrichtete Umsatzsteuerschuld vor, die die Umsatzsteuer für andere angemeldete Umsätze betrifft, d.h. gehaftet wird für die Steuer aus dem Umsatz, der der Forderung zugrunde liegt. Vor allem bei teilweiser nicht entrichteter festgesetzter und fälliger Umsatzsteuerschuld kann sich diese Fallkonstellation ergeben. Dabei wird für die Steuer aus dem Umsatz, der der Forderung zugrunde liegt, ge-

---

240 Vgl. BR-Drucks. 630/03, 78.

241 Vgl. Wagner, W., in: Sölch, O./Ringleb, K., UStG, § 13 c UStG, Rn. 2.

242 Vgl. Nieskens, H., UR 2004, 105 (127).

243 Vgl. Regierungsentwurf eines Steueränderungsgesetzes 2003, zu Art. 4 Nr. 2, BT-Drucks. 15/1562.

haftet. Nach *Reiß*[244] ist es für die Einführung des § 13 c UStG zweifelhaft, ob die Ermächtigung aus Art. 21 Abs. 3 der 6. EG-Richtlinie für den nationalen Gesetzgeber zur Schaffung einer allgemeinen Haftungsvorschrift, die sich auf Umsatzsteuerschulden bezieht, etwa die Haftung des Steuerhinterziehers oder des Geschäftsführers, erforderlich ist. Auch erscheint hiernach die Annahme nicht als zwingend, dass eine spezielle Haftungsvorschrift nur für Umsatzsteuerschulden einer ausdrücklichen Rechtsgrundlage in der Richtlinie bedarf. Vielmehr erscheint die Annahme näher, dass Art. 21 Abs. 3 der 6. EG-Richtlinie nur eine Erlaubnisnorm für die EU-Mitgliedstaaten zur Inanspruchnahme eines weiteren echten Entrichtungsschuldners neben dem bereits von der 6. EG-Richtlinie erfassten Steuerschuldner darstellt. Allerdings kommt es nach *Reiß* hierauf nicht an, denn entweder stellt Art. 21 Abs. 3 der 6. EG-Richtlinie eine erforderliche Ermächtigungsgrundlage auch für den Erlass spezieller Haftungsvorschriften für Umsatzsteuerschulden dar oder es bedarf gar keiner Ermächtigungsgrundlage hierfür. M.E. ist § 13 c UStG auf Art. 21 Abs. 3 der 6. EG-Richtlinie zu stützen, da hiernach bestimmt werden kann, dass eine andere Person als der Steuerschuldner die Steuer gesamtschuldnerisch zu entrichten hat. Genau die Konstellation ist bei der Haftung nach § 13 c UStG gegeben. Dabei kann nicht überzeugen, dass § 13 c UStG keine umsatzbezogene Haftungsvorschrift sein soll, sondern auch zu einer Haftung für die Steuer aus anderen Umsätzen führen könne. Folglich lässt sich konstatieren, dass in Bezug auf seine formale Einführung nichts gegen § 13 c UStG einzuwenden ist, sondern auf Art. 21 Abs. 3 der 6. EG-Richtlinie gestützt werden kann.

Hiervon völlig abgelöst ist, dass nationale Haftungsvorschriften nicht die Zielsetzung der 6. EG-Richtlinie konterkarieren dürfen, denn Richtlinien sind nach Art. 249 EG-Vertrag für die Mitgliedstaaten hinsichtlich ihrer Zielsetzung verbindlich. Im Gegensatz zu der Haftungsvorschrift des § 25 d UStG, die klar darauf gerichtet ist, einen nach der 6. EG-Richtlinie dem Haftenden zu gewährenden Vorsteuerabzug dadurch zu vereiteln, dass ihm für die Ausgangsumsatzsteuer seines Lieferanten oder eines Vorlieferanten eine Haftung auferlegt wird, scheint § 13 c UStG insoweit unbedenklich zu sein. Es besteht keinerlei Zusammenhang zwischen der für den Zessionar angeordneten Haftung für eine vom Zedenten nicht entrichtete Steuer und etwaigen Vorsteueransprüchen des Zessionars, so dass jedenfalls keine Verletzung des Neutralitätsgebots durch Vereitelung oder Erschwerung des Vorsteuerabzugs für Unternehmer festzustellen ist.[245]

---

[244] Vgl. Reiß, W., Factoring, in: Carlé, D./Stahl, R./Strahl, M., Gestaltung und Abwehr im Steuerrecht, S. 552.

[245] Vgl. Reiß, W., Factoring, in: Carlé, D./Stahl, R./Strahl, M., Gestaltung und Abwehr im Steuerrecht, S. 552.

§ 13 c UStG betrifft letztlich die Sicherstellung der Steuererhebung. Insoweit ist Art. 22 Abs. 8 der 6. EG-Richtlinie zu prüfen. Nach dessen Unterabs. 1 können die Mitgliedstaaten „weitere Pflichten vorsehen, die sie als erforderlich erachten, um eine genaue Erhebung der Steuer sicherzustellen und Steuerhinterziehung zu vermeiden". Nach Unterabs. 2 darf diese in Unterabs. 1 vorgesehene Möglichkeit „nicht dazu genutzt werden, zusätzlich zu den in Abs. 3 genannten Pflichten noch weitere Pflichten aufzuerlegen". Es handelt sich um Pflichten bezüglich der Rechnungserstellung. Die 6. EG-Richtlinie bietet sich demnach nicht überzeugend als Stütze der Vorschrift an;[246] die Regelung kann allenfalls durch die Bedürfnisse des nationalen Erhebungsrechts gerechtfertigt sein.[247]

Die Gewährung eines sofortigen Vorsteuerabzugs für einen Unternehmer unter den Bedingungen der 6. EG-Richtlinie ist nicht der einzige Sinn des Neutralitätsgebots der 6. EG-Richtlinie. Die eigentliche Hauptaussage dieses Neutralitätsprinzips liegt vielmehr darin, dass der Unternehmer insgesamt durch die Umsatzsteuer – vorbehaltlich eines in der 6. EG-Richtlinie zugelassenen Vorsteuerausschlusses – nicht belastet werden soll, weil letztlich nur der (nicht unternehmerische) Verbraucher die Umsatzsteuer entrichten soll. Vergleicht man dies mit der EuGH-Rechtsprechung, so ergeben sich erhebliche europarechtliche Bedenken gegen die Regelung des § 13 c UStG.[248]

Insbesondere ist festzustellen, dass von der Haftung des § 13 c UStG ausschließlich Zessionare (Unternehmer) betroffen sind. Somit wird eine nachteilige Rechtsfolge daran geknüpft, dass jemand Unternehmer ist, denn ein Nichtunternehmer, der exakt die übrigen Voraussetzungen des § 13 c UStG erfüllt, haftet nicht. Darüber hinaus kann nicht konstatiert werden, dass der missbilligte Erfolg, nämlich der Ausfall des Fiskus, nur bei einer Forderungsabtretung an einen Unternehmer eintreten kann oder dass an ein missbilligtes Verhalten angeknüpft wird, das nur von einem Unternehmer verwirklicht werden könnte.

Hauptsächlich erfolgen Forderungsabtretungen rein statistisch gesehen sicherlich an Unternehmer und die Intention des § 13 c UStG besteht schlicht darin, die Haftung auf Unternehmer zu beschränken, weil nur insoweit mit einem erheblichen Mehraufkommen gerechnet werden kann und gegenüber Nichtunternehmern wohl auch Kontrollmöglichkeiten kaum vorhanden bzw. realistisch durchführbar sind. Jedoch bleibt dennoch die Tatsache, dass der Gesetzgeber durch § 13 c UStG speziell eine unternehmerische Tätigkeit besonders belastet und dies auch dadurch nicht gerechtfertigt werden kann, dass die Entscheidung der 6. EG-Richtlinie zu einer allgemeinen Verbrauchsteuer in Form der indirekten Besteuerung nach einem Umsatzsteuersystem naturgemäß auch verfahrens-

[246] Vgl. auch Wiese, G./Gradl, S., DB 2004, 844 (844).
[247] Vgl. Wagner, W., in: Sölch, O./Ringleb, K., UStG, § 13 c UStG, Rn. 2.
[248] Vgl. Reiß, W., Factoring, in: Carlé, D./Stahl, R./Strahl, M., Gestaltung und Abwehr im Steuerrecht, S. 552.

rechtliche Belastungen für Unternehmer mit sich bringt. Gleichwohl lässt sich zunächst ausführen, dass der Unternehmer im gesamten System der Umsatzsteuer die Funktion des Steuereinsammlers wahrnimmt und es somit auf den ersten Blick nicht verwundert, dass nur ein Unternehmer von der Haftung des § 13 c UStG betroffen ist. Es ist gerade die Grundlage einer indirekten Besteuerung, dass der Verbraucher nicht selbst für die Steuerabführung zuständig ist. Dem ungeachtet geht es bei § 13 c UStG nicht um die notwendige Funktion des Unternehmers als Steuereinsammler für den Staat, sondern ihm wird eine Ausfallhaftung auferlegt, die weder seine Steuerpflicht aus Ausgangsumsätzen noch seine Verpflichtungen im Zusammenhang mit dem Vorsteuerabzug betrifft.[249] Der Unternehmer ist grundsätzlich nur Steuereinsammler für seine eigenen Umsätze. Im Falle einer Haftungsinanspruchnahme durch § 13 c UStG ist er gerade nicht nur Steuereinsammler für seine eigenen Umsätze, sondern eben auch für die Umsätze eines anderen.

Insbesondere bei der durch die Finanzverwaltung als notwendig erachteten teleologischen Einschränkung im Rahmen des echten Factoring[250], wonach § 13 c UStG den Forderungsverkauf durch den Verkäufer jedenfalls dann nicht erfasse, wenn der Verkäufer die Gegenleistung erhalten hat, verstößt § 13 c UStG eklatant gegen das der 6. EG-Richtlinie zugrunde liegende Gebot der Wettbewerbsneutralität der Umsatzbesteuerung innerhalb des Unternehmenssektor.[251] Dieses Gebot soll die Realisierung eines gemeinsamen (Binnen-)Marktes schützen und eine Gefährdung durch die Verfälschung der Wettbewerbsbedingungen verhindern. Kein Streit besteht darüber, dass es eine völlig wettbewerbsneutrale Steuer tatsächlich nicht geben kann. Vielmehr wird verlangt, dass zumindest keine groben und vermeidbaren Verstöße gegen dieses Gebot vorliegen.[252] Gleichwohl muss man bei § 13 c UStG ausführen, dass gerade solche groben und vermeidbaren Verstöße gegeben sind. Insbesondere durch die bereits dargestellten Unterschiede bei der Anwendung der Vorschrift bei den einzelnen, in Konkurrenz stehenden Finanzierungsformen, greift der Staat in den Wettbewerb ein, indem er einzelnen Finanzierungsformen mit der Bürde einer möglichen Umsatzsteuerhaftung belastet, sie im Ergebnis dadurch teurer macht und sie damit am Markt benachteiligt.

---

249 Vgl. Reiß, W., Factoring, in: Carlé, D./Stahl, R./Strahl, M., Gestaltung und Abwehr im Steuerrecht, S. 553.

250 Vgl. Kapitel II. 5.1.1.

251 Vgl. Reiß, W., Factoring, in: Carlé, D./Stahl, R./Strahl, M., Gestaltung und Abwehr im Steuerrecht, S. 553.

252 Vgl. Wesselbaum-Neugebauer, C., UR 2004, 401 (402 f.).

6.2 Verstoß gegen den Neutralitätsgrundsatz der indirekten Besteuerung

Das Umsatzsteuersystem wird von dem Grundgedanken geleitet, dass nicht der Unternehmer, sondern nur der private Endverbraucher mit Umsatzsteuer belastet werden soll. Gegen dieses Neutralitätsprinzip könnte die Inanspruchnahme des Haftungsschuldners, der Unternehmer ist und für einen Unternehmer Umsatzsteuer zu zahlen hat (ohne den entsprechenden Vorsteuerabzug)[253], verstoßen.

Nach Art. 17 Abs. 2 der 6. EG-Richtlinie (Art. 168 MwStSystRL) wird der Vorsteuerabzug jedem Steuerpflichtigen für solche Vorbezüge gewährt, die er für Zwecke seiner besteuerten (Ausgangs-)Umsätze verwendet. Weiterhin hat sich aus dem Neutralitätsprinzip der Grundsatz des Sofortabzuges herausgebildet, wonach der Unternehmer zu dem Zeitpunkt vollständig entlastet werden muss, zu dem er aus Eingangsleistungen mit Umsatzsteuer belastet wird. Sonst käme es zu einer Kreditierung durch den Steuerpflichtigen, von der er gerade entlastet werden soll.[254]

Der Grundsatz der Steuerneutralität prägt das gemeinsame (europäische) Mehrwertsteuersystem, welches gewährleisten soll, dass die Auswirkungen der Umsatzsteuerbelastung auf die Wettbewerbsbedingungen für Warenlieferungen und Dienstleistungen im innergemeinschaftlichen Handel und Dienstleistungsverkehr neutral sind.[255] Aus diesen Gründen legt der EuGH Begriffe weit aus, mit denen die Grundlagen der Steuer festgestellt werden.[256] Aus demselben Grund fasst er jedoch beispielsweise Befreiungstatbestände[257] und Abweichungen von der Besteuerungsgrundlage[258] eng.[259] Dabei beschränkt er das Recht zum Vorsteuerabzug nur, wenn es ausdrücklich gesetzlich vorgesehen ist.[260]

Die vollständige (Wert-)Neutralität soll alle wirtschaftlichen, der Steuer unterliegenden Tätigkeiten unabhängig von deren Zweck und deren Ergebnis[261] – erlaubt oder unerlaubt[262] – auf allen Handelsstufen von der Produktion bis zum

253 Vgl. Kapitel II. 5.1.2.

254 Vgl. Reiß, W., UR 2004, 275 (276 f.).

255 Vgl. Birkenfeld, W., in: Hartmann, A./Birkenfeld, W., UStG, Teil D 110, 26.

256 Vgl. EuGH, Urt. v. 6.2.1997 - Rs. C-80/95, BB 1997, 824; EuGH, Urt. v. 4.12.1990 - Rs. C-186/89, Slg. 1990 I-4363; EuGH, Urt. v. 16.3.1987 - Rs. 235/85, Slg. 1987, 1472.

257 Vgl. EuGH, Urt. v. 12.2.1998 - Rs. C-346/95, Slg. 1998, I-491.

258 Vgl. EuGH, Urt. v. 29.5.1997 - Rs. C-63/96, Slg. 1997, I-2847.

259 Vgl. EuGH, Urt. v. 5.6.1997 - Rs. C-2/95, Slg. 1997, I-3017; EuGH, Urt. v. 15.6.1989 - Rs. 348/87, Slg. 1989, 1737.

260 Vgl. EuGH, Urt. v. 21.9.1988 - Rs. 50/87, Slg. 1988, 4797.

261 Vgl. EuGH, Urt. v. 21.3.2000, verb. Rs. C-110/98, C-147/98, Slg. 2000, I-1577; EuGH, Urt. 26.9.1996 - C-327/94, Slg. 1996, I-4595, 4610.

262 Vgl. EuGH, Urt. v. 26.9.2000 - Rs. C-455/98, Slg. 2000, I-5003; EuGH, Urt. v. 11.6.1998 - Rs. C-283/95, Slg. 1998, I-3369; EuGH, Urt. v. 28.5.1998 - Rs. C-3/97, Slg. 1998, I-3257.

Einzelhandel gleichmäßig belasten.[263] Aufgrund ihrer Neutralität stellt die Umsatzsteuer im Ergebnis – Ausnahmen bestehen bei einer Leistungskette mit unechten Steuerbefreiungen[264] – keinen Kostenfaktor dar.[265] Somit kann auch die Wahl der Methode zur Absatzförderung der Waren durch den Hersteller keine Rolle spielen.[266] Nach diesem Systemprinzip belastet die Umsatzsteuer nur den Endverbraucher. Konsequenterweise ist für den Unternehmer, der auf den Produktions- und Vertriebsstufen vor dem Stadium der endgültigen Besteuerung tätig ist, die Steuer – unabhängig von der Zahl der Umsätze – völlig neutral.[267] Es darf in der Unternehmerkette zur Vermeidung einer Doppelbesteuerung[268] im Ergebnis keine Belastung mit Umsatzsteuer verbleiben.[269] Hieraus hat der EuGH abgeleitet, dass der Betrag, der als Besteuerungsgrundlage für die von den Steuerbehörden zu erhebende Umsatzsteuer diene, nicht höher sein kann als die Gegenleistung, die der Endverbraucher tatsächlich erbringt.[270] Was der deutsche Gesetzgeber bereits in der Formulierung des § 10 Abs. 1 Satz 2 UStG „alles, was der Leistungsempfänger aufwendet" umgesetzt hat.

Es ist grundsätzlich Sache der Mitgliedstaaten, die Neutralität der Umsatzsteuer zu gewährleisten. Dabei dürfen Maßnahmen, um die genaue Erhebung der Steuer zu ermöglichen und Steuerhinterziehungen zu verhindern, nicht über das hinausgehen, was zur Erreichung dieser Ziele erforderlich ist.[271] Diese Maßnahmen dürfen aber nicht in der Weise eingesetzt werden, dass sie die Neutralität der Umsatzsteuer in Frage stellen.[272] Es entspricht dem Sinn der Umsatzsteuer, den Steuerpflichtigen, der sich rechtmäßig verhält[273], alsbald von der ihm berechneten Umsatzsteuer für an ihn ausgeführte Leistungen durch den Anspruch auf Vorsteuerabzug zu entlasten.[274] Dieses Recht kann von den Mitgliedstaaten

263 Vgl. EuGH, Urt. v. 28.5.1998 - Rs. C-3/97, Slg. 1998, I-3257; EuGH, Urt. v. 6.4.1995 - Rs. C-4/94, Slg. 1995, I.983; EuGH, Urt. v. 14.2.1985 - Rs. 268/83, Slg. 1985, 655.

264 Vgl. Friedrich-Vache, H., Verbrauchsteuerkonforme Umsatzbesteuerung von Finanzdienstleistungen, S. 41 ff.

265 Vgl. EuGH, Urt. v. 15.10.2002 - Rs. C-427/98, Slg. 2002, I-8315.

266 Vgl. Birkenfeld, W., in: Hartmann, A./Birkenfeld, W., UStG, Teil D 110, 27.

267 Vgl. Liebau, T., BB 2005, 415 (419).

268 Vgl. EuGH, Urt. v. 27.6.1989 - Rs. 50/88, Slg. 1989, 1925.

269 Vgl. BFH, Urt. v. 7.10.1987 - V R 2/97, BStBl. II 1988, 88; BFH, Urt. v. 30.7.1986 - V R 99/76, BStBl. II 1986, 877.

270 Vgl. EuGH, Urt. v. 24.10.1996 - Rs. C- 317/94, Slg. 1996, I-5339.

271 Vgl. EuGH, Urt. v. 21.3.2000 - verb. Rs. C-110/98, C-147/98, Slg. 2000, I-1577.

272 Vgl. EuGH, Urt. v. 19.9.2000 - Rs. C-454/98, Slg. 2000, I-6973.

273 Vgl. EuGH, Urt. v. 18.12.1997 - verb. Rs. C-286/94, C 340/95, C-401/95, C-47/96, Slg. 1997, I-7281.

274 Vgl. EuGH, Urt. v. 11.7.1991 - Rs. C-97/90, Slg. 1991, I-3795; EuGH, Urt. v. 21.9.1988 - Rs. 50/87, Slg. 1988, 4797; EuGH, Urt. v. 14.2.1985 - Rs. 268/83, Slg. 1985, 655; Widmann, W., UR 1991, 294 (294).

grundsätzlich nicht eingeschränkt werden. Ausnahmen sind nur nach den in der 6. EG-Richtlinie bezeichneten Fällen zulässig.[275]

Nach Art. 17 Abs. 1 der 6. EG-Richtlinie (Art. 167 MwStSystRL) entsteht das Recht auf Vorsteuerabzug, wenn der Anspruch auf die abziehbare Steuer (Vorsteuer) entsteht. Nach Art. 10 Abs. 2 der 6. EG-Richtlinie (Art. 63 MwStSystRL) ist dies der Zeitpunkt, in dem die Lieferung des Gegenstandes oder die Dienstleistung bewirkt wird. Dabei hängt das Bestehen eines Rechts auf Vorsteuerabzug allein davon ab, dass zu diesem Zeitpunkt (Leistungsempfang) die Eigenschaft als Steuerpflichtiger (Unternehmer) besteht und dieser als solcher handelt.[276] Die tatsächliche oder beabsichtigte Verwendung bestimmt nur den Umfang des Vorsteuererstabzugs, zu dem der Steuerpflichtige befugt ist, und den Umfang etwaiger Berichtigungen während der darauf folgenden Zeiträume. Somit hängt das Entstehen des Abzugsrechts nicht vom tatsächlichen Beginn der besteuerten Umsätze oder bestimmter Maßnahmen zur Sicherstellung der Steuererhebung i.S.v. Art. 22 Abs. 8 der 6. EG-Richtlinie ab.[277]

6.3 Folge einer Haftung des Unternehmers in Bezug auf das Neutralitätsprinzip

Wie soeben dargestellt, ist das Neutralitätsprinzip der Umsatzsteuer ein wichtiges Kriterium, das durch das Instrumentarium des Vorsteuerabzuges gewährleistet wird. Dadurch ist der Unternehmer grundsätzlich nicht innerhalb seines unternehmerischen Handelns mit Umsatzsteuer belastet, die Steuer wirkt insofern „neutral". Bei einer Inanspruchnahme des Unternehmers als Haftungsschuldner nach § 13 c UStG wird gegen diesen Grundsatz verstoßen, da im Ergebnis ein Unternehmer in Höhe eines Umsatzsteuerbetrages über die Haftung belastet ist. Nach dem ausdrücklichen Wortlaut dieser Vorschrift muss der Haftende Unternehmer sein. Bei einer Haftung nach § 13 c UStG steht dem Schuldner gerade keine Möglichkeit des Vorsteuerabzuges zu. § 15 UStG sieht nämlich einen solchen Anspruch nicht vor, was auch nicht beabsichtigt ist, da der Fiskus den „fehlenden" Umsatzsteuerbetrag tatsächlich durch Zahlung erhalten will. Vielmehr bleibt der Haftungsschuldner das letzte Glied in der Kette.

Man könnte nun der Auffassung sein, dass der Abtretungsempfänger durch die Vereinnahmung der Forderung wirtschaftlich dennoch „neutral" steht, d.h. nicht in Höhe des Umsatzsteuerbetrages belastet ist. Dies soll anhand des folgenden Beispiels schrittweise aufgeschlüsselt werden:

---

275 Vgl. EuGH, Urt. v. 6.7.1995 - Rs. C-62/93, Slg. 1995, I-1883.

276 Vgl. EuGH, Urt. v. 11.7.1991- Rs. C-97/90, Slg. 1991, I-3795; EuGH, Urt. v. 8.6.2000 - Rs. C-400/98, Slg. 2000, I-4352.

277 Vgl. EuGH, Urt. 21.3.2000 - Rs. C 110/98, Slg. 2000, I-1595.

Unternehmer U_1 hat eine Forderung gegen Unternehmer U_2 in Höhe von 100.000 € zuzüglich 19.000 € Umsatzsteuer aus einer an U_2 erbrachten Leistung. Im zweiten Schritt ist bereits hinsichtlich des Abtretungsempfängers zu differenzieren. U_1 soll diese Forderung in Höhe der vollen 119.000 € zur Sicherung eines Kredites, der in gleicher Höhe besteht, an eine Bank (Abtretungsempfänger B) abtreten.

Die Bank zieht nun die Forderung von U_2 ein, d.h. sie vereinnahmt den von U_2 geschuldeten Betrag über 119.000 €. In dieser Konstellation tritt unter den weiteren Voraussetzungen – Nichtentrichtung der festgesetzten Umsatzsteuer zum Fälligkeitszeitpunkt durch U_1 – der Haftungsfall bei B nach § 13 c UStG ein, da die Bank die abgetretene Forderung vereinnahmt hat. Die Bank schuldet damit die Umsatzsteuer für U_1 in Höhe von 19.000 €. Dieser gezahlte Umsatzsteuerbetrag, so lässt sich argumentieren, ist rein rechnerisch in den vereinnahmten 119.000 € enthalten. Jedoch ist der Bank nicht der reine Entgeltsbetrag über 100.000 € zuzüglich eines Umsatzsteuerbetrages von 19.000 € abgetreten worden, sondern ein einheitlicher bzw. gesamter Betrag über 119.000 €, der dem gegenüber der Bank „geschuldeten" Betrag entspricht. Aus diesem Betrag kann die Umsatzsteuer (insbesondere aus Sicht der Bank) nicht herausgetrennt werden. Denn dieser Gesamtbetrag wurde zu einem anderen Zweck, nämlich der Absicherung eines Kredites, abgetreten. Die Kreditgewährung durch eine Bank erfolgt nach § 4 Nr. 8 a UStG grundsätzlich steuerfrei. Auf der anderen Seite enthalten die 119.000 € Forderung schon den „Umsatzsteueranteil" aus der Leistung des U_1, die der Forderung zugrunde liegt. Die 119.000 € stellen mithin reines Entgelt i.S.d. § 10 Abs. 1 Satz 1 UStG dar in dem vorliegenden Fall, falls die Forderungsabtretung eine Leistung an den Zessionar ist.[278] Würde man die 19.000 € aus den 119.000 € ausgliedern, so hätte zwar die Bank die an den Fiskus infolge der Haftung gezahlten 19.000 € Umsatzsteuer durch die Forderungsabtretung über 119.000 € inne, der Betrag zur Absicherung des Kredites wäre allerdings nun um den Umsatzsteuerbetrag niedriger. Im Ergebnis wird der Bank ihr eigentliches Geschäft (Kreditgewährung) durch U_1 in Bezug auf das vereinbarte Entgelt durch die Haftungsinanspruchnahme in Höhe von 19.000 € nicht erfüllt; klar gilt dies nur dann, wenn es sich tatsächlich um Entgelt in dem Sinne handelt, falls eine Forderungsabtretung auch als Leistung an den Zessionar zu werten ist, was jedoch bei der Sicherungsabtretung für einen Kredit nicht der Fall ist. Dennoch entsteht ein „Verlust" in Höhe des Umsatzsteuerbetrages auf Seiten der Bank und die Bank schuldet damit als Unternehmerin einen Umsatzsteuerbetrag, wobei auf dieser Stufe eine Neutralisierung dieser (Steuer-)Belastung nicht – auch nicht wirtschaftlich – möglich ist. Es lässt sich erkennen, dass der Abtretungsempfänger als Unternehmer einen Umsatzsteuerbetrag schuldet, für den er grundsätzlich umsatzsteuerrechtlich aufgrund des Grund-

[278] Anders aber z.B. bei der Sicherungsabtretung für einen Kredit.

prinzips der Neutralität der Umsatzsteuer nicht in Anspruch zu nehmen ist. Problematisch ist in diesem Zusammenhang gerade, dass die Haftung nach § 13 c UStG nur für Unternehmer angeordnet ist.

Zwar bildet im Ergebnis die vom Grundsatz her zutreffende Vorstellung, dass der Unternehmer letztlich für seine steuerpflichtigen Leistungen die anhand der dafür erhaltenen Gegenleistung (Entgelt i.S. eines Kaufpreises) berechnete Umsatzsteuer an den Fiskus abzuführen hat, die Grundlage für den Haftungstatbestand des § 13 c UStG.[279] Hierbei wird der Unternehmer gerade als bloßer „Steuereinsammler" des Fiskus bezeichnet, womit materiell die steuerliche Belastung des Endverbrauchs gekennzeichnet wird.[280] Jedoch besteht weder in Deutschland noch in einem anderen EU-Staat eine Pflicht eines Steuereinsammlers im Rahmen der indirekten Besteuerung dahingehend, dass dieser Unternehmer tatsächlich den Steueranteil aus der Gegenleistung auszusondern und getrennt von seinem Vermögen als Vermögen des Fiskus bis zur Abführung zu verwahren hat. Dieses Vorgehen ist auch nicht mit der von der 6. EG-Richtlinie angeordneten Saldierung mit Vorsteuern vereinbar. Auch fehlt es an einer technischen Umsetzungsmöglichkeit bei der Regelungsbesteuerung nach vereinbarten Entgelten, denn der Unternehmer hat insoweit die Umsatzsteuer bereits vor Vereinnahmung zu entrichten. Mithin schuldet der Unternehmer nicht die Abführung eines realen Teils einer noch ausstehenden Forderung oder einer schon vereinnahmten Gegenleistung für eine von ihm erbrachte Leistung, sondern er schuldet vielmehr einen diesem Teil der Höhe nach entsprechenden (Umsatzsteuer-)Betrag. Auch aus einer Parallele zu den anderen Steuerarten ergibt sich, dass mit der Zahlung der Umsatzsteuerschuld eine Geldleistung aus dem Vermögen des Steuerschuldners geleistet und nicht etwa bereits dem Fiskus gehörendes Vermögen abgeführt wird.

Als Folge hieraus lässt sich zunächst erkennen, dass eine vom leistenden Unternehmer bereits vereinnahmte Gegenleistung von diesem frei verwendet werden kann. Dabei besteht kein Gebot einer vorrangigen Verwendung des in der vereinnahmten Gegenleistung enthaltenen Umsatzsteueranteils, weder zur Tilgung der Umsatzsteuerschulden allgemein noch speziell zur Tilgung der Umsatzsteuerschuld, in der der haftungsbezogene Umsatzsteueranteil enthalten ist. Die Rechtsprechung hat in Haftungsfällen ausgesprochen, dass im Falle drohender Zahlungsunfähigkeit zur Vermeidung der Haftung der Grundsatz der anteiligen Tilgung zu beachten ist. Jedoch geht es in diesem Zusammenhang darum, dass der Fiskus als Gläubiger nicht zu Gunsten anderer Gläubiger benachteiligt werden darf, nicht aber um eine Besserstellung des Fiskus, weil ihm an sich schon

---

279 Vgl. Reiß, W., Factoring, in: Carlé, D./Stahl, R./Strahl, M., Gestaltung und Abwehr im Steuerrecht, S. 548.

280 Vgl. BFH, Urt. v. 5.3.1991 - VII R 93/88, BStBl. II 1991, 678; BFH, Urt. v. 2.3.1993 - VII R 90/90, BFH/NV 1994, 526; BFH, Urt. v. 16.12.2003 - VII R 77/00, BStBl. II 2005, 249.

der Betrag in Höhe der Umsatzsteuer aus vereinnahmten Gegenleistungen gehöre.[281]

Die Umsatzsteuer gehört i.S. einer Verkehrsteuer von der steuerlichen Erhebungstechnik her zu den indirekten Steuern. Bei einer indirekten Steuer ist der formelle Steuerschuldner (Unternehmer) nicht identisch mit dem wirtschaftlich Belasteten. Das ist bei der Umsatzsteuer der private Endverbraucher der Leistung, auf den die Steuer im Preis übergewälzt wird.[282] Der Unternehmer dient – wie bereits angedeutet – nur als Steuereinsammler für den Fiskus. Bei einem Haftungsfall nach § 13 c UStG dient der Unternehmer nicht nur als Steuereinsammler für seine eigene Umsatzsteuerschuld, sondern er muss daneben auch noch für eine fremde Umsatzsteuerschuld aufkommen. Der Haftungsschuldner ist sowohl Steuereinsammler (und zwar für seine eigene Umsatzsteuerschuld) und zugleich auch wirtschaftlich Belasteter. Eigentlich ist der Unternehmer nicht Steuerträger, sondern der nichtunternehmerische Endverbraucher soll gerade mit der Umsatzsteuer belastet werden.[283] Kommt es zu einer Haftungssituation i.S.d. § 13 c UStG, so kann sich der Fiskus an den Haftungsschuldner halten. Dieser ist jedoch entsprechend den Tatbestandsmerkmalen stets nur ein Unternehmer. Nach dem Grundsatz des Verbrauchsteuercharakters müsste nun dieser Unternehmer eine Möglichkeit haben, sich von der Umsatzsteuerlast zu befreien, da der Unternehmer in seinem unternehmerischen Handeln nicht umsatzsteuerlich belastet sein darf. Da es diese Möglichkeit nicht gibt und eine solche auch dem Sinn der Haftung nach § 13 c UStG widersprechen würde, liegt im Ergebnis ein Verstoß gegen den Charakter der Umsatzsteuer als indirekte und an den nichtunternehmerischen Verbrauch orientierte Steuer vor.

6.4 Vergleich mit der Regelung zur Umkehrung der Steuerschuldnerschaft auf den Leistungsempfänger nach § 13 b UStG

Weiterhin ist zu prüfen, ob mit der Schaffung des Haftungstatbestandes des § 13 c UStG nicht vielmehr eine getarnte Steuerlastumkehr vorliegt, wie sie schon § 13 b UStG vorsieht. Deshalb ist nun zu untersuchen, ob eine vergleichbare Situation mit § 13 b UStG gegeben ist. Mit dem StÄndG 2001[284] wurde das sog. Abzugsverfahren durch das neue Institut des Übergangs bzw. der Umkehrung der Steuerschuld auf den Leistungsempfänger nach § 13 b UStG ersetzt. Gemeinsam ist beiden Normen, dass sie eine Ausnahme zu der in § 13 a UStG geregelten Steuerschuldnerschaft bilden sollen. In beiden Fällen – § 13 b und

281 Vgl. Reiß, W., Factoring, in: Carlé, D./Stahl, R./Strahl, M., Gestaltung und Abwehr im Steuerrecht, S. 548.
282 Vgl. Reiß, W., Umsatzsteuerrecht, S. 4.
283 Vgl. Nieskens, H., UR 2004, 441 (446).
284 Steueränderungsgesetz 2001 v. 20.12.2001, BGBl. I 2001, 3794.

§ 13 c UStG – wird die Steuerschuld im Ergebnis auf eine andere Person verschoben.

6.4.1 Grundsätzliche Steuerschuldnerschaft des leistenden Unternehmers

Grundsätzlich ist der Unternehmer, der steuerbare und steuerpflichtige Umsätze ausführt, bei Umsätzen Steuerschuldner gemäß § 13 a Abs. 1 Nr. 1 UStG. Das Gesetz verlagert in den Ausnahmefällen des § 13 b Abs. 1 UStG unter den weiteren Voraussetzungen des Abs. 2 (Kapitel II.6.4.2) die Steuerschuldnerschaft auf den Leistungsempfänger (sog. Reverse Charge-Mechanismus). Somit fallen Steuerschuld und Anspruch auf Vorsteuerabzug (§ 15 Abs. 1 Satz 1 Nr. 4 UStG) in der Person des Leistungsempfängers zusammen. Infolge dessen wird das Risiko für den Fiskus, dass der leistende Unternehmer die Umsatzsteuer nicht entrichtet, der Leistungsempfänger aber den Vorsteuerabzug aus der begangenen Leistung geltend macht, weitgehend vermieden.[285] Eine besondere Gefahr für den Steueranspruch liegt nämlich vor, wenn er z.B. gegen im Ausland ansässige Unternehmen durchgesetzt werden muss, was § 13 b Abs. 1 Nr. 1 UStG aufgreift. In diesen Fällen hat der Leistungsempfänger die Umsatzsteuer für den Leistungsgeber zu entrichten. Diesem Reverse Charge-Mechanismus unterliegen nun nach der Ergänzung des § 18 Abs. 8 Satz 1 UStG a.F. auch die in § 13 b Abs. 1 Satz 1 Nr. 2-6 UStG geregelten Fallgruppen, insbesondere auch die Verwertung von „Sicherungsgütern“ durch den Sicherungsnehmer und die Lieferung von Grundstücken im Zwangsversteigerungsverfahren.

Die gemeinschaftsrechtliche Grundlage für den Übergang der Steuerschuld bei Verwertung von Sicherungsgut und bei Lieferungen von Grundstücken im Zwangsversteigerungsverfahren findet sich im Gegensatz zur Verlagerung der Steuerschuld auf den Leistungsempfänger im Falle der Leistung ausländischer Unternehmer nicht in der 6. EG-Richtlinie. Erst auf Antrag der Bundesregierung hat der Rat durch Entscheidung vom 4.6.2002 nachträglich eine Ermächtigung nach Art. 27 der 6. EG-Richtlinie (Art. 397 MwStSystRL) für die deutsche Regelung erteilt, und zwar befristet bis zum 31.12.2006.[286] Das In-Kraft-Treten der Erweiterung des § 13 b UStG durch das HBeglG 2004[287] ist gemäß Art. 29 Abs. 2 dieses Gesetzes von der Erteilung einer Ermächtigung nach Art. 27 der 6. EG-Richtlinie abhängig gemacht worden. Da der Rat nun am 30.3.2004 diese Ermächtigung erteilt hat, ist die Regelung am 1.4.2004 in Kraft getreten.

---

285 Vgl. Völkel, D./Karg, H., Umsatzsteuer, S. 877.
286 Vgl. ABl. EG 2002 Nr. L 151, 12.
287 *Haushaltsbegleitgesetz 2004* v. 29.12.2003, BGBl. I 2003, 3076.

6.4.2 Tatbestandsvoraussetzungen des § 13 b UStG

Grundsätzlich entspricht es dem System der Umsatzsteuer als indirekte Steuer, wenn derjenige die Umsatzsteuer schuldet, der den Umsatz bewirkt hat. Somit widerspricht es diesem angedachten System zur Durchführung einer Besteuerung des privaten Endverbrauchs, wenn die Steuerschuldnerschaft auf den Leistungsempfänger verlagert wird. Im Ergebnis führt diese Verlagerung in den Fällen, in denen der Leistungsempfänger zum vollen Vorsteuerabzug berechtigt ist (i.d.R. der Unternehmer), dennoch dazu, dass die Umsatzsteuer tatsächlich nicht erhoben wird. Gerechtfertigt wird diese Umkehrung der Steuerschuldnerschaft auf den Leistungsempfänger zum einen als Regelung zur effektiven Erhebung von Steuern, die von ausländischen Unternehmern oder bestimmten inländischen, nicht zahlungskräftigen Unternehmern geschuldet würden. Zum anderen kommt es durch die Verlagerung der Steuerschuldnerschaft auf den Leistungsempfänger zu erheblichen administrativen Erleichterungen für die ausländischen Unternehmer, aber auch für die Finanzverwaltung.[288]

In den Fällen des § 13 b Abs. 1 Satz 1 Nr. 2 bis 4 UStG, in denen bei Lieferungen sicherungsübereigneter Gegenstände außerhalb des Insolvenzverfahrens, bei (steuerpflichtigen) Umsätzen, die unter das GrEStG fallen, sowie bei bestimmten Bauleistungen der Leistungsempfänger zum Steuerschuldner wird, soll durch die Steuerschuldnerschaft des Leistungsempfängers sichergestellt werden, dass die Steuer tatsächlich angemeldet und abgeführt wird. Damit dient die Maßnahme der Sicherung des Steueraufkommens, denn es wird die Gefahr vermieden, dass bei den genannten Umsätzen der Leistungsempfänger unabhängig davon den Vorsteuerabzug geltend macht, gleichzeitig der leistende Unternehmer die Steuer nicht entrichtet, weil er beispielsweise nicht zahlungsfähig ist.[289]

6.4.3 Vergleichbarkeit von § 13 c UStG und § 13 b UStG

Es steht zwar fest, dass beide Vorschriften zumindest teilweise dasselbe Ziel verfolgen. Bei § 13 c UStG soll durch die Schaffung eines weiteren Haftungsschuldners vermieden werden, dass der Fiskus eine Umsatzsteuerforderung typi scherweise aufgrund der Zahlungsunfähigkeit des Steuerschuldners nicht oder nur teilweise einziehen kann. Es wird in concreto ein neuer Schuldner geschaffen. § 13 b UStG hat ebenfalls den Hintergrund, das Steueraufkommen zu sichern.

Jedoch lässt sich konstatieren, dass mit der Schaffung des § 13 c UStG keine Fortsetzung des § 13 b UStG erfolgte und somit keine verdeckte Umkehr der Steuerlast vorliegt. Durch § 13 c UStG wurde ein völlig neuer Schuldner geschaffen, der mit dem eigentlichen Geschäft zwischen Leistungsgeber und Leis-

[288] Vgl. Langer, M., in: Reiß, W./Kraeusel, J./Langer, M., UStG, § 13 b UStG, Rn. 12.
[289] Vgl. Langer, M., in: Reiß, W./Kraeusel, J./Langer, M., UStG, § 13 b UStG, Rn. 13.

tungsempfänger, aus dem die Umsatzsteuerschuld, für die der Abtretungsempfänger haftet, hervorgeht, in keinem Zusammenhang steht. Dadurch wird nicht nur die Steuerschuld zwischen den ursprünglich beteiligten Personen verschoben, sondern auf eine dritte Person ausgeweitet. Folglich geht § 13 c UStG in seiner Wirkung weiter als § 13 b UStG.
Durch die Schaffung einer Gesamtschuld i.S.d. § 44 AO hat der Fiskus nun zwei Personen, die ihm für seinen Umsatzsteueranspruch aus steuerpflichtigen Leistungen einstehen müssen bzw. ein Dritter die Umsatzsteuer schuldet, der mit dem Ausgangsumsatz für die Forderung nichts zu tun hat.

7. Vereinbarkeit von § 13 c UStG mit dem Verhältnismäßigkeitsprinzip

Der Gesetzgeber ist nicht nur an die formellen Verfassungsnormen über die Gesetzgebung, also nicht nur an die Kompetenzzuweisungen und die Vorschriften über das Gesetzgebungsverfahren gebunden. Vielmehr sind die Gesetze auch nach ihrem Inhalt an die Verfassung gebunden (Art. 20 Abs. 3 GG). Dabei sind insbesondere die Grundrechte zu achten (Art. 1 Abs. 3 GG). Der Gesetzgeber muss auch die Gesetzgebungsaufträge der Verfassung erfüllen und die Direktiven der Verfassung (z.B. Art. 29 Abs. 1 Satz 2, 33 Abs. 5 GG) befolgen. Darüber hinaus hat er die Wertentscheidungen und Staatszielbestimmungen, die in Grundrechtsbestimmungen und Grundsatznormen der Verfassung niedergelegt sind, zu beachten. Er ist nicht zuletzt an die allgemeinen rechtsstaatlichen Grundsätze, insbesondere an die Grundsätze der Verhältnismäßigkeit und des Übermaßverbotes, gebunden.[290]

Der Grundsatz der Verhältnismäßigkeit ist verfassungsrechtlich in dem Rechtsstaatsprinzip[291] und in den Grundrechten[292] begründet, die für die Besteuerung besonders in Art. 14 Abs. 1 GG, aber auch in Art. 12 Abs. 1 GG manifestiert sind.[293] Grundsätzlich gilt der Kerngedanke der Verhältnismäßigkeit für jede staatliche Maßnahme, also für Maßnahmen der Gesetzgebung, Verwaltung sowie Rechtsprechung. Durch ihn wird der Eingriff in die freiheitlich geschützte Sphäre des Bürgers auf Maßnahmen, die das gewählte Mittel in ein vernünftiges Verhältnis zum angestrebten Zweck setzen, beschränkt.[294] Der Grundsatz der Verhältnismäßigkeit verlangt, dass Eingriff und Nutzen in einem angemessenen Verhältnis zueinander stehen. Dies ist dann der Fall, wenn der Nutzen den Nach-

---

290 Vgl. Maunz, T./Zippelius, R., Deutsches Staatsrecht, S. 321.

291 Vgl. BVerfG, Beschl. v. 6.3.1968 - 1 BvL 2/63, BVerfGE 23, 135; Stern, K., Das Staatsrecht der BRD, S. 861 ff.

292 Vgl. Wendt, R., Der Garantiegehalt der Grundrechte und das Übermaßverbot, AöR 1979, 414.

293 Vgl. Kirchhof, P., Staatliche Einnahmen, in: Isensee, J./Kirchhof, P., HStR IV, S. 146; Tipke, K., Steuerrechtsordnung I, S. 423 ff.

294 Vgl. Lang, J., in: Tipke, K./Lang, J., Steuerrecht, § 4, Rn. 209.

teil überwiegt, wobei nicht nur abstrakt Gewicht und Zahl der gegeneinander abzuwägenden Interessen in Rechnung zu stellen sind, sondern auch der Grad der Wahrscheinlichkeit und die Intensität, mit der sie gefördert oder beeinträchtigt werden.[295] Konkretisiert wird diese Rationalität der Zweck-Mittel-Relation durch die Kriterien der Geeignetheit, Erforderlichkeit und Zumutbarkeit.

7.1 Geeignetheit der Vorschrift des § 13 c UStG

Durch die Finanzbehörde darf keine Maßnahme ergriffen werden, mit der der angestrebte Zweck nicht erreicht werden kann.[296] Dabei gelten im Rahmen der Verhältnismäßigkeitsprüfung in Bezug auf das Erfordernis der Geeignetheit von Gesetzen und Maßnahmen der Verwaltung unterschiedliche Kriterien. Während die Eignung von Maßnahmen der Verwaltung, einen angestrebten Zweck zu erreichen, im Grundsatz voll überprüfbar ist, wird dem Gesetzgeber hierbei eine gewisse „Einschätzungsprärogative" zuerkannt, die vor allem bei wirtschaftslenkenden Gesetzen Bedeutung erlangt. Ein Gesetz wird nur dann wegen mangelnder Geeignetheit für verfassungswidrig erklärt, wenn deren Beurteilung durch den Gesetzgeber auf einer offensichtlich fehlsamen Prognose der künftigen Entwicklung und der Auswirkungen des Gesetzes beruht. Die alleinige Tatsache, dass die mangelnde Eignung des Gesetzes nachträglich deutlich wird, reicht hierfür nicht aus.[297]

Die zu untersuchende gesetzliche Regelung des § 13 c UStG, den Abtretungsempfänger für die Steuerschuld des Abtretenden haften zu lassen, ist sicherlich geeignet, die Umsatzsteuerschuld einzuziehen. Hierdurch hat der Gesetzgeber für den Fiskus einen weiteren Gesamtschuldner geschaffen und damit das Ausfallrisiko an Umsatzsteuer deutlich minimiert. Auch hat sich in der Anwendung des § 13 c UStG nicht gezeigt, dass dieser ungeeignet ist, das Steueraufkommen zu sichern. Probleme ergeben sich vielmehr an anderer Stelle (Kapitel II.7.3).

7.2 Erforderlichkeit einer Haftungsvorschrift im UStG

Es besteht eine Verpflichtung der Finanzbehörde, von mehreren geeigneten Maßnahmen nur diejenige zu ergreifen, die den von der Maßnahme Betroffenen am geringsten belastet.[298] Dabei ist zunächst zu vergegenwärtigen, dass das Erfordernis des geringstmöglichen Eingriffes nur im Verhältnis gleichermaßen geeigneter Maßnahmen gilt. Somit wirkt sich aber ein Beurteilungs- oder Prognosespielraum des Gesetzgebers in der Frage der Geeignetheit notwendig auch auf die Prüfung der Erforderlichkeit aus. Folglich ist der Gesetzgeber auf die gerin-

---

295 Vgl. Maunz, T./Zippelius, R., Deutsches Staatsrecht, S. 95 f.
296 Vgl. Lang, J., in: Tipke, K./Lang, J., Steuerrecht, § 4, Rn. 210.
297 Vgl. Degenhart, C., Staatsrecht I, Rn. 328.
298 Vgl. Lang, J., in: Tipke, K./Lang, J., Steuerrecht, § 4, Rn. 211.

ger eingreifende Maßnahme nur dann zu verweisen, wenn diese zur Erreichung des angestrebten Ziels ebenso geeignet ist wie die intensiver eingreifende Maßnahme.[299]

Damit ist zunächst zu überlegen, ob der Gesetzgeber alternative Möglichkeiten gehabt hätte, um das gleiche Ziel (Minimierung der Umsatzsteuerausfälle) zu erreichen. Zwar ist es eine Alternative, sich auf das Insolvenzverfahren[300] zu beschränken und einen neuen Haftungsschuldner außen vor zu lassen. Jedoch ist diese Alternative nicht ebenso effektiv wie die Inanspruchnahme des Haftungsschuldners. Denn im Fall des § 13 c UStG kann der Fiskus die ganze Umsatzsteuerschuld einfordern, wohingegen er bei einer Insolvenzforderung auf die Insolvenzquote angewiesen ist.[301] Damit war die Schaffung des § 13 c UStG in Bezug auf den rechtlichen Inhalt mangels Alternativen innerhalb des Regelungsinhaltes im UStG auch erforderlich.[302]

7.3 Verhältnismäßigkeit im engeren Sinne

Bei der Prüfung der Verhältnismäßigkeit stellt die Frage der Verhältnismäßigkeit im engeren Sinne (Proportionalität) den dritten Schritt dar. Auch eine an sich geeignete und erforderliche Maßnahme ist unzulässig, wenn sie außer Verhältnis zu dem mit ihr verfolgten Zweck steht. Im Rahmen dieser engeren Verhältnismäßigkeitsprüfung ist nun Raum für die eigentliche Güterabwägung. Hierbei sind auf Seiten des Betroffenen (Haftender) die Auswirkungen der in Frage stehenden Maßnahme in grundsätzlich zwei Schritten zu bewerten. Zunächst sind dessen Rechtsgüter und rechtlich geschützte Interessen in einer abstrakten rechtlichen Bewertung, ausgehend von ihrer grundsätzlichen Bedeutung, in Ansatz zu bringen. Im Anschluss an die abstrakte Bewertung ist die Intensität des konkreten Betroffenseins durch die fragliche Maßnahme zu ermitteln.[303]

Der Haftungsschuldner wird in seinem Recht, nicht durch Maßnahmen des Staates (Haftung nach § 13 c UStG) in Anspruch genommen zu werden, für die er nicht verantwortlich ist – dem Haftungsschuldner trifft keinerlei Verschulden an der Nichtzahlung der Umsatzsteuerschuld durch den eigentlichen Steuerschuld-

---

299 Vgl. Degenhart, C., Staatsrecht I, Rn. 329.

300 Hauptanwendungsfall des § 13 c UStG wird die Situation sein, dass die Eröffnung des Insolvenzverfahrens über das Vermögen des abtretenden Unternehmers beantragt wird.

301 Siehe hierzu ausführlicher Kapitel IV.3.6.4.

302 Ob eine Regelung im Rahmen der InsO geeigneter wäre, wird noch in Kapitel VI näher dargestellt. Allerdings stellt dies in Bezug auf die Frage der Erforderlichkeit kein anderes Ergebnis dar, da der Regelungsinhalt auch bei einer Formulierung innerhalb der InsO gleich oder zumindest ähnlich wäre.

303 Vgl. Degenhart, C., Staatsrecht I, Rn. 331.

ner –, verletzt.[304] Die Beeinträchtigung des Haftungsschuldners ist erheblich, denn er haftet möglicherweise für enorme Beträge. Der Verstoß liegt hierbei vor allem darin, dass der Haftungsschuldner für die Entstehung der Umsatzsteuerschuld in keinster Weise verantwortlich war. Die Umsatzsteuerforderung entstand aus einem Rechtsgeschäft bzw. Leistungsaustausch, bei dem der Haftungsschuldner nicht beteiligt war. Zwar wurde ihm die entsprechende Forderung abgetreten, jedoch nur im Zusammenhang mit einem anderen Leistungsaustausch, der nur den Abtretenden und den Abtretungsempfänger betroffen hat.

Es ist ferner fraglich, warum der Staat als Insolvenzgläubiger – denn dies ist er, da von § 13 c UStG letztlich die Zahlungsunfähigkeit bzw. Insolvenz des Abtretenden beschrieben wird – besser stehen sollte als ein anderer Insolvenzgläubiger. Diesem steht nicht die Möglichkeit offen, sich an einen Dritten zu halten und dadurch eine neue Haftung zu begründen. Der Fiskus schafft sich eine bevorzugte Stellung durch § 13 c UStG, um sich auf Kosten eines Dritten abzusichern. Darüber hinaus spricht grundsätzlich gegen eine Verhältnismäßigkeit des Eingriffs nach § 13 c UStG die Tatsache, dass es an einer Ermessensauswahl dem Gesetzeswortlaut nach fehlt. Um dem Verhältnismäßigkeitserfordernis in diesem Punkt gerecht zu werden, hätte zumindest eine Einschränkung dahingehend durchgeführt werden müssen, dass eine Haftung erst dann möglich wird, wenn Vollstreckungsversuche des Fiskus gegen den Steuerschuldner erfolglos waren und das Ergebnis eines Insolvenzverfahrens negativ ausfällt.

Trotz der soeben festgestellten Differenzen mit dem Grundsatz der Verhältnismäßigkeit könnte die Einführung des § 13 c UStG dennoch dadurch gerechtfertigt sein – so dass im Ergebnis kein Verstoß gegen den Verhältnismäßigkeitsgrundsatz vorliegen würde –, dass eine Haftungsinanspruchnahme nur als ultima ratio durchgeführt werden darf. Zwar enthält § 13 c UStG explizit keine solche Einschränkung, jedoch ist hierfür auf § 219 AO abzustellen, wonach ein Haftungsschuldner nur dann in Anspruch genommen werden kann, wenn die Vollstreckung in das bewegliche Vermögen des Steuerschuldners ohne Erfolg geblieben oder anzunehmen ist, dass die Vollstreckung aussichtslos sein würde. Mangels einer entsprechenden gesetzlichen Regelung in § 13 c UStG ist die sich aus § 219 AO ergebende generelle Subsidiarität der Inanspruchnahme des Haftungsschuldners auch auf die Fälle des § 13 c UStG anzuwenden.[305] Dies entspricht auch der Intention des Gesetzgebers, der von einer nachrangigen Inanspruchnahme des Haftungsschuldners spricht.[306]

Die Vollstreckung in das bewegliche Vermögen des Erstschuldners ist dann ohne Erfolg geblieben, wenn sie mangels pfändbarer Vermögensgegenstände oder

---

304 Vgl. BVerfG, Beschl. v. 12.10.1994 - 1 BvL 19/90, BVerfGE 91, 207 (215); Pieroth, B./Schlink, B., Grundrechte, Rn. 907.

305 Haunhorst, S., in: Reiß, W./Kraeusel, J./Langer, M., UStG, § 13 c UStG, Rn. 49.

306 BT-Drucks. 15/1562, 47.

infolge eines die Erstschuld samt Vollstreckungskosten etc. nicht deckenden Verwertungserlös zu keiner Befriedigung des Gläubigers geführt hat. Es müssen konkrete Anhaltspunkte für die Annahme der Aussichtslosigkeit einer Vollstreckung vorliegen. Liegt eine solche Annahme vor, so braucht eine Vollstreckung nicht versucht zu werden. Die Finanzbehörde kann auch aufgrund der Eintragung im Schuldnerverzeichnis von einer aussichtslosen Vollstreckung ausgehen oder wenn ein Insolvenzverfahren mangels Masse eingestellt worden ist.[307]

Durch die Schaffung des § 13 c UStG soll der Steueranspruch zusätzlich gesichert werden. Dies geht aber nicht so weit, dass der Haftungsschuldner „an Stelle" des Steuerschuldners in Anspruch genommen wird. Konsequenz hieraus ist, dass die Finanzbehörden grundsätzlich zunächst versuchen sollten, die Steuerschuld aus dem Vermögen des Steuerschuldners zu realisieren, bevor sie den Haftenden und dessen Vermögen in Anspruch nehmen.[308]

Zusammenfassend lässt sich feststellen, dass § 13 c UStG trotz gewisser Bedenken mit dem Verhältnismäßigkeitsgrundsatz vereinbar ist. Zwar fehlt in § 13 c UStG eine Regelung, wonach der Haftungsschuldner erst dann in Anspruch genommen werden darf, wenn der Vollstreckungsversuch gescheitert ist, gleichwohl wird dieses Fehlen durch die Subsidiarität der Haftungsinanspruchnahme nach § 219 AO ausgeglichen, der – wie soeben dargestellt – auch auf die Fälle des § 13 c UStG anzuwenden ist und damit die Voraussetzungen der Verhältnismäßigkeit im engeren Sinne wahrt.

[307] Kruse, H. W., in: Tipke, K./Kruse, H.W., AO, § 219 AO, Rn. 6.
[308] Alber, C., in: Hübschmann, W./Hepp, E./Spitaler, A., AO, § 219 AO, Rn. 6.

KAPITEL III

Haftung bei Änderungen der Bemessungsgrundlage nach § 13 d UStG

1. Missbrauchsgestaltungen insbesondere bei Leasinggeschäften

Der Gesetzgeber hat durch das StÄndG 2003 neben dem dargestellten § 13 c UStG mit § 13 d UStG eine weitere Haftungsnorm geschaffen. Grund für die Neuregelung des § 13 d UStG ist die Erkenntnis des BRH gewesen, dass seit Jahren im Zusammenhang mit Leasing- und Mietkaufgeschäften hochwertiger Industriegüter immer wieder Gestaltungen kreiert werden, die Steuerausfälle im dreistelligen Millionenbereich zur Folge haben.[309] Im Kern kommt es dabei zur Nichtwahrnehmung der Vorsteuerrückzahlungspflicht des Leistungsempfängers, die sich infolge einer Änderung der Bemessungsgrundlage gemäß § 17 UStG ergeben hat.[310] Betroffen sind jedoch nur solche speziellen Leistungsbeziehungen, aus denen eine Haftung resultieren kann, die sich aus der steuerpflichtigen Lieferung eines beweglichen Gegenstandes aufgrund eines Mietvertrages oder mietähnlichen Vertrages ergeben. Der leistende Unternehmer soll nach der Haftungsvorschrift des § 13 d UStG in den Fällen einer steuerpflichtigen Lieferung eines beweglichen Gegenstandes aufgrund eines Mietvertrages oder eines mietähnlichen Vertrages für den vom Leistungsempfänger bei Fälligkeit nicht entrichteten Vorsteuerberichtigungsbetrag i.S.d. § 17 UStG in Haftung genommen werden.[311]

Die durch die neue Regelung aufgegriffene Fallproblematik verdeutlicht sich erst nach einem Blick in den Bericht des BRH[312], der folgenden Fall aufgegriffen und als missbräuchlich gebrandmarkt hat: Ein Finanzierungsinstitut kauft beispielsweise Autokräne vom Hersteller und liefert sie per Leasing oder Mietkauf weiter an die Kunden des Herstellers. Dabei sichern sich die Finanzierungsinstitute gegenüber den Herstellern ab, indem diese eine sog. „Buy-Back-Vereinbarung“ eingehen müssen. Hiernach hat der Hersteller die von dem Finanzierungsinstitut gekauften und gegenüber dem Kunden finanzierten Kräne zu einem bestimmten Preis zurückzukaufen, wenn die Finanzierung beim Kunden „Not leidend“ wird, also i.d.R. dann, wenn der Kunde mit den Leasing- oder Mietkaufraten in Rückstand gerät. Um das mögliche Restrisiko zu minimieren, versuchen die Hersteller hierfür zusätzlich eine Versicherungsabdeckung zu erreichen. Häufig sind die handelnden Firmen dabei personell miteinander ver-

---

309 Vgl. Haunhorst, S., in: Reiß, W./Kraeusel, J./Langer, M., UStG, § 13 d UStG, Rn. 1

310 Vgl. Walkenhorst, R., SteuerStud 2004, 154; Nieskens, H., UR 2004, 105 (126).

311 Vgl. Stadie, H., in: Rau, G./Dürrwächter, E., UStG, § 13 d UStG, Rn. 2; Weimann, R., UStG, § 13 d UStG, S. 584.

312 Vgl. Bericht des BRH v. 3.9.2003, BT-Drucks. 15/1495, 48.

bunden. Der Vorteil für den Hersteller liegt darin, dass er, selbst wenn kaum ein Markt vorhanden ist, dennoch sein neues Produkt platzieren kann, ohne eine übermäßige Eigenkapitalbindung in Kauf nehmen zu müssen und ohne dass Eventualverbindlichkeiten in die Bilanz einzustellen sind („Off-Balance-Sheet"-Lösung).[313]

Zunächst erfolgt in diesen vom BRH genannten Fällen die Gründung einer lediglich mit dem Mindestkapital ausgestatteten GmbH, bei der als Gewerbe die Vermietung bestimmter Wirtschaftsgüter angemeldet wird. Anschließend erwirbt diese GmbH durch Leasing oder Mietkauf von einer Leasinggesellschaft in erheblichem Umfang hochpreisige Wirtschaftsgüter (v.a. Baumaschinen, Sattelschlepper etc.). Da der Leasinggeber regelmäßig nicht gewillt ist, die Umsatzsteuer vorzustrecken, wird er den Leasingnehmer zur Zahlung des Umsatzsteuerbetrages auffordern. Dieser erweist sich meist nicht in der Lage, den hohen Umsatzsteuerbetrag aufzuwenden. Als Konsequenz kommt es gewöhnlich zu einer Vereinbarung, wonach der Leasingnehmer dem Leasinggeber seinen Vorsteuererstattungsanspruch abtritt. Durch Vorlage dieses Abtretungsnachweises leistet der Leasinggeber seinerseits seine Umsatzsteuerzahlungspflicht gegenüber dem Finanzamt. Wegen der besonderen zugrunde liegenden Vereinbarungen erfolgt die Bilanzierung der geleasten Gegenstände beim Leasingnehmer (hier GmbH). Denn er wird gemäß § 39 Abs. 2 Nr. 1 Satz 1 AO als wirtschaftlicher Eigentümer behandelt. Wegen der Zuordnung des wirtschaftlichen Eigentums bei der gegründeten GmbH stellt die Leasinggesellschaft eine Rechnung über den Gesamtwert der geleasten Maschinen zuzüglich Umsatzsteuer aus. Wie in Kapitel III.2.2 weiter aufgegriffen, stellt aus umsatzsteuerlicher Sicht das Leasing nicht eine sonstige Leistung dar, sondern eine Lieferung i.S.d. § 3 Abs. 1 UStG, da dem Leistungsempfänger (GmbH) die Verfügungsmacht an dem geleasten Gegenstand verschafft wird. D.h. die Qualifizierung wirtschaftlichen Eigentums hat umsatzsteuerlich eine Lieferung zur Folge, für die der gesamte Kaufpreis in Rechnung gestellt wird. Die in Rechnung gestellte Umsatzsteuer wird von dem Leistungsgeber (Leasinggesellschaft) an das Finanzamt abgeführt. Die gegründete GmbH bezieht gemäß dem Wortlaut – aber nicht dem Sinn – des § 15 Abs. 1 Nr. 1 Satz 1 UStG den vollen Vorsteuerabzug vom Finanzamt, obwohl sie tatsächlich nicht den vollen Kaufpreis für den Gegenstand bezahlt hat, sondern lediglich die Leasingraten. Mithin hat die GmbH die Umsatzsteuer auch nur mit den Raten über die Laufzeit des Leasingvertrages an den Leasinggeber zu entrichten. In den Umkreis einer missbräuchlichen Gestaltung gelangt die Konstellation dann, wenn der Leasingvertrag nur wenige Monate von der GmbH bedient wird, d.h. die Leasingratenzahlung einstellt. Daraufhin macht die Leasinggesellschaft von ihrem Rücknahmerecht Gebrauch. Die Rückgabe des Leasinggutes führt umsatzsteuerlich bei der Leasinggesellschaft zu ei-

313 Vgl. Bericht des BRH v. 3.9.2003, BT-Drucks. 15/1495, 47 f.

ner Änderung der Bemessungsgrundlage gemäß § 17 Abs. 2 Nr. 3 i.V.m. Abs. 1 Nr. 1 UStG und zu der Inanspruchnahme eines Umsatzsteuerguthabens gegenüber den Finanzbehörden – also zu einer Rückerstattung des entsprechenden Umsatzsteuerbetrages. Zu einer Erstattung der zuviel erhaltenen Vorsteuer durch die gegründete GmbH kommt es nicht, weil dem Leasingnehmer die finanzielle Grundlage für eine Rückzahlung der Vorsteuerbeträge fehlt. Vollstreckungsversuche der Finanzbehörden gehen ins Leere, die GmbH wird im Rahmen eines masselosen Insolvenzverfahrens abgewickelt. Die hier dargestellte Problematik ergibt sich aus der ertragsteuerlichen und der ihr folgenden umsatzsteuerlichen Behandlung i.S.d. wirtschaftlichen Eigentums. Mit der Zurechnung des Wirtschaftsgutes beim Leistungsempfänger ist aus umsatzsteuerrechtlicher Sicht an einen Gegenstand die Verfügungsmacht erlangt worden, denn innerhalb der betriebswirtschaftlichen Nutzungsdauer kann der Leistende u.a. den Gegenstand nicht nutzen. Damit liegt keine bloße Gebrauchsüberlassung vor. Mit Annahme einer Lieferung entsteht die Umsatzsteuer in voller Höhe und der Leistungsempfänger hat konsequenterweise bei einer entsprechenden Rechnung mit gesondertem Umsatzsteuerausweis den Vorsteuerabzug in voller Höhe bezogen auf den Kaufpreis des Gegenstandes.

Der vom BRH beanstandende Steuerausfall entsteht vor allem dann, wenn Leasinggesellschaft und Leasingnehmer schädigend zusammenarbeiten. Wie in den vom BRH aufgedeckten Fällen, kann das Vorsteuerabzugsrecht zugunsten des Leasingnehmers missbraucht werden.[314] Um die beschriebenen missbräuchlichen Gestaltungen zu fassen und einzudämmen, hat der Gesetzgeber mit § 13 d UStG eine Haftungsinanspruchnahme des Leasinggebers geschaffen, die nur eintritt, wenn die bestimmten, im Folgenden dargestellten Voraussetzungen vorliegen.

2. Einordnung des Leasing

Durch die gesetzliche Neuregelung wird ein Haftungstatbestand für jene Fälle begründet, in denen sich bei einer steuerpflichtigen Lieferung von beweglichen Gegenständen aufgrund eines Miet- oder mietähnlichen Vertrages die Bemessungsgrundlage geändert hat, das vereinbarte Entgelt uneinbringlich oder die steuerpflichtige Lieferung rückgängig gemacht worden ist.[315] Um die Haftungsnorm des § 13 d UStG bewerten zu können, sind zunächst die einzelnen Tatbestandsmerkmale darzustellen.

---

[314] Vgl. Nieskens, H., UR 2004, 105 (128); Stadie, H., in: Rau, G./Dürrwächter, E., UStG, § 13 d UStG, Rn. 2.

[315] Vgl. Haunhorst, S., in: Reiß, W./Kraeusel, J./Langer, M., UStG, § 13 d UStG, Rn. 4

2.1 Zivilrechtliche Ausgestaltung des Leasing als Mietvertrag oder mietähnlichen Vertrag

Durch einen Mietvertrag verpflichtet sich der Vermieter, dem Mieter den Gebrauch einer Sache auf Zeit zu gewähren (§ 535 Satz 1 BGB).[316] Im Gegenzug verpflichtet sich der Mieter, dem Vermieter den vereinbarten Mietbetrag zu bezahlen (§ 535 Satz 2 BGB).[317] Hierunter fallen sowohl die Überlassung beweglicher als auch unbeweglicher Sachen sowie von Sachgesamtheiten. Somit stehen die Leistungen beider Parteien in einem Abhängigkeitsverhältnis zueinander, womit es sich bei der Miete um einen synallagmatischen Vertrag handelt. Rechte dagegen können nicht vermietet werden. Der Mietvertrag setzt weiterhin voraus, dass für die Überlassung des Gebrauchs ein Entgelt (Miete) zu entrichten ist (§ 535 Abs. 2 BGB).[318]

Gegenstand eines Mietvertrages ist folglich die entgeltliche Überlassung einer Sache zum Gebrauch. Dabei ist der Begriff der Vermietung im umsatzsteuerlichen Sinne ein gemeinschaftsrechtlicher Begriff (Art. 9 Abs. 2 Buchst. e der 6. EG-Richtlinie (Art. 56 Abs. 1 MwStSystRL)). Nach dem EuGH[319] besteht eine Vermietung darin, dem Mieter auf bestimmte Zeit gegen eine Vergütung das Recht einzuräumen, einen Gegenstand so in Besitz zu nehmen, als ob er dessen Eigentümer wäre und jede andere Person von diesem Recht ausschließen zu können.

Unter den Begriff des mietähnlichen Vertrages nach § 13 d UStG dürfte vor allem das Leasing fallen. Der Leasingvertrag ist ein nach amerikanischem Vorbild entwickelter Vertragstyp (to lease = (ver)pachten, mieten). Bei einem Leasingvertrag sind regelmäßig drei Personen beteiligt. Der Hersteller oder Lieferant, der Leasinggeber und der Leasingnehmer.[320] Im Unterschied zum Kauf steht beim Leasing nicht der Erwerb von Eigentum im Vordergrund, sondern eine entgeltliche Gebrauchsüberlassung auf Zeit. Die Entscheidung für ein Leasinggeschäft erfolgt daher meist aus wirtschaftlichen Gründen, denn der Leasingnehmer muss den Leasinggegenstand nicht sofort in voller Höhe bezahlen, da der Leasinggeber die Investition vorfinanziert. Dies hat zur Folge, dass der Leasingnehmer die Kosten, i.d.R. monatliche Raten, aus seinen Einnahmen finanzieren kann.[321] Im Unterschied zu der Ausgangslage bei der Vermietung hat der Leasinggeber die Sache zunächst nicht in seinem Eigentum, sondern erwirbt sie von einem Dritten. Ebenfalls anders als der Mieter wählt der Leasingnehmer die

316 Vgl. Esser J./Weyers, H.-L., Schuldrecht, Bd. II, S. 137.
317 Vgl. Oetker, H./Maultzsch, F., Vertragliche Schuldverhältnisse, S. 302.
318 Vgl. Brox, H., Besonderes Schuldrecht, S. 133.
319 Vgl. EuGH, Urt. v. 12.6.2004 - Rs. C-275/01, UR 2003, 348; EuGH, Urt. v. 9.10.2001 - Rs. C-108/99, Slg. 2001, I-7257; EuGH, Urt. v. 12.9.2000 - Rs. C-358/97, Slg. 2000, I-6328.
320 Vgl. Brox, H., Besonderes Schuldrecht, S. 181.
321 Vgl. Larenz, K./Canaris, C.-W., Lehrbuch zum Schuldrecht, Bd. II, S. 101.

zu erwerbende Sache selbst aus. Der Leasinggeber stellt also nur das Kapital zur Verfügung. Nach dem Kauf durch den Leasinggeber verleast dieser den Gegenstand an dem Leasingnehmer. Bei einem Leasingvertrag können trotz der mannigfachen Ausgestaltungsmöglichkeiten die folgenden drei Grundtypen unterschieden werden.

2.1.1 Operating Leasing

Ist der Leasingnehmer berechtigt, den Vertrag kurzfristig zu kündigen, da er nicht vertraglich an eine Mindestlaufzeit gebunden ist, die jedoch regelmäßig kürzer ist als die gewöhnliche Nutzungsdauer des Leasinggegentandes, spricht man von einem sog. Operating Leasing.[322] Der Leasinggeber deckt seine Kosten dadurch, dass er das Leasinggut mehrfach hintereinander verleast. Das Investitionsrisiko liegt demnach auf Seiten des Leasinggebers. Dieser beschränkt sich darauf, seine Investitionskosten über die Kalkulation des für die Gebrauchsüberlassung geschuldeten Entgelts an den Leasingnehmer weiterzugeben.[323] Das Operating Leasing ist weitgehend der Miete angenähert, so dass die Vorschriften über den Mietvertrag anzuwenden sind, sofern die Parteien nichts Anderweitiges vereinbart haben.

2.1.2 Hersteller-Leasing

Im Fall des sog. Hersteller-Leasing schließt der Hersteller/Lieferant selbst oder eine von ihm zu diesem Zweck gegründete, wirtschaftlich mit ihm verflochtene Gesellschaft den Leasingvertrag. Damit kommt es nicht zu der klassischen Dreiecksbeziehung, sondern es stehen sich nur Leasingnehmer und Leasinggeber gegenüber. Hauptziel des Herstellers/Lieferanten ist es hierbei, Ware abzusetzen. Ein Finanzierungsinteresse tritt in den Hintergrund. Da in dieser Gestaltung ebenfalls die entgeltliche Gebrauchsüberlassung wesentlicher Vertragsbestandteil ist, sind die mietrechtlichen Bestimmungen ebenso zugrunde zu legen.[324]

2.1.3 Financial Leasing

Bei der Form des Finanzierungsleasing sind wie beim finanzierten Kauf meist drei Personen beteiligt. Der Leasinggeber erwirbt einen Gegenstand vom Produzenten oder Händler und überlässt diesen zur Benutzung dem Leasingnehmer gegen Entgelt. Dieser Vertrag wird regelmäßig für eine bestimmte Dauer abgeschlossen, die sich an der gewöhnlichen Nutzungsdauer des Leasinggegenstandes orientiert. In dieser Zeit ist der Vertrag für den Leasingnehmer unkündbar.

---

[322] Vgl. Brox, H., Besonderes Schuldrecht, S. 182.
[323] Vgl. Oetker, H./Maultzsch, F., Vertragliche Schuldverhältnisse, S. 733.
[324] Vgl. Brox, H., Besonderes Schuldrecht, S. 183 f.

Der Leasinggeber finanziert also die Nutzungsmöglichkeit des Leasinggegenstandes durch den Leasingnehmer, der selbst die dafür erforderlichen Finanzmittel nicht aufbringen kann bzw. will.

Strittig ist die Zuordnung des Finanzierungsleasing zu einem gesetzlichen Vertragstyp. Einige Literaturstimmen sehen darin nur ein besonders ausgestaltetes Mietverhältnis, andere einen typengemischten Vertrag oder einen Vertrag sui generis.[325] Die h.M. in Rechtsprechung und Literatur sieht in einem Leasingvertrag allerdings einen atypischen Mietvertrag, denn nur diese Einordnung erkennt an, dass wesentlicher Vertragsinhalt des Leasingvertrages die Gebrauchsüberlassung an den Leasingnehmer ist. Die Atypik wird durch die neben die Hauptpflichten tretende Finanzierungsfunktion begründet.[326] Nach dieser Einordnung als atypischer Mietvertrag finden die Vorschriften des Mietrechts entsprechende Anwendung, soweit nicht die Besonderheiten des Finanzierungsleasing entgegenstehen.

2.2 Umsatzsteuerliche Behandlung des Leasingvertrages als Lieferung oder sonstige Leistung

Nach dem Wortlaut des § 13 d UStG soll die Lieferung eines beweglichen Gegenstandes aufgrund eines Mietvertrages oder mietähnlichen Vertrages vorliegen. Dies erscheint zunächst deshalb als fraglich, da mietvertragsähnliche oder mietvertragliche Leistungen grundsätzlich sonstige Leistungen i.S.d. Umsatzsteuerrechts auslösen und nicht zu einer Lieferung d.h. Verschaffung der Verfügungsmacht, führen können.

Grundsätzlich liegen im umsatzsteuerlichen Sinne bei der Überlassung von Gegenständen zur Nutzung sonstige Leistungen vor, die nach § 3 Abs. 9 Satz 1 UStG Leistungen sind, die nicht als Lieferungen gelten.[327] In Betracht kommt jedes aktive (Tun) oder passive (Dulden, Unterlassen) Verhalten, das nicht in der Verschaffung der Verfügungsmacht an einem Gegenstand besteht, insbesondere Dienstleistungen, Werkleistungen, Vermittlungsleistungen etc.[328] Somit liegt immer dann eine sonstige Leistung vor, wenn die Erfüllung einer Verpflichtung keine Lieferung darstellt.[329] Dabei braucht es sich bei der Verpflich-

[325] Zu diesen und anderen Auffassungen vgl. Martinek, M., Moderne Vertragstypen, S. 67 ff.

[326] Vgl. BGH, Urt. v. 4.7.1990 - VIII Z R 288/89, NJW 1990, 3016 (3016).

[327] Vgl. Völkel, D./Karg, H., Umsatzsteuer, S. 31.

[328] Vgl. Reiß, W., in: Tipke, K./Lang, J., Steuerrecht, § 14, Rn. 25.

[329] Nach der Systematik des UStG ist nur in einem einzigen Fall der Erfüllung einer Verpflichtung davon auszugehen, dass keine Leistung vorliegt und zwar dann, wenn die Verpflichtung ausschließlich darin besteht, ein Entgelt zu entrichten. Daher ist die Geldüberweisung zwecks Bezahlung einer Schuld keine Leistung oder ebenso die Übernahme einer Verbindlichkeit (Schuldübernahme), sofern sich ihr wirtschaftlicher Gehalt in einer Entgeltsentrichtung erschöpft, vgl. Völkel, D./Karg, H., Umsatzsteuer, S. 31.

tung nicht um eine rechtsgültige Verpflichtung handeln, sondern es genügt zur Annahme einer Leistung, wenn beide Beteiligten, der Leistungsgeber und der Leistungsempfänger, davon ausgehen, dass eine Verpflichtung besteht, und sei es auch nur eine moralische Verpflichtung. Typischerweise liegen also im Rahmen von zivilrechtlich abgeschlossenen Mietverträgen bzw. mietähnlichen Verträgen umsatzsteuerlich sonstige Leistungen vor.

Voraussetzung für eine Anwendung des § 13 d UStG insbesondere auf die Fälle des Leasing ist es jedoch gerade, dass der steuerpflichtige Umsatz als Lieferung anzusehen ist, obwohl ihm kein Kaufvertrag i.S.d. § 433 BGB, sondern ein Mietvertrag bzw. mietähnlicher Vertrag zugrunde liegt.[330] Das Leasing wird umsatzsteuerrechtlich als Lieferung qualifiziert, wenn – wie eingangs angedeutet – der Leasinggegenstand einkommensteuerrechtlich dem Leasingnehmer zuzurechnen ist.[331] Gegenleistung für die Lieferung des Leasinggebers ist dann die Summe einer eventuellen Sonder- bzw. Anzahlungsrate sowie sämtlicher Leasingraten bis zum Ablauf der voraussichtlichen Nutzungsdauer einschließlich des eventuellen Kaufpreises bei Ausübung einer Kaufoption oder der Verlängerungsrate.[332] Somit ist eine Lieferung anzunehmen, wenn die Grundmietzeit und die betriebsgewöhnliche Nutzungsdauer annähernd deckungsgleich sind. In diesem Fall ist ein eventuelles Optionsrecht unerheblich. Weiterhin liegt eine Lieferung vor, wenn die betriebsgewöhnliche Nutzungsdauer zwar erheblich über die Grundmietzeit hinaus geht, der Leasingnehmer jedoch bei Ausübung einer Kauf- oder Verlängerungsoption nur einen wesentlich geringeren Betrag als den üblichen Kaufpreis oder Mietzins zahlen muss, oder wenn der Leasinggegenstand speziell auf die Verhältnisse des Leasingnehmers zugeschnitten und nach Ablauf der Grundmietzeit nur bei ihm wirtschaftlich verwendbar ist (sog. Spezialleasing).[333] Im Gegenzug, wenn der Leasinggegenstand nicht dem Leasingnehmer zuzurechnen ist, erbringt der Leasinggeber an den Leasingnehmer umsatzsteuerrechtlich eine sonstige Leistung im Sinne einer entgeltlichen Gebrauchsüberlassung, die in Teilleistungen entsprechend § 13 Abs. 1 Nr. 1a Sätze 2 bis 4 UStG bewirkt wird.[334] Dies bedeutet, dass nicht der komplette Kaufpreis wie bei einem Kaufvertrag vom Leistungsempfänger zu entrichten ist, sondern jeweils nur Teilbeträge in Form der Leasingraten. Damit würde dem Leasingnehmer bei nicht angenommener Lieferung die (volle) Vorsteuer bezogen auf den Gesamtkaufpreis zustehen, sondern jeweils nur der Vorsteuerbetrag, der auf die jeweilige Leasingrate entfällt. Somit lässt sich feststellen, dass zumindest für die Fälle

[330] Vgl. BMF-Schreiben v. 24.5.2004, IV B 7 – S-7279a – 17/04, IV B 7 – S-7279b – 2/04, BStBl. I 2004, 514.
[331] Vgl. Weimann, R., UStG, § 13 d UStG, S. 585.
[332] Vgl. BFH, Urt. v. 26.1.1970 - IV R 144/66, BStBl. II 1970, 264 (264).
[333] Vgl. BMF-Schreiben v. 19.4.1971, IV b/2 – S-2179 – 31/71, BStBl. I 1971, 264; Lippross, O.-G., Umsatzsteuer, S. 134.
[334] Vgl. Lippross, O.-G., Umsatzsteuer, S. 134.

des Financial Leasing eine Lieferung anzunehmen ist, da die Grundmietzeit der gewöhnlichen Nutzungsdauer entspricht und i.d.R. Kauf- oder Verlängerungsoptionen vertraglich vorgesehen sind.

Für das Umsatzsteuerrecht genügt es, wenn man zwischen dem Kaufleasing und dem Mietleasing unterscheidet. Ein Fall des Kaufleasing liegt dann vor, wenn das Wirtschaftsgut nach ertragsteuerrechtlichen Kriterien beim Leasingnehmer zu aktivieren ist. Mietleasing führt im Gegensatz dazu zur Bilanzierung bzw. Aktivierung des Wirtschaftsgutes beim Leasinggeber. Eine Lieferung vom Leasinggeber an den Leasingnehmer liegt folglich nur in den Fällen eines Kaufleasing vor, die bereits bei Übergabe des Wirtschaftsguts an den Leasingnehmer, dem also die Verfügungsmacht an dem Wirtschaftsgut verschafft wird, erfolgt. Beim Mietleasing hingegen liegt umsatzsteuerrechtlich eine Vermietungsleistung und damit eine sonstige Leistung vor, weshalb die Haftungsvorschrift des § 13 d UStG ihrem Wortlaut nach nicht greift.[335]

Der Ort der Lieferung bei einem Kaufleasing ist nach den allgemeinen Bestimmungen des Lieferortes gemäß § 3 Abs. 5 i.V.m. Abs. 6 UStG, da nur bewegliche Wirtschaftsgüter betroffen sein sollen, zu ermitteln. Die Steuerbarkeit nach § 1 Abs. 1 Nr. 1 UStG für die Lieferung bei Kaufleasing ist mithin gegeben, wenn die Lieferung im Inland ihren „Beförderungsbeginn“ hat. Ist die Lieferung mangels Befreiung steuerpflichtig, so gehört zur Bemessungsgrundlage i.S.d. § 10 Abs. 1 UStG alles, was der Leasingnehmer insgesamt für das Leasingobjekt aufzuwenden hat, also insbesondere auch der Betrag, den der Leasingnehmer im Falle der Ausübung einer Kaufoption zu entrichten hat. Dies gilt ebenso dann, wenn der Leasingnehmer von dieser Kaufoption keinen Gebrauch macht.[336]

Im Ergebnis muss man feststellen, dass eine Lieferung bei einem Mietvertrag oder einem mietähnlichen Vertrag grundsätzlich nicht vorliegt. Aufgrund solcher Verträge kann nur die Gebrauchsüberlassung eines Gegenstandes auf Zeit, d.h. eine sonstige Leistung umsatzsteuerlich erfolgen. Denn eine sonstige Leistung ist nach der Negativaussage des § 3 Abs. 9 UStG eine Leistung, die keine Lieferung ist, somit jedes willentliche Verhalten, durch das einem anderen Rechtssubjekt ein Vorteil zugewendet wird, wenn der Vorteil nicht in der Verschaffung der Verfügungsmacht an einem Gegenstand besteht.[337]

Von § 13 d UStG sind demnach gemischte Verträge mit Elementen (insbesondere) des Miet- und des Kaufvertrages, vor allem Mietkauf-Verträge oder entsprechende sog. Leasing-Gestaltungen gemeint, bei denen bereits bei Übergabe des Gegenstandes nach der Zurechnungsregel des § 39 Abs. 2 Nr. 1 Satz 1 AO eine Lieferung anzunehmen ist. Das sind vor allem solche Fälle, bei denen bereits zu Beginn des Vertrages die gesicherte Annahme besteht, dass es nicht nur um eine

335 Vgl. Völkel, D./Karg, H., Umsatzsteuer, S. 258.
336 Vgl. Völkel, D./Karg, H., Umsatzsteuer, S. 258.
337 Vgl. Reiß, W., Umsatzsteuer, S. 65.

Gebrauchsüberlassung geht, sondern es sich wirtschaftlich gesehen um eine Übertragung der Substanz des Gegenstandes handelt, weshalb davon auszugehen ist, dass der Mieter bzw. der Leasingnehmer von dem eingeräumten Optionsrecht zum Erwerb des Gegenstandes Gebrauch machen wird.[338] Bei Mietverträgen i.S.d. § 531 BGB liegen somit Lieferungen vor, wenn die getroffene Vereinbarung wesentlich von denen abweicht, die bei einer bloßen Gebrauchsüberlassung üblich sind. Dieser Vorgang entspricht im Wesentlichen in seinen Auswirkungen dem Kauf auf Abzahlung.[339]

3. Materielle Tatbestandsvoraussetzungen des § 13 d UStG

Wie eben erläutert, ist bei bestimmten Vertragsgestaltungen im Rahmen des Leasing infolge der (steuerrechtlichen) Möglichkeit einer wirtschaftlichen Zurechnung i.S.d. § 39 Abs. 2 AO umsatzsteuerlich von einer Lieferung gemäß § 3 Abs. 1 UStG auszugehen, die für § 13 d UStG eine Tatbestandsvoraussetzung ist. Alle weiteren Voraussetzungen neben der Einordnung der Überlassung eines beweglichen Gegenstandes als Lieferung werden nachfolgend näher dargestellt.

3.1 Steuerpflichtige Lieferung eines beweglichen Gegenstandes an einen anderen Unternehmer

Bei den Umsätzen, die eine Haftung nach § 13 d UStG auslösen können, sind ausschließlich bewegliche Gegenstände betroffen. In der Praxis sind dies nach Auffassung des BRH und BMF insbesondere hochwertige Industriegüter wie beispielsweise Baukräne, Lkw, Sattelschlepper oder Pkw.[340]

Der Begriff der Lieferung ist gemäß § 3 Abs. 1 UStG ein Unterfall zu dem Oberbegriff der Leistung, die Gegenstand der Umsatzbesteuerung ist.[341] Eine Leistung liegt nur dann vor, wenn das Verhalten des Leistenden willentlich einem anderen Rechtssubjekt gegenüber entfaltet wird, um diesem einen Nutzen zuzuwenden. Dem Charakter der Umsatzsteuer als allgemeiner Verbrauch(er)steuer entsprechend muss es sich bei dem anderen Rechtssubjekt um einen individualisierbaren Leistungsempfänger handeln.[342] Der diesem dabei zugewendete Nutzen (Vorteil) muss einem Verbrauch durch den Leistungsempfänger

338 Vgl. BFH, Urt. v. 27.1.1955 - V 198/54, BStBl. III 1955, 94; BFH, Urt. v. 26.1.1970 - IV R 144/66, BStBl. II 1971, 264; BFH, Urt. v. 1.10.1970 - V R 49/70, BStBl. II 1971, 34; BFH, Urt. v. 9.12.1999 - III R 74/97, BStBl. II 2001, 314; Stadie, H., Allgemeines Steuerrecht, Rn. 215.

339 Vgl. Weimann, R., UStG, § 13 d UStG, S. 585.

340 Vgl. BT-Drucks. 15/1562, 47; BMF-Schreiben v. 24.5.2004, IV B 7 – S-7279a – 17/04, IV B 7 – S-7279b – 2/04, BStBl. I 2004, 514, Rn. 43.

341 Vgl. Reiß, W., Umsatzsteuerrecht, S. 32.

342 Vgl. Reiß, W., Umsatzsteuerrecht, S. 23.

zugänglich sein.[343] § 3 Abs. 1 UStG enthält die Definition des § 1 UStG als ersten Unterfall der Leistung verwandten Grundbegriff der Lieferung.[344]

Die Lieferung stellt demnach ein willentliches Verhalten dar, durch das einem anderen Rechtssubjekt ein Vorteil zugewendet wird. Gleichwohl besteht die Besonderheit der Lieferung darin, dem anderen Rechtssubjekt die Befähigung zu verleihen, im eigenen Namen über einen Gegenstand zu verfügen, indem der Leistende ihm die Verfügungsmacht verschafft (§ 3 Abs. 1 UStG).[345] Jedoch führt nicht jede Übertragung eines Gegenstandes zu einer Lieferung. Vielmehr ist noch vorauszusetzen, dass die Lieferung des Gegenstandes den wirtschaftlichen Gehalt der Leistung ausmacht.[346]

Der Begriff der Lieferung hat eine spezifisch umsatzsteuerrechtliche Bedeutung, die mit dem allgemeinen Sprachgebrauch und der sonstigen Gesetzessprache nicht übereinstimmt. Nach höchstrichterlicher Rechtsprechung sind für seine Auslegung allein umsatzsteuerrechtliche Aspekte maßgebend.[347] Aufgrund dessen ist auch der umsatzsteuerrechtliche Begriff der Verfügungsmacht nicht deckungsgleich mit dem zivilrechtlichen Begriff der sachenrechtlichen Verfügungsmacht, denn die Verschaffung der Verfügungsmacht an dem Liefergegenstand nach dem Umsatzsteuergesetz ist vielmehr ein tatsächlicher Vorgang.[348] Die Verschaffung der Verfügungsmacht setzt objektiv die Übertragung der tatsächlichen Sachherrschaft und subjektiv einen entsprechenden Willen der am Leistungsaustausch Beteiligten voraus, sog. subjektives Moment der Lieferung.[349] Dabei beinhaltet die Übertragung der Verfügungsmacht einen tatsächlichen Wechsel hinsichtlich der Sachherrschaft an dem Liefergegenstand, indem der Lieferer dem Abnehmer Wert, Substanz und Ertrag des Gegenstandes überlässt.[350] Daraus folgt auch, dass nur ein Gegenstand geliefert werden kann. Unter einem Gegenstand i.S.d § 3 Abs. 1 UStG ist grundsätzlich nur eine körperliche Sache, nicht aber Rechte, Berechtigungen und sonstige Vorteile gemeint. Damit können z.B. Forderungen nicht geliefert werden. Der Abnehmer muss faktisch in der Lage sein, mit dem Liefergegenstand nach seinem Belieben zu verfahren, insbesondere ihn wie ein Eigentümer nutzen oder veräußern zu können.[351] Hierzu muss der Wille der Beteiligten hinzutreten, dass die wirtschaftliche Substanz

343 Vgl. EuGH, Urt. v. 18.12.1997 - Rs. C-384/95, Slg. 1997, I-7387; EuGH, Urt. v. 29.02.1996 - Rs. C-215/94, Slg. 1996, I-959.

344 Vgl. Liebau, T., BB 2005, 415 (415).

345 Vgl. Reiß, W., Umsatzsteuerrecht, S. 32.

346 Vgl. Liebau, T., BB 2005, 415 (415).

347 Vgl. BFH, Urt. v. 18.5.1956 - V 276/55 U, BStBl. III 1956, 198.

348 Vgl. BFH, Urt. v. 8.11.1995 - XI R 63/94, BStBl. II 1996, 114 (114).

349 Vgl. Michl, O., in: Offerhaus, K./Söhn, H./Lange, H.-F., UStG, § 3 UStG, Rn. 23 f.

350 Vgl. BFH, Urt. v. 13.11.1997 - V R 66/96; BFH/NV 1998, 555; BFH, Urt. v. 29.9.1987 - X R 13/81, BStBl. II 1988, 153; BFH, Urt. v. 23.10.1997 - V R 36/96, BStBl. II 1998, 584.

351 Vgl. BFH, Urt. v. 12.5.1993 - XI R 59/90, BFH/NV 1994, 276.

des Gegenstandes endgültig vom Lieferer auf den Abnehmer übergehen soll.[352] Folglich setzt dies bei dem Leistenden einen entsprechenden Lieferwillen voraus und bei dem Abnehmer die Bereitschaft, die Sachherrschaft an dem Liefergegenstand zu übernehmen.[353] So beinhaltet nicht jede Eigentumsübertragung zugleich die Verschaffung der Verfügungsmacht i.S.d. § 3 Abs. 1 UStG.[354] Entsprechend knüpft auch Art. 5 Abs. 1 der 6. EG-Richtlinie (Art. 14 Abs. 1 MwStSystRL) nicht an die Eigentumsübertragung des Gegenstandes an, sondern spricht vielmehr von der Übertragung der Befähigung, wie ein Eigentümer über einen körperlichen Gegenstand zu verfügen. Darüber hinaus ist auch die Entgeltlichkeit kein Begriffsmerkmal der Lieferung, sondern nach § 1 Abs. 1 Nr. 1 Satz 1 UStG ein gesondertes Tatbestandsmerkmal für das Vorliegen eines steuerbaren Umsatzes.[355]

Die ausgeführte Lieferung im Rahmen des Leasingvertrages muss zudem an einen anderen Unternehmer gerichtet sein, um den Haftungstatbestand nach § 13 d UStG auszulösen. Dies beruht auf der Tatsache, dass die Vorschrift nur die Haftung für die Vorsteuerberichtigungsbeträge nach § 17 UStG, d.h. die Auswirkungen des Soll-Prinzips beim Vorteuerabzug, im Auge hat.[356]

Wie bereits in Kapitel II.2.1 dargestellt, ist der Begriff des Unternehmers zum einen nach § 2 Abs. 1 Satz 1 UStG definiert als nachhaltige Tätigkeit zur Erzielung von Einnahmen, die selbstständig ausgeführt wird. Auf der anderen Seite wird durch Art. 4 Abs. 1 und 2 der 6. EG-Richtlinie (Art. 9 Abs. 1 MwStSystRL) bestimmt, dass Unternehmer derjenige ist, der die Tätigkeiten eines Erzeugers, Händlers oder Dienstleistenden einschließlich der Tätigkeit des Urproduzenten, der Landwirte sowie der freien Berufe und der diesen gleichgestellten Berufe selbstständig und unabhängig von ihrem Ort ausübt, gleichgültig mit welchem Zweck und mit welchem Ergebnis.

3.2 Nachträgliche Änderung der Bemessungsgrundlage i.S.d. § 17 UStG

Der leistende Unternehmer (Leasinggeber) haftet für die Steuer aus der Berichtigung des Vorsteuerabzuges gemäß § 17 UStG, konkret für einen Rückforderungsanspruch des Fiskus gegen den Leistungsempfänger. § 17 UStG verpflichtet bei einer nachträglichen Änderung der Bemessungsgrundlage zur Korrektur des Vorsteuerabzugs. Jedoch kommt § 17 UStG dann nicht zur Anwendung, wenn sich die Bemessungsgrundlage nach der Ausführung des Umsatzes, aber

352 Vgl. BFH, Urt. v. 29.9.1987 - X R 13/81, BStBl. II 1988, 153; BFH, Urt. v. 20.2.1986 - V R 135/75, BFH/NV 1986, 311; Michl, O., in: Offerhaus, K./Söhn, H./Lange, H.-F., UStG, § 3 UStG, Rn. 24.

353 Vgl. Liebau, T., BB 2005, 415 (416).

354 Vgl. Michl, O., in: Offerhaus, K./Söhn, H./Lange, H.-F., UStG, § 3 UStG, Rn. 23.

355 Vgl. BFH, Urt. v. 11.11.1987 - X R 62/81, BStBl. II 1988, 194 (194).

356 Vgl. Stadie, H., in: Rau, G./Dürrwächter, E., UStG, § 13 d UStG, Rn. 15.

vor der Entstehung der Steuer bzw. des Anspruchs auf den Vorsteuerabzug geändert hat. In einem solchen Fall entsteht die Steuer bzw. der Anspruch auf den Vorsteuerabzug von vornherein in Höhe des geminderten oder erhöhten Betrages.[357]

Die Bemessungsgrundlage ist grundsätzlich der in Geld ausgedrückte Wert, auf dessen Grundlage unter Anwendung des Steuersatzes die Steuer berechnet wird. Dabei ist die Bemessungsgrundlage sowohl für steuerpflichtige als auch für steuerfreie Umsätze zu ermitteln, da auch steuerfreie Umsätze aufgezeichnet und erklärt werden müssen. Gemeinsam ist den jeweiligen Bemessungsgrundlagen, dass die Umsatzsteuer insbesondere gemäß § 10 Abs. 1 Satz 2 UStG nicht zur Bemessungsgrundlage rechnet. Es gibt keine gesetzliche Regelung über die Bemessungsgrundlage für alle steuerbaren Umsätze i.S.d. § 1 Abs. 1 UStG. Somit ergeben sich unterschiedliche Bemessungsgrundlagen für die verschiedenen Arten steuerbarer Umsätze. Für die hier wichtigen entgeltlichen Lieferungen und sonstigen Leistungen i.S.d. § 1 Abs. 1 Nr. 1 UStG stellt das Entgelt die Bemessungsgrundlage dar.[358] Hat sich die Bemessungsgrundlage für einen steuerpflichtigen Umsatz i.S.d. § 1 Abs. 1 Nr. 1 UStG geändert, so haben der Unternehmer, der diesen Umsatz ausgeführt hat, den dafür geschuldeten Steuerbetrag und der Unternehmer, an den dieser Umsatz ausgeführt worden ist, den dafür in Anspruch genommenen Vorsteuerbetrag entsprechend zu berichtigen (§ 17 Abs. 1 Satz 1 UStG).

Im Rahmen des § 13 d UStG kann die Änderung der Bemessungsgrundlage (§ 17 Abs. 1 Nr. 2 UStG) dann auftreten, wenn das vereinbarte Entgelt uneinbringbar geworden oder die steuerpflichtige Lieferung rückgängig gemacht worden ist. Die Haftung setzt voraus, dass der Unternehmer, der den Umsatz ausgeführt hat, den dafür geschuldeten Steuerbetrag und der Unternehmer, an den der Umsatz ausgeführt worden ist, den dafür in Anspruch genommenen Vorsteuerbetrag nach § 17 UStG zu berichtigen hat.[359] Aus diesem Umsatz muss beim Leistungsempfänger eine Vorsteuerberichtigung ausgelöst worden sein, die ihren Grund entweder in der Rückgängigmachung der Lieferung (§ 17 Abs. 2 Nr. 3 UStG) oder in der Uneinbringlichkeit des Entgelts (§ 17 Abs. 2 Nr. 1 UStG) hat. Falls das Entgelt nachträglich doch vereinnahmt wird, so sind Steuerbetrag und Vorsteuerabzug erneut zu berichtigen.[360]

Mit den UStR 2005 wurde § 13 d Abs. 2 UStG so präzisiert, dass die Haftung bei Änderung der Bemessungsgrundlage nicht greift, soweit der leistende Unternehmer auf die beim Leistungsempfänger festgesetzte Steuer Zahlungen i.S.d.

[357] Vgl. Lippross, O.-G., Umsatzsteuer, S. 637.
[358] Vgl. Lippross, O.-G., Umsatzsteuer, S. 575.
[359] Vgl. BMF-Schreiben v. 24.5.2004, IV B 7 – S-7279a – 17/04, IV B 7 – S-7279b – 2/04, BStBl. I 2004, 514, Rn. 48.
[360] Vgl. Lippross, O.-G., Umsatzsteuer, S. 636.

§ 48 AO geleistet hat.[361] Eine Haftung scheidet aus, wenn eine Berichtigung gemäß § 17 UStG nicht in Betracht kommt, aber auch dann, wenn eine Berichtigung unterbleibt, z.B. weil der auf die Entgeltsminderung entfallende Steuerbetrag von einem dritten Unternehmer entrichtet wird (§ 17 Abs. 1 Satz 2 UStG).[362]

Wie soeben erwähnt, findet § 17 Abs. 1 UStG sinngemäße Anwendung, wenn das vereinbarte Entgelt insbesondere für eine steuerpflichtige Lieferung oder sonstige Leistung uneinbringlich geworden ist. In einem solchen Fall ist davon auszugehen, dass der Leistungsempfänger – entgegen § 10 Abs. 1 Satz 1 UStG – in Höhe des uneinbringlichen Teiles der Gegenleistung nichts für die bezogene Leistung aufwendet. Folglich ist die vom Unternehmer geschuldete Steuer und der vom Leistungsempfänger in Anspruch genommene Vorsteuerabzug zu berichtigen.[363]

Die Uneinbringlichkeit einer Forderung bestimmt sich nach kaufmännischen Gesichtspunkten. Sie liegt insbesondere vor, wenn der Schuldner zahlungsunfähig ist oder den Forderungen die Einrede des Einforderungsverzichtes entgegengehalten werden kann.[364] Dabei braucht nicht mit absoluter Sicherheit feststehen, dass das Entgelt nicht beglichen werden kann, sondern es genügt vielmehr, wenn der Anspruch auf Entrichtung des Entgelts bei Fälligkeit nicht erfüllt wird und bei objektiver Betrachtung damit zu rechnen ist, dass der Leistende die Entgeltsforderung jedenfalls auf absehbare Zeit nicht durchsetzen kann.

Wird nun über das Vermögen eines Unternehmers das Insolvenzverfahren eröffnet, so werden die gegen ihn gerichteten Forderungen spätestens in diesem Zeitpunkt – unbeschadet einer möglichen Insolvenzquote – in voller Höhe (i.S.d. § 17 Abs. 2 Nr. 1 Satz 1 UStG) uneinbringlich. Nur in dem Fall, dass der Insolvenzverwalter bei sog. schwebenden Verträgen die Erfüllung wählt, gilt etwas anderes.[365]

3.3 Fehlende Rückzahlung des zu berichtigenden Vorsteuerbetrages durch den Leasingnehmer

Weiterhin wird für § 13 d UStG vorausgesetzt, dass bei dem Leistungsempfänger der Vorsteuerabzug aus dem nach § 17 UStG zu berichtigenden Umsatz tatsächlich berichtigt wird bzw. zu berichtigen sind. Die hierauf festgesetzte Steuer ist bei Fälligkeit nicht oder nicht vollständig entrichtet worden (§ 13 d Abs. 1

---

361 Vgl. Widmann, W., DB 2005, 183 (183).
362 Vgl. Haunhorst, S., in: Reiß, W./Kraeusel, J./Langer, M., UStG, § 13 d UStG, Rn. 13 f.
363 Vgl. Lippross, O.-G., Umsatzsteuer, S. 648.
364 Vgl. BFH, Urt. v. 10.3.1983 - V R 46/80, BStBl. II 1983, 389 (389).
365 Vgl. Lippross, O.-G., Umsatzsteuer, S. 648.

Satz 1 Halbsatz 2 UStG).[366] Im Falle einer nachträglichen Herabsetzung der Gegenleistung, einer ganz oder teilweisen Uneinbringlichkeit der Gegenleistung oder einer Rückgängigmachung der Lieferung tritt vor allem eine Berichtigung des Vorsteuerabzugs im materiell-rechtlichen Sinne nach § 17 UStG ein. Jedoch findet gerade eine Berichtigung der Vorsteuerbeträge nach dieser Vorschrift nur dann statt, wenn der Vorsteuerabzug anfänglich zu Recht vorgenommen worden ist. Dies führt dazu, dass der rechtswidrige Abzug von Umsatzsteuer, die insbesondere für Scheingeschäfte oder nicht steuerpflichtige Umsätze in Rechnung gestellt worden war, nicht erfasst wird.[367]

Folglich scheidet eine Haftung nach § 13 d UStG nicht nur aus, wenn der Leistungsempfänger die Vorauszahlung für den maßgeblichen Voranmeldungszeitraum, in der die Berichtigung des Vorsteuerabzuges enthalten ist, vollständig entrichtet hat[368], sondern auch dann, wenn in der nicht bzw. nicht vollständig entrichteten Steuer für den maßgeblichen Zeitraum die Vorsteuerrückforderung aus der Berichtigung gemäß § 17 UStG nicht enthalten ist.[369] Gleichfalls kommt eine Haftung bei einer sich im Rahmen der Jahresveranlagung ergebenden Erhöhung der Steuerschuld des Leistungsempfängers grundsätzlich nicht in Betracht. Somit haftet der leistende Unternehmer nicht nach § 13 d UStG, wenn sich für das entsprechende Kalenderjahr zu Lasten des Leistungsempfängers eine zu entrichtende Steuer i.S.d. § 18 Abs. 3 UStG ergibt und der Leistungsempfänger den Unterschiedsbetrag nach § 18 Abs. 4 UStG nicht bzw. nicht vollständig bei Fälligkeit entrichtet.[370] Ist die zu berücksichtigende Vorsteuer hingegen erstmals in der zu entrichtenden Steuer für das entsprechende Kalenderjahr enthalten, so haftet der leistende Unternehmer, sofern der Leistungsempfänger den Unterschiedsbetrag (§ 18 Abs. 4 UStG) bei Fälligkeit nicht oder nicht vollständig entrichtet.[371]

In dem Fall, dass der Leasingnehmer zahlungsunfähig wird, kann also zum einen der Leasinggeber seine Umsatzsteuerschuld nach § 17 Abs. 1 Nr. 1 UStG berichtigen und erhält dadurch vom Fiskus den Umsatzsteuerbetrag zurück, soweit er diesen entrichtet hat. Zum anderen hat der Leasingnehmer die Vorsteuer im Rahmen des § 17 Abs. 1 Nr. 2 UStG zu berichtigen und bereits vergütete Vorsteuer an den Fiskus zurückzahlen, was infolge seiner Zahlungsunfähigkeit – Berichtigung wegen Uneinbringlichkeit – nicht möglich ist. Doch nur für die

366 Siehe hierzu Kapitel III.3.4.

367 Vgl. Stadie, H., in: Rau, G./Dürrwächter, E., UStG, § 13 d UStG, Rn. 18 f.

368 Vgl. BMF-Schreiben v. 24.5.2004, IV B 7 – S-7279a – 17/04, IV B 7 – S-7279b – 2/04, BStBl. I 2004, 514, Rn. 52.

369 Vgl. Haunhorst, S., in: Reiß, W./Kraeusel, J./Langer, M., UStG, § 13 d UStG, Rn. 16.

370 Vgl. BMF-Schreiben v. 24.5.2004, IV B 7 – S-7279a – 17/04, IV B 7 – S-7279b – 2/04, BStBl. I 2004, 514, Rn. 52.

371 Vgl. BMF-Schreiben v. 24.5.2004, IV B 7 – S-7279a – 17/04, IV B 7 – S-7279b – 2/04, BStBl. I 2004, 514, Rn. 51.

Konstellation, in der die Rückzahlung bereits vergüteter Vorsteuer (noch) nicht erfolgt ist, haftet der Leasinggeber nach § 13 d UStG.

Der in der Literatur aufgeworfene Ansatz, die Haftung könne nach § 13 d UStG unter Anwendung einer Tilgungsbestimmung i.S.d. § 225 AO, § 366 BGB entfallen, muss bereits im Kern – neben dem praktischen Ergebnis, dass der Fiskus hierdurch leer laufen würde – abgelehnt werden. § 225 Abs. 1 AO sieht in den Fällen freiwilliger Zahlung ein Wahlrecht des Schuldners vor, wonach dieser bestimmen kann, welche seiner Steuerschuld durch den gezahlten Betrag getilgt werden soll. Falls der Leistungsempfänger als Steuerschuldner Zahlungen mit der konkreten Bestimmung an das Finanzamt erbringt, das Geld solle ausschließlich auf die aus der zu berichtigenden Vorsteuer resultierende Steuerschuld geleistet sein, wäre nach *Haunhorst* zu prüfen, ob auf diese Weise eine Tilgung der Steuerschuld (§ 47 AO) und damit ein Ausschluss der Haftung des leistenden Unternehmers nach § 13 d UStG herbeigeführt werden kann.[372] Jedoch ist nach zutreffender Auffassung der Finanzverwaltung die Haftung des leistenden Unternehmers derart (durch Tilgungsbestimmung) nicht beschränkbar.[373] Dabei verkennt *Haunhorst* in der Argumentation, dass es sich bei dem seitens der Finanzverwaltung bestehenden Rückforderungsanspruch in Bezug auf den (zu berichtigenden) Vorsteuerabzug (§ 37 Abs. 2 AO) um eine unselbstständige Teilforderung handelt, so dass eine Tilgungsbestimmung klar unzulässig ist. Das Tilgungsrecht nach § 225 AO ist nicht einschlägig, da dieses nur auf ein einheitliches Rechtsgeschäft bzw. Steueranspruch Anwendung finden kann. Im Rahmen der Umsatzsteuer entsteht indes nur eine einheitliche Steuerschuld für den maßgeblichen Voranmeldungszeitraum. Die Berechnung der Steuer für den gesetzlich vorgesehenen Besteuerungszeitraum bedarf einer besonderen Regelung, da das Umsatzsteuerrecht nicht nur die Entstehung von Umsatzsteuer, sondern auch die Entstehung von Vorsteuerabzugsansprüchen bewirkt, die sich in der Person des Unternehmers steuerlich belastend bzw. entlastend durch Saldierung ausgleichen.[374] Die nach § 16 Abs. 1 und 2 UStG geltende „globale" Saldierung von Umsatzsteuer- und Vorsteuerbeträgen beruht auf Art. 18 Abs. 2 der 6. EG-Richtlinie. Auf der Ausgangsseite sind die Entstehung der unselbstständigen Steueransprüche gemäß § 13 Abs. 1 UStG und die Steuerschuldnerschaft nach § 13 a UStG sowie auf der Eingangsseite die Erfüllung der Tatbestandsvoraussetzungen des § 15 Abs. 1 UStG erforderlich.[375] § 16 Abs. 1 Sätze 3 und 4 UStG verlangen die Berechnung der Summe der gemäß § 13 Abs. 1 UStG entstandenen Umsatzsteuer(-ansprüche) des betreffenden Besteuerungszeitraums als Ausgangsgröße zur Errechnung der für den Besteuerungszeitraum nach Ab-

372 Vgl. Haunhorst, S., in: Reiß, W./Kraeusel, J./Langer, M., UStG, § 13 d UStG, Rn. 17.
373 Vgl. BMF-Schreiben v. 24.5.2004, IV B 7 – S-7279a – 17/04, IV B 7 – S-7279b – 2/04, BStBl. I 2004, 514, Rn. 55.
374 Vgl. Wagner, W., in: Sölch, O./Ringleb, K., UStG, § 16 UStG, Rn. 5.
375 Vgl. Reiß, W., in Reiß, W./Kraeusel, J./Langer, M., UStG, § 16 UStG, Rn. 4.

zug der Vorsteuerbeträge gemäß § 16 Abs. 2 UStG festzusetzenden Steuer. Erst aus § 13 Abs. 1 UStG ergibt sich, welche Umsätze und Steueransprüche im Besteuerungszeitraum zu berücksichtigen sind, die in ihm entstanden sind.[376] Dem Schuldner der Umsatzsteuer, restriktive dem Haftungsschuldner nach § 13 d UStG, steht demnach nicht frei, mit Hilfe des Tilgungsrechtes den Fiskus voll oder nicht zu befriedigen, denn ein solches besteht – wie angedeutet – nur in Bezug auf den tatsächlichen Steueranspruch des Fiskus, der sich erst aus der Saldierung der Vorsteuerbeträge des Steuerschuldners mit den bestehenden Umsatzsteuerforderungen des Fiskus ergibt, und damit eine Tilgung auf die beiden unselbständigen Bestandteile des Steueranspruchs (Umsatzsteuerschuld und Vorsteuerabzugsanspruch) formal- und materiell-rechtlich ausschließt.

Im Falle der Insolvenz – typischerweise der Grund für Uneinbringlichkeit des Entgelts – geht die Finanzverwaltung von einer Nichtentrichtung der Steuer durch den Leistungsempfänger selbst dann aus, wenn eine Insolvenzquote zu erwarten ist. Falls es später tatsächlich zur Zahlung kommt, ist nach der Auffassung der Verwaltung ein Widerruf des Haftungsbescheides geboten.[377] Insoweit ist hierbei ausschlaggebend, dass die Steuer in diesen Fällen nicht rechtzeitig, d.h. bei Fälligkeit entrichtet wird und daher die Haftungsinanspruchnahme trotz einer etwaigen späteren Zahlung rechtmäßig ist. Jedoch führt die nachträgliche Zahlung zum Widerruf des Haftungsbescheides (§ 131 AO).[378]

3.4 Nichtentrichtung bei Fälligkeit

Weiterhin setzt § 13 d UStG voraus, dass der Leistungsempfänger die Steuer im Zeitpunkt der Fälligkeit nicht oder nicht vollständig entrichtet hat. Dabei greift die Haftung dem Grunde nach, wenn die Steuer nicht bis zum Ablauf des Fälligkeitstages entrichtet wird. Die Fälligkeit richtet sich nach § 220 Abs. 1 AO i.V.m. § 18 Abs. 1 und 4 UStG. Der Zeitpunkt der Fälligkeit ist für den Augenblick des Leistenmüssens maßgebend. Dabei bedeutet Fälligkeit, dass aus der Sicht des Schuldners die Schuld erfüllt und bei nicht rechtzeitiger Leistung mit Nachteilen gerechnet werden muss, und dass aus der Sicht des Gläubigers Erfüllung verlangt werden kann. Eine allgemeine Regelung, wann die Steuerschuld fällig ist, ist nicht vorhanden. Nach § 220 Abs. 1 AO richtet sich die Fälligkeit von Ansprüchen aus dem Steuerschuldverhältnis nach den Vorschriften der Einzelsteuergesetze.[379] Bei der Umsatzsteuer ist die Fälligkeit in § 18 UStG geregelt. Dabei kommt eine Anwendung des § 13 d UStG nicht in Betracht, wenn

---

376 Vgl. Reiß, W., in Reiß, W./Kraeusel, J./Langer, M., UStG, § 16 UStG, Rn. 9.

377 Vgl. BMF-Schreiben v. 24.5.2004, IV B 7 – S-7279a – 17/04, IV B 7 – S-7279b – 2/04, BStBl. I 2004, 514, Rn. 56.

378 Vgl. Haunhorst, S., in: Reiß, W./Kraeusel, J./Langer, M., UStG, § 13 d UStG, Rn. 19.

379 Vgl. Ax, R./Große, T./Melchior, J., AO/FGO, S. 372.

die Steuer innerhalb der Zahlungs-Schonfrist i.S.d. § 240 Abs. 3 AO entrichtet wird.

Nicht unproblematisch ist die Anknüpfung der Haftung an die Fälligkeit des Steueranspruchs, denn es dürfte für den leistenden Unternehmer im Zeitpunkt der Berichtigung nach § 17 UStG nicht ohne weiteres ersichtlich sein, ob und inwieweit er zu haften hat. Ob der Leistungsempfänger die zu berichtigende Vorsteuer bei Fälligkeit zahlt oder nicht, wird im Zweifel für den leistenden Unternehmer nicht nachvollziehbar sein. Zumindest in den Fällen, in denen die Steuer als nicht fällig gilt, weil die Vollziehung der Steuerfestsetzung in Bezug auf die zu berichtigende Vorsteuer gegenüber dem Leistungsempfänger ausgesetzt ist (§ 13 d Abs. 1 Satz 1 UStG), dürfte der Eintritt der Fälligkeit des Steueranspruchs für den leistenden Unternehmer schwierig nachverfolgbar sein. Gleiches trifft zu, wenn der Leistungsempfänger seiner Pflicht zur Berichtigung des Vorsteuerabzuges i.S.d. § 17 UStG nicht (mehr) nachkommt und der Anspruch erst durch die Festsetzung des Finanzamtes fällig wird.[380] Gerade wegen der Nachrangigkeit der Haftung kann für den Normalfall die Haftung nach § 13 d UStG erst eintreten, wenn der eigentliche Schuldner (Leasingnehmer) nicht zahlt. Zur Zahlung ist er aber erst bei Fälligkeit verpflichtet.

Ebenso ergeben sich weitere Schwierigkeiten im Falle der Insolvenz des Leistungsempfängers in Bezug auf die Feststellung der Fälligkeit des Rückforderungsanspruchs des Finanzamtes. Die Fälligkeit dieses Anspruchs setzt grundsätzlich die Berichtigung des Vorsteuerabzugs durch die Voranmeldung oder Jahreserklärung voraus oder die Durchführung der Jahresveranlagung bzw. zunächst die Festsetzung der Vorauszahlung unter Berücksichtigung der geänderten Bemessungsgrundlage durch das Finanzamt.[381] Der Anspruch ist nicht fällig, wenn der Leistungsempfänger vor Insolvenzeröffnung eine entsprechende Berichtigung nicht mehr durchgeführt hat, es sei denn, das Finanzamt führt die Fälligkeit durch eine entsprechende Festsetzung herbei. Eine solche Festsetzung ist jedoch im Rahmen eines Insolvenzverfahrens nicht durch den Erlass eines Steuerbescheides möglich, da gemäß § 87 InsO Insolvenzgläubiger ihre Forderungen nur nach den Vorschriften über das Insolvenzverfahren verfolgen können. Somit sind auch die Ansprüche des Finanzamtes gegen den Insolvenzschuldner, die im Zeitpunkt der Eröffnung des Insolvenzverfahrens begründet sind (§ 38 InsO), schriftlich beim Verwalter zur Eintragung in die Tabelle anzumelden (§ 174 InsO). Ebenso ist auch für den Vorsteuerrückforderungsanspruch des Finanzamtes, der sich aufgrund einer Berichtigung i.S.d. § 17 UStG ergibt, zu verfahren.[382] Dieser Anspruch wegen der Uneinbringlichkeit der Forderung (§ 17 Abs. 1 Nr. 2 i.V.m. Abs. 2 Nr. 1 UStG) entsteht steuerrechtlich erst mit Ablauf

---

380 Vgl. BFH, Urt. v. 12.6.1975 - V R 42/74, BStBl. II 1975, 755 (755).

381 Vgl. BFH, Urt. v. 12.6.1975 - V R 42/74, BStBl. II 1975, 755 (755).

382 Vgl. Haunhorst, S., in: Reiß, W./Kraeusel, J./Langer, M., UStG, § 13 d UStG, Rn. 23.

des Voranmeldungszeitraumes, in dem die Änderung der Bemessungsgrundlage eingetreten ist.[383] Er ist hingegen spätestens im Zeitpunkt der Eröffnung des Insolvenzverfahrens über das Vermögen des Leistungsempfängers begründet i.S.d. § 38 InsO, da die Uneinbringlichkeit jedenfalls zu diesem Zeitpunkt vorliegt. Ist also die nach § 38 InsO begründete Forderung des Finanzamtes zur Tabelle anzumelden, kann sie nicht mehr durch Steuerbescheid festgesetzt werden. Ein trotzdem erlassener Steuerbescheid ist unwirksam.[384] Dem Finanzamt bleibt neben der Bewirkung der Eintragung der Forderung in die Tabelle im Falle des Bestreitens auch noch die Möglichkeit des Erlasses eines Feststellungsbescheides (§ 251 AO).[385]

Zwar ist damit aus insolvenzrechtlicher Sicht die Frage der Fälligkeit des Anspruchs des Finanzamtes gegen den Leistungsempfänger geklärt, für die Haftung des leistenden Unternehmers gemäß § 13 d UStG hingegen soll die Fälligkeitsfiktion des § 41 InsO nach Ansicht von *Haunhorst*[386] nicht greifen, was im Kern abzulehnen ist. Nach *Haunhorst* gilt § 41 InsO nur im Rahmen des Insolvenzverfahrens im Verhältnis von Schuldner und Gläubiger und nicht gegenüber Dritten, wie z.B. einem Haftungsschuldner.[387] Aus dem Wortlaut des § 41 InsO ergibt sich, dass es sich um Forderungen handeln muss, die zur Zeit der Eröffnung des Insolvenzverfahrens entstanden sind oder entstehen, aber noch nicht fällig sind. Aufgrund der Intension einer schnellen Schuldenbereinigung ergibt sich, dass der Rechtsgrund der späteren Fälligkeit für § 41 InsO ohne Bedeutung ist.[388]

Die Gegenansicht, wonach § 41 InsO auch bei § 13 d UStG anzuwenden ist, wird zutreffend durch die Finanzverwaltung[389] und Rechtsprechung[390] vertreten. Somit wird es in der Praxis regelmäßig zur Diskussion über den Eintritt der von § 13 d UStG vorausgesetzten Fälligkeit der Steuerforderung kommen. Vorangehende Ausführungen spiegeln im Kern lediglich einen dogmatischen Streit wider, da im Ergebnis beide Auffassungen zu gleichem Ergebnis führen,[391] wenn-

---

[383] Vgl. BFH, Urt. v. 16.7.1987 - V R 80/82, BStBl. II 1987, 691 (691).

[384] Vgl. BFH, Urt. v. 18.12.2002 - I R 33/01, BStBl. II 2003, 630 (630).

[385] Vgl. Haunhorst, S., in: Reiß, W./Kraeusel, J./Langer, M., UStG, § 13 d UStG, Rn. 23.

[386] Vgl. Haunhorst, S., in: Reiß, W./Kraeusel, J./Langer, M., UStG, § 13 c UStG, Rn. 25; auf diese Problematik der Anwendung des § 41 InsO wird später noch genauer eingegangen.

[387] Vgl. Uhlenbruck, W., InsO, § 41 InsO, Rn. 8.

[388] Vgl. Lwowski, H.-J., in: Kirchhof, H.-P./Lwowski, H.-J./Stürner, R., InsO, § 41 InsO, Rn. 7. Zur Fälligkeit bezüglich Insolvenz und Steuern siehe z.B. BFH, Urt. v. 11.3.2004 - VII R 19/02, BStBl. II 2004, 967; BFH, Urt. v. 4.5.2004 - VII R 45/03, BStBl. II 2004, 815.

[389] Vgl. BMF-Schreiben v. 24.5.2004, IV B 7 – S-7279a – 17/04, IV B 7 – S-7279b – 2/04, BStBl. I 2004, 514, Rn. 56.

[390] Vgl. BFH, Urt. v. 16.7.1987 - V R 80/82, BStBl. II 1987, 691 (691).

[391] Vgl. Kapitel IV.2.

gleich der Rechtsprechung des BFH[392] schon aus Praktikabilitätsgründen in Bezug auf die Haftungsinanspruchnahme zu folgen ist.

4. Haftungsinanspruchnahme des Leasinggebers nach § 13 d Abs. 2 UStG als Rechtsfolge

Die Haftung des leistenden Unternehmers (Leasinggeber) greift nach § 13 d Abs. 1 Satz 3 UStG nur dann, wenn dieser die Umsatzsteuer für den fraglichen Umsatz schuldet. Wer Steuerschuldner ist, wird durch die Regelungen der §§ 13 a und 13 b UStG bestimmt. Dies ist prinzipiell derjenige, der den Tatbestand verwirklicht hat, an den das Gesetz die Leistungspflicht knüpft.[393] Nach § 13 a Abs. 1 Nr. 1 UStG ist in den Fällen des § 1 Abs. 1 Nr. 1 UStG der leistende Unternehmer Steuerschuldner. Die anderen in § 13 a UStG genannten Steuerschuldner spielen hier insoweit keine Rolle.

Durch § 13 d Abs. 2 UStG wird der Zeitpunkt und die Höhe der Inanspruchnahme des leistenden Unternehmers durch Haftungsbescheid bestimmt. Dieser ist durch das Finanzamt zu erstellen, das für die Festsetzung und Erhebung der Umsatzsteuer des Leistungsempfängers zuständig ist. Dabei werden zunächst durch das Finanzamt die Voraussetzungen für die Inanspruchnahme nach Abs. 1 ermittelt. Bei Vorliegen der gesetzlichen Voraussetzungen ist der leistende Unternehmer durch Haftungsbescheid in Anspruch zu nehmen, ohne dass den Finanzbehörden dabei ein Ermessen eingeräumt ist. Auf ein Verschulden des leistenden Unternehmers oder des Leistungsempfängers kommt es indes im Rahmen des § 13 d UStG nicht an. Der leistende Unternehmer kann erst im Zeitpunkt der Fälligkeit der nicht oder nicht vollständig entrichteten Steuer in Anspruch genommen werden. Der Höhe nach ist die Haftung des leistenden Unternehmers zweifach, zum einen auf den Betrag der im Fälligkeitszeitpunkt nicht entrichteten Steuer und zum anderen maximal auf den Vorsteuerberichtigungsbetrag beschränkt. Auch hier kann sich der leistende Unternehmer wie bei § 13 c UStG der Haftungsinanspruchnahme durch Zahlungen Dritter i.S.v. § 48 AO zugunsten des Leistungsempfängers entziehen, was einer hier zulässigen Art der „Tilgungsbestimmung" gleichkommt.[394] Wie auch bei § 13 c UStG tritt die Haftung frühestens ab dem Zeitpunkt der nicht oder nicht vollständigen Entrichtung im Fälligkeitszeitpunkt ein.

Liegen die eben genannten Voraussetzungen vor, so greift die Haftung des Leistenden für nicht zurückgezahlte Vorsteuer des Leistungsempfängers ein. Die Haftungsschuld entsteht materiell-rechtlich mit Tatbestandsverwirklichung, d.h.

---

[392] BFH, Urt. v. 4.5.2004 - VII R 45/03, BFH/NV 2004, 1127. Vgl. weitere Ausführungen hierzu in Kapitel IV.5.2.

[393] Vgl. Lang, J., in: Tipke, K./Lang, J., Steuerrecht, § 7, Rn. 10.

[394] Vgl. Weimann, R., UStG, § 13 d UStG, S. 585.

soweit bei Fälligkeit der Vorsteuerberichtigungsbetrag nicht entrichtet worden ist. Steuerschuldner und Haftungsschuldner sind ab diesem Zeitpunkt, und nicht etwa erst mit Festsetzung der Haftungsschuld[395], Gesamtschuldner (§ 44 Abs. 1 Satz 1 AO).[396] Jedoch handelt es sich hier lediglich um eine Klarstellung, denn entgegen dem Wortlaut des § 191 Abs. 1 Satz 1 AO besteht schon nach der Abgabenordnung kein Ermessen.[397] Obwohl vom Wortlaut her zu § 13 c UStG unterschiedlich, greift auch bei § 13 d UStG die Haftung ungeachtet der Frage ein, ob der Steuerbetrag auf die Rückgängigmachung des Vorsteuerabzuges aus dem betreffenden Umsatz noch in dem nicht entrichteten Teilbetrag bei Fälligkeit und Festsetzung enthalten ist. Trotz der vom Wortlaut her geforderten Differenzierung der Rechtsfolgen zwischen § 13 c UStG und § 13 d UStG sprechen die Grundsätze der Praktikabilität dagegen, bei § 13 d UStG im Falle teilweiser Entrichtung der festgesetzten Steuer eine Exkulpationsmöglichkeit dahingehend zuzulassen, der entrichtete Teil beziehe sich auf die zu korrigierende Vorsteuer. Der Gesetzgeber will die Haftung demnach zweifach beschränken, nämlich zum einen auf die im Zeitpunkt der Fälligkeit nicht oder nicht vollständig entrichtete Steuer, zum anderen soll die Haftung maximal auf den Vorsteuerberichtigungsbetrag beschränkbar sein.

5. EU-Richtlinienkonformität und Systemkonformität des § 13 d UStG

Im Folgenden soll aufgezeigt werden, ob und inwieweit die Regelung des § 13 d UStG verfehlt ist und zudem sollen gegebenenfalls Verbesserungsvorschläge dargestellt werden. Die Regelung ist eine Folge der „Entdeckung" der Anfälligkeit des gegenwärtigen Umsatzsteuersystems für vielfältige Steuervermeidung. Hintergrund der Anfälligkeit ist insbesondere die Geltung des Soll-Prinzips, d.h. die Versteuerung nach vereinbarten Entgelten (Umsatzsteuerschuld als leistender Unternehmer und Vorsteuerabzug als Leistungsempfänger als „Sofortabzug" ohne vorherige Zahlung des Entgelts). Die frühere BFH-Rechtsprechung hatte die Steuerschuldverhältnisse des leistenden Unternehmers und des Leistungsempfängers grundsätzlich als nicht miteinander verknüpft und als nach eigenen Grundsätzen getrennt zu prüfen angesehen.[398] Denn das Funktionieren des Systems in der Unternehmerkette rechtfertigt es für sich gesehen nicht, bei Ausfall des Leistungsempfängers mit etwaigen Vorsteuerrückzahlungsverpflichtungen,

---

395 So aber die Regierungsbegründung zu Art. 4 Nr. 13 StÄndG 2003, BR-Drucks. 630/03, 80.

396 Vgl. Stadie, H., in: Rau, G./Dürrwächter, E., UStG, § 13 d UStG, Rn. 23.

397 Vgl. BR-Drucks. 630/03, 80; Lang, J., in: Tipke, K./Lang, J., Steuerrecht, § 7, Rn. 66; Stadie, H., Allgemeines Steuerrecht, Rn. 582.

398 Vgl. BFH, Urt. v. 18.7.1991 - V R 42/91, BStBl. II 1991, 888 (888).

den leistenden Unternehmer quasi als Ersatzschuldner in Anspruch zu nehmen.[399]

Der Gesetzgeber eröffnet mit § 13 d UStG als allgemeine Regelung den Durchgriff aus dem Steuerschuldverhältnis des Leistungsempfängers auf den Leistenden, den die Rechtsprechung ohne die Regelung des § 13 d UStG bisher nur über die Missbrauchsregelung des § 42 AO und damit nur im Falle einer – oftmals schwierig nachzuweisenden – missbräuchlichen Steuergestaltung in Betracht gezogen hat. Der ursprüngliche Hintergrund für die Einführung des § 13 d UStG hat darin bestanden, Betrugsfälle, bei denen die einzelnen Protagonisten steuerschädlich zusammenwirken, zu vermeiden. Diese Intention lässt sich allerdings aus dem Wortlaut des Gesetzes nicht erkennen, denn es fehlt völlig an Missbrauchskriterien.[400]

Kritisch zu hinterfragen bleibt, ob und inwieweit der Gesetzgeber für diesen Spezialfall[401] – Lieferung im Rahmen eines Mietvertrages – durch Abmilderung der sich aus der Rechtsfigur des wirtschaftlichen Eigentums ergebenden Schwierigkeiten mittels eines neuen Haftungstatbestandes im UStG einen möglichen Umsatzsteuermissbrauch verhindern kann. Denn selbst der BRH spricht von „Einzelfällen im Zusammenhang mit Leasing- und Mietkaufverträgen über hochwertige Industriegüter mit eingeschränkter Marktgängigkeit (...) durch offensichtlich planmäßige Insolvenzen der Leasingnehmer" innerhalb eines Zeitraumes von zehn Jahren.[402]

5.1 Gemeinschaftsrechtliche Grundlage des Art. 22 Abs. 8 der 6. EG-Richtlinie für die Haftungsvorschrift im nationalen UStG

Die Vorschrift des § 13 d UStG soll nach Ansicht der Bundesregierung auf Art. 22 Abs. 8 der 6. EG-Richtlinie beruhen.[403] Dies ist jedoch mehr als fraglich. Nach der Bestimmung können die Mitgliedstaaten weitere Pflichten vorsehen, um eine genaue Erhebung der Steuer sicherzustellen und Steuerhinterziehungen zu vermeiden. Als derartige Pflichten kommen, wie eine Gesamtschau aller Absätze des Art. 22 der 6. EG-Richtlinie zeigt, offensichtlich nur Mitwirkungshandlungen in Betracht, so dass nicht etwa die Mitgliedstaaten ermächtigt sein sollen, andere Personen zu Steuerschuldnern oder Zahlungspflichtigen bestimmen zu dürfen.[404]

---

399 Vgl. Wagner, W., in: Sölch, O./Ringleb, K., UStG, § 13 d UStG, Rn. 3 f.
400 Vgl. Wagner, W., in: Sölch, O./Ringleb, K., UStG, § 13 d UStG, Rn. 5.
401 Siehe hierzu Kapitel III.2.2.
402 Vgl. Bericht des BRH v. 3.9.2003, BT-Drucks. 15/1495, 47.
403 Vgl. BR-Drucks. 630/03, 80.
404 Vgl. Stadie, H., in: Rau, G./Dürrwächter, E., UStG, § 13 d UStG, Rn. 5.

Art. 22 Abs. 8 der 6. EG-Richtlinie räumt den Mitgliedstaaten unter Beachtung der Gleichbehandlung der von Steuerpflichtigen im Inland und zwischen Mitgliedstaaten bewirkten Umsätze die Möglichkeit ein, weitere Pflichten vorzusehen. Jedoch müssen sie diese als erforderlich erachten, um eine genaue Erhebung der Steuer sicherzustellen und Steuerhinterziehungen zu vermeiden, sofern diese Pflichten im Handelsverkehr zwischen den Mitgliedstaaten nicht zu Förmlichkeiten bei Grenzübertritt führen. Diese Pflichten dürfen nicht zu zusätzlichen Rechnungslegungspflichten über die in Art. 22 Abs. 3 der 6. EG-Richtlinie genannten hinaus führen.[405] Für die Schaffung und Einführung einer Haftungsnorm fehlt es bereits an einer gemeinschaftsrechtlichen Berechtigung.

§ 13 d UStG stellt keine Regelung dar, die der genauen Erhebung der Umsatzsteuer dient. Vielmehr geht es um die Rückabwicklung von umsatzsteuerpflichtigen Vorgängen und um die sich hieraus ergebende Rückzahlungspflicht des Vorsteuerabzugsberechtigten. Nach *Nieskens*[406] vermag nur die Vermeidung von Steuerhinterziehung eine Rechtfertigung für eine optionale Pflichtenausweitung nach Art. 22 Abs. 8 der 6. EG-Richtlinie zu begründen. Jedoch bleibt es fraglich, ob aufgedeckte Einzelfälle im Zusammenhang mit Leasing- und Mietkaufverträgen (über hochwertige Industriegüter mit eingeschränkter Marktgängigkeit) durch offensichtlich planmäßige Insolvenzen in einem Zeitraum von zehn Jahren geeignet sind, gesetzgeberischen Maßnahmen zur Vermeidung von Steuerhinterziehungen herbeizuführen. Jedenfalls rechtfertigt Art. 22 Abs. 8 der 6. EG-Richtlinie keine Pflichtenausweitung im Sinne der Begründung einer zusätzlichen Haftungsschuld beim Leistenden. Dabei müssen die in Art. 22 Abs. 8 der 6. EG-Richtlinie angesprochenen zusätzlichen Pflichten im Kontext mit dem allgemeinen Regelungsinhalt in Art. 22 der 6. EG-Richtlinie gesehen werden. Art. 22 der 6. EG-Richtlinie regelt die Pflichten des Steuerschuldners, nicht aber Pflichten des Haftungsschuldners. Betroffen von Art. 22 der 6. EG-Richtlinie sind Rechnungslegungs- und Aufzeichnungspflichten, nicht aber die Begründung zusätzlicher Haftungsverhältnisse.

In seiner jüngsten Rechtsprechung hat auch der EuGH[407] bestätigt, dass es den Mitgliedstaaten zwar grundsätzlich durch Art. 21 Abs. 3 und Art. 22 Abs. 8 der 6. EG-Richtlinie gestattet ist, neben der Person des Steuerschuldners eine weitere Person zu bestimmen, um diese gesamtschuldnerisch bezogen auf die Zahlung der Umsatzsteuer in Anspruch nehmen zu können. Dabei verweist der EuGH aber insbesondere auf den Grundsatz der Verhältnismäßigkeit, wonach die Mitgliedstaaten bei Einführung derartiger Bestimmungen in nationales Recht nicht darüber hinausgehen dürfen, was zur Sicherung des Steueranspruchs erfor-

405 Vgl. Nieskens, H., UR 2004, 105 (129).
406 Vgl. Nieskens, H., UR 2004, 105 (129).
407 Vgl. z.B. EuGH, Urt. v. 21.2.2006, Rs. C-255/02, DStR. 2006, 420; EuGH, Urt. v. 11.5.2006, Rs. C-384/04, DStR 2006, 897 f.

derlich ist. Insbesondere kann eine nationale Regelung dann auf Art. 21 Abs. 3 bzw. Art. 22 Abs. 8 der 6. EG-Richtlinie gemeinschaftskonform gestützt werden, wenn diese als Tatbestandsvoraussetzung die Merkmale des Vorsatzes oder der Fahrlässigkeit beinhaltet, d.h. wenn die am Leistungsaustausch oder innerhalb einer Leistungskette Beteiligten – insbesondere die Leistungsempfänger – wussten oder hinreichende Verdachtsgründe dafür bestanden, dass die aufgrund einer Lieferung oder Dienstleistung fällige Umsatzsteuer ganz oder teilweise unbezahlt bleiben würde. Übertragen auf § 13 d UStG bedeutet dies im Ergebnis, dass § 13 d UStG gerade nicht auf Art. 22 Abs. 8 der 6. EG-Richtlinie gestützt werden kann, da § 13 d UStG dem Wortlaut und Sinn nach auf jegliche Merkmale verzichtet, dass es auch nur auf ein betrügerischen Zusammenwirken oder schon auf der Kenntnis eines möglichen Umsatzsteuerausfalles für die Haftungsinanspruchnahme ankommt.

Dadurch ist § 13 d UStG nicht kompatibel mit dem harmonisierten Umsatzsteuersystem, wie es durch die EG-Richtlinien festgelegt wurde. Nach den Ausführungen des BRH[408] sollte durch die Einführung des § 13 d UStG ein bewusstes Zusammenwirken zur Schädigung des Umsatzsteueraufkommens durch die Haftung des daran mitwirkenden Mittäters kompensiert werden. Allerdings hat der Gesetzgeber in § 13 d UStG gänzlich darauf verzichtet, ein bewusstes Zusammenwirken durch die etwaige Formulierung eines Vorsatzes oder einer Fahrlässigkeit – wie der in § 25 d UStG – als Tatbestandsvoraussetzung aufzunehmen. Der Leasinggeber als Lieferant wird also dafür haftbar gemacht, dass sich sein Abnehmer als insolvent erweist, den Vorsteuerrückforderungsanspruch aus einer Vorsteuerberichtigung zu erfüllen. Eine Steuerschuld des leistenden Unternehmers entsteht grundsätzlich nur dann, wenn er für seine Leistung ein Entgelt erhält. Ist dies nicht der Fall, so muss ihm zwingend eine bereits entrichtete Umsatzsteuer erstattet werden. Im Anwendungsfall des § 13 d UStG erfolgt dies auch, da der Leasinggeber den Umsatzsteuerbetrag entrichtet hat und infolge des § 17 UStG zurückerhält. Ein derartiges Risiko zu tragen, im Rahmen der Haftung durch § 13 d UStG für den entsprechenden Vorsteuerbetrag seines Leistungsempfängers einstehen zu müssen, kann dem Leistenden i.S. einer Umsatzbesteuerung nicht zugemutet werden. Denn nach der bestehenden[409] Systematik des Umsatzsteuerrechts ist die Entstehung der Umsatzsteuerschuld in der Person des Leistenden unabhängig von der Schuld, die den Vorsteuerabzug und damit zusammenhängende Pflichten betrifft, soweit es sich nicht um Umsätze i.S.d. § 13 b Abs. 1 UStG handelt oder bei Zusammenwirken der Vertragsparteien um § 25 d UStG. Ob und inwieweit sein Abnehmer in der Lage und willens ist, eine

---

408 Vgl. Bericht des BRH v. 3.9.2003, BT-Drucks. 15/1495, 15.

409 Dies wäre durch die gegenwärtig geplante Reform des Umsatzsteuersystems im Rahmen des Reverse-Charge Verfahrens anders zu werten, da hier sowohl Umsatzsteuerschuld als auch Vorsteuerabzugsrecht in der Person des Leistungsempfängers zusammenfallen. Siehe hierzu weitere Ausführungen in Kapitel III.6.

ihm im Ergebnis nicht zustehende Vorsteuervergütung zurückzuzahlen – wie er nach § 17 UStG verpflichtet wird –, betrifft den Leistenden in keinster Weise. Entgegen Art. 11 C Abs. 1 der 6. EG-Richtlinie (Art. 90 MwStSystRL) wird durch § 13 d UStG dem Lieferanten tatsächlich die Berichtigung seiner Steuer verweigert. Denn über die Haftung ist er zur Zahlung des in gleicher Höhe wie der von ihm ehemals geschuldeten und über § 17 UStG zurückgewährten Umsatzsteuerbetrag bestehenden Vorsteuerbetrages an den Fiskus verpflichtet. Um diesen Verstoß nicht offenkundig zu machen, ist dies vom Gesetzgeber als „Haftung" für die Nichterfüllung des Vorsteuerrückforderungsanspruchs maskiert worden.

Darüber hinaus lässt sich feststellen, dass § 13 d UStG auch gegen die der 6. EG-Richtlinie zugrunde liegende Wettbewerbsneutralität der Umsatzbesteuerung verstößt. Mit der Beschränkung auf den Mietvertrag und die mietähnlichen Verträge wird nur ein geringer Bereich von Geschäften belastet. Die übrigen Bereiche unterliegen nicht der Gefahr einer möglichen Inanspruchnahme durch den Fiskus, so dass sie insoweit einen gewissen Vorteil besitzen, da sie beispielsweise keine Rückstellungen oder andere Vorkehrungen für einen Haftungsfall bilden müssen.[410]

5.2 Verstoß gegen den Neutralitätsgrundsatz bei indirekter Besteuerung

Es ist festzustellen, dass § 13 d UStG gegen die der 6. EG-Richtlinie zugrunde liegende Wettbewerbsneutralität der Umsatzbesteuerung verstößt. Mit der Beschränkung auf Mietverträge und mietähnliche Verträge ist nur ein Teilbereich von Geschäften betroffen. Wie soeben erläutert, unterliegen die übrigen Bereiche nicht der Gefahr einer möglichen Inanspruchnahme in Form der Haftung durch den Fiskus, so dass sie keine Vorkehrungen für den Haftungsfall treffen müssen und damit einen gewissen Vorteil besitzen. § 13 d UStG verzichtet zudem gänzlich auf ein Merkmal, das auf ein betrügerisches Zusammenwirken hindeuten könnte. Der Leasinggeber als Lieferant wird dafür haftbar gemacht und trägt das Risiko, dass sein Abnehmer während des bestehenden Leasingvertrages insolvent wird und folglich keine Vorsteuerberichtigung mehr erfüllen kann, was gegen das Umsatzsteuersystem im Kern verstößt. Denn eine Steuerschuld des leistenden Unternehmers entsteht nur dann, wenn er für seine Leistung ein Entgelt erhält. Ist dies nicht der Fall – bei Rückgängigmachung der Lieferung mangels Entgeltsentrichtung des Leasingnehmers –, muss ihm zwingend eine bereits entrichtete Steuer erstattet werden. Entgegen Art. 11 C Abs. 1 der 6. EG-Richtlinie (Art. 90 MwStSystRL) wird dem Lieferanten im Ergebnis tatsächlich die Berichtigung seiner Steuer verweigert, womit er im Rahmen unternehmerischen Handelns mit Umsatzsteuer belastet ist, maskiert – um den Ver-

410 Vgl. Nieskens, H., UR 2004, 105 (129).

stoß gegen die Neutralität nicht offenkundig zu machen – als „Haftung" für nicht berichtigte Vorsteuer.

5.2.1 Verstoß gegen den Verbrauchsteuergrundsatz der Umsatzsteuer

Kommt es zu einem Haftungsfall nach § 13 d UStG, so wendet sich der Fiskus gegen einen Unternehmer, um seine Umsatzsteuerschuld zu fordern. Dies könnte gegen den Verbrauchsteuercharakter der Umsatzsteuer verstoßen. Die einzelnen Merkmale dieses Verbrauchsteuercharakters wurden bereits ausführlich in Kapitel II.6. erläutert. Diese Ausführungen sind hier entsprechend zugrunde zu legen.

Zwar dient der Unternehmer aus Sicht der Steuertechnik als Steuereinsammler im Sinne einer Verkehrsteuer. Mithin ist der Unternehmer nicht Steuerträger, sondern der nichtunternehmerische Endverbraucher soll gerade mit der Umsatzsteuer belastet werden. Wird nun im Anwendungsfall des § 13 d UStG der Unternehmer mit der Umsatzsteuer belastet, so liegt ein Verstoß gegen den anerkannten Grundsatz des Verbrauchsteuercharakters der Umsatzsteuer vor. Dies besteht, obgleich es formal bei § 13 d UStG weniger um die Belastung eines Verbrauchsaktes – weder gewollt noch ersichtlich – geht, sondern „nur" darum, dass der Fiskus Vorsteuer im Ergebnis zu Unrecht auszahlte und diese trotz Zahlungsunfähigkeit des Leistungsempfängers infolge § 17 UStG zurückerlangen will, wenn auch von einem anderen als dem, an den er die Vorsteuer auszahlte.

5.2.2 Vergleich mit der Situation des § 13 b UStG

Da § 13 d UStG im Ergebnis die Steuerschuld vom eigentlichen Steuerschuldner bzw. Berichtigungsverpflichteten verlagert, kann der Vergleich mit § 13 b UStG gezogen werden. Auf den ersten Blick ist die Situation bei § 13 d UStG ähnlicher zu § 13 b UStG als bei § 13 c UStG. Denn auch bei § 13 d UStG ändert sich die Steuerschuldnerschaft nur im Verhältnis zu den beteiligten Parteien. Es kommt also kein Dritter, bezogen auf den zugrunde liegenden Leistungsaustausch als Haftungsschuldner wie bei § 13 c UStG, in Betracht. Jedoch ist die Situation anders als bei § 13 b UStG gelagert. Dieser kehrt für die dort aufgeführten Fälle die Steuerschuldnerschaft einfach um. Bei § 13 d UStG erfolgt keine Umkehr der Steuerschuldnerschaft, sondern es wird eine Haftung konstruiert, die bei der Änderung der Bemessungsgrundlage eintritt. Somit bleibt bei § 13 d UStG der Steuerschuldner auch grundsätzlich zur Zahlung seiner Steuerschuld verpflichtet. Neben dieser Zahlungspflicht tritt nun die Haftung des Vertragspartners. Damit sind beide Vorschriften zwar in ihrem Ziel ähnlich, sie unterscheiden sich allerdings in dem Weg dorthin. § 13 b UStG sieht den Übergang der Steuerschuldnerschaft, d.h. der Verpflichtung zur Abführung der Umsatzsteuer vom Leistenden auf den Leistungsempfänger vor, während § 13 d

UStG den Leistenden (Leasinggeber) in die Pflicht zur Steuerabführung nimmt, wenn sein Leistungsempfänger (Leasingnehmer) der Berichtigung des ursprünglich gewährten Vorsteuerabzugs nicht nachkommt. Anzumerken bleibt grundsätzlich, dass bei allgemeiner Umkehr der Steuerschuldnerschaft – oder auch nur für die in § 13 d UStG genannten Fälle – die Problematik des § 13 d UStG nicht eintreten kann. Denn Schuldner der Umsatzsteuer ist nach § 13 b UStG der Leistungsempfänger, der als Unternehmer den Vorsteuerabzug erlangt, und sich mithin im Rahmen der § 13 b UStG-Umsätze eine Steuerzahllast von Null ergibt.

6. Einführung eines Reverse-Charge-Verfahrens

Aufgrund der enormen Umsatzsteuerausfälle durch Betrügereien im Milliardenbereich – das Hinterziehungspotential wird sich zudem erhöhen, wenn es wie beabsichtigt[411] zu einer Erhöhung des Umsatzsteuersatzes auf 19 % zum 1.1.2007 kommt – planen Bund und Länder eine Reform der Umsatzbesteuerung.

Die bestehenden Vorschriften – neben § 25 d UStG für den Karussellbetrug und den §§ 14 ff. UStG mit den zum 1.1.2004 nachgebesserten Rechnungsanforderungen für den leistenden Unternehmer als Rechnungsaussteller sowie den im Rahmen dieser Arbeit diskutierten Haftungsvorschriften § 13 c und § 13 d UStG – zur Bekämpfung des Umsatzsteuerbetruges verringern zwar die Anfälligkeit des Umsatzsteuersystems, beseitigen aber nicht die Ursachen.

Aufgrund der Neuwahlen 2005 wurde im Koalitionsvertrag vom 11.11.2005[412] zwischen Union und SPD vereinbart, ein neues Umsatzsteuermodell nach dem Reverse-Charge-Verfahren einzuführen bzw. den Umstieg auf ein solches Modell bei der EU-Kommission (im Verbund mit Österreich) zu beantragen. Das Modell ist dadurch gekennzeichnet, dass bei Rechnungsbeträgen oberhalb einer Bagatellgrenze i.S. einer Nichtaufgriffsgrenze (ab geplante 5.000 €) zwischen zum Vorsteuerabzug berechtigten Unternehmern keine Umsatzsteuerzahlungen mehr anfallen. Dies wird dadurch erreicht, dass die Umsatzsteuerschuld bei Leistungen im zwischenunternehmerischen Bereich grundsätzlich vom leistenden Unternehmer auf den Leistungsempfänger verlagert wird (Reverse-Charge). Steuerschuld und Vorsteuerabzugsberechtigung fallen somit in der Person des Leistungsempfängers zusammen und saldieren sich im Ergebnis. Dies hat eine Nettofakturierung durch den leistenden Unternehmer zur Konsequenz. Fraglich bleibt in diesem Zusammenhang, wie die derzeit in § 14 Abs. 4 UStG geforder-

411 Entwurf des Haushaltsbegleitgesetzes 2006 v. 17.3.2006, BT-Drucks. 16/752.

412 Vgl. Koalitionsvertrag zwischen CDU, CSU und SPD vom 11.11.2005, http://www.cdu.de/doc/pdf/05_11_11_Koalition_Langfassung_navigierbar.pdf, S. 72 ff. (22.7.2006).

ten Rechnungsanforderungen dann noch für den Leistenden verpflichtend sind.[413]

Bei Leistungen an private Letztverbraucher, an Einrichtungen des öffentlichen Rechts für ihren Hoheitsbereich, an Unternehmer für ihren nichtunternehmerischen Bereich sowie für Leistungen unterhalb der Bagatellgrenze bestehen grundsätzlich die heute geltenden Regelungen der Steuerschuldnerschaft des leistenden Unternehmers fort und es kommt nicht zu einer Verlagerung der Steuerschuld auf den Leistungsempfänger. Da folglich nicht alle ausgeführten Umsätze dem Reverse-Charge-Verfahren unterliegen, muss die Berechtigung zum Bezug von Leistungen im Reverse-Charge-Verfahren nachgewiesen werden. Dies ist für die Abgrenzung zu nichtunternehmerischen Leistungsempfängern von Bedeutung, die umsatzsteuerpflichtige Leistungen stets „brutto" beziehen sollen. Probleme ergeben sich in Bezug auf die Nichtaufgriffsgrenze insbesondere dann, wenn Leistungen mit einem Gesamtentgelt abgerechnet werden bzw. ein Gesamtrechnungsbetrag für mehrere Leistungen angegeben ist.

Eine Teilnahme am Reverse-Charge-Verfahren soll darüber hinaus nur mit Berechtigung möglich sein. Deshalb wird allen zum Vorsteuerabzug berechtigten Unternehmen eine sog. R-Nummer erteilt, unter der ein empfangendes Unternehmen bei Leistungsbezügen auftritt. Leistungsempfänger ohne eine solche Nummer sind damit vom Reverse-Charge-Verfahren ausgeschlossen, Leistungsempfänger mit einer solchen Nummer müssen Leistungen im zwischenunternehmerischen Bereich über der Bagatellgrenze stets im Reverse-Charge-Verfahren beziehen.[414]

Als Konsequenz einer möglichen Einführung dieses Systems lässt sich feststellen, dass hierdurch die Haftungsvorschrift des § 13 d UStG überflüssig werden würde. Das Reverse-Charge-Verfahren würde dazu führen, dass es für die von dem Verfahren umfassten Fälle nicht mehr zu einer Anwendung des § 17 UStG kommen könnte, denn bei einer Umkehr der Steuerschuld entsteht diese in der Person des Leistungsempfängers. Es ist damit ein Fall nicht mehr möglich, in dem die Vorsteuer nicht zurückgefordert werden kann. Folglich lässt sich erkennen, dass durch die Einführung eines Reverse-Charge-Verfahrens die Problematik des § 13 d UStG obsolet geworden ist. Gleichwohl bleibt offen, ob nicht das Reverse-Charge-Verfahren an anderen Mängeln bzw. Problemen leidet, wobei eine solche Untersuchung aufgrund des Umfangs in dieser Arbeit nicht erfolgen kann. Im Folgenden sollen nur kurz einige Bedenken bzw. Einwendungen gegen dieses System aufgeführt werden.

Bereits jetzt ergeben sich starke Bedenken gegen dieses System, da durch die Voraussetzung des Vorliegens einer R-Nummer wiederum ein erheblicher An-

---

413 Vgl. Matheis, P./Groß, S., UR 2006, 379 (385 f.).

414 Vgl. Matheis, P./Groß, S., UR 2006, 379 (382 f.); Wagner, W., UVR 2006, 141 (144).

reiz zum Missbrauch durch den Nichtberechtigten geschaffen werden kann. Es ist zu befürchten, dass Nichtunternehmer in großem Stil versuchen könnten, bei ihren Einkäufen die Unternehmereigenschaft vorzutäuschen, um so die Waren und Dienstleistungen unversteuert für den Letztverbrauch zu erwerben.[415]

Außerdem müsste der leistende Unternehmer Umsätze an Unternehmer künftig anders behandeln als Umsätze an Nichtunternehmer, was weniger von der pragmatischen Sicht – dies sicherlich aber auch – als vielmehr von der umsatzsteuersystematischen Sicht sehr zu kritisieren ist; denn es sind gleichzeitig bzw. parallel zwei verschiedene Umsatzbesteuerungsverfahren anzuwenden, in denen einmal der leistende Unternehmer, ein anderes Mal sein Leistungsempfänger Steuerschuldner ist. Der leistende Unternehmer muss also den „Status" seiner Kunden kennen. Dies führt zu einer höheren Belastung des Unternehmers durch erhöhten Verwaltungs- und Kostenaufwand, da er neben dem Reverse-Charge-Verfahren z.B. für Privatkunden das bisherige System fortzuführen hat.[416]

Allerdings ist darauf hinzuweisen, dass der Antrag der Bundesregierung[417] gemäß Art. 27 der 6. EG-Richtlinie (Art. 397 MwStSystRL) für eine Änderung des Umsatzsteuersystems nunmehr von der Europäischen Kommission (vorerst) abgelehnt ist.[418] Nach Art. 37 der 6. EG-Richtlinie kann der Rat auf Vorschlag der Kommission – ohne Anhörung des Europäischen Parlaments und des Europäischen Wirtschafts- und Sozialausschusses – einstimmig jeden Mitgliedstaat ermächtigen, von der 6. EG-Richtlinie abweichende Sondermaßnahmen einzuführen, um die Steuererhebung zu vereinfachen oder Steuerhinterziehung oder -umgehungen zu verhindern. Gleichwohl hat die Kommission in Bezug auf die Einführung eines Reverse-Charge-Verfahrens entschieden, einen solchen Vorschlag nicht vorzulegen. Grund hierfür ist, dass eine Gestattung einer solchen Ausnahme nicht zweckentsprechend, restriktiv und verhältnismäßig sei. Zwar hat die Kommission dem Rat bereits in mehreren Fällen vorgeschlagen, einzelnen Mitgliedstaaten die Einführung des Reverse-Charge-Verfahrens zu gestatten, jedoch unterscheiden sich diese Anträge allerdings dadurch, dass sie sich lediglich auf einzelnen Branchen bezogen hatten und die Ermächtigung im Allgemeinen nur für die Leistungen kleinerer Risikounternehmen an größere, leichter zu kontrollierende Unternehmen gelte. Eine Einführung eines Reverse-Charge-Verfahrens für alle Leistungen von Unternehmen an andere Unternehmen ab einen Betrag von 5.000 € würde neben einer radikalen Änderung des Umsatzsteuersystems zu einer Aufgabe der fraktionierten Zahlung – Abführung

415 Vgl. PSP Peters Schönberger GmbH, Planspiel zur systembezogenen Änderung bei der Umsatzsteuer „Reverse Charge Verfahren", Zusammenfassender Ergebnisbericht, S. 26.

416 Vgl. Tiedtke, W., UR 2006, 249 (252 f.).

417 Vgl. BMF-Monatsbericht, Januar 2006, http://www.bundesfinanzministerium.de/lang_de/DE/Aktuelles/Monatsbericht_des_BMF/2006/01/060126agmb007,template/d=raw.property=publicationFile.pdf, S. 45 ff. (22.7.2006).

418 Vgl. o.V., Handelsblatt Nr. 138 v. 20.7.2006, 4.

der dem Fiskus geschuldeten Umsatzsteuer in Teilbeträgen auf den verschiedenen Stufen der Unternehmerketten – als eines der Hauptmerkmale der Umsatzsteuer führen.

Nach der Ansicht der Kommission ist die einzige Rechtsgrundlage, die es den Mitgliedstaaten gestattet, derartige weit reichende Maßnahmen einzuführen, Art. 93 EG-Vertrag. Ein Vorschlag auf der Grundlage von Art. 93 EG-Vertrag würde allen Mitgliedstaaten die Möglichkeit geben, an einer Veränderung des Umsatzsteuersystems mitzuwirken, wobei dieser Antrag aber von den Mitgliedstaaten nach Anhörung des Europäischen Parlaments einstimmig im Rat genehmigt werden müsste.

7. Vereinbarkeit mit verfassungsrechtlichen Grundprinzipien

Zwar hat im Rahmen der Umsatzbesteuerung eine Bewertung des § 13 d UStG – wie eben durchgeführt – grundsätzlich anhand der umsatzsteuerrechtlichen Strukturprinzipien, die auf europäischer Ebene festgesetzt sind, zu erfolgen. Allerdings sind zudem schon, da die Vorschrift des § 13 d UStG in derartiger Ausgestaltung nicht als Haftungsvorschrift in der 6. EG-Richtlinie formuliert ist, die rein nationalen, grundlegenden Prinzipien von einer neu eingeführten steuerlichen Vorschrift zu wahren. Folglich wird die Haftungsvorschrift des § 13 d UStG im Anschluss insbesondere an den bestehenden verfassungsrechtlichen Grundprinzipien gemessen.

7.1 Verstoß gegen den Gleichheitsgrundsatz des Art. 3 GG durch Nichteinbeziehung von Ratengeschäften

Kritisch muss zunächst eingewendet werden, dass § 13 d UStG zu eng gefasst ist. Es ist mehr als fraglich, warum man die Anwendbarkeit auf die Fälle des Leasing beschränkt hat und vor allem die Fälle des Ratenkaufes hierbei außen vor gelassen hat. Dies ist insbesondere deshalb unverständlich, da doch das Ratengeschäft dem Leasing als Vorbild gedient hat. Ein Ratengeschäft, bei dem z.B. ein Gegenstand erworben wird, der Kaufpreis aber in mehreren Raten zu entrichten ist, stellt sich umsatzsteuerlich nicht anders dar als das Leasingkonstrukt, welches von § 13 d UStG betroffen ist. Nach der gegenwärtigen Soll-Besteuerung als Regelbesteuerung entsteht der Steueranspruch bereits mit der Übergabe der Sache – in der Regel Ratenkauf unter Eigentumsvorbehalt – und nicht erst durch die Zahlung der einzelnen Raten. Zur Verdeutlichung der Vergleichbarkeit des Ratenkaufs mit der gesetzlich beschriebenen Fallkonstellation in § 13 d UStG soll nachfolgendes Beispiel dienen.

U_1 verkauft an U_2 einen Pkw zum Netto-Preis von 10.000 €. Dabei wird vereinbart, dass U_2 den Kaufpreis in zehn Raten zu je 1.000 € zu zahlen hat. U_1 stellt U_2 11.900 € in Rechnung und führt sodann den Betrag von 1.900 € Umsatzsteuer an das Finanzamt ab. U_2 kann, da umsatzsteuerlich eine Lieferung erfolgte – denn er hat das Fahrzeug bereits erhalten, d.h. die Verfügungsmacht erlangt – einen Vorsteuerabzug in Höhe von 1.900 € unter den weiteren Voraussetzungen des § 15 UStG in Anspruch nehmen.

Wird nun U_2 nach der sechsten Rate zahlungsunfähig, ergibt sich die gleiche umsatzsteuerliche Folge wie bei § 13 d UStG. Nach § 17 UStG hat sich die Bemessungsgrundlage geändert und U_1 ist zur Berichtigung seiner Umsatzsteuerschuld verpflichtet. Im Gegenzug muss U_2 ebenfalls seinen Vorsteuerabzug berichtigen. Infolge seiner Zahlungsunfähigkeit kann er dieser Pflicht jedoch nicht nachkommen. Im Unterschied zu Leasingfällen ist § 13 d UStG nun gerade nicht im Rahmen des vorliegenden Ratenkaufs anwendbar mit der Folge, dass der Fiskus sich nicht an U_1 halten kann und diesen für die Steuerschuld des U_2 haftbar machen kann.

Im Ergebnis könnte dadurch ein Verstoß gegen den Gleichheitsgrundsatz des GG vorliegen. Nach der Rechtsprechung des BVerfG wird aus dem Gleichheitssatz das Willkürverbot geschlossen.[419] Auf dem Gleichheitsgrundsatz gründet sich ein demokratisches Recht der Bürger (Art. 33 und 38 GG) und ein Menschenrecht. Er ist zugleich ein grundlegendes objektives Prinzip der Gerechtigkeit, ein Fundamentalsatz der nationalen Rechtsordnung überhaupt.[420]

In der Regel betrifft das Steuerrecht nicht die Garantie der persönlichen Rechtsgleichheit, also nicht das Prinzip des gleichen Rechtswerts aller Personen, sondern die Gleichheit in der wirtschaftlichen Lebenssituation des Menschen, die von seinen freiheitlichen Entscheidungen und von demokratischer Gestaltung abhängt. Die Gleichheit im Steuerrecht wird von dem Vergleichsmaßstab der individuellen Belastbarkeit bestimmt. Dabei ist jeder gegenüber dem anderen insoweit ähnlich oder verschieden, als er über steuerlich belastbare Wirtschaftsgüter verfügt. Die gesetzliche Formung der einzelnen Belastungsgründe muss sich aus einer tatsächlich unterschiedlichen Belastbarkeit in einem dem Steuerschuldner zugeordneten Gegenstand und damit einer steuererheblichen Un-

[419] Vgl. Lang, J., in: Tipke, K./Lang, J., Steuerrecht, § 4, Rn. 73; BVerfG, Beschl. v. 17.12.1953 - 1 BvR 147/52, BVerfGE 3, 135; BVerfG, Beschl. v. 14.4.1959 - 1 BvL 23, 34/57, BVErfGE 9, 237 (244); BVerfG, Beschl. v. 27.5.1964 - 1 BvL 4/59, BVerfGE 18, 38 (46); BVerfG, Beschl. v. 3.4.1974 - 1 BvR 282, 305/73, BVerfGE 37, 104 (114); BVerfG, Beschl. v. 4.12.1974 - 1 BvL 14/73, BVerfGE 38, 241 (257); BVerfG, Beschl. v. 24.3.1976 - 2 BvR 804/75, BVerfGE 42, 64 (72); BVerfG, Beschl. v 10.10.1978 - 2 BvL 3/78, BVerfGE 49, 280 (283); BVerfG, Beschl. v. 26.3.1980 - 1 BvR 121, 122/76, BVerfGE 54, 11 (26).

[420] Vgl. BVerfG, Beschl. v. 23.10.1951 - 2 BvL 1/51, BVerfGE 1, 14 (52); BVerfG, Beschl. v. 5.4.1952 - 2 BvH 1/52, BVerfGE 1, 208 (233); BVerfG, Beschl. v. 14.2.1968 - 2 BvR 557/62, BVerfGE 23, 99 (99).

gleichheit des Steuerpflichtigen gegenüber dem nicht steuerwürdigen rechtfertigen.[421]

Das Gebot der Gleichbehandlung verlangt keine Gleichmacherei. Dies bedeutet z.B. nicht, dass jeder ohne Rücksicht auf sein Einkommen gleiche Steuern zahlen müsste oder in Bezug auf die Bedürftigkeit Anspruch auf Fürsorgeleistungen hat.[422] Vielmehr ist nur tatsächlich Gleiches auch rechtlich gleich zu behandeln, Ungleiches dagegen je nach Eigenheit seines Tatbestandes ungleich.[423]

So verstanden liegt im Gleichheitsgrundsatz ein allgemeines Verbot zugrunde, bei jedweden Entscheidungen, mögen sie Eingriffe, Gewährungen oder Verfahrensregelungen zum Gegenstand haben, Unterscheidungen zu treffen, die nicht durch Unterschiede der betroffenen Personen oder Sachverhalte gerechtfertigt werden können.[424] Allerdings können erhebliche Unterschiede eine Ungleichbehandlung auch geradezu erfordern. Dies zieht zwangsläufig die Frage nach sich, was unter „erheblichen" Unterschieden zu verstehen ist. Also ob hieran eine unterschiedliche Behandlung angeknüpft werden darf oder muss und welche Unterschiede nicht berücksichtigt werden dürfen.

Eine Antwort, die in dem hiesigen Zusammenhang wohl keine große Rolle spielen kann, gibt Art. 3 Abs. 2 und 3 GG, in dem einige Merkmale – Geschlecht, Abstammung, Rasse, Glauben etc. – aufgestellt werden, die einer unterschiedlichen Behandlung nicht zugrunde gelegt werden dürfen. Darüber hinaus soll nach dem allgemeinen Gleichheitssatz eine Ungleichbehandlung zulässig und eventuell sogar geboten sein, wenn „ein vernünftiger, sich aus der Natur der Sache ergebender oder sonst wie sachlich einleuchtender Grund" für eine unterschiedliche Behandlung besteht.[425] Jedoch bleibt dabei offen, welche Unterscheidungen vernünftig und welche Gründe einleuchtend sind. Folglich dient der Gleichheitssatz dazu, Gerechtigkeitsfragen in spezifischer Weise zu erschließen, ohne sie aber schon vorher zu lösen. Es werden somit Vergleichspaare gebildet bei denen die Gemeinsamkeiten und Unterschiede dargestellt werden, um anschließend zu prüfen, ob die erwogenen Rechtsfolgen von diesen abhängen sollen.[426]

---

421 Vgl. Kirchhof, P., in: Isensee, J./Kirchhof, P., HStR V, § 88, Rn. 107 f.

422 Vgl. Maunz, T./Zippelius, R., Deutsches Staatsrecht, S. 202.

423 Vgl. BVerfG, Beschl. v. 23.10.1951 - 2 BvL 1/51, BVerfGE 1, 14 (52).

424 Vgl. BVerfG, Beschl. v. 15.10.1985 - 2 BvL 4/83, BVerfGE 71, 39 (58); BVerfG, Beschl. v. 11.6.1991 - 1 BvR 538/90, BVerfGE 84, 197 (199).

425 Vgl. BVerfG, Beschl. v. 23.10.1951 - 2 BvL 1/51, BVerfGE 1, 14 (52).

426 Vgl. Maunz, T./Zippelius, R., Deutsches Staatsrecht, S. 203 f.

Der Erste Senat des BVerfG bezieht seit längerem das Willkürverbot auf die Gleichbehandlung von Gruppen.[427] Nach dieser sog. „neuen Formel“ sei der Gleichheitsgrundsatz dann verletzt, wenn eine Gruppe von Normadressaten anders behandelt werde, obwohl zwischen beiden Gruppen keine Unterschiede von solcher Art und Gewicht bestehen, dass sie die ungleiche Behandlung rechtfertigen können. Folglich hängt es von dem bei dem Gruppenvergleich einzusetzenden Vergleichsmaßstab ab, ob Gemeinsamkeiten oder Unterschiede zwischen den zu vergleichenden Gruppen relevant sind. Da der Gleichheitsgrundsatz diesen Maßstab selbst nicht liefert, ist er insofern als Blankett anzusehen. Dabei muss der Vergleichsmaßstab eine von der Rechtsgemeinschaft anerkannte Gerechtigkeitswertung sein.

Gleichheitsrelevante Gerechtigkeitswertungen sind die systemtragenden Prinzipien, das sind die im GG normierten Prinzipien sowie das Prinzip der Besteuerung nach der wirtschaftlichen Leistungsfähigkeit als steuerspezifischer Vergleichsmaßstab. Der Steuergesetzgeber ist an diese verfassungsrechtlich verankerten Gerechtigkeitswertungen gebunden. Jedoch hat er wertungsmäßigen Gestaltungsspielraum, auf welche Weise er die systemtragenden Prinzipien konkretisiert, für die Besteuerung sachgerechte Subprinzipien auswählt und begrenzt sowie sachgerechte Besteuerungsformen konstituiert. Dabei bestimmen zwei Kriterien des inneren Systems seinen Gestaltungsspielraum, nämlich zum einen das Kriterium der Sachgerechtheit als einer auf den Regelungsgegenstand, die vorgefundene Ordnungsstruktur bezogenen, sachangemessenen Gerechtigkeit, zum anderen das Kriterium der Folgerichtigkeit. Danach muss der Gesetzgeber

[427] Vgl. BVerfG, Beschl. v. 7.10.1980 - 1 BvL 50, 89/79, 1 BvR 240/79, BVerfGE 55, 72 (88); BVerfG, Beschl. v. 16.3.1982 - 1 BvR 938/81, BVerfGE 60, 123 (134); BVerfG, Beschl. v. 16.11.1982 - 1 BvL 16/75 und 36/79, BVerfGE 62, 256 (274); BVerfG, Beschl. v. 4.10.1983 - 1 BvL 2/81, BVerfGE 65, 104 (112 f.); BVerfG, Beschl. v. 7.12.1983 - 2 BvR 282/86, BVerfGE 65, 377 (384); BVerfG, Beschl. v. 20.3.1984 - 1 BvL 27/82, BVerfGE 66, 234 (242); BVerfG, Beschl. v. 17.7.1984 - 1 BvL 24/83, BVerfGE 67, 231 (236); BVerfG, Beschl. v. 3.7.1985 - 1 BvR 1428/82, BVerfGE 70, 230 (239); BVerfG, Beschl. v. 25.3.1986 - 1 BvL 5/80, 1 BvR 1023, 1052/83 und 1227/84, BVerfGE 72, 84 (89); BVerfG, Beschl. v. 1.7.1986 - 1 BvL 26/83, BVerfGE 73, 301 (321); BVerfG, Beschl. v. 18.11.1986 - 1 BvL 29, 30, 33, 34, 36/83, BVerfGE 74, 9 (24); BVerfG, Beschl. v. 8.4.1987 - 1 BvR 564, 684, 877, 886, 1134, 1636, 1711/84, BVerfGE 75, 78 (105); BVerfG, Beschl. v. 5.5.1987 - 1 BvR 981/81, BVerfGE 75, 284 (300); BVerfG, Beschl. v. 31.5.1988 - 1 BvL 22/85, BVerfGE 78, 232 (247); BVerfG, Beschl. v. 23.1.1990 - 1 BvL 4, 5, 6, 7/87, BVerfGE 81, 228 (247); BVerfG, Beschl. v. 30.5.1990 - 1 BvL 2/83, 9, 10/84, 3/85, 11, 12, 13/89, 4/90 und 1 BvR 764/86, BVErfGE 82, 126 (146); BVerfG, Beschl. v. 19.2.1991 - 1 BvR 1231/85, BVerfGE 83, 395 (401); BVerfG, Urt. v. 24.4.1991 - 1 BvR 1341/90, BVerfGE 84, 133 (157); BVerfG, Beschl. v. 11.6.1991 - 1 BvR 538/90, BVerfGE 84, 197 (199); BVerfG, Beschl. v. 8.10.1991 - 1 BvL 50/86, BVerfGE 84, 348 (359); BVerfG, Beschl. v. 26.1.1992 - 1 BvL 38/92, BVerfGE 88, 87 (96); BVerfG, Beschl. v. 8.6.1993 - 1 BvL 20/85, BVerfGE 89, 15 (22).

das sachgerechte Prinzip, für das er sich entschieden hat, konsequent umsetzen und die einmal getroffene Wertentscheidung folgerichtig durchhalten.

Somit ist Basis für die Effizienz des Gleichheitssatzes die Erkenntnis, dass das Steuerrecht auf sachgerechte Prinzipien und besonders die Steueranknüpfung auf einer Sachlogik beruht, der sich der Gesetzgeber nicht beliebig widersetzen kann.[428]

Ziel des Gleichheitsgrundsatzes ist es im Bereich der Besteuerung, Steuergerechtigkeit aufrechtzuerhalten. Grundlage hierfür ist Art. 3 Abs. 1 GG, dessen Gerechtigkeitsvorstellung zugrunde zu legen ist. Die Regelung des Art. 3 Abs. 1 GG gebietet die Gleichheit vor dem Gesetz und bezieht sich somit unmittelbar auf Gesetzesanwendung. Nach der sog. Rechtsanwendungsgleichheit schreibt Art. 3 Abs. 1 GG die gleichmäßige Anwendung der Steuergesetze durch die Finanzbehörden und die Finanzgerichte vor.[429] Auch der Steuergesetzgeber ist nach Art. 1 Abs. 3, 20 Abs. 3 GG an den Gleichheitsgrundsatz gebunden.[430] An den Gesetzgeber wird nach dem Gebot dieser Rechtsetzungsgleichheit der an dem Wertsystem des GG orientierte Gerechtigkeitsauftrag gerichtet, der gleichheitseffizient erfüllt werden muss. Hiernach ist der Gesetzgeber verpflichtet, wenn sich im Rahmen des Gesetzesvollzugs herausstellt, dass die Gleichmäßigkeit der Besteuerung de lege lata nicht hergestellt werden kann, die Rechtsanwendungsgleichheit durch hierfür geeignete Gesetze herzustellen.[431]

Wie soeben dargestellt, hat der Vergleich durch die Bildung von Vergleichspaaren zu erfolgen. Im Fall der Prüfung des § 13 d UStG bietet sich – wie eingangs angedeutet – als Vergleichspaar das Leasing und der Ratenkauf an. Die Gemeinsamkeit dieser beiden Rechtsgeschäfte besteht darin, dass der Leistende sogleich seine Leistung erbringt, der Leistungsempfänger das entsprechende Entgelt aber erst in mehreren Etappen schuldet. In concreto wird nach Abschluss des Leasingvertrages der Gegenstand dem Leasingnehmer übergeben und dieser muss eine regelmäßige Leasingrate über die Laufzeit hinweg begleichen. Ähnlich ergibt es sich beim Ratenkauf. Der Ratenkäufer bekommt die Sache sofort und muss die einzelnen Raten an den Ratenverkäufer entrichten. Zwar unterscheiden sich diese beiden Vertragstypen zivilrechtlich dadurch, dass bei einem Ratenkauf das Eigentum mit der Erbringung der letzten Rate auf den Käufer übergeht, wohingegen bei einem Leasingvertrag eine Eigentumsübertragung nach der Erbringung der letzten Leasingrate nicht automatisch eintritt. Diese zivilrechtli-

---

428 Vgl. Lang, J., in: Tipke, K./Lang, J., Steuerrecht, § 4, Rn. 78.

429 Vgl. Lang, J., in: Tipke, K./Lang, J., Steuerrecht, § 4, Rn. 70.

430 Vgl. BVerfG, Beschl. v. 23.10.1951 - 2 BvL 1/51, BVerfGE 1, 14 (52); BVerfG, Beschl. v. 15.10.1985 - 2 BvL 4/83, BVerfGE 71, 39 (58); BVerfG, Beschl. v. 23.2.1972 - 2 BvL 36/71, BVerfGE 32, 346 (360); BVerfG, Beschl. v. 28.2.1973 - 2 BvR 487/71, BVerfGE 34, 325 (328); BVerfG, Beschl. v. 24.3.1976 - 2 BvR 804/75, BVerfGE 42, 64 (72); Kirchhof, P., in: Isensee, J./Kirchhof, P., HStR V, S. 977.

431 Vgl. Lang, J., in: Tipke, K./Lang, J., Steuerrecht, § 4, Rn. 70.

chen Unterschiede wirken sich aber umsatzsteuerrechtlich nicht aus, da in beiden Fällen (unter der Annahme des wirtschaftlichen Eigentums beim Leasingnehmer) eine Lieferung durch Verschaffung der Verfügungsmacht vorliegt. Damit liegt der umsatzsteuerliche Unterschied zwischen diesen beiden Geschäften einzig darin, dass bei der Zahlungsunfähigkeit des Leistungsempfängers in dem einen Fall umsatzsteuerlich eine Haftung besteht und in dem anderen Fall nicht. Beim Leasinggeschäft haftet der Leasinggeber für die Umsatzsteuerschuld des Leasingnehmers nach § 13 d UStG. Im Gegensatz hierzu kommt es zu keiner Inanspruchnahme des Verkäufers bei der Zahlungsunfähigkeit des Ratenkäufers.

Nach dem Gleichheitssatz müsste nun eine Rechtfertigung für diese Ungleichbehandlung vorliegen. Nach dem allgemeinen Gleichheitsgrundsatz ist eine Ungleichbehandlung dann zulässig – oder sogar geboten –, wenn ein vernünftiger, sich aus der Natur der Sache ergebender oder sonst wie sachlich einleuchtender Grund für eine unterschiedliche Behandlung gegeben ist.[432] Die Durchbrechung des Prinzips des Gleichheitssatzes bzw. sozusagen ein Systembruch bedarf der Rechtfertigung durch ein anderes sachgerechtes Prinzip. Des Weiteren muss die Durchbrechung von ihrem Zweck her erforderlich, geeignet und verhältnismäßig sein.[433]

Eine solch geforderte Rechtfertigung für einen Verstoß gegen den Gleichheitsgrundsatz liegt m.E. eindeutig nicht vor. Weder aus der Gesetzesbegründung noch aus dem Wortlaut der Norm kann geschlossen werden, warum § 13 d UStG auf Fälle von Mietverträgen oder mietähnlichen Verträgen beschränkt ist und nahezu identische Fälle nicht bedacht werden. Zudem würde die Einbeziehung des Ratenkaufes unter dem Anwendungsbereich des § 13 d UStG nicht dem Fiskalzweck widersprechen, sondern würde zu einer Sicherung des Steueraufkommens führen, da damit dem Fiskus auch bei Ratenkäufen ein Haftungsschuldner zur Verfügung stünde, falls der eigentliche Steuerschuldner ausfällt. Dies erscheint insbesondere deshalb als fraglich, da sich in den Fällen eines Miet- oder mietähnlichen Vertrages vollkommen identische umsatzsteuerrechtliche Rechtsfolgen ergeben, wie dies auch bei einem Ratenkauf der Fall ist. Warum also die Neuregelung nur den konkreten Anwendungsfall regelt und vergleichbare Situationen außen vor lässt, ist nicht zu erklären. Hierfür kann auch nicht das Argument der Deckung des Finanzbedarfes des Staates als Allheilmittel herangezogen werden, denn dieses rechtfertigt noch keine Durchbrechung des Gleichheitsgrundsatzes. Der Fiskalzweck heiligt nicht beliebige Mittel und rechtfertigt nicht beliebige Besteuerung. Der Fiskalzweck kann und muss gerade mit einem strengen Verständnis des Gleichheitssatzes erfüllt werden, damit dem Steuerzah-

---

[432] Vgl. BVerfG, Beschl. v. 23.10.1951 - 2 BvL 1/51, BVerfGE 1, 14 (52).
[433] Vgl. Lang, J., in: Tipke, K./Lang, J., Steuerrecht, § 4, Rn. 79.

ler das Bewusstsein vermittelt ist, er müsse die Steuern der anderen nicht mitentrichten.

Im Ergebnis muss somit ein Verstoß gegen den Gleichbehandlungsgrundsatz konstatiert werden, da der Anwendungsbereich des § 13 d UStG zu eng gefasst ist und damit eine Ungleichbehandlung der einzelnen Rechtsinstitute vorliegt. Diese Verletzung ist auch für den Gesetzgeber verbindlich, da auch er an diesen Grundsatz gebunden ist, was bereits aus Art. 1 Abs. 3 und Art. 20 Abs. 3 GG folgt.[434]

7.2 Verstoß gegen den Grundsatz der Verhältnismäßigkeit

Ebenso wie bei § 13 c UStG wird nachfolgend auch bei § 13 d UStG überprüft, ob sich diese Norm mit dem Verhältnismäßigkeitsgrundsatz vereinbaren lässt, insbesondere ob die Regelung geeignet, erforderlich und zumutbar ist. Für die genaue Darstellung des Verhältnismäßigkeitsgrundsatzes wird auf die Ausführungen in Kapitel II.7. verwiesen.

Die Neuregelung des § 13 d UStG ist grundsätzlich theoretisch geeignet, die hohen Steuerausfälle zumindest teilweise auszugleichen. Durch die Schaffung eines Gesamtschuldverhältnisses erhält der Fiskus einen zweiten Steuerschuldner für die Umsatzsteuerforderung. Damit wurden seine Chancen verdoppelt, die gesetzlich geschuldete Umsatzsteuer zu erlangen.

Bei § 13 d UStG ist aber bereits fraglich, ob die Regelung erforderlich war. Anders als bei § 13 c UStG entsteht ein Steuerausfall nur in wenigen Ausnahmefällen. Nach dem BMF[435] kommt es durch planmäßige Insolvenzen von Leasingnehmern zu erheblichen Umsatzsteuerausfällen. In Anbetracht dieser speziellen Fälle des planmäßigen Zusammenwirkens erscheint es zumindest zweifelhaft, ob eine solche allgemeine Regelung wie § 13 d UStG im Rahmen der Umsatzsteuervorschriften überhaupt nötig gewesen war. Die Finanzbehörde ist verpflichtet, von mehreren geeigneten Maßnahmen diejenige zu ergreifen, die dem Betroffenen am geringsten belastet. Mithin stellt sich nun die Frage, ob es mehrere vergleichbare Möglichkeiten für den Gesetzgeber gegeben hat, die im Ergebnis ebenso erfolgreich sind wie § 13 d UStG. Dieser Punkt wird an dieser Stelle noch zurückgestellt, da dies in Kapitel III.8. weiter erörtert werden soll.

Als äußerst problematisch erscheint hier jedoch die Frage der Verhältnismäßigkeit im engeren Sinn (Zumutbarkeit). Die Inanspruchnahme des Haftungsschuldners müsste noch im Verhältnis zu dem mit ihr verfolgten Zweck stehen. Dies erscheint bei § 13 d UStG nicht mehr der Fall zu sein. Grundsätzlich kann wiederum auf das zu § 13 c UStG bereits Ausgeführte verwiesen werden. Auch

---

[434] Vgl. BVerfG, Beschl. v. 23.10.1951 - 2 BvL 1/51, BVerfGE 1, 14 (52).

[435] Vgl. Bericht des BRH v. 3.9.2003, BT-Drucks. 15/1495, 10.

bei § 13 d UStG hat der haftende Unternehmer keinen „Fehler“ i.S.d. Umsatzsteuerrechts begangen. Er hat seiner gesetzlichen Pflicht Folge geleistet und muss nun für ein Fehlverhalten seines Vertragspartners einstehen, für das ihm keinerlei Verschulden trifft. Er trägt damit in den Fällen seriöser vertraglicher Beziehungen ein Insolvenzrisiko des Leistungsempfängers.[436] Zwar ist die Vermeidung von Steuerausfällen ein gewichtiges Ziel, jedoch rechtfertigt dieses Ziel nicht die Haftung von Dritten, wenn sie hinsichtlich der Nichtrückzahlung der Vorsteuerbeträge keine Pflichtverletzung trifft und sie aus der Nichtrückzahlung auch keinen wirtschaftlichen Vorteil gezogen haben.[437]

Folglich lässt sich bei § 13 d UStG feststellen, dass die Inanspruchnahme des Haftungsschuldners zu weit geht und mit dem Verhältnismäßigkeitsgrundsatz nicht vereinbar ist. Bei § 13 d UStG ist anders als bei § 13 c UStG von einer Verletzung der Verhältnismäßigkeit im engeren Sinne auszugehen, da der Haftungsschuldner bei § 13 c UStG zumindest eine Forderung abgetreten bekommen hat, die er, auch wenn diese nicht – wie bereits dargestellt – die Umsatzsteuerforderung enthält, im Falle einer Inanspruchnahme durch den Fiskus zur Zahlung der Umsatzsteuerschuld heranziehen kann. Bei § 13 d UStG hat der Haftungsschuldner keine (finanziellen) Mittel in diesem Sinne erlangt, so dass ihm gegenüber eine Haftung nicht mehr als mit dem Verhältnismäßigkeitsgrundsatz vereinbar angesehen werden kann.

Eine Vermeidung dieses Verstoßes gegen den Verhältnismäßigkeitsgrundsatz könnte gleichwohl dadurch erreicht werden, wenn der Gesetzgeber in den Tatbestand weitere Merkmale des Vorsatzes oder zumindest der Fahrlässigkeit aufnehmen würde bzw. aufgenommen hätte, um dadurch den „unschuldigen“ Haftungsschuldner aus den Anwendungsbereich zu nehmen.

Gleichwohl ist im Zusammenhang mit diesem Lösungsansatz zu bedenken, dass in der AO bereits mit eine Haftungsvorschrift für die Fälle einer Steuerhinterziehung vorhanden ist, welche auch für die Situation in Fällen des § 13 d UStG einschlägig sein könnte. § 71 AO regelt nämlich eine Haftung für die Fälle einer Steuerhinterziehung oder Steuerhehlerei. Demnach haftet der Steuerhinterzieher für die verkürzte Steuer und die zu Unrecht gewährten Steuervorteile sowie für Zinsen nach § 235 AO. Für eine solche Haftungsinanspruchnahme nach § 71 AO ist es Voraussetzung, dass sowohl der objektive als auch der subjektive Tatbestand erfüllt ist. Dies bedeutet neben dem Vorliegen der objektiven Tatbestandsvoraussetzungen, dass der Haftende zumindest mit dolus eventualis (bedingtem Vorsatz) gehandelt haben muss.[438] Da eine leichtfertige Steuerverkürzung nach § 378 AO nicht zu einer Haftung nach § 71 AO führt, kommt es maßgeblich darauf an, ob der Täter den Verkürzungstatbestand leichtfertig oder

---

436 Vgl. Haunhorst, S., in: Reiß, W./Kraeusel, J./Langer, M., UStG, § 13 d UStG, Rn. 6.

437 Vgl. Stadie, H., UR 2004, 136 (139).

438 Vgl. Loose, M., in: Tipke, K./Kruse, H. W., AO, § 71 AO, Rn. 3.

bedingt vorsätzlich verwirklicht hat. Hierbei ist bedingter Vorsatz dann anzunehmen, wenn der Täter den rechtswidrigen Erfolg als möglich vorhersieht und für den Fall des Eintritts billigend in Kauf nimmt.[439] Problematisch ist mithin, dass die Finanzbehörde in dem Haftungsbescheid die objektiven und subjektiven Tatbestandsvoraussetzungen des § 71 AO schlüssig darlegen muss, sie also die Beweislast für die Tatsachen trägt, die den Steueranspruch begründen. Dabei ergeben sich regelmäßig in Bezug auf den subjektiven Tatbestand erhebliche Nachweisprobleme, da ein vorsätzliches Handeln des möglichen Steuerhinterziehers nur schwer darzulegen ist. Folglich lässt sich feststellen, dass die Ergänzung des Tatbestandes des § 13 d UStG um die subjektiven Tatbestandsmerkmale des Vorsatzes oder der Fahrlässigkeit als wenig effektiv erscheinen, da zum einen der Vorschrift des § 13 d UStG neben § 71 AO keine ersichtliche Bedeutung mehr zukommt und zum anderen würde sich ähnlich wie bei § 71 AO das Problem der Nachweisbarkeit eines vorsätzlichen Handelns stellen, so dass das Ziel des § 13 d UStG, die Vermeidung von Umsatzsteuerausfällen, mit einer solchen Änderung nur schwerlich erreicht werden könnte.

Vielmehr wäre es zur Vermeidung des Verstoßes gegen die Neutralität zwingend gewesen, eine Beweislastumkehr derart aufzunehmen – da auch die Wirkungen des § 71 AO in dieser Hinsicht eher wenig wirksam sind –, dass dem Haftungsschuldner eine Exkulpationsmöglichkeit eingeräumt wird, wie dies auch nach § 25 d UStG derzeit besteht. Folglich würde eine grundsätzliche Haftung nach § 13 d UStG bestehen, gleichwohl stünde dem in Anspruch genommenen Haftungsschuldner die Möglichkeit offen darzulegen, dass ihm kein Verschulden an dem Ausfall der Umsatzsteuer trifft und er nicht in betrügerischer Absicht mit dem eigentlichen Steuerschuldner gemeinsam in schädigender Absicht gehandelt hat. Dadurch ließe es sich vermeiden, dass nun auch ein redlicher, gesetzestreuer Unternehmer für eine Umsatzsteuerschuld haftet, für die ihn kein Verschulden trifft.

8. Derzeit diskutierte Lösungsansätze zur Vermeidung der verfassungsrechtlichen Bedenken

Diese beschriebene inakzeptable Situation eines Verstoßes gegen den Verhältnismäßigkeitsgrundsatz ließe sich durch verschiedene Wege umgehen. Zum einen könnte beispielsweise von der Soll-Besteuerung in die Ist-Besteuerung gewechselt und zum anderen könnte für jeden Fall des Leasing umsatzsteuerlich eine sonstige Leistung ohne Möglichkeit der wirtschaftlichen Zurechnung beim Leasingnehmer angesehen werden.[440] Da die vorstehend erarbeiteten Bedenken gegen § 13 d UStG in verfassungsrechtlicher sowie umsatzsteuersystematischer

[439] Vgl. Boeker, H., in: Hübschmann, W./Hepp, E./Spitaler, A., AO, § 71 AO, Rn. 12.
[440] So auch Bericht des BRH v. 3.9.2003, BT-Drucks. 15/1495, 50 f.

Hinsicht bereits in der Literatur ebenfalls ausgemacht worden sind, werden nachfolgend die beiden Lösungsansätze diskutiert, die ohne eine Verwendung der Haftungsvorschrift des § 13 d UStG zu einer Sicherung des Umsatzsteueraufkommens in den betroffenen Konstellationen führen sollen.

8.1 Fragwürdiger Wechsel der Besteuerungsart von der Soll- auf die Ist-Besteuerung zur Rettung der Verhältnismäßigkeit

Generell sieht das Gesetz sowohl die Berechnung der Steuerschuld nach vereinbartem Entgelt (Soll-Besteuerung) als auch die Berechnung nach dem vereinnahmten Entgelt (Ist-Besteuerung) vor, wobei jedoch im derzeitigen Umsatzsteuersystem der grundsätzliche Vorrang der Soll-Besteuerung nach § 16 Abs. 1 Satz 1 UStG als Regelbesteuerung besteht. Nach § 16 Abs. 1 UStG ist die Steuer prinzipiell nach dem vereinbarten Entgelt zu berechnen (sog. Soll-Besteuerung).[441] Dabei ist bei der Berechnung der Steuer von der Summe der Umsätze nach § 1 Abs. 1 Nr. 1 (und 5) UStG auszugehen, soweit für sie die Umsatzsteuer in dem Besteuerungszeitraum (Kalenderjahr) entstanden und die Steuerschuldnerschaft gegeben ist. Zu der Steuer sind die nach § 6 a Abs. 4 Satz 2 UStG, nach § 14 c UStG und nach § 17 Abs. 1 Satz 2 UStG geschuldeten Steuerbeträge hinzuzurechnen (§ 16 Abs. 1 Satz 2 und 3 UStG). Ausnahmsweise kann in den Fällen des § 13 Abs. 1 Nr. 1 a Satz 4 UStG und des § 20 UStG eine Berechnung nach vereinnahmten Entgelten erfolgen (sog. Ist-Besteuerung).[442]

Ein sachlicher Unterschied zwischen den beiden Besteuerungsarten besteht insoweit nicht, als auch nach der Besteuerung nach vereinbarten Entgelten im Endergebnis nur zu versteuern ist, was tatsächlich vereinnahmt wird. Ein Unternehmer, der seine Umsätze nach den vereinbarten Entgelten versteuert, kann die (finanziellen) Mittel, die ihm endgültig nicht zufließen, nach § 17 Abs. 1 Satz 1 Nr. 1 UStG vom Gesamtbetrag der vereinbarten Entgelten absetzen, z.B. bei Gewährung von Rabatten, bei der Rückgängigmachung von Geschäften oder beim Ausfall von Forderungen. Ebenso gilt dies bei der nachträglichen Erhöhung des Entgelts. Nach der Vorschrift des § 17 UStG wird sichergestellt, dass die Steuer beim Leistenden und die abzugsfähige Vorsteuer beim Leistungsempfänger gleich bleiben.[443] Der eigentliche Unterschied zwischen den beiden Besteuerungsarten liegt also im Wesentlichen im Zeitpunkt des Entstehens der Steuer (§ 13 UStG) und dem folgend bei der Steuerentrichtung.[444]

---

[441] Vgl. Reiß, W., in: Tipke, K./Lang, J., Steuerrecht, § 14, Rn. 181.
[442] Vgl. Lippross, O.-G., Umsatzsteuer, S. 795.
[443] Vgl. Lippross, O.-G., Umsatzsteuer, S. 795.
[444] Vgl. BFH, Urt. v. 27.10.1967 - V 206/64, BStBl. II 1968, 128 (128).

8.1.1 Berechnung der Steuer nach vereinbarten Entgelten i.S.d. § 16 UStG als gegenwärtige Regelbesteuerung

Bei der Besteuerung nach vereinbarten Entgelten kommt es zunächst nicht darauf an, was tatsächlich geleistet wurde, sondern es ist primär auf das vereinbarte Entgelt abzustellen. Die Steuerpflicht wird entgegen der Bezeichnung „vereinbarte Entgelte" nicht im Zeitpunkt der Vereinbarung des Entgelts begründet, sondern sie entsteht für Lieferungen und sonstige Leistungen nach vereinbarten Entgelten mit Ablauf des Voranmeldungszeitraumes, in dem die Leistungen ausgeführt worden sind. In den Fällen, in denen das Entgelt oder ein Teil des Entgelts vereinnahmt werden, bevor die Leistung oder Teilleistung ausgeführt worden ist, entsteht die Steuer mit Ablauf des Voranmeldungszeitraumes, in dem das Entgelt oder das Teilentgelt vereinnahmt wurde (§ 13 Abs. 1 Nr. 1 a Satz 4 UStG).[445]

Die Steuer für Lieferungen und sonstige Leistungen entsteht bei der generellen Berechnung nach vereinnahmten Entgelten mit Ablauf des Voranmeldungszeitraumes, in dem die Entgelte vereinnahmt worden sind (§ 13 Abs. 1 Nr. 1 b UStG). Der Entgeltbetrag ist zeitlich von dem Unternehmer dann vereinnahmt, wenn er wirtschaftlich darüber verfügen kann. Dabei werden der Zeitpunkt der Vereinnahmung und der Umfang des vereinnahmten Entgelts durch die Art der Vereinnahmung beeinflusst.[446]

8.1.2 Ist-Besteuerung i.S.d. § 20 UStG mit Cross-Check-Kontrollverfahren

Die generelle Einführung der Ist-Besteuerung wurde relativ zeitnah mit Einführung der §§ 13 c und d UStG ebenfalls in Kombination mit dem sog. Cross-Check-Kontrollverfahren diskutiert. Bei diesem Modell, das das Zusammenspiel von Umsatzsteuer und Vorsteuer regelt, wird auf die Bezahlung des Umsatzes abgestellt. Der leistende Unternehmer muss die Umsatzsteuer erst dann anmelden und abführen, wenn er das Entgelt für seinen Umsatz erhalten hat. Es erfolgt somit keine Vorfinanzierung mehr wie dies bei der Soll-Besteuerung der Fall ist. Die Konsequenz hieraus ist jedoch, dass der Unternehmer als Leistungsempfänger zwangsläufig den Vorsteuerabzug erst geltend machen kann, wenn er die Rechnung bezahlt hat.[447]

Das generelle Ist-Prinzip bedarf zur zuverlässigen Sicherung des Umsatzsteueraufkommens eines elektronisch unterstützten Kontrollverfahrens mit sog. Cross-Check. Danach muss im Ergebnis jeder einzelne Umsatz (online) an das Finanzamt angemeldet und vom Finanzamt abgeglichen werden mittels Cross-Check (elektronische Meldung aller Eingangs- und Ausgangsumsätze ab einem be-

---

445 Vgl. Lippross, O.-G., Umsatzsteuer, S. 795 f.
446 Vgl. Lippross, O.-G., Umsatzsteuer, S. 797.
447 Vgl. BMF-Schreiben v. 12.11.2003, IV B 2 – S-7050 – 107/03, UR 2004, 16 (17).

stimmten Bagatellbetrag), was zu einem enormen Arbeitsaufwand bzw. verwaltungstechnischen Anforderungen – nicht nur seitens des Unternehmers – führt. Hiermit wird ein Abgleich des Ausgangsumsatzes des leistenden Unternehmers mit dem entsprechenden Eingangsumsatz auf Seiten des Leistungsempfängers vorgenommen. Dadurch kann festgestellt werden, ob die Voraussetzungen des Vorsteuerabzugs für den Leistungsempfänger vorliegen. Die Umsatzsteuerschuld sowie der Anspruch auf Vorsteuerabzug entstehen damit erst im Zeitpunkt der Zahlung. Das Cross-Check-Verfahren setzt voraus, dass die Unternehmer ihre Ausgangs- und Eingangsumsätze einzeln elektronisch bei der Finanzbehörde anmelden, wobei jedoch, um das Verfahren nicht zu sehr zu belasten, eine gewisse Bagatellgrenze eingeführt werden soll. Diese Kleinumsätze würden zwar ebenfalls der Ist-Besteuerung unterliegen, sie müssten jedoch nicht einzeln zum Zwecke des Cross-Checks elektronisch angemeldet werden.[448] Darüber hinaus muss der Leistungsempfänger, der mit der Umsatzsteuer belastet worden ist, weil er die Gegenleistung entrichtet hat, von der Steuer durch den Vorsteuerabzug entlastet werden.

Allerdings erscheint es mehr als fraglich, ob es sinnvoll und vielmehr zulässig ist, dem Leistungsempfänger das Risiko aufzubürden, dass sein Vertragspartner die Umsatzsteuer auch an das Finanzamt weiterleitet, denn dies hieße, ihn in unzumutbarer und willkürlicher Weise insbesondere für den Fall der Insolvenz seines Vertragspartners einstehen zu lassen.[449] Ferner bestehen offensichtlich EU-rechtliche Vorbehalte. Zugegebenermaßen besteht dieses Problem bei Soll- und Ist-Besteuerung gleichermaßen. Eindeutig fest steht dennoch, dass es allgemein nicht mit dem Grundsatz der Neutralität vereinbar ist, dass der Fiskus den vollen Umsatzsteuerbetrag über einen (durch die Haftungsvorschrift geschaffenen) „Inkassobevollmächtigten" des Staates (hier Leasinggeber) beitreiben kann, der in diesem Fall entgegen dem Grundsatz der Neutralität das Ausfallrisiko seines Vertragspartner wirtschaftlich trägt.

8.1.2.1 Anwendung auf die Situation des § 13 d UStG

Grundlage für den Umsatzsteuerausfall sind nach *Stadie*[450] einzig und allein die „verfehlten" Bestimmungen des § 15 Abs. 1 Nr. 1 Satz 1 i.V.m. § 16 Abs. 2 Satz 1 und § 18 Abs. 1 Satz 2 UStG über das Soll-Prinzip beim Vorsteuerabzug, wonach die in Rechnung gestellte Umsatzsteuer bereits für den Voranmeldungszeitraum abziehbar ist, in dem die Leistung ausgeführt worden ist. Im Rahmen des Sollprinzips kommt es auf den Zeitpunkt der Entrichtung der Gegenleistung nicht mehr an. Nach *Stadie* ist der Sinn dieses Soll-Prinzips nicht deshalb erkennbar, weil der Zweck des Vorsteuerabzugs nur in der Entlastung von einer

448 Vgl. BMF-Schreiben v. 12.11.2003, IV B 2 – S-7050 – 107/03, UR 2006, 16 (18).
449 Vgl. Stadie, H., UR 2004, 136 (141).
450 Vgl. Stadie, H., in: Rau, G./Dürrwächter, E., UStG, § 13 d UStG, Rn. 9.

Steuerbelastung liegen kann. Allerdings läge eine solche Belastung mit Umsatzsteuer solange bzw. insoweit nicht vor, wie die Gegenleistung noch nicht entrichtet worden ist. Damit führt der Vorsteuerabzug nach dem Soll bei einer Zahlungsverzögerung und insbesondere bei Nichtzahlung zu einer nicht zu rechtfertigenden Subvention auf Seiten des leistungsempfangenden Unternehmers.

Besonders deutlich wird dies in den Fällen des sog. Mietkaufs und ähnlicher Modelle, die § 13 d UStG im Auge hat. Die Ursache für den Steuerausfall liegt nach *Stadie* somit allein in dem unverständlichen Fehler des Gesetzgebers begründet, der auch 35 Jahre nach Einführung des Vorsteuerabzugs noch an dem „durch nichts zu rechtfertigenden Soll-Prinzip“ festhält.[451] Nach Ansicht von *Stadie* würde einer Streichung des Soll-Prinzips auch die 6. EG-Richtlinie nicht entgegenstehen, denn das Recht auf Vorsteuerabzug ist zwar nach Art. 17 Abs. 1 der 6. EG-Richtlinie (Art. 167 MwStSystRL) an die Entstehung der abziehbaren Steuer geknüpft, für die Art. 10 Abs. 2 Unterabs. 1 Satz 1 der 6. EG-Richtlinie (Art. 64 Abs. 1 und 2 MwStSystRL) das Soll-Prinzip jedoch nur als Grundsatz vorsieht, von dem abgewichen werden kann. Die Mitgliedstaaten können nämlich vorsehen, dass nach Art. 10 Abs. 2 Unterabs. 3 der 6. EG-Richtlinie der Steueranspruch für bestimmte Umsätze oder für Gruppen von Steuerpflichtigen erst bei Vereinnahmung des Preises entsteht. Da die Richtlinie keinerlei Kriterien für die Bestimmung dieser Umsätze bzw. Gruppen vorsieht[452], ergeben Einschränkungen keinen Sinn und es kann mithin letztlich für alle Umsätze bzw. Gruppen von Steuerpflichtigen das Ist-Prinzip bei der Steuerentstehung eingeführt werden mit der Folge, dass auch der Anspruch auf Vorsteuerabzug erst bei Zahlung der Gegenleistung entstünde. Art. 10 Abs. 2 Unterabs. 3 der 6. EG-Richtlinie (Art. 66 Buchst. a, b, c MwStSystRL) erlaubt jedenfalls zweifelsfrei, dass für bestimmte Umsätze, so dann eventuell auch für die in § 13 d UStG beschriebenen, das Ist-Prinzip vorgesehen wird, ohne dem Erfordernis einer weiteren Ermächtigung des Rates nach Art. 27 der 6. EG-Richtlinie (Art. 397 MwStSystRL). Folglich hätte der Gesetzgeber für die von § 13 d UStG erfasste Umsätze ohne weiteres durch Änderung des § 13 Abs. 1 Nr. 1 a UStG die Steuerentstehung und durch entsprechende Änderung des § 15 Abs. 1 Nr. 1 UStG den Vorsteuerabzug an die Vereinnahmung bzw. Zahlung der jeweiligen Rate knüpfen können. Deshalb ist § 13 d UStG nach *Stadie* bereits verfassungswidrig, weil die Norm als nicht erforderlicher Eingriff in die Handlungsfreiheit gegen das rechtsstaatliche Verhältnismäßigkeitsprinzip verstößt.[453]

Um diesen Lösungsansatz von *Stadie* genauer zu betrachten, ist zunächst die Umsatzsteuersystematik im Überblick darzustellen.

[451] Vgl. Stadie, H., in: Rau, G./Dürrwächter, E., UStG, § 13 d UStG, Rn. 9.
[452] Vgl. EuGH, Urt. v. 26.10.1995 - Rs. C-144/94, Slg. 1995, I-3635.
[453] Vgl. Stadie, H., in: Rau, G./Dürrwächter, E., UStG, § 13 d UStG, Rn. 10 f.

8.1.2.2 Allphasen-Nettoumsatzsteuer mit Vorsteuerabzug für Unternehmer zur Wahrung der Neutralität

Die Umsatzsteuertypen werden üblicherweise durch das Kriterium der Auswahl steuerpflichtiger Umsätze bzw. durch die Zahl der Besteuerungsstufen oder nach ihrer materiellen Bemessungsgrundlage, namentlich Brutto- oder Nettoumsatzsteuer, gestaltet. Zu unterscheiden gilt es, ob auf jeder (steuerpflichtigen) Stufe der Umsatz ohne Berücksichtigung von Umsatzsteuerzahlungen auf Vorleistungen in voller Höhe besteuert wird (Bruttoumsatzsteuer[454]) oder ob die Belastung der Vorleistungen mit Umsatzsteuer die tatsächliche Steuerschuld durch die Gewährung des Vorsteuerabzugs vermindert (Nettoumsatzsteuer).

Im gegenwärtigen Umsatzsteuersystem soll eine Übereinstimmung zwischen der Bemessungsgrundlage für den Vorsteuerabzug des Abnehmers und der Bemessungsgrundlage für die Umsatzsteuer des leistenden Unternehmers gewährleistet werden.[455] Innerhalb der EU hat sich bezüglich der Besteuerungstechnik daher die Vorsteuerabzugsmethode durchgesetzt, bei der nicht die Vorumsätze, sondern die auf ihnen ruhenden Vorsteuern des Unternehmers im Rahmen seiner wirtschaftlichen Tätigkeit – unabhängig von ihrem Zweck und Ergebnis[456] – von der auf der Ausgangsseite berechneten Umsatzsteuer abgezogen werden, um Wettbewerbsneutralität auf Unternehmensebene herzustellen und eine Harmonisierung der Umsatzsteuer durch Ermöglichung eines exakten Grenzausgleichs zu erreichen.[457]

Bezeichnet wird diese Konzeption als Allphasen-Nettoumsatzsteuer[458] mit generellem Vorsteuerabzug, konkretisiert in der technischen Ausgestaltung nach Steuergegenstand, Steuersubjekt, Steuerbefreiungen, Bemessungsgrundlage und Steuersatz.[459]

---

454 So die ursprüngliche Form bei Einführung des UStG 1918, Gesetz v. 26.7.1918, RGBl. 1918, 779.

455 Vgl. Reiter, G., BB 1982, 1719 (1722).

456 Vgl. EuGH, Urt. v. 8.6.2000- Rs. C-98/98, Slg. 2000, I-4198; EuGH, Urt. v. 22.2.2001 - Rs. C-408/98, Slg. 2001, I-1387; EuGH, Urt. v. 27.9.2001 - Rs. C-16/00, Slg. 2001, I-6679.

457 Vgl. BT-Drucks. 5/1581.

458 Vgl. UStG 1967, BGBl. I 1967, 545, BStBl. I 1967, 224. Der Begriff der Allphasen-Umsatzsteuer vermittelt, dass nicht nur der Unternehmer auf der letzten Handelsstufe bei Leistungen an den Endverbraucher, sondern alle Phasen der vorausgehenden unternehmerischen Leistungskette besteuert werden, d.h. auf jeder Produktions- oder Handelsstufe bis hin zum Endverbraucher muss Umsatzsteuer abgeführt werden. Als Nettosteuer wird die Umsatzsteuer daher bezeichnet, weil die Bemessungsgrundlage für die Steuer nicht in der Gegenleistung (Endpreis) besteht, sondern die Steuer aus dem Endpreis herauszurechnen ist, vgl. Lippross, O.-G., Umsatzsteuer, 2000, S. 39.

459 Vgl. Reiß, W., Umsatzsteuerrecht, S. 1 f.; Reiß, W., IStR 2003, 515 (516).

Der Vorsteuerabzug nach § 15 Abs. 1 UStG als zentraler Angelpunkt der Umsatzsteuerkonzeption bewirkt, dass i.S.d. Nettoprinzips beim Unternehmer im Endeffekt nur Steuern in Höhe der bei ihm eingetretenen Wertschöpfung erfasst werden, indem diesem der sofortige Abzug aller Investitionen im Rahmen der Vorleistungen bzw. aller auf die Investitionen entfallenden Vorsteuerbeträge gewährt wird.[460]

Der „Mechanismus des Vorsteuerabzugs" wurde durch Art. 17 Abs. 2 der 6. EG-Richtlinie so gestaltet, dass allein der Steuerpflichtige (=Unternehmer) gemäß Art. 4 Abs. 1 der 6. EG-Richtlinie (Art. 9 Abs. 1 MwStSystRL) befugt ist, von der von ihm geschuldeten Umsatzsteuer die Umsatzsteuer abzuziehen, mit der die Gegenstände bereits vorher belastet worden sind. Im Ergebnis wird dadurch eine kumulative Wirkung aus der Umsatzsteuererhebung auf allen Stufen der Leistungskette vermieden und der Forderung nach ausschließlicher Belastung des Endverbrauchs entsprochen. Zugleich verhält sich die Umsatzsteuer damit in der vorsteuerabzugsberechtigten Unternehmerkette grundsätzlich neutral.[461] Wenn die gesetzlich intendierte Überwälzung der Steuer auf den Endverbraucher gelingt, ist die Umsatzsteuer im Bereich des Unternehmers neutralisiert und stellt wirtschaftlich aus Sicht des betrieblichen Rech-nungswesens keinen Kostenfaktor, sondern einen durchlaufenden Posten dar.[462] Auch dass die Steuerbelastung durch den Vorsteuerabzug unabhängig von der Zahl der durchlaufenen Handelsstufen ist, macht die Umsatzsteuer in ihrer Grundkonzeption wettbewerbsneutral und zu einer auf alle Gegenstände und Dienstleistungen gezahlten Preis genau proportionalen Verbrauchsteuer.[463] Der Unternehmer hat, wie erwähnt, nur in der Höhe Umsatzsteuer abzuführen, wie die empfangene Umsatzsteuer auf seine Ausgangsleistungen die Vorsteuerbeträge auf empfangene Leistungen (Eingangsumsätze) übersteigt.[464]

[460] Vgl. Schmidt, R.-E., Umsatzbesteuerung, S. 16.

[461] Vgl. Weber, S./Hamacher, R./Geurts, M., Bankgeschäfte, S. 13, 14.

[462] Vgl. Tiede, K., Umsatzsteuerlicher Unternehmer, S. 7; Tipke, K., Steuerrechtsordnung II, S. 898; Söhn, H., StuW 1996, 165 (165); Wagner, W., in: Sölch, O./Ringleb, K., UStG, § 15 UStG, Rn. 111. Siehe zur Überwälzungsproblematik Kauffmann, H., Überwälzung und Inzidenz der Nettoumsatzsteuer, S. 197; Vgl. EuGH, Urt. v. 24.10.1996 - Rs. C-317/94, Slg. 1996, I-5366, Rn. 23; EuGH, Urt. v. 8.6.2000 - Rs. C-396/98, Slg. 2000, I-4312, Rn. 39; EuGH, Urt. v. 8.6.2000 - Rs. C-400/98, Slg. 2000, I-4360, Rn. 33; Wagner, W., in: Sölch, O./Ringleb, K., UStG, § 15 UStG, Rn. 26.

[463] So bereits Art. 2 der 1. EG-Richtlinie; EuGH, Urt. v. 24.10.1996 - Rs. C-317/94, Slg. 1996, I-5327; EuGH, Urt. v. 8.6.2000 - Rs. C-98/98, Slg. 2000, I-4211, Rn. 29.

[464] Vgl. Reiß, W., Umsatzsteuerrecht, S. 1 f.; Stadie, H., in: Rau, G./Dürrwächter, E., UStG, Einführung Anm. 130.

8.1.2.3 Entstehung des Anspruchs auf Vorsteuerabzug nach dem Prinzip des Sofortabzuges

Der Vorsteuerabzug wird nach Maßgabe der §§ 15, 16 Abs. 2 und § 18 Abs. 1 bis 3 UStG bei der Steuerberechnung für den Voranmeldungs- und Besteuerungszeitraum vorgenommen. Dabei sind von der für den maßgebenden Zeitraum berechneten Umsatzsteuer die in den Besteuerungszeitraum fallenden, abziehbaren Vorsteuerbeträge abzusetzen.[465] Auf Grund dessen ist der Vorsteuerabzug kein selbstständiger Steuervergütungsanspruch, sondern eine Besteuerungsgrundlage (§ 199 Abs. 1 AO), die nach § 157 Abs. 2 AO Teil des Steuerbescheides bildet.[466] Nur die „Steuer" oder die Einfuhrumsatzsteuer kann als Vorsteuerbetrag nach § 15 Abs. 1 Nr. 1 UStG abgezogen werden. Dadurch entsteht eine Konnexität zwischen Steuer und Vorsteuer, die auch verfahrensrechtlich in den Fällen sichergestellt ist, in denen der vorsteuerabzugsberechtigte Unternehmer zugleich auch Steuerschuldner ist.[467]

In analoger Anwendung des § 13 Abs. 1 Nr. 1 a UStG entsteht der Vorsteuerabzug mit Ablauf des Voranmeldungszeitraumes, in dem (sämtliche) positiven Tatbestandsvoraussetzungen vorliegen. Im Falle des Vorsteuerabzugs aus Rechnungen (§ 15 Abs. 1 Satz 1 Nr. 1 UStG) muss der Unternehmer insbesondere im Besitz einer nach §§ 14, 14 a UStG ausgestalteten Rechnung sein.[468] Auch die tatsächliche Verwendung der bezogenen Leistung für Ausgangsumsätze ist keine Entstehungsvoraussetzung. Sollte eine erstmalige Verwendung in einem späteren Besteuerungszeitraum erfolgen, so ist der Vorsteuerabzug zu gewähren, wenn der Unternehmer den Gegenstand für vorsteuerunschädliche Umsätze – also nicht für Ausschlussumsätze i.S.d. § 15 Abs. 2 UStG – verwenden will und er diese Verwendungsabsicht in gutem Glauben erklärt und objektiv belegen kann. Ferner erlaubt das Gesetz bei der Anschaffung von Investitionsgütern den sofortigen Abzug der gesamten Vorsteuer, sofern der Unternehmer das Investitionsgut nachweislich vorsteuerunschädlich i.S.d. § 15 Abs. 2 und 3 UStG zu verwenden beabsichtigt.[469]

Durch das Prinzip des Sofortabzuges wird dem Leistungsempfänger die Finanzierung der in Rechnung gestellten Umsatzsteuer in mehrfacher Hinsicht erleichtert. Zum einen ist der Vorsteuerabzug aus Rechnungen über ausgeführte Leistungen grundsätzlich nicht davon abhängig, dass der Leistungsempfänger den Rechnungsbetrag bereits ganz oder teilweise gezahlt hat (Soll-Prinzip). Nur in dem Fall, wenn die Uneinbringlichkeit des Entgelts bereits feststeht, ist der

465 Vgl. Lippross, O.-G., Umsatzsteuer, S. 697.
466 Vgl. BFH, Beschl. v. 29.9.1995 - V B 38/95, BFH/NV 1996, 277.
467 Vgl. Lippross, O.-G., Umsatzsteuer, S. 697.
468 Vgl. EuGH, Urt. v. 29.4.2004 - Rs. C-152/02, IStR 2004, 493; BFH, Urt. v. 1.7.2004 - V R 33/01, BStBl. II 2004, 861.
469 Vgl. Lippross, O.-G., Umsatzsteuer, S. 700.

Vorsteuerabzug insoweit von vornherein zu versagen. Im Gegensatz dazu ist der Vorsteuerabzug aus Anzahlungs- bzw. Vorauszahlungsrechnungen an die geleistete Zahlung gekoppelt (Ist-Prinzip). Weiterhin kann der Vorsteuerabzug bereits vor der erstmaligen Verwendung der bezogenen Leistung durchgeführt werden.[470] Nach Auffassung des EuGH ist nur durch den sofortigen Abzug der Vorsteuer die Neutralität der Mehrwertsteuer in der Unternehmerkette zu gewährleisten.[471]

8.1.2.4 Vereinbarkeitsprüfung einer generellen Ist-Besteuerung mit der 6. EG-Richtlinie

Die von *Stadie* kritisierte Rechtslage hat ihre Grundlage in Art. 10 Abs. 2 der 6. EG-Richtlinie (Art. 63 f. MwStSystRL)[472], welcher insoweit unverändert das bereits in der 2. EG-Richtlinie vom 11.4.1967[473] angelegte Soll-Prinzip als Grundstruktur bzw. Regelbesteuerung der Umsatzsteuer vorschreibt. Dabei ist von Anfang an ein Kennzeichen der europäischen Umsatzsteuer gewesen, dass die Soll-Besteuerung die Unternehmer bei nicht mit der Ausführung des Umsatzes gleichzeitiger Vereinnahmung der Gegenleistung zur Vorfinanzierung der Umsatzsteuer zwingt. Hierfür wurde als Ausgleich der Vorsteuerabzug auch nach dem „Soll" zugelassen, so dass auch aus noch nicht bezahlten Rechnungen bei Vorliegen der sonstigen Voraussetzungen ein Vorsteuerabzug möglich ist.[474] Eine generelle Ist-Besteuerung würde zwar nicht gegen den Neutralitätsgrundsatz verstoßen – eher im Gegenteil. Wesentlicher Kernaspekt der umsatzsteuerlichen Grundprinzipien ist die Neutralität des Umsatzsteuersystems. Hierdurch soll erreicht werden, dass der Unternehmer nicht mit Umsatzsteuer belastet wird. Um dieses Ziel zu erreichen, wurde die Soll-Besteuerung im Zusammenhang mit der Möglichkeit des Vorsteuerabzugs, der als Sofortabzug geltend zu machen ist, eingeführt. Für die Einführung der Ist-Besteuerung sowohl für Ausgangsumsätze als auch für Eingangsumsätze kann einzig fraglich sein, ob die 6. EG-Richtlinie einen allgemeinen Übergang zulässt oder ob es insoweit erst einer Änderung bedürfte. Die Einführung der Ist-Besteuerung könnte aber für die Sonderfälle des Financial Leasing oder Ratenkaufs jedenfalls mit Genehmigung des Rates wohl erfolgen.

Es erscheint auch als fraglich, ob die Zulässigkeit der Ist-Besteuerung tatsächlich nach *Stadie* aus dem Ittalitica-Urteil des EuGH[475] entnommen werden kann.

---

470 Vgl. Lippross, O.-G., Umsatzsteuer, S. 699.
471 Vgl. EuGH, Urt. v. 21.3.2000 - Rs. C-110/98 und C-147/98, Slg. 2000, I-1595.
472 Vgl. Plückebaum, K./Malitky, H., UStG, Teil C 60, S. 1 ff.
473 Abgedruckt bei Plückebaum, K./Malitky, H., UStG, Teil C 20, S. 1 ff.
474 Vgl. Widmann, W., UR 2004, 177 (177).
475 Vgl. EuGH, Urt. v. 26.10.1995 - Rs. C-144/94, Slg.1995, I-3653.

Dem stellt *Widmann*[476] entgegen, dass selbst wenn man die Richtlinie mit ihrer Formulierung für „bestimmte Umsätze" keine völlig klaren Vorgaben gibt, man nicht bestreiten könne, dass Art. 10 Abs. 2 der 6. EG-Richtlinie eine Ausnahme vom Grundsatz der Soll-Besteuerung regeln will. Es würde eine reichlich kühne Umkehrung des eindeutigen Richtlinienwillens darstellen, wenn über den Trick der unbegrenzten Erstreckung der Ausnahme auf alle möglichen Unternehmergruppen und Umsatzarten mit der anschließenden Berufung auf den Gleichheitssatz schließlich alle Unternehmer und Umsätze unter die Ist-Besteuerung fallen sollen. Nach Ansicht von *Widmann* solle man annehmen, dass die Sprachmacht des Richtliniengebers ausgereicht hätte, dieses Ergebnis, wenn er es denn gewollt hätte, dadurch zu erreichen, dass er Art. 10 Abs. 2 der 6. EG-Richtlinie entsprechend anders formuliert hätte. Dies ist aber gerade nicht geschehen. In dieser Konsequenz würden ein genereller Systemwechsel und damit eine Richtlinienänderung auf europäischer Ebene erforderlich sein. Die Ist-Besteuerung kann zwar nicht durch das Argument der gegenwärtig bestehenden EuGH-Rechtsprechung zum Sofortabzug der Vorsteuer abgelehnt werden, denn diese betrifft die Soll-Besteuerung, womit die Rechtfertigung für die Regelbesteuerung nicht mit der EuGH-Rechtsprechung geführt werden kann, nachdem eine solche bei genereller Ist-Besteuerung nicht mehr aufrecht erhalten werden kann.

Vielmehr spricht aber gegen das System der generellen Ist-Besteuerung als Regelbesteuerung, dass sie mit der gegenwärtigen Konzeption der Umsatzbesteuerung nicht gleich läuft – auch wenn der Unternehmer, wie durch die Soll-Besteuerung ermöglicht, keinen Anspruch auf Vorfinanzierung durch den Staat hat –, die grundsätzlich an den Tatbestand der Ausführung von Umsätzen und erst im zweiten Schritt an die (danach folgende) Gegenleistung (Entgeltszahlung) anknüpft, vor allem nicht an die Vereinnahmung eines solchen Entgelts. Gleichwohl würde eine Ist-Besteuerung an dem Grundgedanken der Umsatzsteuer – Belastung nur des nichtunternehmerischen Verbrauchs – nichts ändern. Der Gesetzgeber beabsichtigt durch die gegenwärtig in § 20 UStG geregelte Ausnahme zur Ist-Besteuerung, wenn ein Unternehmer mit einem Gesamtumsatz des vorangegangenen Kalenderjahres nicht mehr als (geplanten) 250.000 € dies beantragt, vor allem einen Schutz für kleinere Unternehmen einzuführen. Eine vergleichbare Situation mit § 13 d UStG liegt indes nicht vor, da es an einer vergleichbaren Intention des Gesetzgebers fehlt. Eine Ausnahmeregelung für § 13 d UStG würde nicht den besonders schützenswerten Kleinunternehmer helfen, sondern es kämen alle Unternehmen „in den Genuss" dieser Ausnahme. Damit wäre allerdings der ratio des § 20 UStG widersprochen, wonach nur eine bestimmte Gruppe von Unternehmern unter den Anwendungsbereich fallen soll.

Aufgrund dessen ist es nicht zu erwarten, dass die Europäische Kommission als Wächterin über die EU-Umsatzsteuer-Richtlinien eine generelle Ist-Besteuerung

[476] Vgl. Widmann, W., UR 2004, 177 (177).

in Deutschland tolerieren würde[477], auch wenn derzeit auf nationaler Ebene die Umsatzgrenzen zur Anwendung der Ist-Besteuerung mit dem Ziel der wirtschaftlichen Förderung angehoben wurden.[478]

8.2 Umsatzsteuerliche Einstufung von Leasingverträgen ausnahmslos als sonstige Leistungen

Der bessere Weg wäre in diesem Zusammenhang sicher, wenn schon eine Einzelfallproblematik durch gesetzliche Änderungen geregelt werden soll, eine gesetzliche Absicherung dergestalt, dass in den Fällen des Leasing und Mietkaufs umsatzsteuerlich noch keine Lieferung, sondern stets eine sonstige Leistung vorliegen würde. Damit würde, wie der BRH feststellt[479], auch eine Vereinheitlichung innerhalb der EU erreicht, da angeblich der Begriff des „wirtschaftlichen Eigentums" in den anderen EU-Mitgliedstaaten unbekannt ist. Der Begriff des „wirtschaftlichen Eigentums" ist sicher eine nationale Besonderheit, gleichwohl sieht das Gemeinschaftsrecht in der 6. EG-Richtlinie die Qualifizierung einer Vermietung als Lieferung in bestimmten Fällen ebenfalls vor. Nicht zu verschweigen ist dabei allerdings, dass es insbesondere beim grenzüberschreitenden Leasing (Cross-Border-Leasing) zu Problemen bis hin zur (unvermeidbaren) Doppelbesteuerung kommt, da in verschiedenen Mitgliedstaaten in Übereinstimmung mit den gemeinschaftsrechtlichen Grundlagen in Art. 5 Abs. 4 Buchst. b der 6. EG-Richtlinie (Art. 14 Abs. 2 Buchst. b MwStSystRL) das Leasingverhältnis als Mietverhältnis und mithin als sonstige Leistung i.S.d. Umsatzsteuerrechts eingeordnet ist.[480]

Der Lösungsansatz der ausnahmslosen Qualifikation aller Varianten des Leasing als sonstige Leistungen, der insbesondere auch vom BRH vorgeschlagen wird, ist im Ergebnis abzulehnen und zwar weniger aus dem Grund, dass es im deutschen Rechtskreis bei Leasinggeschäften die wirtschaftliche Zurechnung beim Leasingnehmer nach § 39 Abs. 2 AO gibt, als vielmehr wegen der in der 6. EG-Richtlinie vorgesehene Möglichkeit der Qualifikation als Lieferung.

Rein national betrachtet sind Wirtschaftsgüter nach § 39 Abs. 1 AO grundsätzlich dem rechtlichen Eigentümer zuzurechnen. Durch § 39 Abs. 2 Nr. 1 Satz 1 AO wird diese Rechtsregel durchbrochen. Wenn ein anderer als der Eigentümer die tatsächliche Herrschaft über ein Wirtschaftsgut in der Weise ausübt, dass er den Eigentümer im Regelfall für die gewöhnliche Nutzungsdauer von der Einwirkung auf das Wirtschaftsgut ausschließen kann, so ist ihm das Wirtschaftsgut

[477] Vgl. Widmann, W., UR 2004, 177 (177).

[478] Durch das *Gesetz zur steuerlichen Förderung von Wachstum und Beschäftigung* soll die Umsatzgrenze um weitere 125.000 € erhöht werden, BR-Drucks. 40/06.

[479] Vgl. Bericht des BRH v. 3.9.2003, BT-Drucks. 15/1495, 50.

[480] Vgl. Winter, M./Höink, C., UR 2006, 326 (328).

zuzurechnen.[481] Diese sog. Seelinger-Formel erfasst allerdings nicht sämtliche Zurechnungen von Wirtschaftsgütern, so dass der Begriff des Eigentümers in § 39 Abs. 1 AO nicht ausschließlich zivilrechtlich gedeutet werden kann, weil der Begriff des Wirtschaftsgutes nicht rein zivilrechtlich determiniert ist.[482] Beispielsweise ist bei der Übertragung von Wirtschaftsgütern auf den Übergang des wirtschaftlichen Eigentums abzustellen und dementsprechend das Wirtschaftsgut dem wirtschaftlichen Eigentümer zuzurechnen.[483]

Unstrittig dürfte sein, dass der Lieferungsbegriff im UStG richtlinienkonform auszulegen ist. Daher ist ein Rückgriff auf einkommensteuerliche (nationale) Zurechnungskriterien zweifellos als solche nicht gerechtfertigt. Aber auch die 6. EG-Richtlinie stellt auf die Verschaffung der Verfügungsmacht ab, respektive auf „Befähigung, wie ein Eigentümer über einen körperlichen Gegenstand zu verfügen". Das Gemeinschaftsrecht nimmt gemäß Art. 5 Abs. 4 Buchst. b Alt. 1 der 6. EG-Richtlinie im Fall der Vermietung (nur dann) eine Lieferung mit Übergabe des Gegenstandes an, wenn das Eigentum spätestens mit Zahlung der letzten fälligen Rate erworben wird. Infolgedessen ist nichts dagegen einzuwenden, einen Leasingvorgang als Lieferung zu behandeln. Anderenfalls müsste nunmehr umgekehrt zwischen Ratenkauf (unter Eigentumsvorbehalt) und Leasing unterschieden werden, was – wie bereits erläutert – abzulehnen ist. Behandelt man Sachverhalte wie den zuvor beschriebenen nicht als Lieferung, sondern als sonstige Leistung, so stünde dem Leitungsempfänger nur ratierlich mit den einzelnen entrichteten Leasing- oder Mietkaufraten ein anteiliger Vorteuerabzug zu (entsprechend dem Umsatzsteuerbetrag auf die jeweiligen Leasingraten und nicht auf den vollen Kaufpreis des Gegenstandes).[484]

Dieses Rechtsinstitut der wirtschaftlichen Zurechnung als Vorschrift zur wirtschaftlichen Betrachtungsweise zu ändern, wäre keine denkbare Lösung. Da grundsätzlich ertragsteuerliche Besonderheiten nicht auf die indirekte Besteuerung zu übertragen sind und zudem die nationalen Vorschriften bei der Umsatzbesteuerung nicht über den europäischen, namentlich der 6. EG-Richtlinie, stehen dürfen, kann als gleichlautendes Argument die EuGH-Auffassung herangezogen werden. Denn in Zusammenhang mit dem Leasing spricht der EuGH[485] im Sinne der 6. EG-Richtlinie ebenso in den Fällen von einer umsatzsteuerlich anzunehmenden „Lieferung eines Gegenstandes", die sich nicht „auf die Eigentumsübertragung in den durch das anwendbare nationale Recht vorgesehenen Formen bezieht", sondern dass jede Übertragung eines Gegenstandes umfasst wird, die einen anderen ermächtigt, über den Gegenstand faktisch so zu verfü-

---

481 Vgl. BMF-Schreiben v. 19.4.1971, BStBl. I 1971, 264 und v. 21.3.1972, BStBl. I 1972, 188; Bull, H.-U., BB 1992, 1755 (1755); Toth, G.-M., BB 1994, 263 (263).
482 Vgl. Lang, J., in: Tipke, K./Lang, J., Steuerrecht, § 5, Rn. 111.
483 Vgl. BFH, Urt. v. 25.1.1996 - IV R 114/94, BStBl. II 1997, 382 (382).
484 Vgl. Nieskens, H., UR 2004, 105 (128).
485 Vgl. EuGH, Urt. v. 6.2.2003 - Rs. C-185/01, Slg. 2003, I-1317, Rn. 32.

gen, als wäre er sein Eigentümer. Damit muss umsatzsteuerlich i.S.d. EuGH-Rechtsprechung im Einklang mit der 6. EG-Richtlinie ebenfalls in bestimmten Fällen des Leasing eine Lieferung angenommen werden, was eine Umqualifizierung als sonstige Leistung nicht ermöglicht.

Zusammenfassend lässt sich folglich feststellen, dass § 13 d UStG nicht mit dem Verhältnismäßigkeitsgrundsatz zu vereinbaren ist, da ein Verstoß gegen das Merkmal der Verhältnismäßigkeit im engeren Sinne gegeben ist und hiergegen auch keine Möglichkeit zur Abwendung besteht. Sowohl der Ansatz der Änderung der Besteuerungsart auf die Berechnung der Steuer nach vereinnahmten Entgelten i.S.d. § 20 UStG als auch die Einstufung der speziellen Leasingverträge als sonstige Leistung können nicht überzeugen und sind daher abzulehnen. Alleine das gewichtige Ziel des Gesetzgebers, Steuerausfälle zu vermeiden, berechtigt nicht zur Inanspruchnahme eines Dritten, wenn diesen hinsichtlich der Nichtrückzahlung der Vorsteuerbeträge keine Pflichtverletzung trifft und aus der Nichtrückzahlung auch kein Vorteil gezogen wurde.

KAPITEL IV

Vorbildfunktion der InsO für die Aufnahme einer Regelung der Fälle des § 13 c UStG in die InsO ?

1. Aufnahme einer Vorschrift in die InsO als Alternative zu § 13 c UStG

Hinsichtlich der kritischen Würdigung der Haftungsvorschriften § 13 c und § 13 d UStG bestehen – wie in Kapitel III angedeutet – bereits Bedenken, eine abschließende Beurteilung ist allerdings erst nach der Untersuchung mit insolvenzrechtlichen Regelungen möglich, da die von dem typischen Anwendungsbereich betroffenen Fälle des § 13 c UStG überwiegend die Situation betreffen, in der der leistende Unternehmer die geschuldete Umsatzsteuer nicht (mehr) entrichten kann und daher im Ergebnis als zahlungsunfähig bzw. insolvent gilt. Dabei geht es weniger um die Frage, wie sich die Situation ohne einen § 13 c UStG aus rein insolvenzrechtlichen Grundsätzen beurteilen würde, sondern vielmehr um die Frage, ob anstelle des im UStG geregelten § 13 c gegenwärtig in der InsO geregelte Vorschriften – insbesondere zur Sicherungsübereignung – vergleichbare bzw. vorbildhafte Regelungen darstellen können. Dies insbesondere deshalb, da bereits eine Regelung für die Sicherung der Umsatzsteuer bei der Verwertung des Sicherungsgutes in Fällen einer Sicherungsübereignung in § 170 Abs. 2 InsO vorhanden ist. Es wird im Folgenden zu prüfen sein, ob die Regelung des § 170 Abs. 2 InsO auf die Fälle einer Sicherungsabtretung zu übertragen ist und daher eine Regelung in der InsO als vorzugswürdig – durch die nachfolgend erwähnten Gründe – anzusehen wäre.

2. Verhältnis des Umsatzsteuerrechts zu insolvenzrechtlichen Bestimmungen

Um einen solchen Lösungsvorschlag durchführen zu können, muss zunächst erläutert werden, in welchem Verhältnis beide Rechtsordnungen zueinander stehen. Um das Zusammenspiel zwischen Umsatzsteuerrecht und Insolvenzrecht zu verstehen, ist zunächst grundlegend darzustellen, wie das Verhältnis zwischen Insolvenzrecht und Umsatzsteuerrecht ausgestaltet ist. Ausdrückliche Regelungen für das Verhältnis zwischen Steuerrecht und Insolvenzrecht sind nur spärlich vorhanden. Die Abgabenordnung ordnet in § 251 Abs. 2 AO an, dass die Vorschriften der InsO unberührt bleiben, so dass darauf wohl das Schlagwort des „Vorrangs des Konkursrechts“ gestützt wird.[486] Jedoch betrifft dies nur die Durchsetzung der Steuerforderung. Eine Erwähnung des Insolvenzverfahrens findet sich im UStG nur im Rahmen einer negativen Abgrenzung bei der Verlagerung der Steuerschuldnerschaft auf den Sicherungsnehmer bei

---

[486] Vgl. Lippross, O.-G., Umsatzsteuer, S. 932.

§ 13 b Abs. 1 Nr. 2 UStG, sofern die Verwertung von Sicherungsgütern außerhalb des Insolvenzverfahrens erfolgt.[487] In der InsO wird korrespondierend zu der Regelung des § 13 b UStG die Umsatzsteuer nur für die Frage der Verwertung von Sicherungsgut im Insolvenzverfahren durch den Insolvenzverwalter oder den Sicherungsgläubiger in den §§ 170 Abs. 2 und 171 Abs. 2 InsO erwähnt. Im Ergebnis ist somit festzustellen, dass für die hier zu untersuchende Situation kein Rangverhältnis zwischen der InsO und dem UStG besteht und folglich beide Normen gleichgeordnet nebeneinander stehen.

3. Umsatzsteuersicherung im Rahmen der Sicherungsübereignung

Die Sicherungsübereignung als solches fällt keinesfalls unter den Anwendungsbereich des § 13 c UStG. Dennoch könnte die in der InsO getroffene Regelung zur Sicherungsübereignung als Vorbild dafür herangezogen werden, wie die Umsatzsteuer innerhalb der InsO geschützt wird, was daher im Folgenden zu untersuchen ist.

3.1 Sicherungsübereignung

Die Sicherungsübereignung repräsentiert ein gesetzlich nicht geregeltes, im Wirtschaftsleben häufig praktiziertes Rechtsinstitut, das aus dem Bedürfnis entstanden ist, Kredite durch solche beweglichen Sachen zu sichern, deren Besitz der Kreditnehmer nicht entbehren, der Kreditgeber nicht verwahren will und die deshalb nicht verpfändet werden können. Daher erfolgt die Übertragung des Sicherungseigentums regelmäßig unter Begründung eines Besitzmittlungsverhältnisses in Form der Sicherungsabrede, die den Gläubiger (Sicherungsnehmer) verpflichtet, von dem ihm zustehenden Eigentumsrecht solange keinen Gebrauch zu machen, wie der Sicherungsgeber seinen vertraglichen Pflichten nachkommt.[488]

Der Sicherungsnehmer erhält durch die Sicherungsübereignung kein ungebundenes Eigentum an dem Sicherungsgut. Sie dient also der Sicherung einer Forderung des Erwerbers und hat nach den vom Sicherungsnehmer übernommenen obligatorischen Verfügungsbeschränkungen keine andere wirtschaftliche Bedeutung als der Erwerb eines Pfandrechts.[489] Somit bleibt der Sicherungsgeber zwar nicht rechtlicher, aber wirtschaftlicher Eigentümer, so dass die Übertragung des Sicherungseigentums zunächst noch keine Lieferung im umsatzsteuerlichen Sinne des § 3 Abs. 1 UStG darstellt.[490] Eine umsatzsteuerliche Lieferung liegt

---

487 Vgl. Reiß, W., in: Krause, R./Veelken, W./Vieweg, K., Recht der Wirtschaft und der Arbeit in Europa, S. 428.

488 Vgl. Martin, S., in: Sölch, O./Ringleb, K., UStG, § 3 UStG, Rn. 102.

489 Vgl. BFH, Urt. v. 20.7.1978 - V R 2/75, BStBl. II 1978, 684 (685).

490 Vgl. BFH, Urt. v. 16.4.1997 - IX R 87/96, BStBl. II 1997, 585 (585).

erst mit der Verwertung nach Eintritt der Verwertungsreife von dem Sicherungsgeber an den Sicherungsnehmer vor. Der Sicherungsnehmer verfügt wirtschaftlich erst bei dessen Verwertung über den ihm zur Sicherheit übereigneten Gegenstand. Folglich kann der Sicherungsgeber bis zu diesem Zeitpunkt die Verwertung grundsätzlich durch Befriedigung des Sicherungsnehmers verhindern und ihm dadurch die Voraussetzungen für die Erlangung der Verfügungsmacht entziehen.[491] Der Eintritt des Sicherungsfalles allein ist damit ebenso wenig wie die Eröffnung des Insolvenzverfahrens über das Vermögen des Sicherungsgebers schon als Lieferung anzusehen.[492] Der Sicherungsnehmer erlangt erst mit Beginn der Veräußerung – mit einem rechtlich bindenden Angebot – die umsatzsteuerrechtliche Verfügungsmacht über das Sicherungsgut.[493] Durch die Veräußerung des Sicherungsgutes durch den Sicherungsnehmer an einen Dritten kommt es dann zu zwei Lieferungen (sog. Doppelumsatz), nämlich die des Sicherungsnehmers an den Erwerber und die des Sicherungsgebers an den Sicherungsnehmer. Denn erst jetzt ist der Gegenstand (auch wirtschaftlich) endgültig aus dem Vermögen des Sicherungsgebers ausgeschieden.[494] Allein die Vereinbarung – zwischen Sicherungsgeber und Sicherungsnehmer – auf Freigabe des Sicherungsgutes an den Sicherungsnehmer zur Verwertung und der Verzicht auf sein Ablöserecht ist noch keine Verwertung durch den Sicherungsnehmer.[495]

Auch liegt eine Doppellieferung im Falle der Verwertung des Sicherungsgutes vor, wenn der Sicherungsnehmer nach Eintritt der Verwertungsreife das Sicherungsgut infolge einer Abrede mit dem Sicherungsgeber in dessen Namen veräußert, denn auch in diesem Falle macht der Sicherungsnehmer von seinem Verwertungsrecht Gebrauch.[496] Jedoch liegt noch keine Lieferung des Sicherungsgebers an den Sicherungsnehmer vor, wenn vor der Verwertung des Sicherungsgutes als solches dieses insgesamt oder teilweise durch den Sicherungsgeber mit Zustimmung des Sicherungsnehmers Dritten geliefert wird.[497]

3.2 Einheit des Unternehmens und Unternehmerkontinuität im Rahmen der InsO

Nach § 80 Abs. 1 InsO geht durch die Eröffnung des Insolvenzverfahrens das Recht des Schuldners, das zur Insolvenzmasse gehörende Vermögen zu verwal-

---

491 Vgl. BFH, Urt. v. 17.7.1980 - V R 124/75, BStBl. II 1980, 673 (673).
492 Vgl. BFH, Urt. v. 29.10.1998 - V B 38/98, BFH/NV 1999, 680 (680); BFH, Urt. v. 9.12.1993 - V R 108/91, BStBl. II 1994, 483 (483).
493 Vgl. BFH, Urt. v. 20.7.1978 - V R 2/75, BStBl. II 78, 684 (684).
494 Vgl. BFH, Urt. v. 16.4.1997 - IX R 87/96, BStBl. II 1997, 585; BFH, Urt. v. 21.7.1994 - V R 114/91, BStBl. II 1994, 878 (878).
495 Vgl. BFH, Urt. v. 21.7.1994 - V R 114/91, BStBl. II 1994, 878 (878).
496 Vgl. BFH, Urt. v. 9.3.1995 - V R 102/89, BStBl. II 1995, 564; BFH, Urt. v. 17.7.1980 - V R 124/75, BStBl. II 1980, 673.
497 Vgl. Martin, S., in: Sölch, O./Ringleb, K., UStG, § 3 UStG, Rn. 105.

ten und darüber zu verfügen, auf den Insolvenzverwalter über. Hierbei stellt sich eingangs die Frage, ob der Steuerschuldner seine Unternehmerstellung durch die Bestellung des Insolvenzverwalters verliert oder ob er sie beibehält.

Nach einer Entscheidung des BFH[498] verliert der insolvente Unternehmer seine Unternehmereigenschaft durch die Eröffnung des Konkurs- bzw. Insolvenzverfahrens nicht. Er bleibt weiterhin Steuersubjekt und es besteht ein einheitliches Unternehmen, wenn der Unternehmer/Gemeinschuldner außerhalb des Insolvenzverfahrens Umsätze tätigt.[499] Aus dem Grundsatz der Einheit des Unternehmens folgt jedoch nicht, dass die Ansprüche aus dem Steuerschuldverhältnis während des Insolvenzverfahrens auch verfahrensrechtlich einheitlich behandelt werden müssen. Im Gegenteil dazu fordert das Insolvenzrecht eine Aufteilung der Umsatzsteuerschulden in Insolvenzforderungen und Masseverbindlichkeiten, die in unterschiedlichen Verfahren geltend gemacht werden.[500] Weiterhin ist auch eine verfahrensrechtliche Trennung vorzunehmen und zwar zwischen der Umsatzsteuer und der Vorsteuer, die aus Umsätzen und Vorbezügen im Verwaltungsbereich des Insolvenzverwalters entstehen, und (möglichen) Umsätzen und Bezügen, die der Schuldner im insolvenzfreien Bereich bewirkt.[501] Jedoch ist dieser insolvenzfreie Vermögensbereich gegenüber dem früheren Recht der Konkursordnung wesentlich eingeschränkt, da nach § 35 InsO – im Gegensatz zu § 1 KO – auch der sog. Neuerwerb grundsätzlich in die Insolvenzmasse fällt.[502]

3.3 Verwertung von sicherungshalber übereigneter Gegenstände durch den Insolvenzverwalter im Falle der Insolvenz des Sicherungsgebers

Nach § 166 Abs. 1 InsO darf der Insolvenzverwalter eine bewegliche Sache, an der ein Absonderungsrecht i.S.d. §§ 49 ff. InsO besteht, verwerten, wenn er die Sache in seinem Besitz hat. Nach der Verwertung hat der Insolvenzverwalter den absonderungsberechtigten Gläubiger aus dem Erlös gemäß § 170 Abs. 1 InsO nach Abzug der Kosten zu befriedigen. Ebenso ist nach § 171 Abs. 2 Satz 3 InsO auch der Betrag abzuziehen, der auf der durch die Verwertung entstandenen Umsatzsteuerschuld beruht.

---

498 Vgl. BFH, Urt. v. 16.7.1987 - V R 80/82, BStBl. II 1987, 691 (691).
499 Vgl. Lippross, O.-G., Umsatzsteuer, S. 932.
500 Vgl. Lippross, O.-G., Umsatzsteuer, S. 933.
501 Vgl. BFH, Urt. v. 28.6.2000 - V R 87/99, BStBl. II 2000, 639 (639).
502 Vgl. Lippross, O.-G., Umsatzsteuer, S. 933.

3.3.1 Absonderungsrecht i.S.d. §§ 49 ff. InsO

Wie soeben dargestellt, ist es für die Verwertung des sicherungshalber übereigneten Gegenstandes Voraussetzung, dass an diesem Gegenstand ein Absonderungsrecht i.S.d. §§ 49 ff. InsO besteht.

Absonderungsberechtigte Gläubiger sind solche, die einen Anspruch darauf haben, dass sie aus dem Erlös eines bestimmten Gegenstandes der Insolvenzmasse befriedigt werden.[503] Sie können anders als die aussonderungsberechtigten Gläubiger[504] diesen Gegenstand nicht aus der Insolvenzmasse herausverlangen, sondern sie haben vielmehr nur den bevorrechtigten Zugriff auf vorzugsweise Befriedigung aus dem Verwertungserlös außerhalb der quotalen Ausschüttungen an die Insolvenzgläubiger.[505] Aufgrund von § 52 InsO wird klargestellt, dass absonderungsberechtigte Gläubiger auch Insolvenzgläubiger sind, wenn ihnen der Schuldner persönlich haftet. Haftet der Schuldner nur dinglich, weil er beispielsweise eine fremde Forderung besichert hat, ohne eigene Verbindlichkeiten zu übernehmen, so können die Gläubiger nur Befriedigung aus dem ihnen haftenden Gegenstand suchen. Im Übrigen nehmen sie am Insolvenzverfahren nicht teil. Sie haben also keinen Anspruch auf Leistungen aus der Masse.[506]

Zunächst können Absonderungsrechte am unbeweglichen Vermögen des Schuldners bestehen. Insoweit regelt § 49 InsO, dass sich Gläubiger, denen ein Recht auf Befriedigung aus Gegenständen zusteht, die der Zwangsvollstreckung in unbewegliches Vermögen unterliegen, im Insolvenzverfahren nach Maßgabe des ZVG durch Zwangsversteigerung und Zwangsverwaltung befriedigen können.[507]

In den §§ 50, 51 InsO sind weitere Absonderungsrechte in das bewegliche Vermögen des Schuldners geregelt. Danach kommen als wichtigste Absonderungsrechte Mobiliarpfandrechte, Sicherungseigentum, zur Sicherheit zedierte Forderungen und bestimmte Zurückbehaltungsrechte in Betracht[508], wobei Pfandrechte i.S.d. § 50 InsO sowohl rechtsgeschäftliche als auch gesetzliche Pfandrechte und Pfändungspfandrechte sein können, die ein Gläubiger im Rahmen der Zwangsvollstreckung erworben hat.[509] Im Gegensatz dienen verlängerter Eigen-

---

503 Vgl. Niesert, B., Aus- und Absonderungsrechte in der Insolvenz, S. 8 ff., 112 ff.; Gottwald, P./Adolphsen, J., Die Rechtsstellung dinglich gesicherter Gläubiger in der InsO, in: Fuchs, K.-H., Kölner Schrift zur InsO, S. 1043 ff.

504 Hierzu Kapitel IV.6.

505 Vgl. Andres, D., in: Nerlich, J./Römermann, V., InsO, § 49 InsO, Rn. 1 ff.; Prütting, H., in: Kübler, B. M./Prütting, H., InsO, § 49 InsO, Rn. 1 ff.

506 Vgl. Pape, G./Uhlenbruck, W., Insolvenzrecht, S. 402.

507 Vgl. Pape, G., in: Lambert-Lang, H./Tropf, F./Frenz, N., Handbuch der Grundstückspraxis, S. 1170 ff.; Prütting, H., in: Kübler, B. M./Prütting, H., InsO, § 49 InsO, Rn. 10 ff.

508 Vgl. Frotscher, G., Besteuerung bei Insolvenz, S. 218.

509 Vgl. Gottwald, P./Adolphsen, J., in: Fuchs, K.-H., Kölner Schrift zur InsO, S. 1056 ff.; Pape, G./Uhlenbruck, W., Insolvenzrecht, S. 403.

tumsvorbehalt, erweiterter Eigentumsvorbehalt und Eigentumsvorbehalt mit Konzernklausel der Sicherung von Forderungen, sind daher pfandrechtsähnlich und berechtigen zur abgesonderten Befriedigung, nicht jedoch zur Aussonderung.[510] Im Falle der hier betrachteten Sicherungsübereignung steht dem Insolvenzverwalter ein Absonderungsrecht gemäß § 51 Nr. 1 InsO zu.

3.3.2 Verwertung und Abführung der Umsatzsteuer

Besteht nun ein solches Absonderungsrecht, so hat der Gläubiger ein Recht, dass der Erlös aus der Verwertung der Forderung zur Befriedigung seiner Forderung verwendet wird. Die abgesonderte Befriedigung erfolgt in der Weise, dass der Insolvenzverwalter die mit dem Absonderungsrecht belasteten Gegenstände bzw. Forderungen nach § 170 Abs. 1 Satz 2 InsO verwertet und aus dem Erlös den absonderungsberechtigten Gläubiger befriedigt.[511]

Die umsatzsteuerliche Lieferung liegt bei der Verwertung des Sicherungsgutes durch den Insolvenzverwalter gemäß den §§ 166, 51 InsO erst nach der Insolvenzeröffnung vor, so dass eine Insolvenzforderung nach § 38 InsO nicht in Betracht kommt, da sowohl die Leistung als auch die Entgeltvereinnahmung erst nach Insolvenzeröffnung erfolgen, der umsatzsteuerliche Tatbestand mithin auch nicht teilweise vorher verwirklicht wurde.[512] Die Umsatzsteuer gehört zu den durch den Insolvenzverwalter begründeten Masseverbindlichkeiten.[513] Der gegenteiligen Meinung ist nicht zu folgen, denn sie beruht auf der unzutreffenden Annahme, dass bereits die Sicherungsübereignung die Lieferung darstelle[514], diese mit Verwertungsreife vor Konkurseröffnung erfolge[515] oder auf dem Abstellen auf den zivilrechtlichen Schuldorganismus beruhe, der bereits vom Gemeinschuldner geschaffen sei.[516] Richtig ist vielmehr, dass umsatzsteuerrechtlich die Lieferung erst durch die Verwertung des Sicherungsgutes durch den Insolvenzverwalter erfolgt und nicht bereits die Übereignung des Sicherungsgutes als die Ausführung einer Lieferung anzusehen ist.

---

510 Vgl. Kilger, J./Schmidt, K./Böhle-Stramschräder, A., Insolvenzgesetze, 1997, § 48, Rn. 1; Breutigam, A./Blersch, J./Goetsch, H.-W., Insolvenzrecht, § 47 InsO, Rn. 9-11.

511 Vgl. Frotscher, G., Besteuerung bei Insolvenz, S. 219.

512 Vgl. BFH, Urt. v. 4.6.1987 - V R 57/79, BStBl. II 1987, 341; BFH, Urt. v. 20.7.1978 - V R 2/75, BStBl. II 1978, 684, BFH, Beschl. v. 28.7.1983 - V S 8/81, BStBl. II 1983, 694.

513 Vgl. BFH, Beschl. v. 28.11.1997 - V B 90/97, BFH/NV 1998, 628; BFH, Urt. v. 20.7.1978 - V R 2/75, BStBl. II 1978, 684; BFH, Urt. v. 4.6.1987 - V R 57/79, BStBl. II 1987, 341.

514 Vgl. Knobbe-Keuk, B., BB 1977, 757.

515 Vgl. Klever, A., UVR 1992, 73; Weiß, E., UR 1987, 290 (290).

516 Vgl. Frotscher, G., Besteuerung bei Insolvenz, S. 264.

Aus umsatzsteuerlicher Sicht kann noch kein steuerlicher Vorgang gesehen werden, wenn der Schuldner vor Eröffnung des Insolvenzverfahrens ein Recht bestellt, das im Insolvenzverfahren zur abgesonderten Befriedigung berechtigt, also insbesondere ein Pfandrecht oder Sicherungseigentum. Eine Lieferung, die nach § 1 Abs. 1 Nr. 1 UStG zur Umsatzsteuerbarkeit führt, setzt nach § 3 Abs. 1 UStG eine Leistung i.S. einer Lieferung voraus, durch die der Unternehmer dem Leistungsempfänger die Verfügungsmacht über den Gegenstand verschafft. Wird an dem Gegenstand ein Sicherungsrecht bestellt, so hat jedoch der Rechtsinhaber, solange kein Sicherungsfall eintritt, nicht das Recht, über den Vermögensgegenstand zu verfügen. Somit ist die Bestellung des Sicherungsrechts keine Verschaffung der Verfügungsmacht und daher auch kein umsatzsteuerbarer Umsatz. Dies gilt auch für die Sicherungsübereignung, denn obwohl hierdurch dem Sicherungsnehmer nach außen volles Eigentum verschafft wird, ist er doch im Innenverhältnis durch die Sicherungsabrede so gebunden, dass er über den Vermögensgegenstand bis zum Eintritt des Sicherungsfalles nicht verfügen darf.[517]

Bei Eintritt des Sicherungsfalles, z.B. durch Eröffnung des Insolvenzverfahrens, hat der Sicherungsnehmer nach der Sicherungsabrede das Recht, aus dem Erlös befriedigt zu werden. Diese Verwertung kann sowohl durch den Insolvenzverwalter oder auch durch den Sicherungsnehmer oder freihändig erfolgen.[518] Erst durch diese Verwertung erfolgt eine Lieferung i.S.d. Umsatzsteuerrechts, da nun eine Befugnis des Insolvenzverwalters zur Verwertung des Sicherungsgegenstandes vorliegt.

Wenn die Verwertung durch den Insolvenzverwalter nach § 166 InsO erfolgt, so hat nach den §§ 170 Abs. 1, 171 Abs. 2 InsO der absonderungsberechtigte Sicherungsnehmer die Kosten der Feststellung und Verwertung zu tragen, wozu auch die Umsatzsteuer gehört. Jedoch stellt die Feststellung und Verwertung keine Leistung des Unternehmers (Insolvenzschuldners) an den absonderungsberechtigten Gläubiger oder an die Gläubigergemeinschaft dar und ist damit auch nicht mit Umsatzsteuer belastet.[519]

Auch kann für den Regelfall das Entstehen einer Steuer als Masseverbindlichkeit nicht durch den Insolvenzschuldner vermieden werden, denn das wäre nur dann möglich, wenn die Verwertung durch den Insolvenzschuldner nicht zugunsten der Masse erfolgt, sog. echte Freigabe. Wird jedoch durch das zunächst zur Masse gehörende Sicherungsgut eine persönliche Insolvenzforderung des Sicherungsnehmers gesichert, so nimmt der Sicherungsnehmer damit am Verfahren teil, § 52 InsO. Der Erlös kommt der Masse zugute, wenn das Siche-

---

517 Vgl. Frotscher, G., Besteuerung bei Insolvenz, S. 220.

518 Vgl. Frotscher, G., Besteuerung bei Insolvenz, S. 221.

519 Vgl. de Weerth, J., UR 2003, 161 (161); ders., BB 1999, 821 (827); Geurts, M., DB 1999, 818 (818).

rungsgut nach Freigabe vom Insolvenzschuldner verwertet wird, der Verwertungserlös jedoch zugunsten des Sicherungsnehmers verwendet wird, da die Insolvenzforderung sich mindert.[520] Dadurch erfolgt die Verwertung mit Zustimmung des Insolvenzverwalters durch den Insolvenzschuldner zugunsten der Masse, so dass auch die dadurch entstehende Umsatzsteuer zu einer Masseverbindlichkeit führt.[521]

Beispiel

Verwertung des Sicherungsgutes durch den Insolvenzverwalter zu	10.000,00 €
zuzüglich Umsatzsteuer (19 %)	1.900,00 €
Weiterleitung an Sicherungsnehmer	11.900,00 €
abzüglich Umsatzsteuer (Masseverbindlichkeit)	
(§ 171 Abs. 2 Satz 3 InsO)	1.900,00 €
abzüglich Kosten der Feststellung und Verwertung	
(zusammen 9 %)	900,00 €
Auskehrung	9.100,00 €

Aus dem einfachen Umsatz entsteht die Umsatzsteuer als Masseverbindlichkeit. Diese Umsatzsteuer bekommt die Masse in Form des Brutto-Kaufpreises, welchen der Sicherungsnehmer an die Masse zahlt. In der Abrechnung zur Realisierung der abgeschlossenen Befriedigung des Sicherungsnehmers hat der Insolvenzverwalter den Umsatzsteueranteil wieder zurückzubehalten.[522]

3.4 Verwertung durch den Sicherungsnehmer

Neben der Verwertung durch den Insolvenzverwalter besteht auch die Möglichkeit der Verwertung des Sicherungsgutes durch den Gläubiger (Sicherungsnehmer) gemäß §§ 173 Abs. 1, 170 Abs. 2 InsO. Dieser Möglichkeit der Verwertung durch den Sicherungsnehmer ist nun besondere Aufmerksamkeit entgegenzubringen, da diese Konstellation der Situation bei § 13 c UStG ähnlich ist. In beiden Fällen dient ein „Sicherungsgut“ (beweglicher Gegenstand oder eine Forderung) zur Absicherung eines Rechtsgeschäftes. Bei einer Zahlungsunfä-

520 Vgl. Reiß, W., in: Krause, R./Veelken, W./Vieweg, K., Recht der Wirtschaft und der Arbeit in Europa, S. 446.

521 Vgl. BFH, Urt. v. 20.7.1978 - V R 2/75, BStBl. II 1978, 684; BFH, Urt. v. 4.6.1987 - V R 57/79, BStBl. II 1987, 341; BFH, Urt. v. 24.9.1987 - V R 196/83, BStBl. II 1987, 873; BFH, Beschl. v. 13.5.1992 - V B 9/92, BFH/NV 1992, 846; BFH, Urt. v. 12.5.1993 - XI R 49/90, BFH/NV 1994, 274; BFH, Beschl. v. 29.10.1993 - V B 112/93, BFH/NV 1994, 420; BFH, BFH, Urt. v. 7.11.1995 - VII R 26/95; BFH/NV 1996, 379; BFH, Urt. v. 16.8.2001 - V R 59/99, BStBl. II 2003, 208.

522 Vgl. Dobler, T., Das Insolvenzverfahren, S. 92 f.

higkeit des Sicherungsgebers erfolgt nun die Verwertung dieses „Sicherungsgutes" – Gegenstand oder Forderung – durch den Sicherungsnehmer.

Im Rahmen der Verwertung des sicherungshalber übereigneten Gegenstandes durch den Sicherungsnehmer (Gläubiger) ist danach zu unterscheiden, ob das Verwertungsrecht des Sicherungsnehmers auf § 170 Abs. 2 InsO oder auf § 173 InsO beruht.

3.4.1 Verwertung des Sicherungsgutes durch den Sicherungsnehmer gemäß § 170 Abs. 2 InsO

Das Verwertungsrecht des Sicherungsnehmers kann dadurch entstehen, dass ihm der Insolvenzverwalter den Gegenstand gemäß § 170 Abs. 2 InsO zur Verwertung zur Verfügung stellt und zwar beispielsweise deshalb, weil dem Sicherungsnehmer ein besserer Zugang zum Markt für Gegenstände dieser Art hat.[523] Voraussetzung hierfür ist wiederum, dass an dem Gegenstand ein Absonderungsrecht besteht, da eine Verwertung durch den Sicherungsnehmer nur dann möglich ist, wenn dem Insolvenzverwalter ein Verwertungsrecht i.S.d. § 166 InsO zusteht.[524] Bezüglich des Vorliegens eines solchen Verwertungsrechtes kann auf die Ausführungen in Kapitel IV.3.3 verwiesen werden. Bei der Selbstverwertung hat der Sicherungsnehmer neben dem Betrag in Höhe der Feststellungskosten den Umsatzsteuerbetrag gemäß § 170 Abs. 2 Satz 3 InsO in Höhe anzuwendenden Steuersatzes von 19 % bzw. 7 % (§ 12 UStG) an die Masse abzuführen, wobei nur die bei der Verwertung tatsächlich anfallende Umsatzsteuer abzuführen ist, da § 170 Abs. 2 InsO auf § 121 Abs. 2 Satz 3 InsO verweist.[525]

Die Umsatzsteuer für die Lieferung des Gemeinschuldners (Sicherungsgeber) an den Sicherungsnehmer ist bei der Verwertung gemäß § 170 Abs. 2 InsO durch den Sicherungsnehmer selbst, ebenfalls als Masseverbindlichkeit zu behandeln. Die Lieferung an den Sicherungsnehmer vollzieht sich auch hier erst mit der Verwertung bzw. Weiterlieferung durch den Sicherungsnehmer nach Insolvenzeröffnung, da bis dahin das Sicherungsgut ungeachtet der Verwertungsreife vermögensmäßig zur Insolvenzmasse gehört.[526]

Dabei ist umsatzsteuerlich zutreffend von einer Doppellieferung im Reihengeschäft auszugehen, wenn die Verwertung durch den Sicherungsnehmer im eigenen Namen erfolgt. Die Lieferungen erfolgen gleichzeitig.[527] Überlässt also der

523 Vgl. Uhlenbruck, W., InsO, § 170 InsO, Rn. 13 f.

524 Vgl. Dobler, T., Das Insolvenzverfahren, S. 90.

525 Vgl. Uhlenbruck, W., InsO, § 170 InsO, Rn. 15.

526 Vgl. Reiß, W., in: Krause, R./Veelken, W./Vieweg, K., Recht der Wirtschaft und der Arbeit in Europa, S. 446; ebenso Ausführungen zu Kapitel IV.4.1.2.

527 Vgl. BFH, Urt. v. 21.7.1994 - V R 114/91, BStBl. II 1994, 878; BFH, Urt. v. 9.3.1995 - V R 102/89, BStBl. II 1995, 564; BFH, Urt. v. 16.4.1997 - XI R 87/96, BStBl. II 1997, 585.

Insolvenzverwalter die Sache dem Gläubiger (Sicherungsnehmer) nach § 170 Abs. 2 InsO, so liegen zwei steuerbare Umsätze vor. Der eine liegt in der Übergabe der Sache vom Insolvenzverwalter an den Gläubiger, der andere in der Veräußerung des Sicherungsgutes durch den Gläubiger.[528] Es erfolgt eine fiktive Verlegung des Zeitpunktes der Lieferung „Sicherungsgeber an Sicherungsnehmer" auf den Zeitpunkt der endgültigen Lieferung an den Käufer und nicht schon bereits bei der Übereignung des Sicherungsgutes.[529] Nach erfolgter Verwertung des Sicherungsgutes rechnet der Sicherungsnehmer mittels Gutschrift mit dem Sicherungsgeber (Insolvenzverwalter) ab, da nur der Sicherungsnehmer über die Abrechnungsunterlagen verfügt und den genauen Verwertungserlös kennt.

Nach Eingang der Gutschrift hat der Insolvenzverwalter den entsprechenden Umsatz in dem Voranmeldungszeitraum, in dem die Veräußerung durch den Sicherungsnehmer fiel, zu erklären und gegebenenfalls die Steuerlast abzuführen. Neben der insolvenzrechtlich verankerten Pflicht, dem Insolvenzverwalter die Umsatzsteuerbelastungen der Masse zu erstatten, muss der Sicherungsnehmer in steuerlicher Hinsicht die Umsatzsteuer aus seiner Verwertungshandlung erklären und gegebenenfalls abführen. Allerdings kann er im Gegenzug die Vorsteuer aus der dem Insolvenzverwalter erteilten Gutschrift ziehen.[530]

Beispiel:

Forderung des Sicherungsnehmers	10.000,00 €
Sicherungsnehmer veräußert zu	5.000,00 €
zuzüglich Umsatzsteuer (19%)	950,00 €
Abrechnung gegenüber Insolvenzmasse:	
Verwertungserlös	5.950,00 €
abzüglich Umsatzsteuer (§ 171 Abs. 2 Satz 3 InsO)	950,00 €
abzüglich Kosten der Verwertung (§ 171 Abs. 2 Satz 1 InsO)	297,50 €
gesamt	**4.702,50 €**
darauf Umsatzsteuer (19 %)	893,48 €

Der Umsatzsteuerbetrag von 893,48 € wird von der Insolvenzmasse geschuldet und ist von dem Sicherungsnehmer an die Masse abzuführen.[531]

528 Vgl. Gerbers, A., in: Braun, E., InsO, § 170 InsO, Rn. 18.
529 Vgl. Dobler, T., Das Insolvenzverfahren, S. 91.
530 Vgl. Gerbers, A., in: Braun, E., InsO, § 170 InsO, Rn. 18.
531 Vgl. Dobler, T., Das Insolvenzverfahren, S. 91.

3.4.2 Verwertung des Sicherungsgutes durch den Sicherungsnehmer nach § 173 InsO

Neben der Möglichkeit der Verwertung des Sicherungsgutes durch den Sicherungsnehmer nach § 170 Abs. 2 InsO besteht zudem dann ein Verwertungsrecht des Sicherungsnehmers nach § 173 InsO, wenn der Anwendungsbereich des § 166 InsO nicht eröffnet ist, also dem Insolvenzverwalter keine Berechtigung zur Verwertung des Sicherungsgutes zusteht. Dabei findet die Vorschrift des § 173 InsO auf die Fälle der hier behandelten Sicherungsübereignung grundsätzlich Anwendung.[532]

Das von § 173 InsO eingeräumte Verwertungsrecht bestimmt sich nach denselben Kriterien wie die Verwertungsbefugnis des Insolvenzverwalters nach § 166 InsO. Dabei setzt § 173 InsO voraus, dass das Verwertungsrecht beim Gläubiger „bleibt", dem Gläubiger damit originär zusteht und folglich nicht vom Insolvenzverwalter abgeleitet wird, so dass § 173 InsO weder bei der Überlassung des Sicherungsgegenstandes durch den Insolvenzverwalter noch bei einer Freigabe einschlägig ist.[533] Für eine Verwertungsbefugnis des Sicherungsnehmers und damit für die Anwendbarkeit des § 173 InsO ist es Voraussetzung, dass dem Sicherungsnehmer der unmittelbare Besitz an dem Sicherungsgut zusteht. Bei dem hier untersuchten Sicherungseigentum überträgt der Sicherungsgeber das Eigentum i.d.R. mittels eines Besitzkonstituts gemäß § 930 BGB, das dem Sicherungsgeber den unmittelbaren Besitz erhält und dem Sicherungsnehmer den mittelbaren Besitz verschafft. Dies hat zur Folge, dass damit dem Insolvenzverwalter – aufgrund des unmittelbaren Besitzes, den der Sicherungsgeber hatte – grundsätzlich das Verwertungsrecht zusteht. § 173 InsO kann bei den Fällen einer Sicherungsübereignung nur dann in Betracht kommen, wenn es dem Sicherungsnehmer gelingt, rechtmäßig den unmittelbaren Besitz an dem Sicherungsgut zu erlangen. Eine in den Sicherungsverträgen enthaltene Regelung, wonach der Sicherungsgläubiger das Sicherungsgut in solchen Fällen an sich nehmen darf, versagt, wenn der Sicherungsgeber die Herausgabe verweigert.[534]

Durch das Verwertungsrecht des Sicherungsnehmers nach § 173 InsO wird die Massezugehörigkeit der Sache nicht tangiert, so dass der Sicherungsnehmer Massevermögen verwertet. Eine solche Verwertung nach § 173 InsO bewirkt umsatzsteuerrechtlich wiederum einen Doppelumsatz, nämlich von dem Sicherungsgeber an den Sicherungsnehmer und von diesem an den Endabnehmer.[535]

---

532 Vgl. Lwowski, H.-J., in: Kirchhof, H.-P./Lwowski, H.-J./Stürner, R., InsO, § 173, Rn. 1.
533 Vgl. Lwowski, H.-J., in: Kirchhof, H.-P./Lwowski, H.-J./Stürner, R., InsO, § 173, Rn. 11.
534 Vgl. Lwowski, H.-J., in: Kirchhof, H.-P./Lwowski, H.-J./Stürner, R., InsO, § 173, Rn. 15.
535 Vgl. Maus, K. H., in: Uhlenbruck, W., InsO, § 171 InsO, Rn. 7.

Beispiel:

Erstumsatz

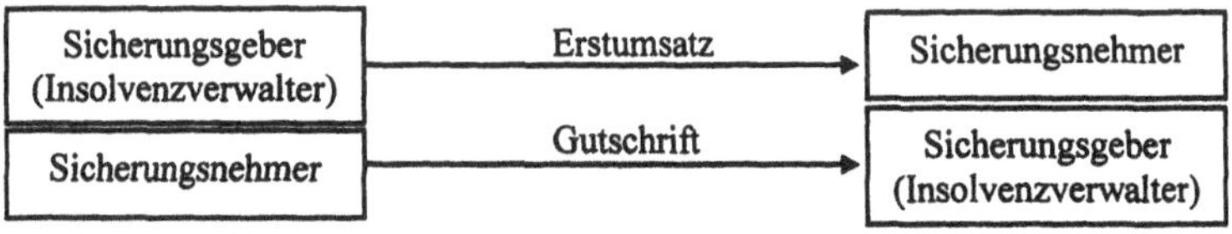

Entgelt (netto)	1.000 €
19 % Umsatzsteuer	190 €
Bruttobetrag	1.190 €

Zweitumsatz

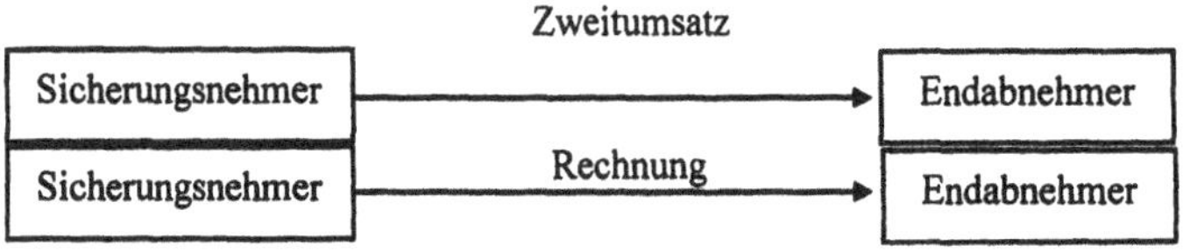

Entgelt (netto)	1.000 €
19 % Umsatzsteuer	190 €
Bruttobetrag	1.190 €

In diesem Beispiel rechnet der Sicherungsnehmer mit dem Sicherungsgeber durch umsatzsteuerliche Gutschrift nach § 14 Abs. 2 Satz 2 UStG ab, wobei die Gutschrift an die Stelle einer Rechnung durch den Sicherungsgeber tritt. Hierbei steht dem Sicherungsgeber (Insolvenzverwalter) und Sicherungsnehmer die Entscheidung nicht frei, ob sie durch Gutschrift oder Rechnung abrechnen, denn es hat derjenige durch Rechnung oder Gutschrift Abrechnung zu erteilen, der die Abrechnungslast – zivilrechtliche Zuständigkeit zur Abrechnung – trägt. Dies ist nach den zivilrechtlichen Vorschriften derjenige, der über die Abrechnungsunterlagen verfügt. Somit muss bei der Verwertung durch den Sicherungsnehmer dieser durch Gutschrift abrechnen, da nur er das Verwertungsergebnis kennt. Wie bereits dargestellt, erfolgt bei einer Sicherungsübereignung umsatzsteuerrechtlich die Lieferung nicht bereits bei der Übereignung des Sicherungsgutes, sondern erst bei der Verwertung dieses. Hierbei hat der Insolvenzverwalter die Umsatzsteuer aus der Gutschrift des Sicherungsnehmers als Masseverbindlichkeit gemäß § 55 Abs. 1 Ziffer 1 Alternative 2 InsO an das Finanzamt abzuführen, wobei der gemäß § 173 InsO zur Verwertung berechtigte Gläubiger der Masse diesen Umsatzsteuerbetrag nicht erstatten muss. Er hat vielmehr aus seiner Gutschrift an den Sicherungsgeber bzw. Insolvenzverwalter den Vorsteuerabzug und kann darüber hinaus, sofern der Sicherungsvertrag ihm den Zugriff auf den Bruttoerlös aus der Verwertung des Sicherungsgutes gestattet, mit dem Bruttoerlös gegen seine Forderung an den Insolvenzschuldner aufrechnen.[536]

Beispiel:

Nettoumsatz	1.000.000 €
Vorsteuerabzug aus Erstumsatz	+ 190.000 €
Umsatzsteuerzahllast aus Zweitumsatz	– 190.000 €
Umsatzsteuerzahllast aus Zweitumsatz	0 €
Aufrechnungsguthaben	1.000.000 €

Die Verwertung des Sicherungsgutes – und damit von Massevermögen – nach § 173 InsO durch den Sicherungsnehmer führt folglich dazu, dass die bis zum Inkrafttreten der InsO geltenden Rechtsverhältnisse wiederhergestellt werden, die der Gesetzgeber mit dem Einbehaltungsrecht des Insolvenzverwalters nach § 171 Abs. 2 Satz 3 InsO gerade abschaffen wollte, da die Masse zum Nachteil der ungesicherten Gläubiger mit Umsatzsteuer belastet wird, ohne dass ihr eine Gegenleistung zufließt.[537]

3.5 Einstufung der Umsatzsteuerforderung als Masseverbindlichkeit

Wie bereits mehrfach dargestellt, handelt es sich in Fällen der Sicherungsübereignung in Bezug auf die Umsatzsteuerforderung um Masseverbindlichkeiten nach § 55 Abs. 1 Nr. 1 InsO, welche Verbindlichkeiten aus Rechtsgeschäften darstellen, die der Insolvenzverwalter für die Insolvenzmasse eingeht. Dabei soll der in dem Gesetzestext verwendete Begriff der „Handlungen“ deutlich machen, dass durch Rechtshandlungen jeder Art im Rahmen der Insolvenzverwaltung, also auch durch deliktische Handlungen oder Unterlassungen des Verwalters, Masseverbindlichkeiten begründet werden können. Nunmehr zählen zu den Masseverbindlichkeiten auch die durch die Insolvenzverwaltung („in anderer Weise“) ausgelösten Verwaltungsverbindlichkeiten, wie insbesondere die Verbindlichkeiten aus Steuern.[538]

Der Begriff der Masseverbindlichkeit wird in der InsO nicht bestimmt. Sie werden nach § 53 InsO dadurch gekennzeichnet, dass sie vor den Insolvenzforderungen vorweg aus der Masse befriedigt werden.[539] Grundlage hierfür ist, dass die Massegläubiger vor Insolvenzeröffnung wirtschaftlich keine Leistung zur Masse erbracht haben, wegen deren Verlust sie haftungsrechtlich auf die Masse

536 Vgl. Maus, K. H., in: Uhlenbruck, W., InsO, § 171 InsO, Rn. 8.
537 Vgl. Maus, K. H., in: Uhlenbruck, W., InsO, § 171 InsO, Rn. 9.
538 Vgl. Hefermehl, H., in: Kirchhof, H.-P./Lwowski, H.-J./Stürner, R., InsO, § 55, Rn. 12.
539 Vgl. Hefermehl, H., in: Kirchhof, H.-P./Lwowski, H.-J./Stürner, R., InsO, § 55, Rn. 14.

verwiesen werden können.[540] Die von den Massegläubigern erbrachten Leistungen sind erforderlich und notwendig, damit der Insolvenzverwalter die ihm von der InsO auferlegten Pflichten und Aufgaben erfüllen kann. Somit sind die Masseverbindlichkeiten dort anzuerkennen, wo sich das Handeln des Insolvenzverwalters auf Geschäfte bezieht, die zur gemeinschaftlichen Gläubigerbefriedigung und damit Verwirklichung der Ziele des Insolvenzverfahrens nach § 1 InsO vorgenommen werden.[541]

Die Masseverbindlichkeiten werden durch den Insolvenzverwalter begründet, um dadurch eine Gegenleistung für die Masse zu erhalten und für diese nutzbar zu machen.[542] Der volle Wert der Gegenleistung fließt in die Masse, so dass es auch als gerechtfertigt erscheint, den Massegläubiger voll und vorab aus der Masse – unter Zurücksetzung der Insolvenzgläubiger – zu befriedigen. Damit lässt sich feststellen, dass das wesentliche Merkmal einer Masseverbindlichkeit darin liegt, dass sich die von der Masse aufzubringende Leistung als Äquivalent zu der ihr zugute kommenden Gegenleistung darstellt. Durch das Handeln des Insolvenzverwalters tritt, soweit eine derartige Äquivalenzbeziehung besteht, wirtschaftlich keine Masseschmälerung ein. Deshalb hat der Insolvenzverwalter im Interesse der Insolvenzgläubiger wie ein Kaufmann darauf zu achten, dass seine Ausgaben für Verwaltungs- und Verwertungsmaßnahmen wertmäßig ausgleichender Gegenleistungen[543] gegenüberstehen.[544]

Dabei gehen den Massegläubigern nur die Aus- und Absonderungsberechtigten sowie die zur Aufrechnung befugten Gläubiger vor.[545] Die Geltendmachung von Masseansprüchen und ihre Berichtigung vollziehen sich außerhalb des Insolvenzverfahrens und unabhängig von dem Gang der Verteilung. Es erfolgt weder eine Anmeldung zur Insolvenztabelle noch eine gerichtliche Prüfung. Sie werden vielmehr außerhalb des Insolvenzverfahrens formlos geltend gemacht.[546] Anschließend erfolgt eine Überprüfung der tatsächlichen und rechtlichen Berechtigung.[547]

Die Kosten des Insolvenzverfahrens sowie die sonstigen Masseverbindlichkeiten sind nach § 53 InsO vorweg aus der Masse zu befriedigen. Dabei sind gegen den Insolvenzverwalter gerichtete Umsatzsteuerforderungen niemals Kosten des In-

540 Vgl. Häsemeyer, L., Insolvenzrecht, Rn. 14.02.
541 Vgl. Hefermehl, H., in: Kirchhof, H.-P./Lwowski, H.-J./Stürner, R., InsO, § 55, Rn. 14.
542 Vgl. Jaeger, E./Henckel, W., Konkursordnung, § 59 KO, Rn. 1.
543 Vgl. Häsemeyer, L., Insolvenzrecht, Rn. 14.03.
544 Vgl. Hefermehl, H., in: Kirchhof, H.-P./Lwowski, H.-J./Stürner, R., InsO, § 55 InsO, Rn. 15.
545 Vgl. Hess, H., InsO, § 53 InsO, Rn. 11.
546 Vgl. BGH, Urt. v. 11.7.1996 - IX Z R 304/95, NJW 1996, 3008 (3008).
547 Vgl. Berscheid, E.-D., in: Uhlenbruck, W., InsO, § 53 InsO, Rn. 3.

solvenzverfahrens i.S.d. § 54 InsO, sondern sie können nur Masseverbindlichkeiten i.S.d. § 55 InsO sein.[548]

Kennzeichnend für Masseverbindlichkeiten nach § 55 Abs. 1 Nr. 1 InsO ist, dass sie – wie bereits angesprochen – nach Insolvenzeröffnung begründet sind.[549] Dabei ist nicht der Zeitpunkt der Entstehung der Masseverbindlichkeit maßgebend, sondern deren Begründetheit nach Insolvenzeröffnung. Hierin liegt der wesentliche Unterschied zur Insolvenzforderung, die zeitlich vor Insolvenzeröffnung begründet wurde.[550] Zu den Masseverbindlichkeiten nach § 55 Abs. 1 Nr. 1 InsO gehören auch die Verbindlichkeiten aus der Verwaltung, Verwertung und Verteilung der Insolvenzmasse, die nicht auf Handlungen des Insolvenzverwalters beruhen, soweit sie nicht Kosten des Insolvenzverfahrens sind. Hierunter fallen auch Steuerforderungen.[551] Die Geltendmachung steuerrechtlicher Ansprüche, die Masseverbindlichkeiten nach § 55 Abs. 1 Nr. 1 InsO darstellen, unterliegen keiner insolvenzrechtlichen Einschränkung. Diese geschieht mittels Steuerbescheid, der an den Insolvenzverwalter gerichtet ist. Dieser ist ebenso verpflichtet, die entsprechenden Steuererklärungen oder Steueranmeldungen abzugeben, § 34 Abs. 3 AO. Dabei können Steuerbescheide, denen Masseverbindlichkeiten zugrunde liegen, gegen die Masse nach den §§ 249 ff. AO vollstreckt werden, wobei hierbei das Vollstreckungsverbot nach § 90 Abs. 1 InsO für die ersten sechs Monate nach Verfahrenseröffnung zu beachten ist.[552]

Die steuerlichen Ansprüche entstehen nicht unmittelbar aufgrund der Rechtshandlungen des Insolvenzverwalters, sondern knüpfen als gesetzliche Folge an die Handlungen des Insolvenzverwalters zur Verwaltung und Verwertung der Masse an. Somit liegen Masseverbindlichkeiten vor, wenn die Abgabenforderungen nach Eröffnung des Insolvenzverfahrens begründet wurden.[553] Im Insolvenzverfahren kommt es auf die steuerrechtliche Entstehung der Forderung nicht an. Eine Steuerforderung ist dann begründet, wenn der Rechtsgrund zum Zeitpunkt der Verfahrenseröffnung bereits gelegt war.[554]

---

548 Vgl. Reiß, W., in: Reiß, W./Kraeusel, J./Langer, M., UStG, § 13 UStG, Rn. 113.

549 Vgl. Kuhn, G./Uhlenbruck, W./Mentzel, F., KO, Rn. 5; Kilger, J./Schmidt, K./Böhle-Stramschräder, A., Insolvenzgesetze, § 59, Rn. 1a.

550 Vgl. Hefermehl, H., in: Kirchhof, H.-P./Lwowski, H.-J./Stürner, R., InsO, § 55 InsO, Rn. 16.

551 Vgl. Hefermehl, H., in: Kirchhof, H.-P./Lwowski, H.-J./Stürner, R., InsO, § 55 InsO, Rn. 69.

552 Vgl. Hefermehl, H., in: Kirchhof, H.-P./Lwowski, H.-J./Stürner, R., InsO, § 55 InsO, Rn. 73.

553 Vgl. Hefermehl, H., in: Kirchhof, H.-P./Lwowski, H.-J./Stürner, R., InsO, § 55 InsO, Rn. 70.

554 Vgl. Hefermehl, H., in: Kirchhof, H.-P./Lwowski, H.-J./Stürner, R., InsO, § 55 InsO, Rn. 71; BFH, Urt. v. 28.6.2000 – V R 45/99, BStBl. II 2000, 703; BFH, Urt. v. 14.5.1998 – XI B 74, 75/97, BStBl. II 1998, 634; OFD Nürnberg, Verfügung v. 5.1.2005, DStR 2005, 697.

4. Übernahme dieser Regelung für die Fälle einer Sicherungsabtretung

Zu überlegen ist nun, ob die oben dargestellten Regelungen nicht entsprechend für die Fälle der Sicherungsabtretung anzuwenden sind und es daher sinnvoll wäre, eine entsprechende Regelung für die Sicherungsabtretung ebenfalls in der InsO aufzunehmen, um dadurch die von § 13 c UStG betroffenen Fälle zu regeln.

Dabei erscheint es auf den ersten Blick naheliegend, eine Vergleichbarkeit zu bejahen, denn sowohl bei der Sicherungsübereignung als auch bei der Sicherungszession soll ein Gegenstand bzw. eine Forderung zur Sicherung eines Rechtsgeschäftes (Darlehen etc.) dienen, auch wenn eben bei der Sicherungsübereignung ein Gegenstand und bei der Sicherungsabtretung eine Forderung betroffen ist. Zudem sind die Folgen bei der Zahlungsunfähigkeit des Sicherungsgebers vergleichbar, da in beiden Fällen der Sicherungsnehmer den Gegenstand bzw. die Forderung verwertet. Bei der Sicherungsübereignung erfolgt die Verwertung beispielsweise durch eine Veräußerung der sicherungshalber übereigneten Sache. In Fällen einer Sicherungszession erfolgt die Verwertung durch Einziehung der Forderung. Daher erscheint es zunächst folgerichtig, die Regelungen der §§ 166, 170 Abs. 2 InsO entsprechend auf die Fälle einer Sicherungsabtretung anzuwenden und insofern aus insolvenzrechtlicher Sicht eine Gleichbehandlung anzunehmen.

4.1 Zeitpunkt der Entstehung der Umsatzsteuerforderung

Um eine solche, auf den ersten Blick bestehende Vergleichbarkeit auch tatsächlich bestätigen zu können, müssten auch bei einer Sicherungszession die gleichen umsatzsteuerlichen und insolvenzrechtlichen Voraussetzungen gegeben sein. Wie bereits oben dargestellt, entsteht bei der Sicherungsübereignung die Umsatzsteuerforderung bezüglich der Verwertung des Sicherungsgutes durch den Sicherungsnehmer erst nach der Eröffnung des Insolvenzverfahrens, so dass im Ergebnis eine Masseverbindlichkeit gegeben ist. Dieses Vorliegen einer Masseverbindlichkeit ist gerade die Grundvoraussetzung der bevorzugten Stellung des Fiskus. Folglich ist es nötig, dass auch in Fällen der Sicherungsabtretung die Umsatzsteuerforderung erst nach Eröffnung des Insolvenzverfahrens entsteht, also ebenso eine Masseverbindlichkeit vorliegt und gerade keine Insolvenzforderung. Eine solche Insolvenzforderung liegt vor, wenn die Umsatzsteuerforderung bereits vor der Eröffnung des Insolvenzverfahrens entstanden ist. Im Folgenden soll nun untersucht werden, wie die Umsatzsteuerforderung bei einer Sicherungszession zu qualifizieren ist. Im Kern geht es darum, zu entscheiden, ob die Sicherungsübereignung und die Sicherungsabtretung bezogen auf die Umsatzsteuer insolvenzrechtlich tatsächlich gleich zu behandeln sind.

4.1.1 Abgrenzung Masseverbindlichkeit zur Insolvenzforderung

Noch offene Umsatzsteuerforderungen bzw. Umsatzsteuerschulden des Insolvenzschuldners aus Besteuerungszeiträumen und Voranmeldezeiträumen vor Insolvenzanmeldung stellen stets Insolvenzforderungen i.S.d. § 38 InsO dar.[555] Soweit eine Festsetzung bereits erfolgt ist, handelt es sich um fällige Forderungen, die, wenn sie vor Insolvenzeröffnung entstanden sind, auch bereits begründet sind. Selbst wenn für vor Eröffnung liegende Besteuerungs- und Voranmeldungszeiträume keine Festsetzung erfolgt war, kann es sich nicht um Masseverbindlichkeiten handeln, denn vor Insolvenzeröffnung entstandene Umsatzsteuerforderungen sind ebenfalls immer vor Insolvenzeröffnung begründet. Das Entstehen der Steuern für Ausgangsumsätze wird durch § 13 UStG an den Ablauf des Voranmeldungszeitraumes geknüpft und § 15 UStG lässt Vorsteuern mit Erfüllung des Tatbestandes entstehen. Somit können Umsatzsteuerforderungen, die auf nach § 13 UStG entstandenen Steuern für Umsätze und Vorsteuern für Voranmeldungszeiträume vor Insolvenzeröffnung beruhen, niemals Masseverbindlichkeiten sein. Damit können umgekehrt Umsatzsteueransprüche, die auf erst in Voranmeldungszeiträumen nach Insolvenzeröffnung entstandenen Steuern und Vorsteuern beruhen, nicht als Insolvenzforderungen gelten, denn wenn der gesamte umsatzsteuerliche Tatbestand, der die Steuer bzw. das Vorsteuerabzugsrecht nach § 15 UStG entstehen lässt, erst nach Insolvenzeröffnung verwirklicht wird, kann es sich nicht um eine vor Insolvenzeröffnung begründete Forderung handeln. Allerdings kommen als Masseverbindlichkeiten auf umsatzsteuerliche Tatbestandsverwirklichung nach Insolvenzeröffnung beruhende Umsatzsteuer aus dem Voranmeldungszeitraum der Insolvenzeröffnung und aus späteren Voranmeldungszeiträumen nur in Betracht, wenn die Steuern und Vorsteuern durch Handlungen des Insolvenzverwalters oder in anderer Weise durch die Verwaltung, Verwertung oder Verteilung der Insolvenzmasse begründet werden (§ 55 Abs. 1 Nr. 1 InsO) oder durch den starken vorläufigen Insolvenzverwalter nach § 55 Abs. 2 Satz 1 InsO. Die Lieferung bei der Verwertung von Sicherheitsgut durch den Insolvenzverwalter gemäß den §§ 166, 51 InsO erfolgt erst nach Insolvenzeröffnung, so dass umsatzsteuerlich – wie dargestellt – lediglich eine dem Insolvenzschuldner als Unternehmer zuzurechnende Lieferung des Insolvenzverwalters an den Erwerber vorliegt.[556] Eine Lieferung von Sicherungsgut durch den Insolvenzverwalter an den Erwerber mit der Folge der Entstehung von Masseverbindlichkeiten liegt auch dann vor, wenn das Sicherungsgut mit Zustimmung des Sicherungsnehmers und des Erwerbers zur Auswechslung des Sicherungsgebers geliefert wird.[557] Eine Insolvenzforderung nach § 38 InsO kommt hierbei nicht in Betracht, da sowohl die Leistung als auch die Ent-

555 Hierzu ausführlicher an späterer Stelle.

556 Vgl. Reiß, W., in: Reiß, W./Kraeusel, J./Langer, M., UStG, § 13 UStG, Rn. 113 ff.

557 Vgl. BFH, Urt. v. 4.6.1987 - V R 57/79, BStBl. II 1987, 341; BFH, Urt. v. 20.7.1978 - V R 2/75, BStBl. II 1978, 684.

geltsvereinnahmung erst nach Insolvenzeröffnung erfolgen, der umsatzsteuerliche Tatbestand mithin auch nicht teilweise vorher verwirklicht wurde.[558]

4.1.2 Umsatzsteueranspruch als Insolvenzforderung nach § 38 InsO

Bereits bei der Behandlung der Sicherungsübereignung wurde der Fall dargestellt, dass das Insolvenzverfahren noch vor der Entstehung des Umsatzsteueranspruchs durch die Verwertung des Sicherungsgutes eröffnet wurde. Im Folgenden soll nun erörtert werden, wie es sich verhält, wenn eine Umsatzsteuerforderung bereits vor der Eröffnung des Insolvenzverfahrens entstanden ist. Denn entscheidend für die Geltendmachung des Umsatzsteueranspruchs nach Eröffnung des Insolvenzverfahrens nach § 251 Abs. 2 AO i.V.m. § 38 InsO ist, ob es sich um eine Insolvenzforderung handelt. Eine solche liegt nach § 38 InsO dann vor, wenn der persönliche Gläubiger gegen den Insolvenzschuldner einen zur Zeit der Eröffnung des Verfahrens begründeten Vermögensanspruch hat.[559] Nach § 38 InsO sind nur persönliche Gläubiger Insolvenzgläubiger. Das persönliche Gläubigerrecht ist dadurch gekennzeichnet, dass der Schuldner mit seinem ganzen Vermögen bzw. mit einem Sondervermögen, wie etwa dem Gesamtgut (§ 333 InsO), für eine Verbindlichkeit einzustehen hat.[560]

Dabei ist der Umsatzsteueranspruch für den Besteuerungszeitraum mithin als Insolvenzforderung durch Anmeldung zur Tabelle geltend zu machen. Er nimmt insoweit an der Verteilung der Masse nach dem Grundsatz „par conditio creditorum", also der Gläubigergleichbehandlung, unter den Insolvenzgläubigern teil, als er vor Eröffnung des Verfahrens begründet wurde. Der Gläubigergleichbehandlungsgrundsatz wird neben der quantitativen Aussage zur Bestimmung derjenigen, die an der Befriedigung durch die Insolvenzmasse teilnehmen dürfen, durch eine qualitative Aussage ergänzt. Die Befriedigung der Gläubiger ist nämlich durch das spezifisch insolvenzrechtliche Gerechtigkeitspostulat des Gläubigergleichbehandlungsgrundsatzes geprägt.[561] Diese zeigt sich darin, dass die Privatautonomie des Schuldners als Legitimationsgrund für die haftungsrechtliche Bevorrechtigung bestimmter Gläubiger entfällt. Mit Verfahrenseröffnung verlieren die Gläubiger zugleich auch ihren Einfluss auf das Schuldnervermögen und sie müssen sich wechselseitig ihren Einfluss auf die Vermögens- und Haftungsverhältnisse des Schuldners zurechnen lassen. Daher sind sie gleich zu be-

---

558 Vgl. Reiß, W., in: Reiß, W./Kraeusel, J./Langer, M., UStG § 13 UStG, Rn. 115.

559 Vgl. Reiß, W., in: Reiß, W./Kraeusel, J./Langer, M., UStG, § 13 UStG, Rn. 86; Uhlenbruck, W., in: Uhlenbruck, W., InsO, § 38 InsO, Rn. 1.

560 Vgl. Jaeger, E./Henckel, W./Weber, F., KO, § 3 KO, Rn. 14; Prütting, H., in: Kübler, B. M./Prütting, H., InsO, § 38 InsO, Rn. 5.

561 Vgl. Häsemeyer, L., Insolvenzrecht, Rn. 2.17 ff., 16.20; ders., KTS 1982, 507 (514 ff.); Jaeger, E./Henckel, W./Weber, F., KO, § 3 KO, Rn. 3.

handeln.[562] Deshalb findet die Privilegierung bestimmter Gläubiger nicht durch privatautonome Entscheidungen statt, sondern diese werden allenfalls durch den Gesetzgeber vorgenommen. Allerdings bedarf es hierbei auch insoweit großer Zurückhaltung, um den Gläubigergleichbehandlungsgrundsatz nicht durch staatliche Eingriffe in die Zuordnung des haftungsrechtlich allen Gläubigern zugewiesenen Schuldnervermögens zu bestimmten Gläubigern auszuhöhlen. Daher ist die Bevorzugung oder die Nachrangigkeit bestimmter Gläubiger durch Gesetz nur möglich, wenn daran ein überwiegendes Interesse besteht, welches den Interessen an der gleichmäßigen und möglichst umfangreichen Befriedigung der übrigen Gläubiger vorgeht.[563]

4.1.3 Begründetheit der Insolvenzforderung

Die Stellung als Insolvenzgläubiger setzt voraus, dass sein Vermögensanspruch zum Zeitpunkt der Verfahrenseröffnung begründet ist. Diese Grenzziehung ergibt sich daraus, dass der Schuldner grundsätzlich mit Eröffnung des Insolvenzverfahrens seine Verfügungsbefugnis über sein Vermögen verliert und daher auch die Masse nicht mehr verpflichten kann.[564] Nach § 13 Abs. 1 Nr. 1 a UStG entsteht die Umsatzsteuerschuld bei der Versteuerung nach vereinbarten Entgelten i.S.d. § 16 UStG mit Ablauf des Voranmeldungszeitraums, in dem die Leistung ausgeführt, bei Versteuerung nach vereinnahmten Entgelten i.S.d. § 20 UStG mit Ablauf des Voranmeldungszeitraums, in dem das Entgelt gemäß § 13 Abs. 1 Nr. 1 b UStG vereinnahmt worden ist. Die Umsatzsteuerjahresschuld entsteht mit Ablauf des Kalenderjahres. Falls dieser Entstehungszeitpunkt nach Eröffnung des Insolvenzverfahrens liegt, ist die Umsatzsteuerforderung nach § 55 InsO Masseverbindlichkeit.

Auszunehmen hiervon ist lediglich der Teil des Umsatzsteueranspruchs, der durch den vorläufigen starken Insolvenzverwalter begründet worden ist, denn § 55 Abs. 2 InsO ordnet ausdrücklich an, dass dieser Teil des Anspruchs als Masseverbindlichkeit zu behandeln ist, obwohl er vor Insolvenzeröffnung begründet wurde.[565] Im Rahmen der insolvenzrechtlich zutreffenden Einordnung des Umsatzsteueranspruchs ist davon auszugehen, dass es sich um einen Anspruch aus einem gesetzlichen Steuerschuldverhältnis handelt. Dieses öffentlich-rechtliche Steuerschuldverhältnis ist Ausgangspunkt für die insolvenzrechtliche Fragestellung, ob aus dem Steuerschuldverhältnis bereits ein begründeter Anspruch i.S.d. § 38 InsO entstanden ist,[566] der aus der Masse nach dem Grundsatz „par conditio

---

[562] Vgl. Häsemeyer, L., Insolvenzrecht, Rn. 16.20, 16.01.

[563] Vgl. Ehricke, U., in: Kirchhof, H.-P./Lwowski, H.-J./Stürner, R., InsO, § 38 InsO, Rn. 4.

[564] Vgl. Eckardt, D., in: Fuchs, K.-H., Kölner Schrift zur InsO, S. 746 f.

[565] Vgl. Reiß, W., in: Reiß, W./Kraeusel, J./Langer, M., UStG, § 13 UStG, Rn. 86.

[566] Vgl. Reiß, W., in: Krause, R./Veelken, W./Vieweg, K., Recht der Wirtschaft und der Arbeit in Europa, S. 428.

creditorum" gleichmäßig zu befriedigen ist. Hierbei erscheint es problematisch, nach welchen Rechtsvorschriften sich bestimmt, ob der Umsatzsteueranspruch bereits bei Insolvenzeröffnung begründet ist. Gegenüber stehen sich eine steuerrechtlich orientierte[567] und eine angeblich insolvenzrechtlich orientierte[568] Betrachtungsweise, wobei jedoch richtigerweise weder die eine noch die andere Betrachtungsweise zutrifft. Vielmehr ist *Reiß*[569] zuzustimmen, wonach das Verhältnis zwischen der sog. insolvenzrechtlichen Betrachtungsweise und der umsatzsteuerrechtlichen Betrachtungsweise folgendermaßen zu bestimmen ist.

Nach Insolvenzrecht ist ausschließlich zu entscheiden, welche Kriterien maßgebend für die Begründetheit zur Zeit der Insolvenzeröffnung sind, so dass der Begriff der Begründetheit als ein insolvenzrechtlicher Begriff zu sehen ist. Nach dem Telos des Insolvenzrechts, nämlich die gleichmäßige Befriedigung aller zur Zeit der Insolvenzeröffnung bereits vorhandenen Insolvenzgläubiger, ist zu entscheiden, ob bereits von einem begründeten Anspruch auszugehen ist. Diesbezüglich gibt das Insolvenzrecht die Antwort, dass die Begründetheit einer Forderung bereits dann anzunehmen ist, wenn der schuldrechtliche Tatbestand, aus dem der Anspruch erwächst, zur Zeit der Eröffnung des Verfahrens bereits so weit erfüllt ist, dass mit der Entstehung des Anspruchs mit Sicherheit zu rechnen ist, mag dieses Entstehen auch erst nach Insolenzeröffnung eintreten.[570] Somit sind nur solche Forderungen, die erst nach dem für die Verfahrenseröffnung maßgeblichen Zeitpunkt begründet werden, Neuforderungen, die unter keinem Gesichtspunkt am Insolvenzverfahren teilnehmen.[571] Unmittelbar aus § 41 InsO folgt bereits, dass es keiner Fälligkeit des Anspruchs bedarf. Jedoch kann die Frage, ob der schuldrechtliche Tatbestand weitgehend erfüllt ist, nicht mehr

567 Vgl. BFH, Urt. v. 27.5.1987 - X R 2/81, BStBl. II 1987, 741, wonach eine Umsatzsteuerforderung i.S.d. § 38 InsO in dem Zeitpunkt begründet ist, in dem der Tatbestand, aus dem sich der Anspruch ergibt, vollständig abgeschlossen ist. Der Anspruch muss daher, abgesehen von dem Ablauf des Voranmeldungszeitraums, vollständig begründet sein.

568 Vgl. Frotscher, G., in: Gottwald, P., Insolvenzrechtshandbuch, S. 1604, wonach die Ansicht des BFH steuerrechtlichen Tatbestandsverwirklichung Priorität vor den insolvenzrechtlichen Kriterien hat, so dass nach dieser Auffassung der Rechtsprechung nicht zu folgen ist, denn maßgeblich für das „Begründetsein" nach § 38 InsO ist nicht die steuerrechtliche Tatbestandsverwirklichung, sondern der insolvenzrechtliche Bezug auf die Masse vor oder nach der Eröffnung des Insolvenzverfahrens. Daher kann eine Umsatzsteuerforderung auch dann Insolvenzforderung sein, wenn die Tatbestandsmerkmale nach Eröffnung des Insolvenzverfahrens verwirklicht wurden und wenn die steuerschuldrechtliche Beziehung, aus der später der Anspruch entsteht, vor Eröffnung des Insolvenzverfahrens von dem Schuldner geschaffen wurde. Falls dieser Zeitpunkt vor Eröffnung des Insolvenzverfahrens liegt, ist die Umsatzsteuerforderung Insolvenzforderung.

569 Vgl. Reiß, W., in: Reiß, W./Kraeusel, J./Langer, M., UStG, § 13 UStG, Rn. 87 ff.

570 Vgl. Eckardt, D., in: Fuchs, K.-H., Kölner Schrift zur InsO, S. 746 f.; Jaeger, E./Henckel, W./Weber, F., KO, § 3 KO, Rn. 37 f.

571 Vgl. Eckardt, D., in: Fuchs, K.-H., Kölner Schrift zur InsO, S. 746 f.; Eickmann, D., in: Eickmann, D./Flessner, A./Irschlinger, F., InsO, § 38 InsO, Rn. 10.

nach Insolvenzrecht, sondern nur nach dem das materielle Schuldverhältnis regelnden Recht beantwortet werden. Somit kann auch die Frage, ob zur Zeit der Eröffnung des Insolvenzverfahrens der Umsatzsteueranspruch bereits begründet war, weil der Tatbestand des Umsatzsteuerschuldverhältnisses bereits im Wesentlichen erfüllt war, daher nur nach dem Umsatzsteuerschuldtatbestand beantwortet werden. Dieses Abstellen auf die Begründetheit des (Umsatzsteuer-)Anspruchs in § 38 InsO bewirkt aus insolvenzrechtlichen Gründen eine Vorverlagerung für die Berücksichtigung von Forderungen als Insolvenzforderungen gegenüber dem Fälligkeitszeitpunkt und dem Entstehungszeitpunkt. Dabei werden durch das Umsatzsteuerrecht lediglich die Fälligkeit und das Entstehen des Umsatzsteueranspruchs geregelt. Dabei fehlt eine ausdrückliche Regelung über die Begründetheit ebenso wie bei anderen Schuldverhältnissen auch.

Der bei Eröffnung des Insolvenzverfahrens bereits fällige Steueranspruch, aber auch der bereits entstandene Steueranspruch ist stets auch begründet i.S.d. § 38 InsO. Damit sind rückständige Steuerforderungen aus Jahressteuerbescheiden für Jahre vor Eröffnung des Insolvenzverfahrens immer nur Insolvenzforderungen, ebenso wie Voranmeldungsschulden aus Voranmeldungszeiträumen vor Eröffnung des Insolvenzverfahrens. Denn auch dieser Voranmeldungssteueranspruch ist endgültig bereits vor Insolvenzeröffnung entstanden.[572]

4.1.4 Insolvenzrechtliche Begründetheit und umsatzsteuerliche Entstehung sowie Fälligkeit des Umsatzsteueranspruches

In diesem Zusammenhang erscheint es problematisch, ob überhaupt eine Bestimmung für das Entstehen der Jahressteuerschuld vorhanden ist. Durch § 18 Abs. 1 i.V.m. den §§ 13, 15, 16 Abs. 1 und 2 UStG wird vermeintlich nur das Entstehen der Voranmeldungsschuld geregelt. Danach entsteht diese, also der Saldo aus Ausgangssteuern und zu berücksichtigenden Vorsteuern, nach Ablauf des jeweiligen Voranmeldungszeitraumes.[573] Die Rechtsprechung stuft diese sog. Voranmeldungsschuld als einen verkehrsfähigen, abtretbaren und verrechenbaren Anspruch ein.[574] Im Gegensatz hierzu stellt die für den einzelnen Umsatz entstehende Steuer nach § 13 UStG ebenso wenig wie der Vorsteuerabzug nach § 15 UStG einen verkehrsfähigen (selbstständigen) Anspruch oder eine Insolvenz- bzw. Masseforderung dar.

Keine Rolle für das Entstehen der Voranmeldungsschuld spielt die Abgabe einer Voranmeldung für einen Voranmeldungszeitraum. Dabei entsteht die Voranmeldungsschuld kraft Gesetzes auch dann, wenn keine Steuerfestsetzung erfolgt,

---

572 Vgl. Reiß, W., in: Reiß, W./Kraeusel, J./Langer, M., UStG, § 13 UStG, Rn. 89.

573 Vgl. Reiß, W., in: Krause, R./Veelken, W./Vieweg, K., Recht der Wirtschaft und der Arbeit in Europa, S. 432.

574 Vgl. BFH, Beschl. v. 22.8.1995 - VII B 107/95, BStBl. II 1995, 916 (916).

denn der Steueranspruch tritt kraft Gesetzes ein. Die Jahressteuerschuld entsteht sukzessive mit Ablauf jedes Voranmeldungszeitraumes, so dass mit Ablauf des letzten Voranmeldungszeitraumes des Kalenderjahres auch die Jahresschuld insgesamt entstanden ist.[575] Dies entspricht auch dem Ergebnis der Rechtsprechung, die davon ausgeht, dass mangels gesetzlicher Regelung die Steuerschuld mit Ablauf des Kalenderjahres entsteht.[576]

Abweichend zu der kraft Gesetzes eintretenden Entstehung tritt die Fälligkeit nur nach der Steuerfestsetzung ein. In diesem Zusammenhang ist allerdings zu beachten, dass die umsatzsteuerliche Voranmeldung und die Jahreserklärung gemäß § 168 AO einer Steuerfestsetzung gleichstehen. Obwohl nach § 18 Abs. 1 UStG die Fälligkeit der Voranmeldungsschuld am zehnten Tag nach Ablauf des Voranmeldungszeitraumes eintritt, folgt gleichwohl aus § 218 AO, dass es zur Durchsetzung eines Steuerbescheides bzw. einer diesem gleichstehenden Steueranmeldung bedarf. Aus § 18 Abs. 4 UStG ergibt sich für die Jahressteuerschuld, dass die Fälligkeit einen Monat nach Bekanntgabe des Jahressteuerbescheides eintritt, allerdings nur für den Teil der Steuerschuld, der nicht bereits als Voranmeldungsschuld fällig geworden ist.[577]

Indes ist im Rahmen des Insolvenzrechts nicht mehr auf die Fälligkeitsregelungen der Einzelsteuergesetze abzustellen, sondern für die Fälle einer Insolvenz ergibt sich die Fälligkeit unmittelbar aus der InsO. Nach § 41 Abs. 1 InsO gelten nicht fällige Forderungen als fällig und gemäß § 42 InsO werden auflösend bedingte Forderungen im Verfahren wie unbedingte Forderungen behandelt, solange die Bedingung nicht eingetreten ist.[578] Tritt die Bedingung während des Verfahrens ein, so kann der Insolvenzverwalter oder der Schuldner nach Feststellung der Forderung zur Tabelle Vollstreckungsgegenklage nach § 767 ZPO erheben.[579] Zwar ist die Teilnahme aufschiebend bedingter Forderungen nicht in der InsO geregelt[580], dass aber auch diese Forderungen am Verfahren teilnehmen, ergibt sich mittelbar aus den §§ 77 Abs. 2 und 3, 95 Abs. 1 Satz 1, 191, 238 Abs. 1 Satz 1 InsO, in denen diese Forderung ausdrücklich erwähnt werden.[581] Mithin bleibt festzuhalten, dass es für die Bestimmung der Fälligkeit nicht auf die Regelungen des UStG ankommt, sondern allein § 41 InsO maßgeblich ist, so dass Forderungen, die zwar begründet, aber eigentlich nach dem

575 Vgl. Reiß, W., in: Krause, R./Veelken, W./Vieweg, K., Recht der Wirtschaft und der Arbeit in Europa, S. 432.
576 Vgl. BFH, Urt. v. 23.6.1993 - X R 214/87, BFH/NV 1994, 295 (295).
577 Vgl. Reiß, W., in: Krause, R./Veelken, W./Vieweg, K., Recht der Wirtschaft und der Arbeit in Europa, S. 433.
578 Vgl. Pape, G./Uhlenbruck, W., Insolvenzrecht, S. 385.
579 Vgl. Holzer, J., in: Kübler, B. H./Holzer, J., InsO, § 42 InsO, Rn. 6.
580 Vgl. Eickmann, D., in: Eickmann, D./Flessner, A./Irschlinger, F., InsO, § 42 InsO, Rn. 5.
581 Vgl. Pape, G./Uhlenbruck, W., Insolvenzrecht, S. 385.

UStG noch nicht fällig sind, durch die Eröffnung des Insolvenzverfahrens als fällig gelten.[582]

4.1.5 Begründetheit der Steuerforderung in Abhängigkeit der umsatzsteuerlichen Besteuerungsart

Bei der Begründetheit von Steuerforderungen ist zwischen der Soll- und der Ist-Besteuerung zu unterscheiden. Die Soll-Besteuerung als Besteuerung nach vereinbarten Entgelten gilt im Umsatzsteuerrecht als Regelbesteuerung, während die Ist-Besteuerung nur ausnahmsweise für bestimmte Umsätze bzw. bis zu bestimmten Umsatzgrenzen möglich ist.

4.1.5.1 Regel-Soll-Besteuerung nach § 13 Abs. 1 Nr. 1 a UStG i.V.m. § 16 UStG

Zutreffend abzustellen ist bei der Besteuerung nach vereinbarten Entgelten darauf, ob die umsatzsteuerliche Leistung (Lieferung nach § 3 Abs. 1 UStG oder sonstige Leistung nach § 3 Abs. 9 UStG) vor Insolvenzeröffnung oder erst danach durch den für den Insolvenzschuldner handelnden Insolvenzverwalter ausgeführt wird.[583] In letzterem Fall handelt es sich um Masseverbindlichkeiten nach § 55 Nr. 1 InsO. Dabei ist allein auf dem umsatzsteuerlichen Zeitpunkt der Ausführung der Leistung abzustellen und zwar auch dann, wenn die Leistung vor Insolvenzeröffnung erbracht wird, der Voranmeldungszeitraum aber erst nach Insolvenzeröffnung endet. Es ist somit für die Begründetheit unerheblich, dass deshalb die Steuer und damit der darauf gründende Steueranspruch des Besteuerungszeitraumes nach § 13 Abs. 1 Nr. 1 a Satz 1 UStG erst nach Insolenzeröffnung entsteht. Dies gilt auch für vor der Insolvenzeröffnung erbrachte Teilleistungen (§ 12 Abs. 1 Nr. 1 a Sätze 2 und 3 UStG), denn auch hier ist maßgebend, ob die Teilleistung vor Insolvenzeröffnung erbracht wurde, so dass der Steueranspruch bereits deshalb als begründet i.S.d. § 38 InsO angesehen wird, weil das Entstehen allein noch vom zeitlichen Ablauf abhängt, der mit Sicherheit eintreten wird.

Diese umsatzsteuerliche Regelung hat auch für das Insolvenzrecht dahingehend bindende Wirkung, dass bei der Soll-Besteuerung bereits die Ausführung der jeweiligen Leistung den Steueranspruch entstehen lässt, wenn nur ein Entgelt zu erwarten ist. Sollte dieser wider erwarten ausbleiben, so sind nachträgliche Korrekturen gemäß § 17 UStG durchzuführen. Jedenfalls sind bereits entstandene Steueransprüche nach § 38 InsO wie andere Vermögensansprüche stets zu berücksichtigen, denn durch das Merkmal der Begründetheit findet eine Vorverla-

[582] Vgl. Kapitel II.2.3.2.
[583] Vgl. Dobler, T., Das Insolvenzverfahren, S. 78.

gerung gegenüber der Entstehung statt. Da für § 1 Abs. 1 Nr. 1 UStG Leistung und Entgelt gleichwertige Tatbestandsmerkmale sind, wird durch § 13 Abs. 1 Nr. 1 a i.V.m. § 16 UStG gerade angeordnet, dass die noch fehlende Entrichtung des Entgelts nicht die Entstehung des Steueranspruchs hindert und infolgedessen keine Auswirkung auf die Begründetheit hat.[584] Der zusätzliche Anspruch des § 13 Abs. 1 Nr. 1 a UStG, der den Ablauf des Voranmeldungszeitraums verlangt, ist für die Begründetheit nicht entscheidend, denn dies ist allein für die Entstehung des Steueranspruchs im Besteuerungszeitraum von Bedeutung. Keine Schwierigkeit für die aus Lieferungen resultierende Steuer ergibt sich folglich daraus, dass durch die resultierende Steuer i.S.d. § 13 Abs. 1 Nr. 1 a UStG der als Insolvenzforderung geltend zu machende Teil des Steueranspruchs erhöht wird, wenn die Lieferung vor dem Zeitpunkt der Eröffnung des Insolvenzverfahrens ausgeführt wurde.[585]

4.1.5.2 Ist-Besteuerung nach § 13 Abs. 1 Nr. 1 b UStG i.V.m. § 20 UStG

Die Steuer entsteht nach § 13 Abs. 1 Nr. 1 b UStG im Rahmen der Ist-Besteuerung – auch wenn die Leistung noch nicht ausgeführt ist – bereits mit der Vereinnahmung des Entgelts.[586] Strittig ist hierbei, wie der Fall einzuordnen ist, dass das Entgelt vor Insolvenzeröffnung vereinnahmt wird, die Leistung aber erst danach erbracht wird. Nach Ansicht von *Frotscher*[587] liegt dann eine Masseverbindlichkeit vor, wohingegen im umgekehrten Fall bei der Ausführung vor Insolvenzeröffnung, aber Vereinnahmung nach Insolvenzeröffnung, eine Insolvenzforderung begründet sein soll. Diese Ansicht wird damit begründet, dass der zivilrechtliche Schuldorganismus, aus dem der Steueranspruch folge, durch Erbringung der Leistung vor oder nach Insolvenzeröffnung geschaffen worden sei.[588] Allerdings ist dieser Auffassung nicht zu folgen, da Umsatzsteueransprüche bereits nicht aus dem zivilrechtlichen Schuldrechtsorganismus entstehen und zudem wird dieser Schuldrechtsorganismus nicht erst durch die Ausführung der Leistung geschaffen, sondern vielmehr durch den Vertragsschluss. Weiterhin handelt es sich bei dem Umsatzsteueranspruch nicht um einen Anspruch aus einem gegenseitigen Vertrag. Bei einer Leistungserbringung durch den Insolvenzschuldner vor Verfahrenseröffnung oder nach der Eröffnung des Insolvenzverfahrens durch den Insolvenzverwalter hat der Vertragsgegner das Entgelt auf

---

[584] Begründet ist der Steueranspruch dann beispielsweise nicht, wenn gerade der Fall der Rückgängigmachung nach § 17 UStG eintritt.

[585] Vgl. Reiß, W., in: Reiß, W./Kraeusel, J./Langer, M., UStG, § 13 UStG, Rn. 90; Reiß, W., in: Krause, R./Veelken, W./Vieweg, K., Recht der Wirtschaft und der Arbeit in Europa, S. 435.

[586] Vgl. Reiß, W., in: Reiß, W./Kraeusel, J./Langer, M., UStG, § 13 UStG, Rn. 96.

[587] Vgl. Frotscher, G., Besteuerung bei Insolvenz, S. 180 f.

[588] Vgl. Frotscher, G., Besteuerung bei Insolvenz, S. 180 f.; Knobbe-Keuk, B., BB 1977, 757 (757); Onusseit, D., Umsatzsteuer im Konkurs, S. 90.

jeden Fall an die Masse zu entrichten. Für den Fall einer Nichtleistung entfällt die Möglichkeit der Zurückforderung des entrichteten Entgelts, sondern es besteht vielmehr nur noch die Möglichkeit der Geltendmachung einer Insolvenzforderung. Allerdings hat das Schicksal des Entgeltanspruchs keine Auswirkung auf die insolvenzrechtliche Behandlung des auf dem Steuerschuldverhältnis beruhenden Steueranspruchs. Es ist zunächst davon auszugehen, dass § 38 InsO mit dem Abstellen auf einen begründeten Anspruch die Geltendmachung von noch nicht vollständig entstandenen Ansprüchen ermöglichen will, bei denen aber die Entstehung auf Grund der bisher verwirklichten Tatbestandsmerkmale des zugrunde liegenden Schuldverhältnisses als gesichert erscheint.[589] Dies führt zu dem Umkehrschluss, dass ein noch nicht entstandener Anspruch auch als noch nicht begründet i.S.d. § 38 InsO anzusehen ist.[590] Es kann keine Übertragung der sich aus § 103 InsO ergebenden Folgen hinsichtlich der Ansprüche aus nicht erfüllten gegenseitigen Verträgen auf steuerrechtliche Ansprüche erfolgen. Auch wenn man *Frotscher* folgen sollte, dass der Steueranspruch auflösend bedingt durch die nach Insolvenzeröffnung erfolgende Ausführung der Leistung sei, so ergibt sich aus § 42 InsO, dass der Steueranspruch als normale Insolvenzforderung geltend zu machen ist und nicht etwa als Masseverbindlichkeit.[591] Folglich wird nur eine Insolvenzforderung i.S.d. § 38 InsO durch Steuern i.S.d. § 13 Abs. 1 Nr. 1 b UStG begründet, die auf vor Insolvenzeröffnung vereinnahmte Entgelte entfallen.[592] Ebenso wie bei der Soll-Besteuerung ist es unerheblich, ob der Voranmeldungszeitraum erst nach der Insolvenzeröffnung endet. Dabei ist kein Unterschied zu machen, ob die Leistung vor oder nach Insolvenzeröffnung ausgeführt wurde. Falls die Leistung jedoch nicht nach Insolvenzeröffnung ausgeführt wurde, so hat nach § 17 Abs. 2 Nr. 2 UStG eine Berichtigung zu erfolgen.[593]

Zudem ist bei der Ist-Besteuerung problematisch, ob eine Insolvenzforderung auch dann begründet ist, wenn die Leistung bereits vor Insolvenzeröffnung ausgeführt wurde, das Entgelt allerdings erst nach Verfahrenseröffnung vereinnahmt wird. Die h.M.[594] bejaht dies und nimmt hierbei eine Insolvenzforderung an. Dem ist im Ergebnis zuzustimmen, wobei die Begründung, der Tatbestand des § 1 Abs. 1 Nr. 1 UStG sei bereits mit der Ausführung der Leistung erfüllt, sofern nur ein Entgelt vereinbart sei, nicht überzeugen kann. Zuzustimmen ist insoweit, dass die Versteuerung nach vereinbarten Entgelten die Regelform ist

---

589 Vgl. Reiß, W., in: Reiß, W./Kraeusel, J./Langer, M., UStG, § 13 UStG, Rn. 96.

590 So aber Frotscher, G., Besteuerung bei Insolvenz, S. 181.

591 Vgl. Uhlenbruck, W., in: Uhlenbruck, W., InsO, § 38 InsO, Rn. 35.

592 Vgl. Stadie, H., in: Rau, G./Dürrwächter, E., UStG, § 18 UStG, Anm. 1200.

593 Vgl. Reiß, W., in: Reiß, W./Kraeusel, J./Langer, M., UStG, § 13 UStG, Rn. 96.

594 Vgl. Stadie, H., in: Rau, G./Dürrwächter, E., UStG, § 18 UStG, Anm. 1197; Knobbe-Keuk, B., BB 1997, 757; Frotscher, G., Besteuerung bei Insolvenz, S. 180; Uhlenbruck, W., in: Uhlenbruck, W., InsO, § 38 InsO, Rn. 35.

und insoweit dann ausdrücklich in § 13 Abs. 1 Nr. 1 UStG bestimmt ist, dass bereits die Erbringung der Leistung für die Entstehung der Leistung ausreichen soll. § 13 Abs. 1 Nr. 1 b UStG i.V.m. § 20 UStG bestimmt umgekehrt, dass bereits die Entrichtung des Entgeltes für eine noch zu erbringende Leistung die Steuer entstehen lässt. Damit wird in beiden Fällen die Entstehung der Steuer gegenüber dem eigentlichen Tatbestand des § 1 Abs. 1 Nr. 1 UStG vorverlagert auf einen Zeitpunkt, zu dem der Tatbestand noch nicht vollständig erfüllt ist. Folglich ist fraglich, ob alternativ bereits die Ausführung der Leistung oder die Entrichtung des Entgeltes vor Insolvenzeröffnung i.S.d. § 38 InsO als ausreichend angesehen werden könne, um von einer Begründetheit auszugehen. Bei der Soll-Besteuerung führt wegen § 13 Abs. 1 Nr. 1 a Satz 4 UStG auch ein vor Insolvenzeröffnung entrichtetes Entgelt bereits die Begründetheit herbei, so dass umgekehrt angenommen werden sollte, dass schon die Ausführung der Leistung auch bei der Ist-Besteuerung ausreicht, um die Steuer als insoweit begründete Insolvenzforderung anzusehen. Dies führt ebenso zur Vermeidung einer unterschiedlichen Einordnung der Umsatzsteuer lediglich nach der bestehenden Besteuerungsform.[595] Denn auch bei der Vereinnahmung von Abschlagszahlungen entsteht bei der Regel-Soll-Versteuerung gemäß § 13 Abs. 1 Nr. 1 a Satz 4 UStG die Steuer bereits mit Ablauf des Voranmeldungszeitraumes der Vereinnahmung des Entgelts. Aus einer solchen Vereinnahmung vor Insolvenzeröffnung resultiert eine begründete Insolvenzforderung, da die Vereinnahmung bereits zur Steuerentstehung genügt und entstandene Steueransprüche auch begründete Ansprüche sind.[596]

Zusammenfassend lässt sich somit feststellen, dass eine Insolvenzforderung nach § 38 InsO vorliegt, wenn die umsatzsteuerrechtliche Leistung vor der Eröffnung des Insolvenzverfahrens erfolgt ist oder wenn die Zahlung vor Verfahrenseröffnung durchgeführt wird, die umsatzsteuerrechtliche Leistung jedoch erst nach der Eröffnung des Verfahrens vorliegt.

4.2 Ermittlung der Umsatzsteuerschuld

Es ergeben sich für die Umsatzsteuer Schwierigkeiten bei der verfahrensmäßig erforderlichen Unterscheidung der Geltendmachung der Umsatzsteuerforderung(en) als Insolvenzforderung durch Anmeldung zur Tabelle nach § 251 Abs. 2 AO i.V.m. § 89 InsO einerseits und Festsetzung durch Steuerbescheid als Masseverbindlichkeit nach §§ 155, 157 AO andererseits. Diese Schwierigkeit entsteht deshalb, da die festzusetzende Umsatzsteuer i.S.d. § 155 AO – der Steueranspruch des Besteuerungszeitraumes – nicht die einzelne aus einem Umsatz resultierende Steuer i.S.d. §§ 13, 13 b Abs. 1 UStG ist, sondern erst die Summe

595 Vgl. Reiß, W., in: Reiß, W./Kraeusel, J./Langer, M., UStG, § 13 UStG, Rn. 96.

596 Vgl. Reiß, W., in: Krause, R./Veelken, W./Vieweg, K., Recht der Wirtschaft und der Arbeit in Europa, S. 440.

dieser im betreffenden Voranmeldungszeitraum oder (Jahres-)Besteuerungszeitraum gemäß §§ 13 Abs. 1, 13 b UStG entstandenen Steuern abzüglich der für diesen Voranmeldungszeitraum zu berücksichtigenden Vorsteueranspruch nach § 15 UStG und Vorsteuerkorrekturen nach § 15 a UStG, was sich aus § 16 Abs. 1 und 2 UStG ergibt. Die Steuerschuld für den Besteuerungszeitraum ergibt sich erst aus dem Saldo aus (Ausgangs-)Steuern für die einzelnen Umsätze abzüglich Vorsteuern, wobei auch für Voranmeldungszeiträume nach § 18 Abs. 1 UStG dasselbe gilt. Diese in den §§ 13, 13 b UStG behandelten „Steuern" sind ebenso wenig wie die in §§ 15, 15 a UStG behandelten „Vorsteueransprüche" selbstständig verkehrsfähige Ansprüche, so dass sie weder gesondert abgetreten werden noch insoweit eine gesonderte Steuerfestsetzung nach § 155 AO erfolgen kann. Ferner können die Steuern für den einzelnen Umsatz zwecks Befriedigung zur Insolvenztabelle nach §§ 38, 89, 174 ff. InsO nicht angemeldet werden, noch können sie als Masseverbindlichkeiten nach § 53 InsO vorweg aus der Masse befriedigt werden. Diese Steueransprüche stellen vielmehr eine bloße Berechnungsgrundlage für die als Saldo – Summe der nach § 13 UStG für den Besteuerungszeitraum oder den Voranmeldungszeitraum entstandene „Steueransprüche" abzüglich der Summe der nach §§ 15, 15 a UStG für den Besteuerungszeitraum oder Voranmeldungszeitraum zu berücksichtigende Vorsteueransprüche[597] – nach § 155 AO festzusetzende Steuer bzw. die nach § 174 InsO anzumeldende Steuerforderung des Insolvenzgläubigers oder bei Vorsteuerüberhang sich ergebende Steuervergütung bzw. negative Steuerschuld.[598] Da die Eröffnung des Insolvenzverfahrens nicht zu einer Beendigung des laufenden Besteuerungs- und Voranmeldungszeitraumes führt, entsteht folglich ab Verfahrenseröffnung kein neuer Besteuerungszeitraum, da die Insolvenzeröffnung sowohl die Dauer des Besteuerungszeitraumes nach § 16 Abs. 1 und 3 UStG als auch des Voranmeldungszeitraumes nach § 18 Abs. 1 und 2 UStG unberührt lässt.[599]

Das von § 16 Abs. 1 und 2 UStG für den Besteuerungszeitraum vorgeschriebene Saldierungsgebot von im Besteuerungszeitraum (Kalenderjahr) gemäß § 13 und § 13 b UStG entstandenen Steuern und für den Besteuerungszeitraum nach §§ 15, 15 a UStG zu berücksichtigenden Vorsteueransprüchen ist Bestandteil des materiellen Umsatzsteuerschuldverhältnises. In Bezug auf diesen sich nach § 16 Abs. 1 und 2 UStG ergebenden Steueranspruch für den Besteuerungszeitraum ist nach den Vorschriften der InsO zu entscheiden, ob es sich um eine zur Tabelle anzumeldende Insolvenzforderung i.S.d. § 38 InsO handelt oder um eine

597 Vgl. auch BFH, Urt. v. 14.5.1998 – V R 74/97, BStBl. II 1998, 634; BFH, Urt. v. 24.3.1983 – V R 8/81, BStBl. II 1983, 612; BFH, Beschl. v. 10.10.1994 – V B 178/93, BFH/NV 1995, 491.

598 Vgl. Reiß, W., in: Reiß, W./Kraeusel, J./Langer, M., UStG, § 13 UStG, Rn. 77.

599 Vgl. BFH, Urt. v. 16.7.1987 – V R 80/82, BStBl. II 1987, 691; BMF-Schreiben v. 17.12.1998 – IV A 4 – S 0550 – 28/98, BStBl. I 1998, 1500.

aus der Masse vorweg zu befriedigende Masseverbindlichkeit gemäß §§ 53, 55 InsO. Hierbei wird für den Steueranspruch des Besteuerungszeitraumes, in dem die Insolvenzeröffnung stattfand, übereinstimmend angenommen, dass eine Aufteilung des Steueranspruchs für den Besteuerungszeitraum in eine Insolvenzforderung und eine sonstige Masseverbindlichkeit stattzufinden hat, wobei es entscheidend darauf ankommt, ob der Steueranspruch schon zur Zeit der Insolvenzeröffnung begründet war oder erst durch die Verwertung der Masse begründet wurde. Für rückständige Steueransprüche aus Besteuerungszeiträumen vor Insolvenzeröffnung kann eine Aufteilung in Insolvenzforderung und Masseverbindlichkeit nicht erfolgen, da es sich insgesamt immer nur um Insolvenzforderungen handelt, denn § 38 InsO verlegt mit dem Abstellen auf die Begründetheit der Forderung den maßgeblichen Zeitpunkt gegenüber der Entstehung vor, so dass eine bei der Eröffnung des Verfahrens bereits entstandene Forderung immer auch i.S.d. § 38 InsO bereits begründet ist.

Die dargestellte Aufteilung des einheitlichen Steueranspruchs für den Besteuerungszeitraum der Insolvenzeröffnung hat derart zu erfolgen, dass zunächst vorinsolvenzrechtlich begründete Steuern i.S.d. §§ 13, 13 b UStG und vorinsolvenzrechtliche Vorsteuern i.S.d. §§ 15, 15 a UStG einerseits sowie durch nachinsolvenzrechtliche Masseverwertung und -verwaltung begründete Steuern und Vorsteuern saldiert werden. Wenn sich für beide Bereiche entweder Steuerüberhänge oder Vorsteuerüberhänge ergeben, so ist auch der Gesamtsaldo in gleicher Weise aufzuteilen. Sollten sich jedoch für den einen Bereich Steuerüberhänge und für den anderen Bereich Vorsteuerüberhänge ergeben, so ist der Saldo insgesamt Insolvenzforderung oder Masseverbindlichkeit. Dabei ist entsprechend für den Fall, dass ein insgesamt bestehender Steuervergütungsanspruch für den Besteuerungszeitraum wegen eines Vorsteuerüberhanges besteht, zu verfahren. Den entsprechenden Steuervergütungsanspruch ist der Fiskus dann je nachdem vor oder nach der Eröffnung des Insolvenzverfahrens zur Masse schuldig geworden.[600]

Beispiel 1:

	gesamter Besteuerungszeitraum	vor Eröffnung	nach Eröffnung
Steuern § 13 UStG	200.000	120.000	80.000
Vorsteuern	- 130.000	- 100.000	- 30.000
Steueranspruch des Besteuerungszeitraumes	+ 70.000	+ 20.000	+ 50.000

[600] Vgl. Reiß, W., in: Reiß, W./Kraeusel, J./Langer, M., UStG, § 13 UStG, Rn. 80 f.

In diesem Beispiel 1 ist der Steueranspruch des Besteuerungszeitraumes in Höhe von 70.000 € bis zu 50.000 € als Insolvenzforderung gemäß § 39 InsO durch Anmeldung zur Tabelle geltend zu machen und in Höhe von 20.000 € durch an den Insolvenzverwalter zu richtenden Steuerbescheid.

Beispiel 2:

	gesamter Besteuerungszeitraum	vor Eröffnung	nach Eröffnung
Steuern § 13 UStG	200.000	120.000	80.000
Vorsteuern	- 130.000	- 30.000	- 100.000
Steueranspruch des Besteuerungszeitraumes	+ 70.000	+ 90.000	- 20.000

Hier ist der Steueranspruch des Besteuerungszeitraumes von 70.000 € insgesamt als Insolvenzforderung geltend zu machen. Dabei verkennt die gegenteilige Meinung[601], dass Aufrechnungsgrundsätze weder unmittelbar noch entsprechend angewendet werden können, denn bei der von § 16 UStG angeordneten Saldierung von Steuern und Vorsteuern handelt es sich nicht um eine Zwangsverrechnung gegenseitiger Ansprüche, sondern es entsteht vielmehr der Steueranspruch für den Besteuerungszeitraum von vornherein nur in Höhe des Saldos der Berechnungsgrundlage. Dies wird bereits von Art 18 Abs. 3 der 6. EG-Richtlinie (Art. 180 MwStSystRL) vorgeschrieben, wonach der Vorsteuerabzug global durch Abzug von dem für den Erklärungszeitraum geschuldeten Steuerbetrag vorgenommen wird.

Beispiel 3:

	gesamter Besteuerungszeitraum	vor Eröffnung	nach Eröffnung
Steuern § 13 UStG	200.000	120.000	80.000
Vorsteuern	- 300.000	- 150.000	- 150.000
Steueranspruch des Besteuerungszeitraumes	- 100.000	- 30.000	- 70.000

601 Vgl. Onusseit, D., Umsatzsteuer im Konkurs, S. 247 f.; Stadie, H., in: Rau, G./Dürrwächter, E., UStG, § 18 UStG, Anm. 1299 f.

Der Steuervergütungsanspruch (negative Steuerschuld) von insgesamt 100.000 € ist der Fiskus in Höhe von 70.000 € nach Insolvenzeröffnung zur Masse schuldig geworden, hingegen in Höhe von 30.000 € bis zur Eröffnung des Insolvenzverfahrens. Mithin ist gegen den Anspruch der Masse in Höhe von 70.000 € keine Aufrechnung des Fiskus mit einer Insolvenzforderung nach § 96 Abs. 1 Nr. 1 InsO unzulässig.

Wird der Insolvenzschuldner nach der Eröffnung des Insolvenzverfahrens ausnahmsweise selbst im insolvenzfreien Bereich unternehmerisch tätig, so bleibt es bei dem Grundsatz der Unternehmenseinheit, so dass es nicht zur Trennung der Unternehmensbereiche mit der Folge der Entstehung getrennter Steueransprüche oder Steuervergütungsansprüche für den Besteuerungszeitraum kommt. Lediglich die Steuerfestsetzung für den einheitlichen Steueranspruch des Besteuerungszeitraumes erfolgt getrennt gegenüber dem Insolvenzschuldner selbst bezüglich des insolvenzfreien Bereichs und im Übrigen gegenüber dem Insolvenzverwalter durch Steuerbescheid, soweit der Anspruch als Masseverbindlichkeit geltend zu machen ist, im Übrigen durch Anmeldung zur Tabelle. Diese notwendige Aufteilung ändert jedoch nichts daran, dass materiell-rechtlich für den Besteuerungszeitraum nur ein Steueranspruch unter Beachtung des Saldierungsgebotes des § 16 UStG entsteht. Nur dieser einheitliche Steueranspruch kann auf den insolvenzfreien Bereich einerseits und getrennt nach Insolvenzforderung und Masseverbindlichkeit aufgeteilt werden. Jedoch kommt es nicht in Betracht, entgegen § 16 UStG für den insolvenzfreien Bereich und den der Insolvenzverwaltung unterliegenden Bereich getrennte Steueransprüche festzusetzen bzw. im Insolvenzverfahren nach den Vorschriften der InsO geltend zu machen, so dass es ausscheidet, dass sich etwa für den Insolvenzbereich ein Vergütungsanspruch ergibt, hingegen für den insolvenzfreien Bereich ein Steueranspruch oder umgekehrt.[602] Gleichwohl wird dieser Ansicht in der Rechtsprechung – allerdings noch zur Konkursordnung – nicht gefolgt.[603] Nach diesem Urteil sei die Umsatzsteuer für Umsätze, die i.d.R. dem Verwaltungs- und Verfügungsrecht des Konkursverwalters unterliegenden Unternehmensteils ausgeführt wurden, in einem an den Konkursverwalter zu richtenden Umsatzsteuerbescheid zu erfassen. Die Vorsteuerbeträge aus Leistungsbezügen für diesen Unternehmensteil seien in diesem Bescheid gemäß § 16 Abs. 2 Satz 1 UStG abzusetzen. Wenn im Rahmen dieses Unternehmensteils keine Umsätze ausgeführt wurden und auch keine sonstige Steuer gemäß § 16 Abs. 1 UStG zu berechnen ist, so führen die Vorsteuerbeträge zu einem Vorsteuerüberschuss, der gegenüber dem Konkursverwalter festzusetzen sei. Dies hat notwendig zur Folge, dass die Vorsteuer, die im Bereich der Konkursmasse angefallen ist, nicht gemäß § 16 Abs. 2 Satz 1 UStG von der Steuer abgesetzt werden kann, die gemäß § 16

602 Vgl. Frotscher, G., Besteuerung bei Insolvenz, S. 227 ff.; Reiß, W., in: Reiß, W./Kraeusel, J./Langer, M., UStG, § 13 UStG, Rn. 83.

603 BFH, Urt. v. 28.6.2000 - V R 87/99, BStBl. II 2000, 639.

Abs. 1 UStG für den konkursfreien Unternehmensteil anzusetzen ist. Gegen diese Ansicht des BFH spricht allerdings, dass sie mit dem materiell-rechtlichen Grundsatz der Unternehmenseinheit nicht vereinbar ist, denn die Saldierungspflicht von (Ausgangs-)Steuern und Vorsteuern des Besteuerungszeitraumes des § 16 UStG ist Teil des materiellen Umsatzsteuertatbestandes. Neben der KO betrifft auch die InsO die verfahrensmäßige Geltendmachung und Durchsetzung von gegen den Insolvenzschuldner gerichteten Ansprüchen. Dabei verändern sie aber nicht diese Ansprüche, indem sie aus einem einheitlichen gegen den Insolvenzschuldner als Unternehmer gerichteten Steueranspruch einerseits eine höhere Forderung gegen einen Teil des Unternehmens des Unternehmers und andererseits eine Verbindlichkeit ihm gegenüber für einen anderen Unternehmensteil schaffen. Die Ansicht des BFH führt also dazu, dass entgegen der Anordnung des § 16 Abs. 2 UStG die Vorsteuerbeträge nicht von den (Ausgangs-)Steuern abgesetzt werden, sondern sie werden nur von einem Teil dieser Steuern abgesetzt, gegebenenfalls auch gar nicht, obwohl insgesamt Ausgangssteuern – allerdings im anderen Unternehmensteil – angefallen sind. Dabei liegt der Grundsatz der Unternehmenseinheit wie auch das Saldierungsgebot in Art. 4 und den Art. 17, 18 Abs. 2, 22 Abs. 4 und 5 der 6. EG-Richtlinie zu Grunde. Folglich ist der Rechtsprechung nicht zu folgen, sondern es hat richtigerweise eine Aufteilung des einheitlichen Steueranspruchs für den Besteuerungszeitraum der Insolvenzeröffnung und eventuell späteren Besteuerungszeiträumen zu erfolgen, wobei diese zweistufig vorzunehmen ist, indem zunächst auf den der Insolvenzverwaltung unterliegenden und den insolvenzfreien Bereich und sodann erst innerhalb des der Insolvenzverwaltung unterliegenden Bereichs zwischen Insolvenzforderung und Masseverbindlichkeit aufgeteilt wird. Ebenso ist zu verfahren, wenn sich insgesamt für den Besteuerungszeitraum ein Steuervergütungsanspruch ergibt.[604]

Beispiel 4:

	gesamter BZ	Insolvenz: vor Eröffnung	Insolvenz: nach Eröffnung	insolvenzfrei
Steuern § 13 UStG	150.000	60.000	30.000	60.000
Vorsteuern	- 120.000	- 50.000	- 50.000	- 20.000
Steueranspruch des BZ	30.000	10.000	- 20.000	40.000

BZ= Besteuerungszeitraum

604 So nach Reiß, W., in: Reiß, W./Kraeusel, J./Langer, M., UStG, § 13 UStG, Rn. 83.

Der Steueranspruch von 30.000 € entfällt in voller Höhe auf den insolvenzfreien Bereich und ist daher durch Steuerbescheid gegen den Insolvenzschuldner selbst geltend zu machen. Die abweichende Ansicht, die lediglich nach dem Verhältnis der positiven Zahllasten aufteilen will, hier also im Verhältnis 1/5 zu 4/5, führt zu über das umsatzsteuerrechtlich gebotene Saldierungsgebot des § 16 UStG hinausgehenden Verschiebungen zwischen der Insolvenzverwaltung unterliegendem Vermögen und insolvenzfreiem Vermögen. Dies widerspricht dem insolvenzrechtlichen Telos der Trennung der Vermögensmassen. Nach der dargestellten Auffassung des BFH würde hingegen der einheitliche Steueranspruch von 30.000 € für den Besteuerungszeitraum in eine Forderung von 40.000 € zu zerlegen sein und zumindest eine Verbindlichkeit von 10.000 € gegenüber der Masse, möglicherweise auch in eine Verbindlichkeit von 20.000 € gegenüber der Masse und eine weitere Forderung von 10.000 €, die als Insolvenzforderung geltend zu machen wäre.

4.3 Zwischenergebnis

Es bleibt somit zunächst festzuhalten, dass sich die Umsatzsteuerforderung in Fällen einer Sicherungszession nicht als Masseverbindlichkeit, sondern als Insolvenzforderung einstufen lässt. Der Unterschied zu den Regelungen der InsO in Bezug auf die Sicherungsübereignung besteht nun darin, dass dort eine Masseverbindlichkeit vorliegt und zwar deshalb, weil umsatzsteuerrechtlich bei der Übereignung des Sicherungsgutes noch keine Lieferung i.S.d. Umsatzsteuerrechts vorliegt. Diese Lieferung erfolgt vielmehr erst zu dem Zeitpunkt, in dem der Sicherungsnehmer von seinem Verwertungsrecht Gebrauch macht. Diese umsatzsteuerrechtliche Unterscheidung führt zu dem Ergebnis, dass eine umsatzsteuerrechtliche Vergleichbarkeit von Sicherungsübereignung und Sicherungszession grundsätzlich ausscheidet.

Die Einstufung als Insolvenzforderung hat zur Konsequenz, dass aus der Sicht der Masse bezüglich der Einführung des § 13 c UStG formal kein Unterschied zu der Situation vor Schaffung des § 13 c UStG besteht. Vor der Einführung des § 13 c UStG stand dem Insolvenzverwalter bzw. Sicherungsnehmer ein Absonderungsrecht nach § 51 Nr. 2 InsO zu. Hiervon ist auch der Umsatzsteuerteil umfasst. Durch die Einführung des § 13 c UStG steht die Nettoforderung dem Zessionar zu und die Umsatzsteuerschuld gebührt über § 13 c UStG dem Fiskus. Formal gesehen wird die Insolvenzmasse nicht tangiert. Den übrigen Insolvenzgläubigern steht derselbe Betrag zur Befriedigung ihrer Forderungen zur Verfügung. Die Beeinträchtigung liegt in materieller Hinsicht lediglich auf Seiten des Zessionars bzw. absonderungsberechtigten Gläubigers (= Abtretungsempfänger/ Sicherungsnehmer/ Haftungsschuldner nach § 13 c UStG) vor, da dessen Absonderungsrecht um den Umsatzsteueranteil beschnitten wird, auch wenn dies außerhalb des Insolvenzverfahrens seine Wurzeln hat.

4.4 Einstufung der Umsatzsteuerforderung als Masseverbindlichkeit im Rahmen der InsO

Das Problem der fehlenden Vergleichbarkeit zwischen Sicherungsübereignung und Sicherungszession könnte dadurch gelöst werden, dass die Umsatzsteuerforderung als „Forderung solch besonderer Art“ im Rahmen der InsO generell als Masseverbindlichkeit qualifiziert wird, damit dem Fiskus die bevorrechtigte Befriedigung ermöglicht würde.

Diese Einstufung erscheint allerdings zweifelhaft, da gerade die Begründetheit der Forderung bei Sicherungszessionen grundlegend von der Begründetheit der Forderung bei Sicherungsübereignungen infolge der Entstehung der Umsatzsteuerschuld jeweils vor und nach Insolvenzeröffnung abweicht. Zudem führt eine solche Einstufung zu einer Gläubigerbenachteiligung, da hierdurch die Insolvenzmasse verringert wird. Stünde dem Fiskus die Umsatzsteuerforderung als Masseverbindlichkeit zu, so könnte er sich vor den übrigen Insolvenzgläubigern vorab in voller Höhe befriedigen. Dadurch wird allerdings die Masse um den Betrag ungerechtfertigterweise verringert, der den Betrag unter Einbeziehung der Insolvenzquote bei einer Insolvenzforderung übersteigt. Eine solche Benachteiligung der übrigen Insolvenzgläubiger kann nicht durch die Sicherung der Umsatzsteuerforderung gerechtfertigt werden. Weiterhin spricht gegen eine solche Einstufung des Umsatzsteueranteils per se als „Forderung solch besonderer Art“, dass der in der Konkursordnung geltende Vorrang des Fiskus durch die Ablösung durch die InsO gerade abgeschafft wurde.

Auch kann die Annahme, dass es sich bei der Umsatzsteuer um eine besonders zu schützende Forderung handelt und damit der Unternehmer nicht nur als Steuereinsammler, sondern sogar als Treuhänder des Fiskus anzusehen ist, nicht überzeugen. Dabei wäre das Treuhandverhältnis als eine sog. fremdnützige Treuhand zu qualifizieren, da sie dem Interesse des Treugebers dienen würde.[605]

Gegen eine solche Annahme eines Treuhandverhältnisses spricht der Umstand, dass diese Einstufung in der gesamten Umsatzsteuersystematik einmalig wäre und keine vergleichbare derartige Einstufung bereits durchgeführt wird. Alleine das Ausfallrisiko des Fiskus mit Umsatzsteuerforderungen kann eine solche Treuhandstellung nicht rechtfertigen. Zum anderen scheitert die Annahme eines Treuhandverhältnisses daran, dass nach einer Einziehung der Forderung durch den Unternehmer eine untrennbare Vermischung eingetreten ist.

Darüber hinaus bestünde noch die Möglichkeit, eine Vorschrift derart auszuformulieren, dass der Zessionar verpflichtet ist, den eingezogenen Umsatzsteueranteil an den Insolvenzverwalter bzw. Masse herauszugeben, wenn er selbst die Forderung einzieht. Aber auch dieser Lösungsansatz mag nicht zu überzeugen.

---

605 Vgl. Heinrichs, H., in: Palandt, O., BGB, Überbl. v. § 104, Rn. 25.

Sollte nun der Sicherungsnehmer den Umsatzsteueranteil abgeben, so ginge dieser an die Insolvenzmasse. Da die Umsatzsteuerforderung aber wie ausgeführt in den Fällen einer Sicherungszession eine Insolvenzforderung ist, wird der Fiskus nur entsprechend der Insolvenzquote befriedigt. Der übrige Teil käme den übrigen Insolvenzgläubigern bei der Befriedigung aus der Insolvenzmasse zugute. Auf eine solche Bevorteilung der anderen Insolvenzgläubiger gibt es jedoch keinen Anspruch. Damit steht die Belastung des Sicherungsnehmers durch Beschneidung seines Absonderungsrechtes außer Verhältnis zu der geringen Erhöhung der anteiligen Befriedigung des Fiskus. Als Konsequenz lässt sich insoweit konstatieren, dass eine Aufnahme einer entsprechenden Vorschrift für die Sicherungsabtretung als ein Teilanwendungsgebiet des § 13 c UStG in die InsO sich als mögliche Lösung als Alternative zu § 13 c UStG insgesamt nicht anbietet.

5. Rückgriffsanspruch des Haftungsschuldners im Innenverhältnis zum Steuerschuldner

Wenn schon der Haftungsschuldner für die Umsatzsteuerschuld des eigentlichen Steuerschuldners in Anspruch genommen wird, so muss ihm zumindest ein Regressanspruch gegenüber dem Steuerschuldner im Innenverhältnis zustehen. Dabei könnte sich ein solcher Regressanspruch des Haftungsschuldners gegenüber dem Steuerschuldner aus § 44 AO ergeben. Voraussetzung hierfür wäre jedoch zunächst, dass Steuerschuldner und Haftungsschuldner gesamtschuldnerisch für die Umsatzsteuerforderung einzustehen hätten. Bei der Frage des Vorliegens einer Gesamtschuld ist sowohl auf die zivilrechtliche Sichtweise dieses Begriffes als auch auf die steuerrechtliche Sichtweise einzugehen.

5.1 Zivilrechtliche und steuerrechtliche Definition der Gesamtschuld

Mehrere Personen sind Gesamtschuldner, wenn sie dieselbe Leistung in der Weise schulden, dass jeder Schuldner die gesamte Leistung zu bewirken verpflichtet ist, der Gläubiger jedoch nur einmal zur Leistungsforderung berechtigt ist (§ 421 BGB). Dabei besteht das Wesen der Gesamtschuld in einer besonders starken Sicherung des Gläubigers, da der Gläubiger die Leistung zwar nur einmal fordern kann, es ihm aber freisteht, die Leistung ganz oder auch nur zu einem Teil von dem einen oder dem anderen oder allen Schuldnern zu fordern.[606]

Der zivilrechtliche Begriff der Gesamtschuld wurde in steuerrechtlicher Hinsicht von § 44 AO übernommen. Jedoch regelt § 44 Abs. 1 Satz 2 AO nur, dass jeder Gesamtschuldner die ganze Leistung schuldet.[607] Er trifft keine Aussage darüber, dass der Gläubiger die geschuldete Leistung nach seinem Belieben von

[606] Vgl. Kruse, H.W., in: Tipke, K./Kruse, H.W., AO, § 44 AO, Rn. 1.
[607] Vgl. Kruse, H.W., in: Tipke, K./Kruse, H.W., AO, § 44 AO, Rn. 2.

jedem der Gesamtschuldner ganz oder zum Teil fordern kann.[608] Dabei ist die notwendige Konsequenz, weil jeder Gesamtschuldner die ganze Leistung schuldet, die Freiheit des Gläubigers den Schuldner frei auszuwählen. Mangels ausdrücklicher Regelung hierzu muss auf den § 421 BGB zurückgegriffen werden.[609] Dies gilt auch in Bezug auf § 421 Satz 3 BGB, wonach sämtliche Gesamtschuldner bis zur Bewirkung der ganzen Leistung verpflichtet bleiben. Somit kann die Finanzbehörde nicht nur bestimmen, welchen Gesamtschuldner sie in Anspruch nimmt, sondern auch, ob und wie sie die Gesamtschuld auf einzelne Gesamtschuldner aufteilt.[610]

Es handelt sich bei der Gesamtschuld um ein den Steuergläubiger und mehrere Schuldner umfassendes Rechtsverhältnis, das eine Mehrheit von Forderungen des Steuergläubigers gegen eine Mehrheit von Schuldnern einschließt. Die Schuldner bilden eine Tilgungsgemeinschaft. Durch die Gemeinsamkeit des zu befriedigenden Gläubigerinteresses sind die einzelnen Forderungen miteinander verbunden. Jede der einzelnen Forderungen ist im Augenblick ihrer Entstehung inhaltsgleich, kann sich jedoch im weiteren Verlauf bis zu einem gewissen Grad unabhängig von der anderen entwickeln.[611]

5.2 Gesamtschuld durch Haftung

Nach § 44 Abs. 1 AO sind auch Personen, die nebeneinander für dieselbe Leistung aus dem Steuerschuldverhältnis haften, Gesamtschuldner. Dabei bedeutet Haftung im steuerrechtlichen Sinne, dass jemand für die Erfüllung einer fremden Steuerschuld mit dem eigenen Vermögen einzustehen hat.

Nicht in § 44 Abs. 1 AO angesprochen ist das Verhältnis zwischen Steuerschuldner und Haftungsschuldner. Aufgrund des Wortlauts kann nicht ausgeschlossen werden, dass zwischen Steuerschuldner und Haftungsschuldner Gesamtschuldnerschaft bestehen kann. Nach der Gesetzesbegründung sollte es der Auslegung durch die Rechtsprechung überlassen bleiben, ob zwischen Steuerschuldnern und Haftendem Gesamtschuldnerschaft anzunehmen ist.[612] Die Rechtsprechung[613] beurteilt Steuerschuldner und Haftungsschuldner zu Recht als Gesamtschuldner, denn beide sind nebeneinander verpflichtet, einen Betrag in

---

608 Vgl. Harder, P., DB 1988, 2022 (2023).

609 Vgl. BFH, Urt. v. 11.1.1995 - II R 125/91, BStBl. II 1995, 302.

610 Vgl. Kruse, H.W., in: Tipke, K./Kruse, H.W., AO, § 44 AO, Rn. 2.

611 Vgl. BFH, Urt. v. 12.5.1976 - II R 187/72, BStBl. II 1976, 579.

612 Vgl. BT-Drucks. 6/1982, 115 zu § 47.

613 Vgl. BFH, Urt. v. 27.3.1968 - II 98/62, BStBl. II 1968, 376; BFH, Urt. v. 21.7.1983 - IV R 59/80, BStBl. II 1983, 763; BFH, Urt. v. 18.3.1987 - II R 35/86, BStBl. II 1987, 419; BFH, Urt. v. 22.10.1986 - I R 107/82, BStBl. II 1987, 293; BFH, Urt. 8.8.1991 - V R 19/88, BStBl. II 1991, 939.

Höhe der Steuerschuld zu entrichten, wenn die Verpflichtung auch auf unterschiedlichen Gründen beruht.

Der BFH hat in seinem Urteil vom 27.3.1968[614] das Verhältnis zwischen Schuldner und Haftenden als unechte Gesamtschuld bezeichnet. Hiermit wollte er offenbar zum Ausdruck bringen, dass bei dieser Art der Gesamtschuld nicht der gleiche innere Zusammenhang besteht wie bei der Gesamtschuld von Steuerschuldnern, die den gleichen Steuertatbestand verwirklicht haben. Jedoch berühren die unterschiedlichen Gründe für die Verpflichtung von Schuldner und Haftendem die Gesamtschuld als solche nicht. Der aus dem bürgerlichen Recht stammenden – auch dort umstrittenen – Unterscheidung zwischen echter und unechter Gesamtschuld[615], bedarf es für das Steuerrecht nicht.[616]

5.2.1 Rechtswirkungen der Gesamtschuld

Wie soeben dargestellt, schuldet jeder Gesamtschuldner die gesamte Leistung und bleibt bis zur vollständigen Tilgung verpflichtet, soweit nicht im Einzelfall die Verpflichtung einzelner Gesamtschuldner vor Tilgung der Gesamtschuld endet.[617]

Eine Erfüllung durch einen Gesamtschuldner wirkt auch für die übrigen Schuldner gemäß § 44 Abs. 2 Satz 1 AO. Eine solche vollständige Erfüllung hat zur Folge, dass die Gesamtschuld weder gegenüber dem/den anderen Gesamtschuldner(n) festgesetzt, noch eine erfolgte Festsetzung aufrechterhalten werden kann, denn es fehlt aufgrund der Erfüllung an einer festzusetzenden Schuld. Hierdurch entfällt eine Ermessensprüfung der Finanzbehörde. Bei einer teilweisen Erfüllung durch einen oder mehrere Gesamtschuldner entfällt eine Ermessensprüfung insoweit, als die Schuld erloschen ist. Nur bezüglich des Restbetrags entscheidet die Finanzbehörde nach ihrem Ermessen, ob und welchen Gesamtschuldner sie in Anspruch nimmt.[618]

Es findet sich keine gesetzliche Definition des Begriffs der Erfüllung, obwohl hierzu bei den §§ 224 ff. AO Gelegenheit bestanden hätte. Unter Erfüllung ist die Tilgung der Schuld durch Bewirkung der geschuldeten Leistung (§ 362 Abs. 1 BGB) zu verstehen. Somit wird, da die Ansprüche aus dem Steuerschuldverhältnis allesamt auf die Leistung von Geld gerichtet sind, Erfüllung durch Zahlung des geschuldeten Geldbetrages bewirkt.[619]

---

614 Vgl. BFH, Urt. v. 27.3.1968 - II 98/62, BStBl. II 1968, 376.

615 Vgl. Medicus, D., Schuldrecht, S. 364 ff.; Heinrichs, H., in: Palandt, O., BGB, § 421 BGB, Rn. 6, 10.

616 Vgl. Kruse, H. W., in: Tipke, K./Kruse, H. W., AO, § 44 AO, Rn. 5.

617 Vgl. Kruse, H. W., in: Tipke, K./Kruse, H. W., AO, § 44 AO, Rn. 16.

618 Vgl. Kruse, H. W., in: Tipke, K./Kruse, H. W., AO, § 44 AO, Rn. 17.

619 Vgl. BFH, Urt. v. 24.10.1979 - VII R 7/77, BStBl. II 1980, 58 (60).

Für den Haftungsschuldner gelten jedoch einige Besonderheiten nach § 191 Abs. 5 AO. Danach wirken Verjährung und Erlass der Erstschuld vor Ergehen eines Haftungsbescheides gemäß § 191 Abs. 5 Nr. 2 AO auch zugunsten des Haftungsschuldners, es sei denn, die Haftung beruht auf § 71 AO. Nach dem Ergehen eines Haftungsbescheides hindern die Verjährung und der Erlass der Erstschuld die Geltendmachung des Haftungsanspruchs nicht. Erfüllt der Schuldner nach Ergehen des Haftungsbescheides die Steuerschuld ganz oder teilweise, so erlischt insoweit auch die Haftungsschuld (§ 44 Abs. 2 Satz 1 AO).[620]

5.2.2 Ausgleich im Innenverhältnis

Der Ausgleich im Innenverhältnis bestimmt sich ausschließlich nach bürgerlichem Recht.[621] Dabei ist die abgabenrechtliche Unterscheidung zwischen Steuer- und Haftungsschuld für das zivilrechtlich zu beurteilende Innenverhältnis unbeachtlich. Im Regelfall sind die Gesamtschuldner im Verhältnis zueinander zu gleichen Anteilen verpflichtet. Kann also von einem Gesamtschuldner der auf ihn entfallende Betrag nicht erlangt werden, so ist der Ausgleich von den übrigen zum Ausgleich verpflichteten Gesamtschuldnern nach § 426 Abs. 1 Satz 2 BGB zu tragen.[622] Diese Ausgleichspflicht besteht nur insoweit, als „nicht ein anderes bestimmt ist" (§ 426 Abs. 1 Satz 1 Halbsatz 2 BGB). Etwas anderes kann sich bei Rechtsgeschäften aus den Umständen bei Entstehung der Gesamtschuld und aus dem Gesetz ergeben.[623] Vorliegend liegt keine Verpflichtung zu gleichen Teilen vor, sondern der Anspruch geht im vollen Umfang auf den in Anspruch genommenen Haftungsschuldner über. Im Verhältnis Umsatzsteuerschuldner (Unternehmer) und Haftungsschuldner schuldet der Umsatzsteuerschuldner die Umsatzsteuer. Folglich steht im Innenverhältnis dem Haftenden der Durchgriffsanspruch nicht nur in Höhe von 50 %, sondern voll zu. Es wurde somit etwas anderes i.S.d. § 426 Abs. 1 BGB bestimmt, da der in anspruchgenommene Haftungsschuldner eine fremde Umsatzsteuerschuld getilgt hat.

Befriedigt nun ein Gesamtschuldner den Steuergläubiger und kann er von den übrigen Schuldnern einen Ausgleich verlangen, so geht gemäß § 426 Abs. 2 Satz 1 BGB der Anspruch aus dem Steuerschuldverhältnis gegen die übrigen

[620] Vgl. Kruse, H. W., in: Tipke, K./Kruse, H. W, AO, § 44 AO, Rn. 20.

[621] Vgl. BFH, Urt. v. 27.3.1968 - II 98/62, BStBl. II 1968, 376; BFH, Urt. v. 12.5.1976 - II R 187/72, BStBl. II 1976, 579; BFH, Urt. v. 21.7.1983 - IV R 59/80, BStBl. II 1983, 763; BFH, Urt. v. 18.3.1987 - II R 35/86, BStBl. II 1987, 419; Sonnenschein, J., NJW 1980, 257 (257).

[622] Vgl. Kruse, H. W., in: Tipke, K./Kruse, H. W., AO, § 44 AO, Rn. 26.

[623] Vgl. BGH, Urt. v. 22.10.1993 - IX Z R 244/91, NJW 1993, 585 (585).

Schuldner auf ihn über.[624] Hiervon ist auch entgegen *Riewald*[625] keine Ausnahme zu machen, denn durch die Gesamtschuld wird der Steuergläubiger begünstigt, indem es ihm ermöglicht wird, unter mehreren Gesamtschuldnern denjenigen auszuwählen, der am leistungsfähigsten ist oder am „bequemsten" zu erreichen ist. Hiermit wird der Anspruch aus dem Steuerschuldverhältnis bestärkt und der Ausgleich im Innenverhältnis den Schuldnern überlassen. Mithin ist kein Anlass zu sehen, die Gesamtschuldner mehr als nötig zu belasten, indem der Übergang der Forderung und der für diese bestehenden Sicherungs- und Vorzugsrechte ausgeschlossen wird. Da hier die Gesamtschuldner im Innenverhältnis auf bürgerliches Recht verwiesen werden, muss der Ausgleich auch konsequent nach den Vorschriften des bürgerlichen Rechts abgewickelt werden.[626] Dabei soll der Anspruch aus dem Steuerschuldverhältnis mit dem Übergang auf den ausgleichsberechtigten Gesamtschuldner seinen öffentlich-rechtlichen Charakter verlieren und zu einem Anspruch des bürgerlichen Rechts werden.[627] Durch
§ 426 Abs. 2 Satz 2 BGB wird ausgeschlossen, dass der von der Finanzbehörde in Anspruch genommene Gesamtschuldner den Übergang der Steuerforderung zum Nachteil des Steuergläubigers geltend macht.[628]

5.2.3 Ermessensauswahl des Fiskus

Stehen dem Fiskus mehrere Schuldner zur Auswahl, so steht ihm ein gewisses Ermessen zu, welchen Schuldner er in Anspruch nehmen kann. Dieses Ermessen richtet sich grundsätzlich nach § 5 AO. Eine Ermessensentscheidung steht dem Fiskus auch im Falle einer Gesamtschuld zu. Jedoch ist im Rahmen dieser Ermessensentscheidung zu beachten, dass die Gesamtschuld eine rasche und sichere Erhebung der Steuerschuld gewährleisten soll. Dabei hat die Finanzbehörde nur ein Auswahlermessen, denn sie muss einen der Gesamtschuldner in Anspruch nehmen, wenn sie von mehreren Teilleistungen verlangt, die insgesamt die gesamte Leistung ausmacht. Hierdurch wird das Bestreben der AO gesichert, den Steueranspruch durch Heranziehung möglichst vieler Verpflichteter zu bestärken.[629] Folglich ist die Inanspruchnahme eines Gesamtschuldners ermessensgerecht, selbst wenn dieser im Innenverhältnis nicht verpflichtet ist oder im

---

624 Vgl. BGH, Urt. v. 2.4.1973 - VIII Z R 108/72, NJW 1973, 1077; BFH, Urt. v. 12.5.1976 - II R 187/72, BStBl. II 1976, 579.

625 Vgl. Riewald, A./Becker, E./Koch, K., Reichsabgabenordnung, § 122 RAO, Anm. 7.4.

626 Vgl. Kruse, H. W., in: Tipke, K./Kruse, H. W., AO, § 44 AO, Rn. 27.

627 Vgl. BFH, Urt. v. 12.5.1976 - II R 187/72, BStBl. II 1976, 579; BGH, Urt. v. 2.4.1973 - VIII Z R 108/72, NJW 1973, 1077; BGH, Urt. v. 18.6.1979 - VIII Z R 84/78, NJW 1979, 2198.

628 Vgl. Kruse, H. W., in: Tipke, K./Kruse, H. W., AO, § 44 AO, Rn. 27.

629 Vgl. Kruse, H. W., in: Tipke, K./Kruse, H. W., AO, § 44 AO, Rn. 28.

Innenverhältnis keinen Ausgleich mehr erlangen kann.[630] Auch besteht keine Verpflichtung der Finanzbehörde, vor der Inanspruchnahme eines Gesamtschuldners zu prüfen, welcher der Gesamtschuldner sich in günstigeren wirtschaftlichen Verhältnissen befindet.[631] Allerdings sind die Vermögensverhältnisse dann von Bedeutung – bei ermessensgerechter Inanspruchnahme des Haftungsschuldners vor dem Steuerschuldner – wenn der Steuerschuldner vermögenslos ist und daher keine Erfüllung von ihm zu erwarten ist.[632]

Jedoch gelten Besonderheiten bei Steuerschuldner und Haftungsschuldner als Gesamtschuldner. Wie bereits in Kapitel II.7. ausgeführt, darf ein Haftungsschuldner nach § 219 AO – der auch bei § 13 c UStG Anwendung findet – nur auf Zahlung in Anspruch genommen werden, soweit die Vollstreckung in das bewegliche Vermögen des Steuerschuldners ohne Erfolg geblieben oder anzunehmen ist, dass die Vollstreckung aussichtslos sein würde. Danach muss sich die Finanzbehörde grundsätzlich nach dem Grundsatz der Subsidiarität zunächst an den Steuerschuldner halten.[633]

5.2.4 Ausgleichsanspruch des Haftungsschuldners

Der Ausgleichsanspruch entsteht als selbstständiger Anspruch bereits mit der Begründung der Gesamtschuld und nicht erst mit der Befriedigung des Gläubigers.[634] Bei einer Insolvenzforderung stellt sich die Sachlage der Insolvenz des Steuerschuldners insoweit problematisch dar, als von dem Zeitpunkt der Begründung der Gesamtschuld abhängt, ob es sich beim Ausgleichsanspruch des Haftungsschuldners gegen den Steuerschuldner um eine Insolvenzforderung oder um eine Masseverbindlichkeit handelt. Hierzu ist zu prüfen, ob die Gesamtschuld vor oder nach Eröffnung des Insolvenzverfahrens entstanden ist.

Für diese Prüfung ist entscheidend auf § 13 c UStG abzustellen. Von diesem hängt die Entstehung der Gesamtschuld ab. Sobald die Voraussetzungen für eine Haftung nach § 13 c UStG vorliegen, ist auch die Gesamtschuld begründet, denn ab diesem Zeitpunkt kann sich der Fiskus entweder an den Steuerschuldner im Rahmen einer Insolvenzforderung nach § 38 InsO halten oder er nimmt den Haftungsschuldner gemäß § 13 c UStG in Anspruch. Auf die tatsächliche Inanspruchnahme des Letzteren kommt es nicht an.

Folglich wird sich die Frage der Entstehung nur im Zusammenhang mit der Frage der Fälligkeit der Steuerforderung i.S.d. § 13 c UStG lösen lassen. Wie be-

---

630 Vgl. BFH, Urt. v. 28.2.1973 - II R 57/71, BStBl. II 1973, 573.

631 Vgl. BFH, Urt. v. 11.5.1966 - II 171/63, BStBl. III 1966, 400; BFH, Urt. v. 2.10.1986 - VII R 28/83, BFH/NV 1987, 349.

632 Vgl. Boeker, H., in: Hübschmann, W./Hepp, E./Spitaler, A., AO, § 44 AO, Rn. 46.

633 Vgl. Boeker, H., in: Hübschmann, W./Hepp, E./Spitaler, A., AO, § 44 AO, Rn. 52.

634 Vgl. BGH, Urt. v. 5.3.1981 - III Z R 115/80, NJW 1981, 1666.

reits oben dargestellt, tritt die Fälligkeit für die Vorauszahlung nach § 18 Abs. 1 Satz 3 UStG am zehnten Tag nach Ablauf des Voranmeldungszeitraums ein. Die Jahressteuer ist gemäß § 18 Abs. 4 UStG einen Monat nach Eingang der (abweichenden) Anmeldung oder Bekanntgabe des Steuerbescheides fällig.[635]

Jedoch betrifft dies nur den Teil der Steuerschuld, der nicht bereits als Voranmeldungsschuld fällig geworden ist. Es ist umstritten, wann die Fälligkeit nicht angemeldeter bzw. nicht festgesetzter Umsatzsteuerforderungen eintritt.[636] Der BFH geht davon aus, dass die Steuerforderung mit der Eröffnung des Insolvenzverfahrens fällig wird, ohne dass es hierfür einer Festsetzung oder Feststellung durch Verwaltungsakt oder einer Forderungsanmeldung bedarf.[637] Es ist im Hinblick auf die Geltendmachung der Umsatzsteuerforderung durch das Finanzamt im Rahmen der Insolvenz des Unternehmens grundsätzlich unproblematisch, wenn die Umsatzsteuerforderung zwar entstanden, aber nach den Bestimmungen der AO noch nicht fällig ist. Insolvenzgläubiger können nach § 87 InsO – und damit auch das Finanzamt – ihre Forderungen nur nach den Vorschriften über das Insolvenzverfahren verfolgen. Deshalb sind die Ansprüche des Fiskus gegen den Insolvenzschuldner, die im Zeitpunkt der Eröffnung des Insolvenzverfahrens begründet sind, schriftlich beim Verwalter zur Eintragung in die Tabelle nach § 174 InsO anzumelden. In diesem Fall können die Steuerforderungen nicht mehr durch Steuerbescheid festgesetzt werden.[638] Damit ist ein gleichwohl erlassener Steuerbescheid unwirksam.[639]

Dennoch ergeben sich für das Insolvenzverfahren Sonderregelungen. Wie bereits dargestellt, gelten nach § 41 Abs. 1 InsO nicht fällige Forderungen mit Eröffnung des Insolvenzverfahrens als fällig. Hierdurch werden die Forderungen von Anfang an im Verfahren wie fällige Forderungen berücksichtigt, allerdings gegebenenfalls der Höhe nach gemäß der Abzinsungsregelung in Abs. 2 reduziert. Sinn dieser Regelung ist, dass dadurch eine klare Grundlage für die Stellung der Gläubiger im Verfahren geschaffen werden soll.[640]

Bislang wurde die Problematik der Fälligkeit nach § 41 Abs. 1 InsO nur für die Situation erläutert, die bei Nichtbeachtung des § 13 c UStG vorliegen. Allerdings ist nun zu erläutern, ob die Ausführungen zu § 41 InsO auch für § 13 c UStG Geltung besitzen. Bezüglich dieser Fragestellung ist auf die Ausführung in Kapitel II.2.3.2 zu verweisen. Nach Ansicht von *Haunhorst*[641] ist durch § 41 Abs. 1 InsO zwar die Geltendmachung einer entstandenen, aber noch nicht fälligen Umsatzsteuerforderung im Fall der Insolvenz des Unternehmers geklärt,

---

635 Vgl. Wagner, W., in: Sölch, O./Ringleb, K., UStG, § 13 c UStG, Rn. 31.
636 Vgl. Haunhorst, S., in: Reiß, W./Kraeusel, J./Langer, M., UStG, § 13 c UStG, Rn. 25.
637 Vgl. BFH, Urt. v. 4.5.2004 - VII R 45/03, BFH/NV 2004, 1127 (1127).
638 Vgl. Haunhorst, S., in: Reiß, W./Kraeusel, J./Langer, M., UStG, § 13 c UStG, Rn. 25.
639 Vgl. BFH, Urt. v. 18.12.2002 - I R 33/01, BStBl. II 2003, 630 (630).
640 Vgl. Begr. zu § 48 RegE, BT-Drucks. 12/2443, 124.
641 Vgl. Haunhorst, S., in: Reiß, W./Kraeusel, J./Langer, M., UStG, § 13 c UStG, Rn. 25.

eine Haftung für eine solche Forderung scheidet nach seiner Ansicht jedoch aus. Grund hierfür ist, dass die Fälligkeit des § 41 InsO nicht gegenüber Dritten und somit nicht im Rahmen der Haftung des § 13 c UStG Anspruch findet.[642] Dabei erfordert der Zweck des Insolvenzverfahrens, das gesamte Vermögen des Schuldners unter allen Gläubigern zu verteilen, auch die Berücksichtigung der noch nicht fälligen Forderungen.[643] Durch die Vorverlegung der Fälligkeit wird somit insgesamt die Abwicklung der Insolvenz vereinfacht und sie führt eine schnelle Schuldenbereinigung herbei.[644]

Wie in Kapitel II.2.3.2 bereits erläutert, existiert ein dogmatischer Streit – bei gleichem Ergebnis – um die Frage der Fälligkeit des Steueranspruchs in Zusammenhang mit § 41 InsO. Nach dem Wortlaut des § 41 InsO, nach dem Forderungen mit Eröffnung des Insolvenzverfahrens als fällig gelten, muss es sich um Forderungen handeln, die zur Zeit der Eröffnung des Insolvenzverfahrens entstanden sind oder entstehen, aber noch nicht fällig sind. Der Rechtsgrund der späteren Fälligkeit für § 41 InsO demnach ohne Bedeutung ist.[645] Somit ist für die Frage des Ausgleichsanspruchs zu unterscheiden. Folgt man der Ansicht der Rechtsprechung, wonach spätestens zum Zeitpunkt der Eröffnung des Insolvenzverfahrens die Umsatzsteuerforderung nach § 41 Abs. 1 InsO fällig ist, so besteht auch spätestens zu diesem Zeitpunkt der Haftungsanspruch aus § 13 c UStG. Dies hat zur Folge, dass auch die Gesamtschuld spätestens mit Eröffnung des Insolvenzverfahrens entstanden ist und somit die Ausgleichsforderung des Haftungsschuldners gegen den Steuerschuldner stets eine Insolvenzforderung ist. Folglich ist der Haftungsschuldner als Insolvenzgläubiger anteilig aus der Insolvenzmasse zu befriedigen.

Geht man jedoch mit *Haunhorst* konform, so wird die Umsatzsteuerforderung nicht automatisch mit der Eröffnung des Insolvenzverfahrens fällig. Es ist vielmehr darauf abzustellen, wann die tatsächliche Fälligkeit eintreten würde. Wird die Umsatzsteuerforderung bereits vor Eröffnung des Insolvenzverfahrens fällig, so bleibt es bei dem eben dargestellten Ergebnis und der Ausgleichsanspruch ist als Insolvenzforderung zu qualifizieren.

In dem anderen Fall der Fälligkeit – nach der Eröffnung des Insolvenzverfahrens – scheidet eine Insolvenzforderung aus. Nach *Haunhorst* würde der Haftungsanspruch gegen den Haftungsschuldner erst mit der tatsächlichen Fälligkeit der

---

642 Vgl. Uhlenbruck, W., InsO, § 41 InsO, Rn. 8.

643 BGH, Urt. v. 8.2.2000 - XI Z R 313/98, NJW 2000, 1408 (1408); Bitter, G., NZI 2000, 339 (399 f.); Lwowski, H.-J., in: Kirchhof, H.-P./Lwowski, H.-J./Stürner, R., InsO, § 41 InsO, Rn. 1.

644 Vgl. Lwowski, H.-J., in: Kirchhof, H.-P./Lwowski, H.-J./Stürner, R., InsO, § 41 InsO, Rn. 2.

645 Vgl. BMF-Schreiben v. 24.5.2004, IV B 7 – S-7279a – 17/04, BStBl. I 2004, 514, Rn. 17; Lwowski, H.-J., in: Kirchhof, H.-P./Lwowski, H.-J./Stürner, R., InsO, § 41 InsO, Rn. 7; a.A. Haunhorst, S., in: Reiß, W./Kraeusel, J./Langer, M., UStG, § 13 c UStG, Rn. 25

Umsatzsteuerforderung anwendbar sein. Da dieser Haftungsanspruch aber Voraussetzung für das Gesamtschuldverhältnis ist, entsteht dieses erst (bei Fälligkeit nach Insolvenzeröffnung) nach dem Zeitpunkt der Eröffnung des Insolvenzverfahrens. Folglich wird der Ausgleichsanspruch, der zeitgleich mit der Entstehung der Gesamtschuld begründet wird, auch erst nach der Insolvenzeröffnung begründet. Der Ausgleichsanspruch wäre dann grundsätzlich eine Masseverbindlichkeit nach § 55 InsO. Die Geltendmachung würde daher in der bereits oben dargestellten Art und Weise als Masseverbindlichkeit erfolgen.[646] Jedoch wäre hierfür Voraussetzung, dass es sich auch tatsächlich um eine Masseverbindlichkeit handelt. Masseverbindlichkeiten sind sowohl „Kosten des Insolvenzverfahrens" nach § 54 InsO und „sonstige Masseverbindlichkeiten" nach § 55 InsO.[647] Der Ausgleichsanspruch müsste also eine „sonstige Masseverbindlichkeit" sein. Unter diese Norm fallen Ansprüche aus Handlungen des endgültigen Insolvenzverwalters, aus notwendiger Vertragserfüllung, aus ungerechtfertigter Bereicherung der Insolvenzmasse, aus Handeln des vorläufigen Insolvenzverwalters, aus Inanspruchnahme der Gegenleistung im Eröffnungsverfahren sowie besondere Verbindlichkeiten in der Nachlassinsolvenz, Unterhaltsansprüche und Sozialplanansprüche.[648] Da hier der Insolvenzverwalter nicht an der Begründung der Ausgleichsforderung beteiligt war, bleibt nur noch die Möglichkeit, den Anspruch auf Ausgleichszahlung als Anspruch aus ungerechtfertigter Bereicherung der Insolvenzmasse nach § 55 Abs. 1 Nr. 3 InsO zu sehen. Voraussetzung ist jedoch, dass eine unmittelbare Bereicherung der Insolvenzmasse vorliegt.[649] Hier wurde der Haftungsschuldner durch den Fiskus in Anspruch genommen, wodurch eine Tilgung der Umsatzsteuerschuld, die eigentlich vom Steuerschuldner hätte entrichtet werden müssen, erfolgte. Dies führt grundsätzlich zu einer Massebereicherung durch die Befreiung von der erfüllten Insolvenzforderung und zwar in der Höhe der Quote, die auf die durch die Zahlung erloschene Insolvenzforderung entfallen wäre.[650] Jedoch wird man dem Zahlenden, hier also dem Haftungsschuldner, keinen Anspruch mit den Eigenschaften eines Masseanspruchs zubilligen können.[651] Grund dafür ist, dass die berichtigte Insolvenzforderung nicht angemeldet werden müsste, wenn die Quote für diese Forderung als Masseschuld verlangt werden könnte. Dadurch wäre eine hypothetische Berechnung der Insolvenzquote erforderlich, was zu einer Zahlung aus der Insolvenzmasse, letztlich auf eine Insolvenzforderung, führt,

646 Siehe Kapitel IV.2.2.
647 Vgl. Pape, G./Uhlenbruck, W., Insolvenzrecht, Rn. 514.
648 Vgl. Berscheid, E.-D., in: Uhlenbruck, W., InsO, § 55 InsO, Rn. 1.
649 Vgl. Gottwald, P., Insolvenzrechtshandbuch, § 56 InsO, Rn. 40; Berscheid, E.-D., in: Uhlenbruck, W., InsO, § 55 InsO, Rn. 75.
650 Vgl. Hefermehl, H., in: Kirchhof, H.-P./Lwowski, H.-J./Stürner, R., InsO, § 55 InsO, Rn. 205; Berscheid, E.-D., in: Uhlenbruck, W., InsO, § 55 InsO, Rn. 75.
651 Vgl. BGH, Urt. v. 25.4.1962 - VIII 2 R 43/61, NJW 1962, 1200 (1200).

ohne dass die übrigen Insolvenzforderungen bereits festgestellt sind und eine Verteilung möglich wäre. Dies würde ein Durchbrechen des Prinzips der gemeinschaftlichen, gleichmäßigen Befriedigung der Insolvenzgläubiger nach sich ziehen. Ein solches ist jedoch ausgeschlossen. Der zahlende Dritte kann somit nicht anders behandelt werden, als wenn er dem Insolvenzgläubiger die Forderung abgekauft hätte.[652] Es handelt sich der Sache nach also um eine Forderungsauswechslung, so dass anstelle des bisherigen Insolvenzgläubigers der Zahlende tritt.[653]

Somit tritt der Haftungsschuldner an die Stelle des Insolvenzgläubigers (Fiskus). Folglich hat der Haftungsschuldner einen Anspruch in Höhe der Umsatzsteuerforderung gegen den Steuerschuldner. Dieser Anspruch müsste daher eine Insolvenzforderung nach § 38 InsO darstellen. Die Geltendmachung erfolgt in der in diesem Kapitel dargestellten Weise. Mithin lässt sich feststellen,dass beide Ansichten zu dem gleichen Ergebnis kommen, so dass eine Entscheidung bezüglich dieses dogmatischen Streits entbehrlich ist.

6. Aussonderungsrechte i.S.d. § 47 InsO

Neben dem bereits ausführlich dargestellten Fall, dass die Abtretung zur Sicherung eines Rechtsgeschäfts dient (Sicherungszession), ist nun noch kurz auf die Situation einzugehen, dass die Abtretung gerade nicht der Sicherung dient, sondern aus anderen Gründen erfolgt (z.B. zur Erfüllung einer Verbindlichkeit etc.). Eine Einschränkung des Anwendungsbereiches des § 13 c UStG lediglich auf Fälle einer Sicherungszession lässt sich aus dem Wortlaut nicht entnehmen. Die normale Forderungsabtretung führt dazu, dass dem Zessionar im Falle einer Insolvenz des Zedenten ein Aussonderungsrecht nach § 47 InsO zusteht.[654] Dieses Aussonderungsrecht führt nach § 47 Satz 1 InsO dazu, dass der Aussonderungsberechtigte mit seinen Ansprüchen nicht Insolvenzgläubiger wird, also nicht wie dieser bei der Geltendmachung seiner Rechte an die Beschränkungen des Insolvenzverfahrens, insbesondere an den Grundsatz „par condition creditorum" gebunden ist.[655] Unter einer Aussonderung versteht man die Geltendmachung der Nichtzugehörigkeit eines Gegenstandes zur Insolvenzmasse aufgrund eines hieran bestehenden dinglichen oder persönlichen Rechts eines Dritten.[656] Dabei sind aussonderunsfähige Gegenstände i.S.d. § 47 InsO bewegliche und unbewegliche Sachen, dingliche und persönliche Rechte, Forderungen aller Art sowie der Besitz.

---

652 Vgl. Berscheid, E.-D., in: Uhlenbruck, W., InsO, § 55 InsO, Rn. 75.

653 Vgl. Hefermehl, H., in: Kirchhof, H.-P./Lwowski, H.-J./Stürner, R., InsO, § 55 InsO, Rn. 205.

654 Vgl. Wimmer, K., in: Wimmer, K./Wegener, B., InsO, § 166 InsO, Rn. 6.

655 Vgl. Wimmer, K., in: Wimmer, K./Wegener, B., InsO, § 47 InsO, Rn. 4.

656 Vgl. Wimmer, K., in: Wimmer, K./Wegener, B., InsO, § 47 InsO, Rn. 3.

Wurde dem Zessionar also die Forderung nicht zu Sicherungszwecken abgetreten, so ist dieser zur Geltendmachung seiner Ansprüche nicht an die Beschränkungen des Insolvenzverfahrens gebunden und kann von dem Insolvenzverwalter die Herausgabe des Gegenstandes bzw. die Saldierung der Forderung unabhängig von dem Insolvenzverfahren verlangen.

7. Insolvenzrechtliche Behandlung bei vorliegendem Factoringgeschäft

Wie bereits oben erläutert, stellt das Factoring einen der Hauptanwendungsfälle des § 13 c UStG dar. Infolge dessen soll nun bei der Prüfung der Stellung der Gläubiger im Rahmen eines zugrundeliegenden Factoringgeschäfts auf die Insolvenz des Anschlusskunden eingegangen werden.

Die Insolvenz des Anschlusskunden führt zum Erlöschen des Factoringvertrages (§ 116 i.V.m. § 115 Abs. 1 InsO). Beim echten Factoring ist das der Factoringzession zugrunde liegende Kausalgeschäft mit Verfahrenseröffnung bereits beiderseitig vollständig erfüllt, so dass § 103 InsO nicht mehr zur Anwendung kommt. Ebenfalls keine Anwendung findet § 103 InsO beim unechten Factoring, da zumindest der Factor durch die Gutschrift des Gegenwertes für die Forderung den Vertrag bereits vollständig erfüllt hat. Dabei stellt die Pflicht zum Forderungseinzug beim Debitor und zur Auskehrung des Sicherungseinbehalts nur eine nachvertragliche Pflicht des Factors und keine Nebenpflicht, die auf Herbeiführung des Leistungserfolges gerichtet ist, dar.[657] Der echte Factor kann im Insolvenzverfahren über das Vermögen des Anschlusskunden gemäß § 47 InsO Forderungen, die vor Verfahrenseröffnung an den Factor aufgrund des echten Factoring abgetreten und von ihm bezahlt worden sind, aussondern.[658] Die h.M. billigt für das unechte Factoring wegen des Sicherungscharakters der Abtretung dem Factor lediglich ein Absonderungsrecht zu.[659] Dem hält *Sinz*[660] entgegen, dass im Befriedigungsrecht des Factors aus der abgetretenen Forderung jegliche Pfandrechtsähnlichkeit fehlt, die ihn zur Absonderung berechtigen würde. Er sei verpflichtet, primär aus der abgetretenen Forderung Befriedigung zu suchen. Wenn und soweit er bei dem Debitor einen Ausfall erleidet, könne er den Anschlusskunden in Rückgriff nehmen. Die Factoringzession sei eine Finanzierungsvariante und keine Kreditsicherungsmaßnahme. Demnach müsse dem Factor entgegen der h.M. auch beim unechten Factoring das Aussonderungsrecht zugestanden werden.

Hess[661] weist darauf hin, dass beim unechten Factoring die Factoring-Bank nicht

---

657 Vgl. Uhlenbruck, W., in: Uhlenbruck, W., InsO., § 47 InsO, Rn. 94.
658 Vgl. Sinz, R., Factoring, Rn. 190; Canaris, C.-W., Bankvertragsrecht, Rn. 1676.
659 Vgl. Gottwald, P., Insolvenzrechtshandbuch, § 40, Rn. 46.
660 Vgl. Sinz, R., Factoring, Rn. 191.
661 Vgl. Hess, H., InsO, § 47 InsO, Rn. 140.

das Risiko der Zahlungsfähigkeit oder Zahlungsfähigkeit des Drittschuldners mit der Folge übernimmt, dass es sich um ein atypisches Kreditgeschäft handelt, wobei der dem Anschlusskunden gewährte Kredit sich an der Höhe der abgetretenen Forderung orientiert und das Darlehen durch die Abtretung der Außenstände lediglich gesichert wird. Somit kann der Factor, da die Vorausabtretung lediglich Sicherungscharakter hat, beim unechten Factoring nur abgesonderte Befriedigung verlangen. Nach *Gottwald*[662] bilden Zahlungen Dritter auf die an den Factor abgetretenen Forderungen kein insolvenzfestes Treugut mit der Folge, dass der Factor nur einfacher Insolvenzgläubiger i.S.v. § 38 InsO ist, sofern die Dritten an den Factor-Kunden mit befreiender Wirkung zahlen können. Ausschlaggebend sei, dass der Factor-Kunde mit Einziehungsermächtigung wie ein mittelbarer Stellvertreter handle und der Treucharakter der Forderung nicht erkennbar sei. Jedoch wird diese letzte Auffassung dem unechten Factoring als atypisches Kreditgeschäft nicht gerecht.

8. Abschließender Beispielsfall

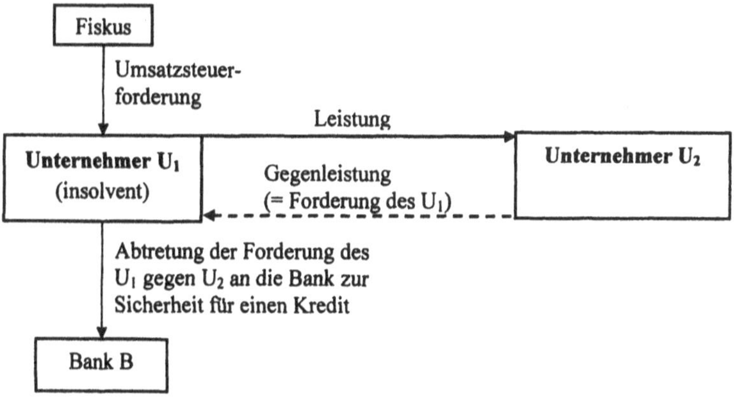

Abb. 1: Leistungsbeziehungen und gegenseitige Ansprüche der wesentlich Beteiligten bei § 13 c UStG

U_1 verkauft eine Maschine an U_2 für 100.000 € zzgl. 19.000 € Umsatzsteuer, also 119.000 €. Diese Forderung gegen U_2 tritt U_1 nun zur Sicherung eines Kredites an die Bank B ab. Jedoch ist dieser Kredit am Ende nicht ausreichend und U_1 wird schließlich insolvent. In diesem Beispiel ist davon auszugehen, dass der Erlös der Verwertung des Schuldnervermögens 500.000 € beträgt, die Masse-

[662] Vgl. Gottwald, P., Insolvenzrechtshandbuch, § 40 InsO, Rn. 46.

verbindlichkeiten sich auf 100.000 € belaufen und die Forderung der Insolvenzgläubiger 2.000.000 € beträgt.

Die Insolvenzquote berechnet sich nach folgender Formel:

$$\text{Insolvenzquote} = \frac{\text{Erlös der Verwertung des Schuldnervermögens – Masseverbindlichkeit}}{\text{Forderung der Insolvenzgläubiger}}$$

Abb. 2: Formel zur Berechnung der Insolvenzquote

Übertragen auf den konkreten Beispielsfall ergibt sich folgende Insolvenzquote:

$$\text{Insolvenzquote} = \frac{500.000\text{ €} - 100.000\text{ €}}{2.000.000} = 1/5$$

Bei einer Umsatzsteuerforderung von 19.000 € würde der Fiskus hiervon 1/5, folglich 3.800 €, erhalten.

Der Fiskus kann aufgrund der Regelung des § 13 c UStG die Bank B als Haftungsschuldner in Anspruch nehmen und von dieser die vollen 19.000 € verlangen. Er muss sich somit nicht an den Steuerschuldner als Insolvenzgläubiger halten und sich mit einer anteiligen Befriedigung in Höhe von 3.800 € begnügen. Da zwischen dem Unternehmer U_1 und der Bank B eine Gesamtschuldnerstellung besteht, kann nun der in Anspruch genommene Haftungsschuldner B grundsätzlich einen Ausgleichsanspruch gegen U_1 im Innenverhältnis geltend machen. Die Höhe dieses Ausgleichsanspruchs beträgt, da ein anderes vereinbart wurde, 100 % der Haftungssumme. Damit kann die Bank B 19.000 € von U_1 einfordern. Da dieser jedoch insolvent ist, muss sie sich im Rahmen des Insolvenzverfahrens als Insolvenzgläubigerin aus der Insolvenzmasse befriedigen lassen. Da in dem gebildeten Beispiel die Insolvenzquote 1/5 beträgt, bekommt die Bank B 3.800 € aus der Insolvenzmasse. Folglich muss die Bank 15.200 € des Anspruchs des Fiskus tragen und das, obwohl sie mit dem eigentlichen Geschäft, aus dem die Umsatzsteuerforderung entstanden ist, nicht den geringsten Kontakt i.S. eines umsatzsteuerlichen Leistungsaustausches hatte. Besser würde die Bank B auch nicht stehen, wenn man *Haunhorst* folgen würde und damit § 41 InsO nicht bei § 13 c UStG anwendbar wäre. Die Konsequenz hieraus wäre, dass die Bank B ebenso 19.000 € fordern kann. Bei einer Insolvenzquote von 1/5 würde das wie oben bedeuten, dass sie 3.800 € erhalten würde. In Anbetracht der Fragwürdigkeit der Regelung des § 13 c UStG stellt dieser Ausgleichsanspruch nur einen schwachen Trost für den Haftungsschuldner dar. Da es in der Natur der Sache liegt, dass im Falle eines Insolvenzverfahrens die Insolvenzmasse selten groß genug ist, um alle Insolvenzforderungen zu befriedigen und somit die Insolvenzgläubiger nur einen geringen Bruchteil ihres eigenen Anspruchs bekommen, muss der Haftungsschuldner für den überwiegenden Teil des Anspruchs aufkommen. Dabei ist zu berücksichtigen, dass sich bezüglich der Masse die Einführung des § 13 c UStG nicht negativ auswirkt, sondern unverändert bleibt, da durch die Haftung der Bank die Umsatzsteuerschuld von 19.000 € zwar erlischt, die Bank jedoch als in Anspruch genommene Haftungsschuldnerin einen Rückgriffsanspruch gegen die Masse hat. Durch die Schaffung des § 13 c UStG wird allerdings die Masse nicht benachteiligt, da bereits vor der Einführung dieser Haftungsnorm ein Absonderungsrecht des Sicherungsnehmers bestand, so dass dieser Teil der Masse niemals den übrigen Insolvenzgläubigern zur Befriedigung zur Verfügung stand. Es wird vielmehr nur der Sicherungsnehmer benachteiligt, da sein Absonderungsrecht um den Umsatzsteueranteil beschnitten wird.

KAPITEL V

Konkurrenzverhältnis zwischen § 13 d UStG und der InsO

1. Mit § 13 d UStG beschriebenes Dauerschuldverhältnis im Vergleich zur InsO

In nachfolgendem Kapitel soll das Verhältnis des § 13 d UStG zum Insolvenzrecht dargestellt werden. Dabei ist insbesondere darauf einzugehen, dass es sich bei den Anwendungsfällen des § 13 d UStG um ein Dauerschuldverhältnis handelt. Hierbei spielt auch die Einordnung des zugrunde liegenden Umsatzes mit entsprechender Entgeltsforderung zu einer Insolvenzforderung oder Masseschuld eine Rolle, wobei wegen den Parallelen zu Kapitel IV auf die dortigen Ausführungen an den jeweiligen Stellen verwiesen wird. Als Ausgangspunkt für die Beurteilung des Konkurrenzverhältnisses einer Forderung des Fiskus gegen einen durch § 13 d UStG neu geschaffenen Haftungsschuldner zu der insolvenzrechtlichen Beurteilung im Falle der Insolvenz eines Unternehmers soll eingangs ein Beispielfall dienen. In den nachfolgenden Ausführungen wird vor allem auf den Leasingvertrag als Hauptanwendungsfall des § 13 d UStG eingegangen.

1.1 Beispielhafte Fallkonstellation als Ausgangspunkt der Erörterung

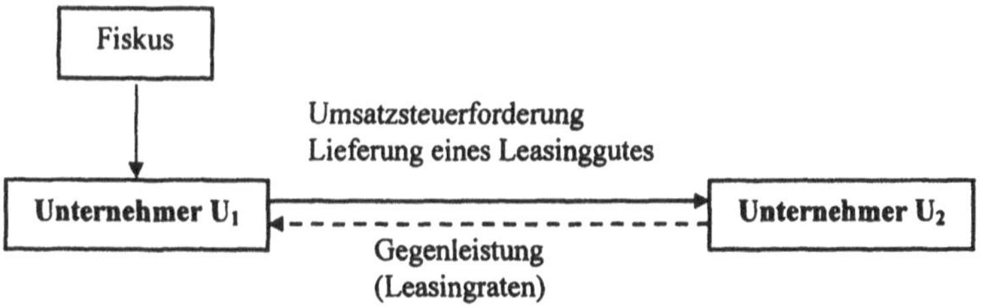

Abb. 3: Typisch zugrunde liegende Leistungsbeziehungen bei § 13 d UStG

Unternehmer U_1 verleast am 1.3. eines Jahres einen LKW im Wert von 100.000 € an Unternehmer U_2. Dieser soll hierfür eine monatliche Leasingrate von 2.000 € an U_1 bezahlen. Nach der Zahlung von drei Raten gerät U_2 in Liquiditätsschwierigkeiten, was schließlich zur Eröffnung des Insolvenzverfahrens führt. Der Leasingvertrag ist derart ausgestaltet, dass der Leasinggegenstand dem Leasingnehmer gemäß § 39 Abs. 2 AO für ertragsteuerliche Zwecke zuzurechnen ist.

Umsatzsteuerrechtlich beurteilt erbringt U_1 an U_2 am 1.3. eine Leistung in Form einer Lieferung nach § 3 Abs. 1 UStG. Genauer dargestellt, ergibt sich Folgendes: Zunächst schuldet U_1 mit Übergabe (Lieferung) die Umsatzsteuer

(19.000 €). Zugleich hat U_2 einen Vorsteueranspruch. Da U_2 den auf die Umsatzsteuer entfallenden Teil nicht sofort bezahlen kann, tritt U_2 seinen Vorsteuererstattungsanspruch an U_1 ab. U_2 bezahlt de facto durch Abtretung/Auszahlung oder Weiterleitung mit dem Vorsteueranspruch den U_1. Im Ergebnis hat U_1 die Zahlung bezüglich der Umsatzsteuer erhalten, aber an den Fiskus nichts zahlen müssen, da U_1 mit dem Vorsteueranspruch des U_2 aufrechnen konnte. Nach dem System der Umsatzsteuer kann U_2 als Leistungsempfänger sofort für den kompletten Betrag einen Vorsteuerabzug unter den weiteren Voraussetzungen – insbesondere Vorliegen einer Rechnung mit Umsatzsteuer – vornehmen. Die Bemessungsgrundlage hat sich jedoch aufgrund der Zahlungsunfähigkeit nach der dritten Rate geändert. Nach § 17 Abs. 1 UStG hat der leistende Unternehmer die Umsatzsteuerschuld und der Leistungsempfänger den Vorsteuerabzug zu berichtigen, wenn sich in einem späteren Besteuerungs-/Voranmeldungszeitraum die Bemessungsgrundlage für einen steuerpflichtigen Umsatz nachträglich ändert. Ebenso wie eine Änderung der Bemessungsgrundlage ist nach § 17 Abs. 2 UStG der Fall zu behandeln, dass das Entgelt uneinbringlich geworden ist oder eine steuerpflichtige Lieferung oder sonstige Leistung rückgängig gemacht wurde. In diesen Fällen ist eine Korrektur für den Voranmeldungszeitraum vorzunehmen, in dem die Uneinbringlichkeit bzw. Rückgängigmachung eintritt.[663] Eine Forderung wird dann uneinbringlich, wenn sie – für gewisse Zeit – nicht mehr durchsetzbar ist.[664] Dabei liegt Uneinbringlichkeit insbesondere bei Eröffnung des Insolvenzverfahrens oder Abweisung mangels Masse oder bei vergeblicher Einzelzwangsvollstreckung vor.[665] Ist nun eine Änderung der Bemessungsgrundlage i.S.d. § 17 UStG vorzunehmen und hat der Leistungsempfänger seinen Vorsteuerabzug berichtigt, so steht dem Fiskus ein Anspruch gegen den Leistungsempfänger auf Rückzahlung des zuviel gezahlten Betrages zu. Spätestens mit der Eröffnung des Insolvenzverfahrens gilt der Rückforderungsanspruch des Fiskus als uneinbringlich.

Angewandt auf obiges Beispiel würde dies Folgendes bedeuten: U_2 hat einen Vorsteuerabzug i.H.v. 19.000 € geltend gemacht. Da das Entgelt jedoch mit der Eröffnung des Insolvenzverfahrens als uneinbringlich gilt, ist die Bemessungsgrundlage entsprechend zu ändern. U_2 hat nur für drei Monate seine Leasingraten gezahlt, also insgesamt 6.000 €. Hieraus ergibt sich eine Umsatzsteuer von 1.140 €. Er hat damit einen erhöhten Vorsteuerabzug i.H.v. 17.860 € geltend gemacht. Folglich hat der Fiskus gegen U_2 einen Rückzahlungsanspruch in Bezug auf den ursprünglich gewährten Vorsteuerabzug in dieser Höhe mit der Einschränkung, dass tatsächlich Raten gezahlt werden. U_1 erhält nun die (mittels Vorsteuer-Abtretung) bezahlte Umsatzsteuer vom Finanzamt zurück. Es entsteht

663 Vgl. Reiß, W., Umsatzsteuerrecht, S. 214 f.
664 Vgl. BFH, Urt. v. 13.11.1986 - V R 59/79, BStBl. II 1987, 226.
665 Vgl. Reiß, W., Umsatzsteuerrecht, S. 215.

damit auf Seiten des Fiskus ein Saldo von -17.860 €. Gleichwohl hat das Finanzamt eine Umsatzsteuerforderung gegen U_2 auf Zahlung von 17.860 €.

1.2 Vorliegen eines Dauerschuldverhältnisses

Nach dem Wortlaut der Vorschrift sind Miet- und mietähnliche Verträge von § 13 d UStG umfasst. Geht man von diesem Wortlaut aus, so könnte man zunächst anmerken, dass es sich bei den genannten Verträgen um Dauerschuldverhältnisse handelt. Diesen ist gemein, dass sie für eine gewisse Dauer abgeschlossen werden. Während dieses Zeitraums haben die Vertragspartner einander Leistungen laufend zu gewähren.[666] Fraglich und umstritten ist in diesem Zusammenhang jedoch, ob und wie es sich auswirkt, dass für die Anwendbarkeit von § 13 d UStG eine Lieferung vorausgesetzt ist. Dies hat, wie bereits erläutert, vor allem auch die Folge, dass nur bestimmte Leasingtypen unter den Anwendungsbereich des § 13 d UStG fallen, nämlich solche, bei denen der Kaufcharakter überwiegt, was gewöhnlich nur beim Financial Leasing auftreten kann. Dabei ist umstritten, ob sich diese Unterscheidung auch auf die insolvenzrechtliche Beurteilung auswirkt. Die Frage, ob umsatzsteuerrechtlich eine Lieferung vorliegt, richtet sich diesbezüglich nur nach den Vorschriften des UStG, wohingegen nach der InsO zu entscheiden ist, ob insolvenzrechtlich ein Dauerschuldverhältnis vorliegt.

Gegen eine Unterscheidung spricht sich *Wimmer*[667] aus, denn nach seiner Ansicht sind beide Vertragstypen insolvenzrechtlich wie Mietverträge zu behandeln. Danach ist das Bestreben, Finanzierungsleasingverträge wegen ihrer kaufrechtlichen Elemente denjenigen Bestimmungen zu unterstellen, die für den Kauf unter Eigentumsvorbehalt gelten, nicht vom Regelungsgehalt der InsO gedeckt. Für eine solche Unterscheidung stehen *Berscheid*[668] und *Kroth*[669], wonach bei Leasingverträgen zwischen solchen, bei denen der mietvertragliche, und solchen, bei denen der kaufvertragliche Charakter überwiegt, zu differenzieren. M.E. erscheint eine solche Unterscheidung sinnvoll und auch geboten. Eine für die Anwendung des § 13 d UStG erforderliche Lieferung ist jedoch nicht bei allen Leasingvertragstypen gegeben, sondern liegt gerade bei den Financial Leasing-Geschäften vor, bei denen der kaufvertragliche Aspekt überwiegt. Diese Unterscheidung und die strikte Trennung bei § 13 d UStG wäre obsolet, wenn nun im Rahmen des Insolvenzrechts eine Gleichbehandlung unter dem Oberbegriff Mietvertrag erfolgen würde. Wie bereits in Kapitel III.2. ausgeführt, wird das Leasing umsatzsteuerrechtlich als Lieferung eingestuft, wenn der Leasinggegenstand einkommensteuerrechtlich dem Leasingnehmer zuzurechnen ist. Ei-

666 Vgl. Grüneberg, C., in: Palandt, O., BGB, § 314 BGB, Rn. 2.
667 Vgl. Wimmer, K., in: Wimmer, K., InsO, § 47 InsO, Rn. 28.
668 Vgl. Berscheid, E.-D., in: Uhlenbruck, W., InsO, § 103 InsO, Rn. 24.
669 Vgl. Kroth, H., in: Braun, E., InsO, § 103 InsO, Rn. 15.

ne Lieferung liegt insbesondere dann vor, wenn die Grundmietzeit und die betriebsgewöhnliche Nutzungsdauer annähernd gleich sind. Zwar liegt zivilrechtlich gesehen bei dem Financial Leasing weder ein Kauf unter Eigentumsvorbehalt noch ein Ratenkauf vor, da es schlicht an der Übereignung unter der aufschiebenden Bedingung der Zahlung fehlt, jedoch überwiegt bei einem Financial Leasing gerade die Finanzierungsfunktion vor der reinen Überlassung des Gegenstandes für eine gewisse Dauer, so dass das Financial Leasing wie bereits in Kapitel III.2. näher ausgeführt wurde, umsatzsteuerrechtlich als Lieferung i.S.d. § 13 d UStG einzustufen ist. Somit muss auch im Insolvenzrecht eine Unterscheidung zwischen diesen beiden Vertragstypen des Leasing erfolgen.

1.3 Stellung des Fiskus im Rahmen des § 13 d UStG

Dem Fiskus steht weder ein Aus- noch ein Absonderungsrecht zu, da Umsatzsteuerforderungen hierfür nicht genügen. Daher ist wiederum zu unterscheiden, ob die Umsatzsteuerforderung des Fiskus gegen den Leasingnehmer wegen Rückzahlung der zuviel erstatteten Vorsteuer eine Insolvenzforderung oder eine Masseverbindlichkeit darstellt. Dabei ist darauf abzustellen, ob die Forderung bereits vor oder erst nach der Eröffnung des Insolvenzverfahrens begründet war. Wie bereits oben dargestellt[670] gilt im Rahmen des Anwendungsbereichs der InsO die Umsatzsteuerforderung gemäß § 41 InsO spätestens mit der Eröffnung des Insolvenzverfahrens als fällig und damit meist auch als begründet, da spätestens zu diesem Zeitpunkt gemäß § 17 Abs. 2 Nr. 1 i.V.m. § 17 Abs. 1 UStG Uneinbringlichkeit vorliegt. Dies hat zur Folge, dass die Forderung des Fiskus gegen den zahlungsunfähigen Leasingnehmer als Insolvenzforderung nach § 38 InsO einzustufen ist. Insoweit ist auf die ausführliche Darstellung der Insolvenzforderung in Kapitel IV.3. zu verweisen. Dies hat zur Konsequenz, dass der Fiskus den anderen Insolvenzgläubigern gleichgestellt ist, da ihm kein bevorrechtigter Anspruch zusteht, und er somit auf die quotale Befriedigung aus der Masse beschränkt wird.

2. Vergleich der Stellung des Fiskus bei Vorliegen des § 13 d UStG

Durch die Einführung des § 13 d UStG wurde ein Gesamtschuldverhältnis begründet für den Fall, dass der Leistungsempfänger bei einer Änderung der Bemessungsgrundlage den Rückzahlungsanspruch nicht erfüllen kann. In einem solchen Fall kann der Fiskus nun wählen, ob er den Leistungsempfänger oder den leistenden Unternehmer in Anspruch nimmt. Die Konsequenz hieraus ist, dass der Fiskus seinen vollen Rückzahlungsanspruch mit einer Haftungsinanspruchnahme des leistenden Unternehmers geltend machen kann und sich nicht auf das Insolvenzverfahren und damit auf eine anteilige Insolvenzquote bezüg-

---

[670] Siehe Kapitel IV.3.3.1.

lich der Insolvenzmasse des Leistungsempfängers zu beschränken hat. Im Anschluss zu den Ausführungen in Kapitel IV steht dem leistenden Unternehmer, wenn er in Anspruch genommen wurde, wiederum ein Ausgleichsanspruch gegen den Leistungsempfänger in Form einer Insolvenzforderung – und damit nur eine quotale Befriedigung dieses Anspruchs – zu.

Wendet man dieses Ergebnis nun auf das eingangs des Kapitels gebildete Beispiel an, so lässt es sich nachvollziehen, warum der Gesetzgeber § 13 d UStG eingeführt hat. Wie bereits dargestellt, hat der Vorsteuerabzug des U_2 19.000 € betragen. Da er nach dem dritten Monat die Leasingraten nicht mehr aufwenden konnte, musste die Bemessungsgrundlage auf 6.000 € geändert werden, so dass hieraus nur ein Vorsteuerabzug von 1.140 € gestattet würde. Demzufolge hat der Fiskus einen Rückzahlungsanspruch i.H.v. 17.860 € als Insolvenzforderung. Geht man – wie in Kapitel IV – von einer Insolvenzquote von 1/5 aus, so würde der Fiskus von seiner ursprünglichen Forderung noch 3.572 € erhalten.

Bei der Anwendung von § 13 d UStG steht der Fiskus deutlich besser. Er kann von dem leistenden Unternehmer, soweit die übrigen Voraussetzungen vorliegen, den kompletten Betrag von 17.860 € fordern. Somit würde er in vollem Umfang befriedigt und nicht nur nach dem insolvenzrechtlichen Grundsatz „par conditio creditorum". Der in Anspruch genommene Unternehmer U_1 hat wiederum einen Ausgleichsanspruch aus dem Gesamtschuldverhältnis gegen U_2 in Höhe von 17.860 €. Unter Berücksichtigung der Insolvenzquote erhält er 3.572 €, mithin nur einen geringen Bruchteil von seiner Inanspruchnahme als Haftungsschuldner.

KAPITEL VI

Abschließende Bewertung

1. Würdigung der Haftungsvorschriften §§ 13 c und d UStG

Vorwegzustellen ist, dass das Bestreben des Gesetzgebers, die Möglichkeit von Umsatzsteuerbetrügereien zu unterbinden und damit die enormen Steuerausfälle zu verhindern, als wichtiges und überaus nötiges Vorhaben zu sehen ist und auch zu hoffen ist, dass dies in Zukunft gelingt. Diesen genannten Zweck erfüllen sowohl § 13 c als auch § 13 d UStG in vollem Rahmen, denn durch sie wurde das Ausfallrisiko des Fiskus deutlich reduziert. Allerdings darf die Vermeidung von Umsatzsteuerausfällen nicht dazu führen, dass Haftungsvorschriften – wie §§ 13 c und d UStG – geschaffen werden, die über ihr Ziel hinausgehen und eine unzumutbare Belastung für das Wirtschaftsleben bzw. für Unternehmer darstellen, denn der Gesetzgeber hat auch hier die generellen Anforderungen einer gerechten und verfassungskonformen Gesetzgebung zu wahren.

In seinem Bericht über „Steuerausfälle bei der Umsatzsteuer durch Betrug und Steuervermeidung“ hat der BRH insbesondere auf die durch Insolvenzen verursachten substantiellen Steuerausfälle bei Forderungsabtretungen hingewiesen. In diesem Bericht wurde aber ebenso dargelegt, dass diese Steuerausfälle in erster Linie durch das betrügerische Zusammenwirken der einzelnen Beteiligten entstanden sind. Deshalb ist es auch durchaus nachvollziehbar, dass der Gesetzgeber zur Bekämpfung von Steuerbetrügereien und Steuervermeidungen tätig wird und neue Vorschriften erlässt. Zu diesem Zwecke wurden auch die Haftungsvorschriften § 13 c und § 13 d UStG initiiert. Um so erstaunlicher ist es auf den ersten Blick, dass in beiden Vorschriften keinerlei Tatbestandsmerkmale enthalten sind, die einen Steuerbetrug oder eine Steuervermeidung auch nur andeuten könnten. Man wird dem Gesetzgeber kaum unterstellen können, dass er bei der Schaffung des § 13 c UStG Kreditgeber und echte Factoringunternehmer, weil sie sich zur Sicherheit oder erfüllungshalber Forderungen abtreten lassen, als potentielle Steuerbetrüger oder Steuervermeider angesehen hat. Deshalb wird damit eine Haftung nach § 13 c UStG nicht zu rechtfertigen sein.

1.1 Würdigung der Haftungsvorschrift des § 13 c UStG

Bei einer Wertung des § 13 c UStG lässt sich das Ergebnis dieser Untersuchung sicherlich als „Verstoß gegen die Neutralität“ zusammenfassen. Gegen den Neutralitätsgrundsatz verstößt § 13 c UStG, da das Grundprinzip der Umsatzsteuer eben ist, dass gerade nicht ein Unternehmer mit Umsatzsteuer belastet werden soll. Doch gerade eine solche Umsatzsteuerbelastung liegt bei einer Haftung nach § 13 c UStG vor. Der haftende Unternehmer hat keine Möglichkeit, sich von der Umsatzsteuerlast zu befreien. Dieser Verstoß gegen das Neutralitätsprinzip lässt sich, wie gezeigt, auch nicht dadurch rechtfertigen, dass in der abgetretenen Forderung zumindest theoretisch bereits der Umsatzsteueranteil enthalten ist, für den der Haftungsschuldner einzustehen hat, denn weder für den Zessionar noch für den Zedent besteht eine Pflicht zur Aussonderung und getrennten Aufbewahrung des fiktiven Umsatzsteueranteils. Vielmehr wurde der Betrag als Ganzes abgetreten und der Zessionar kann mit dieser Forderung nach seinem Willen verfahren. Daneben kann auch ein Verstoß gegen die umsatzsteuerlichen Grundsätze der indirekten Steuer und des Verbrauchsteuergrundsatzes festgestellt werden, da wie soeben dargestellt ein Unternehmer für die Umsatzsteuer aufkommen muss, obwohl bei ihm als Abtretungsempfänger kein Verbrauch stattfindet, jedenfalls nicht an dem die Umsatzsteuer und Verbrauch begründenden Geschäft. Darüber hinaus darf ein Unternehmer bei unternehmerischem Handeln nicht mit Umsatzsteuer belastet sein, da die Umsatzsteuer den nichtunternehmerischen Letztverbrauch erfassen will.

Aufgrund der vorliegenden gewichtigen Bedenken gegen die Haftungsnorm des § 13 c UStG auf nationaler Ebene, besteht nur die Möglichkeit, die Haftung mit spezifischen Besonderheiten zu rechtfertigen. Eine solche Besonderheit könnte sich insbesondere daraus ergeben, dass der Fiskus bei einer Insolvenz des Steuerschuldners nicht durch den Wegfall eines nicht insolventen Schuldners ausfallen soll, da zumindest theoretisch in der zur Sicherheit abgetretenen Forderung der Umsatzsteueranteil enthalten ist. Jedoch setzt diese Annahme zweierlei voraus. Auf der einen Seite muss gerade in Bezug auf den Ausfall des Umsatzsteueranteils eine ganz besondere Unerträglichkeit für den Fiskus als Gläubiger gegeben sein, auf der anderen Seite muss diese Unerträglichkeit dem nunmehrigen Forderungsinhaber zuzurechnen sein.

Wie ausgeführt, besteht für den Unternehmer als Steuereinsammler mithin keine Pflicht zur Aussonderung eines enthaltenen Steueranteils aus der Gegenleistung und zur getrennten Aufbewahrung dieses Vermögens bis zur Abführung. Der Unternehmer schuldet nicht die Abführung eines realen Teils einer noch ausstehenden Forderung oder einer schon vereinnahmten Gegenleistung für eine von ihm erbrachte Leistung, sondern er schuldet vielmehr einen diesem Teil der Höhe nach entsprechenden (Umsatzsteuer-)Betrag. Vielmehr kann der Unternehmer den vereinnahmten Betrag frei verwenden, da es an einer Obliegenheit zur vorrangigen Verwendung des in der vereinnahmten Gegenleistung enthaltenen Umsatzsteueranteils fehlt. Zudem fehlt es auch an einer besonderen Unerträglichkeit für den Fiskus als Gläubiger, da er grundsätzlich dasselbe Schicksal eines Insolvenzgläubigers trägt, wie auch die anderen Insolvenzgläubiger. Alleine die Tatsache, dass es um Steuerverbindlichkeiten handelt, kann keine bevorzugte Stellung des Fiskus begründen, zumal zumindest hierdurch keine Unerträglichkeit vorliegt.

Darüber hinaus führt § 13 c UStG auch zu einem Verstoß gegen die 6. EG-Richtlinie und dem darin enthaltenen Gebot der Wettbewerbsneutralität als spezielle Ausgestaltung des Neutralitätsgrundsatzes, wobei hierbei Grundlage ist, dass ein Unternehmer durch die Umsatzsteuer nicht belastet werden soll. Zwar verstößt § 13 c UStG im Ergebnis nicht im Rahmen seiner Einführungsermächtigung gegen die 6. EG-Richtlinie, aber im Kern gegen die umzusetzenden Ziele, die mit der 6. EG-Richtlinie verwirklicht werden sollen. Durch die unterschiedliche Behandlung der einzelnen Sicherungsformen entsteht eine Benachteiligung derjenigen Sicherungsmittel, die von einer möglichen Haftung nach § 13 c UStG umfasst sind. Alleine die Möglichkeit einer Haftung für die Umsatzsteuerschuld des Zedenten führt dazu, dass der Zessionar Vorkehrungen treffen muss, um auf den Fall einer Haftung vorbereitet zu sein. Diese Maßnahmen betreffen jedoch nur die Sicherungsformen, die von einer Haftung nach § 13 c UStG umfasst sind. Die Schaffung der Haftungsvorschrift hat zwangsläufig zur Folge, dass Zessionare, also vor allem Banken, auf die Möglichkeit einer Inanspruchnahme reagieren, und deshalb den Wert der abgetretenen Forderung niedriger einschätzen werden, wovon insbesondere auch das Kreditbeschaffungs- und Kreditsicherungsmittel Globalzession betroffen ist. Ebenso wird bei den Anwendungsfällen im Rahmen des Factoring der Kunde einen geringeren Betrag für seine Forderung erhalten, da der Factor den Diskont erhöhen wird. Diese Auswirkungen führen zu einer Benachteiligung dieser Sicherungsmittel gegenüber anderen Formen, bei denen eine Haftung für Umsatzsteuerschulden des Steuerschuldners nicht gegeben ist, da bei diesen Sicherungsmitteln eine Vorsorge für Haftungsfälle nicht zu treffen ist.

Wie bereits dargestellt, kann für diese Situation nicht als Begründung herangezogen werden, dass der Sicherungsnehmer auch die Umsatzsteuer einzieht, damit das Unternehmen seine Umsatzsteuer nicht mehr ordnungsgemäß bedienen kann und der Fiskus folglich ausfällt. Denn das Unternehmen als Sicherungsgeber (z.B. der Globalzession) hat hierfür bereits einen Gegenwert, nämlich Kredite und damit liquide Geldmittel erhalten, die das Unternehmen zur Bedienung der allgemeinen Verbindlichkeiten und folglich auch zur Bedienung von Steuerverbindlichkeiten verwenden kann. Würde die Möglichkeit dieser Bankdarlehen nicht bestehen, so wären viele Unternehmen oftmals bereits zu einem früheren Zeitpunkt zahlungsunfähig und dem Fiskus würden seine Steuerschuldansprüche ausfallen.

Zwar muss erkannt werden, dass in wirtschaftlich schwierigen Zeiten die Steuerausfälle für den Fiskus wegen der dann folgenden zahlreichen Insolvenzen besonders umfangreich ist. Jedoch wirkt sich die Steuerreform durch die Schwächung des Kreditbeschaffungsinstruments Globalzession kontraproduktiv aus, denn der Bewegungsspielraum für krisengeplagte Unternehmen, die dringenden Liquiditätsbedarf haben, wird durch § 13 c UStG noch stärker eingeschränkt. Die Konsequenz wäre das Provozieren weiterer Unternehmensinsolvenzen, die wiederum für weitere Steuerausfälle, auch in Form von Mindereinnahmen in anderen Steuerarten, sorgen.

Der Zessionar könnte sich zwar vor einer Inanspruchnahme aus § 13 c UStG schützen, indem er dafür sorgt, dass der leistende Unternehmer i.S.d. UStG seine Umsatzsteuerverbindlichkeiten gegenüber dem Fiskus ordnungsgemäß nachkommt. Jedoch hat er hierauf regelmäßig keinen Einfluss, denn oftmals werden Unregelmäßigkeiten in Umsatzsteuererklärungen selbst vom Fiskus erst in einer Umsatzsteuersonderprüfung entdeckt. Sollte der Sicherungsfall eintreten, so ist die Wahrscheinlichkeit, dass die Steuerverbindlichkeiten nicht mehr ordnungsgemäß bedient werden, besonders hoch. Die Gefahr einer Inanspruchnahme aus § 13 c UStG ist damit im Ernstfall doch evident.

Zudem ist festzustellen, dass durch die Einführung der Haftungsvorschrift des § 13 c UStG sich das erstaunliche Ergebnis ergibt, dass der Fiskus besser steht, wenn im Zeitpunkt der Eröffnung des Insolvenzverfahrens eine durch Ausführung der Leistung bereits begründete Forderung vom Schuldner noch nicht beglichen war und diese Forderung zur Sicherheit abgetreten worden ist. Diese Besserstellung ergibt sich daraus, dass der Fiskus, wenn bereits erfüllt worden wäre oder wenn die Forderung noch dem leistenden Unternehmer zustünde, hinsichtlich seiner etwaigen, noch offen stehenden Umsatzsteuerschuld inklusive des Umsatzsteueranteils in der bereits getilgten oder noch offen stehenden Forderungen auf die Rechte eines ganz normalen Insolvenzgläubigers verwiesen worden wäre. Ist allerdings der Anwendungsbereich des § 13 c UStG für eine abgetretene Forderung eröffnet, so gilt zwar in der Insolvenz des zedierenden Unternehmers dasselbe, der Fiskus ist jedoch nicht auf die letztlich wegen der Insolvenz weitergehend fruchtlos verlaufende Befriedigung aus der Insolvenzmasse angewiesen, sondern kann und wird sich nach § 13 c UStG an den Haftungsschuldner halten.

Für die Fälle einer Sicherungszession und erfüllungshalber erfolgter Zessionen wird über § 13 c UStG eine Gläubigerkonkurrenz zwischen dem Zedenten und dem Fiskus geregelt. Aus materieller Sicht ist zu erkennen, dass dem Fiskus hinsichtlich des Umsatzsteueranteils in der Forderung der Vorrang vor dem Sicherungsnehmer gebühre. Verfahrensrechtlich erfolgt diese bevorzugte Durchsetzung des materiellen Anspruchs des Fiskus auf bevorrechtigte Befriedigung nicht im Rahmen des Insolvenzverfahrens, sondern durch unmittelbare Geltendmachung der Haftung außerhalb des Insolvenzverfahrens gegen den absonderungsberechtigten Gläubiger.

Mithin ist anzunehmen, dass die Vorschrift des § 13 c UStG materiell nicht zu rechtfertigen ist, denn es liegt weder in Bezug auf den Ausfall des Fiskus wegen seiner Insolvenzforderung, soweit sie aus dem der Forderung zugrunde liegenden Umsatz herrührt, eine besondere Unerträglichkeit vor, noch ist der Zedent für diesen Ausfall verantwortlich. Dabei ist allerdings zu berücksichtigen, dass durch die Einführung des § 13 c UStG im Rahmen eines Insolvenzverfahrens eine generelle Gläubigerbenachteiligung nicht vorliegt, da auch vor der Einführung dieser Haftungsvorschrift, dem Abtretungsempfänger ein Absonderungsrecht zustand. Der Masse stand damit zu keiner Zeit die abgetretene Forderung zur Befriedigung der Gläubiger zur Verfügung. Im Ergebnis bewirkt § 13 c UStG daher nur, dass der Fiskus sozusagen zu Lasten des sonst absonderungsberechtigten Gläubigers besser bedient wird.

1.2 Würdigung der Haftungsvorschrift des § 13 d UStG

Bei § 13 d UStG liegt bezüglich der Frage der Neutralität eine nahezu vergleichbare Lage zu § 13 c UStG vor. Auch hier wird eklatant gegen den Neutralitätsgrundsatz verstoßen, denn es erfolgt ebenso eine Belastung eines Unternehmers mit Umsatzsteuer, getarnt unter der Bezeichnung „Haftung". Der Verstoß gegen die Wettbewerbsneutralität ist hier sicherlich noch deutlicher ausgeprägt als bei § 13 c UStG, denn durch die enge Eingrenzung des Anwendungsbereichs auf Mietverträge und mietähnliche Verträge greift der Gesetzgeber eindeutig wettbewerbswidrig ein, denn es werden ebenfalls nur einzelne Vertragstypen von der Gefahr einer Haftung erfasst.

Auf nationaler Ebene verstößt § 13 d UStG außerdem gegen das Verhältnismäßigkeitsprinzip. Bei dem Grundsatz der Verhältnismäßigkeit scheitert § 13 d UStG an der Verhältnismäßigkeit im engeren Sinne, denn die Vermeidung von Steuerausfällen kann nicht die Inanspruchnahme eines Haftungsschuldners rechtfertigen, der sich völlig gesetzestreu verhalten und keinen Vorteil aus der Zahlungsunfähigkeit und der damit unterbliebenen Rückzahlung des Vorsteuerbetrags seines Vertragspartners gezogen hat. Dieser Verstoß kann zwar durch eine Änderung der Besteuerungsart hin zur Ist-Besteuerung oder durch die Einstufung der Miet- und mietähnlichen Verträgen ausschließlich als sonstige Leistung – mit der Möglichkeit von Teilleistungserbringung bzw. Teilleistungsumsatzsteuerbeträgen – ausgeglichen werden. Beide Vorschläge stehen aber umsatzsteuerlichen Strukturprinzipien entgegen und sind daher abzulehnen.

Bei § 13 d UStG lässt sich zudem ein Verstoß gegen den Gleichheitsgrundsatz testieren. Nach dem Gesetzeswortlaut sind nur Miet- und mietähnliche Verträge von dem Anwendungsbereich der Vorschrift § 13 d UStG umfasst. Berücksichtigt man hierbei noch die Voraussetzung, dass das Rechtsgeschäft eine Lieferung i.S.d. Umsatzsteuerrechts darstellen muss, so erfolgt eine weitere Einschränkung auf die Fälle des (echten) Mietkaufs und des Financial Leasing, da andere Rechtsgeschäfte, bei denen der mietvertragliche Charakter überwiegt, keine Lieferung nach § 3 Abs. 1 UStG darstellen (können) und damit der Anwendungsbereich des § 13 d UStG nicht eröffnet wäre. Aufgrund dieser weitreichenden Einschränkung werden wiederum nur einzelne Vertragstypen von einer Haftung umfasst, was gleichfalls zu einer Benachteiligung führt, da bei den anzuwendenden Rechtsgeschäften ebenso Vorkehrungen für eine Haftung getroffen werden müssten. Durch die Einschränkung auf Miet- und mietähnliche Verträge und die Nichtbeachtung z.B. des Ratenkaufes, der umsatzsteuerrechtlich ebenfalls eine Lieferung darstellt, hat der Gesetzgeber gegen Art. 3 GG verstoßen, da er vergleichbare Gruppen ungleich behandelt. Bei Leasinggeschäften und Ratenkäufen liegen vergleichbare Situationen vor, da der Leistende sogleich seine Leistung erbringt und der Leistungsempfänger das entsprechende Entgelt auf mehrere Etappen bzw. Raten schuldet. Deshalb erscheint es nicht verständlich, warum nun im Falle der Zahlungsunfähigkeit des Leistungsempfängers im Falle eines Leasinggeschäfts der Leasinggeber für die Umsatzsteuerschuld des Leasingnehmers haften soll, der Verkäufer für eine Zahlungsunfähigkeit des Ratenkäufers hingegen nicht einzustehen hat. Es lässt sich kein vernünftiger, sich aus der Natur der Sache ergebender oder sonst wie sachlich einleuchtender Grund für die Differenzierung zwischen dem Leasinggeschäft und einem Ratenkauf finden. Als Konsequenz dieser Feststellung hätten dem Gesetzgeber nun zwei Möglichkeiten zur Vermeidung dieses Verstoßes vorgelegen. Zum einen hätte er in Anbetracht der Parallele zum Ratenkauf die Vorschrift des § 13 d UStG nicht erlassen können, zum anderen hätte ihm die wohl naheliegendere Option offengestanden, auch den Ratenkauf in den Anwendungsbereich des § 13 d UStG aufzunehmen. Eine solche Aufnahme des Ratenkaufs wäre auch deshalb im Sinne des Fiskus gelegen, da dieser hierdurch zudem die Umsatzsteuer für diese Fälle hätte sichern können, da ihm folglich ebenso ein Haftungsschuldner für eine Inanspruchnahme zur Verfügung gestanden hätte. Da aber der Gesetzgeber nichts dergleichen unternommen hat, ist das Ergebnis folgerichtig, dass die Haftungsnorm des § 13 d UStG nicht mit dem Gleichheitsgrundsatz vereinbar ist.

Zuletzt lässt sich in Bezug auf die nationale Ebene konstatieren, dass auch ein Verstoß gegen den Verbrauchsteuercharakter der Umsatzsteuer verstoßen wird, denn es soll durch die Umsatzsteuer nur der Endverbraucher belastet werden und nicht ein Unternehmer im Rahmen unternehmerischen Handelns mit Umsatzsteuer im Ergebnis wirtschaftlich belastet sein. Durch die Inanspruchnahme des Haftungsschuldners durch den Fiskus wird jedoch gegen diesen Grundsatz verstoßen, denn in dem entsprechenden Fall schuldet gerade ein Unternehmer (Leasinggeber) einen Steuerbetrag in Höhe der Umsatzsteuer. Anzumerken ist, dass an sich infolge der Rückgängigmachung der Lieferung keine Umsatzsteuer geschuldet wird, sondern zu Unrecht vergütete Vorsteuer vom Unternehmer (Leasinggeber) als Dritten verlangt wird. Anstößig ist, dass alleiniger Haftungsgrund ist, dass der Leasinggeber einen Umsatz getätigt hat, der aber systemkonform rückgängig gemacht wurde.

Auch auf europarechtlicher Ebene kann die Haftungsvorschrift des § 13 d UStG nicht überzeugen, da Art. 22 Abs. 8 der 6. EG-Richtlinie nicht als Einführungsgrundlage anzusehen ist, denn zumindest rechtfertigt Art. 22 Abs. 8 der 6. EG-

Richtlinie keine Pflichtenausweitung im Sinne der Begründung einer zusätzlichen Haftungsschuld beim Leistenden. Dabei müssen die in Art. 22 Abs. 8 der 6. EG-Richtlinie angesprochenen zusätzlichen Pflichten im Kontext mit dem allgemeinen Regelungsinhalt in Art. 22 der 6. EG-Richtlinie gesehen werden, wonach Art. 22 der 6. EG-Richtlinie die Pflichten des Steuerschuldners regelt, nicht aber Pflichten des Haftungsschuldners. Betroffen von Art. 22 der 6. EG-Richtlinie sind Rechnungslegungs- und Aufzeichnungspflichten, nicht aber die Begründung zusätzlicher Haftungsverhältnisse.

In seiner jüngsten Rechtsprechung hat zudem der EuGH bestätigt, dass es den Mitgliedstaaten zwar grundsätzlich durch Art. 21 Abs. 3 und Art. 22 Abs. 8 der 6. EG-Richtlinie gestattet ist, neben der Person des Steuerschuldners eine weitere Person zu bestimmen, um diese gesamtschuldnerisch bezogen auf die Zahlung der Umsatzsteuer in Anspruch nehmen zu können. Eine nationale Haftungsregelung kann möglicherweise dann auf Art. 21 Abs. 3 bzw. Art. 22 Abs. 8 der 6. EG-Richtlinie gemeinschaftskonform gestützt werden, wenn diese als Tatbestandsvoraussetzung zumindest die Merkmale des Vorsatzes oder der Fahrlässigkeit beinhaltet, d.h. wenn die am Leistungsaustausch oder innerhalb einer Leistungskette Beteiligten wussten oder hinreichende Verdachtsgründe dafür bestanden, dass die aufgrund einer Lieferung oder Dienstleistung fällige Umsatzsteuer ganz oder teilweise unbezahlt bleiben würde. Übertragen auf § 13 d UStG bedeutet dies im Ergebnis, dass § 13 d UStG gerade nicht auf Art. 22 Abs. 8 der 6. EG-Richtlinie gestützt werden kann, da § 13 d UStG dem Wortlaut und Sinn nach auf jegliche Merkmale verzichtet, dass es auch nur auf ein betrügerisches Zusammenwirken oder schon auf der Kenntnis eines möglichen Umsatzsteuerausfalls für die Haftungsinanspruchnahme ankommt.

Neben diesen Verstößen lässt sich feststellen, dass hier der Gesetzgeber seine überlegene Stellung missbraucht hat. Ursprünglich war der Fiskus in den Situationen der §§ 13 c und d UStG nur Insolvenzgläubiger mit der Folge, dass er nach der entsprechenden Quote gemäß dem insolvenzrechtlichen Grundsatz „par conditio creditorum" befriedigt wird. Er war also den übrigen Gläubigern gleichgestellt. Wegen zu groß werdender Steuerausfälle wurden neue Haftungsvorschriften geschaffen, die zwar die Insolvenzgläubigerstellung beibehalten, darüber hinaus aber noch einen Haftungsschuldner außerhalb des Insolvenzverfahrens kreieren. Der Fiskus hat sich hierdurch bewusst eine Besserstellung verschafft, denn die Möglichkeit der Schaffung und Inanspruchnahme eines Haftungsschuldners steht den anderen Gläubigern nicht zu. Sie bleiben an die Insolvenzquote gebunden und müssen sich mit einem Bruchteil ihrer ursprünglichen Forderung zufrieden geben. M.E. erscheint die Besserstellung nicht gerechtfertigt, da für den Fiskus ebenso der Grundsatz „par conditio creditorum" gilt, so dass ihm auch eine solche Besserstellung nicht zusteht.

Dies wird auch mit einem Vergleich mit anderen Haftungsvorschriften der AO deutlich. Für die Haftungsfälle nach den §§ 69 ff. AO lässt sich eine vergleichbare Haftung für Fälle außerhalb des Steuerrechts finden. So sind in den Regelungen des BGB und HGB auch Vorschriften für die Haftung des Vertreters, des Vertretenen, des Eigentümers, bei Betriebsübergang oder die Deliktshaftung aufgenommen. Somit kann sich auch ein anderer Gläubiger (nicht nur der Fiskus) an den Haftungsschuldner richten. Eine entsprechende Regelung für die Fälle der §§ 13 c und d UStG fehlen jedoch. Eine solche Haftung ist einzigartig und steht auch nur dem Fiskus zu.

Zwar würde die Aufnahme von Tatbestandsmerkmalen des Vorsatzes oder der Fahrlässigkeit zur Folge haben, dass hierdurch der Anwendungsbereich des § 13 d UStG auf die eigentliche Zielgruppe – den betrügerisch zusammenwirkenden Parteien – eingeschränkt wird, jedoch hätte eine solche Einschränkung auch zur Folge, dass das entsprechende Finanzamt den potentiellen Haftungsschuldner auch die Merkmale des subjektiven Tatbestandes nachweisen muss und hieran wohl regelmäßig scheitern wird, denn es wird ihm nur in wenigen Fällen nachweisen können, dass ein vorsätzliches oder zumindest fahrlässiges Handeln gegeben war. Vielmehr wäre es zur Vermeidung des Verstoßes gegen die Neutralität zwingend gewesen, eine Beweislastumkehr derart aufzunehmen – da auch die Wirkungen des § 71 AO in dieser Hinsicht eher wenig wirksam sind –, dass dem Haftungsschuldner eine Exkulpationsmöglichkeit eingeräumt wird, wie dies auch bei § 25 d UStG derzeit besteht. Folglich würde eine grundsätzliche Haftung nach § 13 d UStG bestehen, gleichwohl stünde dem in Anspruch genommenen Haftungsschuldner die Möglichkeit offen darzulegen, dass ihm kein Verschulden an dem Ausfall der Umsatzsteuer trifft und er nicht in betrügerischer Absicht mit dem eigentlichen Steuerschuldner gemeinsam in schädigender Absicht gehandelt hat. Dadurch ließe es sich vermeiden, dass nun auch ein redlicher, gesetzestreuer Unternehmer für eine Umsatzsteuerschuld haftet, für die ihn kein Verschulden trifft.

Zusätzlich lässt sich anführen, dass auch im direkten Vergleich von § 13 c UStG mit § 13 d UStG auf den ersten Blick eine gewisse Diskrepanz auffällt. Es erscheint als fraglich, warum in beiden Haftungsvorschriften jeweils ein anderer Haftungsschuldner geschaffen wurde. Bei § 13 c UStG wird eine dritte Person verstrickt, wogegen bei § 13 d UStG die Haftung innerhalb des Vertragsverhältnisses übertragen wird. Gleichwohl ist diese Unterscheidung bei § 13 c UStG (Dritter) und § 13 d UStG (Vertragspartner) in der Sache begründet, da zum einen bei § 13 c UStG eine Haftung für Umsatzsteuer aus einem Umsatz (daher Forderungsabtretung inklusive Umsatzsteuerteil) und zum anderen bei § 13 d UStG der Vertragspartner für die Uneinbringlichkeit gemäß § 17 UStG von Vorsteuervergütungs/-rückforderungen einzustehen hat.

Als auffällig festzuhalten ist, dass die Einführung der Haftungsvorschriften dem eigentlichen Sinn der InsO entgegenläuft. Einer der wichtigen Gründe und Neuerungen bei der Abschaffung der KO und Einführung der InsO bestand darin, dass die in der KO vorhandenen Vorrechte, die insbesondere auch für den Fiskus bestanden, abgeschafft bzw. vermindert werden sollten, was auch durch die Einführung der InsO geschehen ist. Nun wird allerdings indirekt mit den umsatzsteuerlichen Haftungsvorschriften – außerhalb der InsO – wieder ein solches Vorrecht des Fiskus geschaffen, da durch die Haftungsvorschriften §§ 13 c und d UStG der Fiskus im Vergleich zu den übrigen Insolvenzgläubigern eine „bessere“ Stellung erlangt. Zwar erfolgt diese Besserstellung nicht im Rahmen der InsO, jedoch liegt de facto durch die Möglichkeit eines Vorgehens nach §§ 13 c und d UStG eine bevorzugte Stellung des Fiskus vor. Auch hieraus lässt sich der Eindruck, dass die Haftungsvorschriften der §§ 13 c und d UStG wie Fremdkörper im geltenden Recht wirken, nur verdeutlichen. Aufgrund dessen regte der BRH in seinem Bericht vom 3.9.2003 unter anderem auch an, das Insolvenzrecht erneut zu reformieren und wie zur Zeit der KO ein Vorrecht des Fiskus gegenüber den einfachen Insolvenzgläubigern in die InsO aufzunehmen.

Aus insolvenzrechtlicher Sicht lässt sich bei § 13 d UStG zusammenfassend erkennen, dass der Fiskus durch die Einführung von § 13 d UStG sein Ausfallrisiko deutlich gesenkt hat, wobei zu berücksichtigen ist, dass durch § 13 d UStG keine Benachteiligung der Insolvenzgläubiger gegeben ist, da sich durch § 13 d UStG die Masse und damit das Vermögen, das zur Befriedigung der Insolvenzgläubiger zur Verfügung steht, nicht geschmälert wird. Ebenso wie bei § 13 c UStG wäre der Fiskus ohne die umsatzsteuerliche Haftungsvorschrift lediglich Insolvenzgläubiger und wegen des Grundsatzes „par conditio creditorum“, also der Gleichbehandlung der Gläubiger, auch nur anteilig nach der Insolvenzquote zu befriedigen. Damit wäre das Risiko des Fiskus, leer auszugehen, doch erheblich, was sich auch anhand des Berichts des BRH zeigt, wonach der Gesamtschaden, der aufgrund von Leasing- und Mietkaufkonstellationen entsteht, nach vorsichtigen Schätzungen der Steuerfahndungsstellen im dreistelligen Millionenbereich liegen. Durch die Einführung des § 13 d UStG hat sich die schlechte Stellung des Fiskus deutlich verbessert. Da er sich nun außerhalb des Insolvenzverfahrens an den leistenden Unternehmer (Leasinggeber) als Haftungsschuldner halten kann, hat sich das Risiko eines Ausfalls mit der Rückzahlung der zuviel erstatteten Vorsteuer minimiert. Durch § 13 d UStG stehen dem Fiskus nun zwei Gesamtschuldner gegenüber, an die sich der Fiskus halten und im Ergebnis wohl meist seine Forderung zu 100 % befriedigen kann. Durch diese Haftungsmöglichkeit gelangt der Fiskus in eine absolut privilegierte vorrangige Stellung, die dem Insolvenzrecht fremd ist. Es sind keine vergleichbaren Vorschriften der InsO bekannt. Die bevorzugte Stellung des Fiskus mit seinen Vorrechten in der alten Konkursordnung sollte durch die InsO gerade abgewendet werden. Der

Fiskus ist damit völlig unabhängig von einem Insolvenzverfahren und muss sich damit nicht den Beschränkungen dieses Verfahrens unterwerfen.

Somit bleibt festzuhalten, dass der Gesetzgeber mit der Einführung des § 13 d UStG gemeinschaftswidrig i.S.d. 6. EG-Richtlinie und verfassungswidrig in Bezug auf den engen Anwendungsbereich der Vorschrift gehandelt hat und Umsatzsteuerrechtlich gegen den Neutralitätsgrundsatz durch die nicht aufgenommene Formulierung eines betrügerischen Zusammenwirkens der am Leistungsaustausch beteiligten Unternehmer verstößt. Zwar vermag der hohe Ausfall von Steuereinnahmen ein schnelles Handeln des Gesetzgebers in gewissem Umfang rechtfertigen, jedoch wäre es sicherlich besser gewesen, sich nicht nur auf die in § 13 d UStG angeführten Fälle zu beschränken, sondern dann auch vergleichbare Situationen wie den Ratenkauf einzubeziehen, unter Beachtung vorsätzlichen oder fahrlässigen Verhaltens.

2. Gegenwärtige Lösungsansätze

Bevor man nun die §§ 13 c und d UStG als generell verfehlt einstuft und verlangt, diese ersatzlos zu streichen, soll zu überlegen sein, ob und in welcher Weise eine Korrektur erfolgen könnte.

Hierbei ist insbesondere an den Ansatz zu denken, in den Fällen des § 13 c UStG die Regelung des § 170 Abs. 2 InsO für die Fälle der Sicherungszession entsprechend anzuwenden bzw. eine entsprechende Regelung aufzunehmen. Zwar sind von der Regelung des § 13 c UStG in der Regel nur die Fälle einer Insolvenz des Sicherungsgebers betroffen, gleichwohl scheidet eine Lösung der Problematik des § 13 c UStG durch Aufnahme einer Vorschrift in die InsO aus. Eine solche Regelung in der InsO hätte sich zwar insbesondere deshalb angeboten, da bereits eine Regelung für die Umsatzsteuer für die Fälle der Sicherungsübereignung in § 170 Abs. 2 InsO vorhanden ist. Da in beiden Fällen, sowohl bei der Sicherungsübereignung als auch bei der Sicherungszession der gleiche Hintergrund – also die Absicherung einer Forderung – vorliegt, erscheint eine Vergleichbarkeit auf den ersten Blick möglich. Gleichwohl hat sich im Rahmen der Untersuchung gezeigt, dass erhebliche Unterschiede in Bezug auf die umsatzsteuerrechtliche und insolvenzrechtliche Regelung bestehen, die eine entsprechende Anwendung der Vorschriften über die Sicherungsübereignung für die Fälle der Sicherungszession ausschließen. Der Unterschied ergibt sich daraus, dass in Fällen der Sicherungsübereignung eine Masseverbindlichkeit nach § 55 InsO vorliegt, wohingegen bei der Sicherungsabtretung eine Insolvenzforderung gegeben ist. Da sich jedoch die Insolenzforderung von der Masseverbindlichkeit gravierend unterscheidet und sich beide ausschließen, kann eine entsprechende Aufnahme einer solchen Vorschrift in die InsO nicht vollzogen werden. Zudem scheidet auch die Möglichkeit aus, in den Fällen der Anwendung des § 13 c UStG insolvenzrechtlich die Umsatzsteuer derart zu behandeln, dass stets eine Masseverbindlichkeit vorliegt und damit der Fiskus stets ein bevorrechtigtes Befriedigungsrecht hätte.

Wie bereits mehrfach ausgeführt, verwundert es, warum in den beiden Haftungsvorschriften keinerlei Voraussetzungen für ein betrügerisches Zusammenwirken oder ähnliche strafrechtliche Tatbestandsmerkmale aufzufinden sind. Es müsste also der Gesetzestext um Begriffe wie „Verschulden, Absicht, Vorsatz etc." erweitert werden, wie sie auch bei Haftungsvorschriften nach der AO anzutreffen sind. Hierdurch könnte der Anwendungsbereich deutlich geschmälert werden, was sich wiederum positiv auf die Verletzung des Verhältnismäßigkeitsprinzips auswirken würde, da nunmehr kein „unschuldiger" Dritter bzw. der gesetzestreue Vertragspartner haften müsste. Allerdings findet sich in § 71 AO bereits eine Regelung für die Fälle einer Steuerhinterziehung, so dass bei einer Aufnahme der Tatbestandsvoraussetzung des Vorsatzes aufgrund des § 71 AO für die §§ 13 c und d UStG kein Raum bliebe. Ebenso würde sich dann wie bei § 71 AO das Problem der schweren Nachweisbarkeit des absichtlichen Handelns ergeben, da die Finanzverwaltung das Vorliegen des Tatbestandsmerkmales Vorsatz nachweisen müsste, was ihr jedoch nur selten zu gelingen vermag. Viel ratsamer wäre es allerdings gewesen, eine Beweislastumkehr dergestalt aufzunehmen, dass eine Haftung grundsätzlich gegeben ist, es sei denn, der Haftungsschuldner kann nachweisen, dass er nicht in betrügerischer Absicht gehandelt hat, ihm also kein Verschulden an dem Steuerausfall trifft. Auf der anderen Seite wäre aber vor allem bei § 13 d UStG der Anwendungsbereich auch zu erweitern, um dadurch den Verstoß gegen den Gleichheitssatz zu beheben. Geeignetes Mittel hierzu wäre die Aufnahme von vergleichbaren Situationen wie z.B. der Fall des Ratenkaufs.

Gleichwohl bliebe das Problem der Neutralität bestehen. Solange ein Unternehmer mit der Umsatzsteuer belastet werden soll, darf die Haftung in dieser Form nicht bestehen bleiben. Eine Änderung der Haftungsvorschriften in Form einer Anpassung erscheint in letzter Konsequenz als nicht durchführbar.

3. Zusammenfassendes Ergebnis

Zusammenfassend lässt sich somit feststellen, dass die Haftungsvorschriften der §§ 13 c und d UStG nicht überzeugen können. Beiden Vorschriften ist gemeinsam, dass sie gegen den Grundsatz der Neutralität verstoßen. Zwar erscheint § 13 c UStG abgesehen von dem Verstoß gegen den Neutralitätsgrundsatz im Übrigen weniger problematisch als § 13 d UStG, gleichwohl bleibt es dabei, dass die Haftungsnorm des § 13 c UStG in dieser Form nicht beizubehalten ist. Hinzu kommt, dass es sich als nicht durchführbar erwiesen hat, eine entsprechende Regelung zu den Fällen einer Sicherungsübereignung in die InsO aufzunehmen, da beide Sicherungsmöglichkeiten umsatzsteuerrechtlich und folglich auch insolvenzrechtlich grundlegend anders zu behandeln sind.

In Bezug auf § 13 d UStG lässt sich feststellen, dass er völlig misslungen ist. Zum einen besteht ebenso der Konflikt mit dem Grundsatz der Neutralität sowohl auf nationaler als auch auf europäischer Ebene, daneben ergeben sich jedoch auch erhebliche verfassungsrechtliche Bedenken. Hierbei ist insbesondere der Verstoß gegen den Gleichheitsgrundsatz und das Verhältnismäßigkeitsprinzip zu nennen. Zwar wäre bei § 13 d UStG an die Aufnahme einer Beweislastumkehr zu denken, um dadurch einigen Bedenken zu entkommen, gleichwohl würde dennoch der Verstoß gegen den Neutralitätsgrundsatz bestehen, da durch die Aufnahme einer solchen Beweislastumkehr dieses Problem nicht gelöst werden kann. Es bleibt somit abschließend festzustellen, dass dem Gesetzgeber trotz der enormen Umsatzsteuerausfällen anzuraten ist, sowohl § 13 c UStG als auch § 13 d UStG aus dem UStG zu streichen.

Dem ist teilweise nun auch der Gesetzgeber gefolgt, da nach dem Referentenentwurf sowie dem Regierungsentwurf des Jahressteuergesetzes 2008 vom 26.7.2007[671] § 13 d UStG aufgehoben werden soll. Als Begründung wurde angeführt, § 13 d UStG werde von leistenden Unternehmen als erhebliche Belastung empfunden. Weiterhin habe sich Anwendungsbereich ausweislich der bisherigen Evaluierung auf wenige Einzelfälle mit insgesamt kaum wahrnehmbaren finanziellen Auswirkungen beschränkt, so dass im Ergebnis die Vorschrift ihre Wirkung nicht in dem erwarteten Umfang entfaltet habe.

Im Ergebnis ist dieser Entscheidung sicherlich zuzustimmen. Gleichwohl wäre es zu begrüßen gewesen, wenn der Gesetzgeber in seiner Begründung für die Abschaffung des § 13 d UStG auch die hier dargestellten Verstöße gegen nationales sowie europäisches Recht zugegeben hätte.

---

671 Vgl. Regierungsentwurf zum Jahressteuergesetz 2008 S. 35, 138, http://www.bundesfinanzministerium.de/lang_de/nn_216/nsc_true/DE/Aktuelles/Aktuelle__Gesetze/Gesetzentwuerfe__Arbeitsfassungen/046__1,templateId=raw,property=publicationFile.pdf (23.08.2007).

Literaturverzeichnis

Arbeitskreis für Insolvenz- und Schiedsgerichtswesen e. V. (Hrsg.), Kölner Schrift zur Insolvenzordnung – Das neue Insolvenzrecht in der Praxis., Köln 2000.

Ax, R./Große, T./Melchior, J., Abgabenordnung und Finanzgerichtsordnung (AO/FGO), 17. Aufl., Stuttgart 2001.

Bette, K./Marwede, J., Die Ermächtigung zur deckungsgleichen Verfügung, Lösungsprinzip der Kollisionsproblematik bei Mehrfachabtretungen, BB 1979, S. 121-129.

Bihler, M., Zur Schlussverteilung im Konkursverfahren, KTS 1962, S. 84-90.

Bitter, G., Nicht fällige, bedingte und betragsmäßig unbestimmte Forderungen in der Insolvenz, NZI 2000, S. 399-405.

Braun, E., Insolvenzordnung, Kommentar (InsO), München 2002.

Breutigam, A./Blersch, J./Goetsch, H.-W., Insolvenzrecht: Kommentierung der Insolvenzordnung mit Antragsmustern und Checklisten für die Rechtspraxis (Insolvenzrecht), Loseblatt, Berlin.

Brox, H., Besonderes Schuldrecht, 29. Aufl., München 2004.

Bull, H.-U., Finanzierungsleasing und wirtschaftliches Eigentum, BB 1992, S. 1755.

Bunjes, J./Geist, R., Umsatzsteuergesetz (UStG), Kommentar, 8. Aufl., München 2005.

Burmeister, G., Begriff und Funktion des Steuergutes im Steuerrecht – Zur Bedeutung der Steuergüter für eine inner- und interstaatlich sachgerechte Steuerordnung, StuW 1993, S. 221-230.

Canaris, C.-W., Bankvertragsrecht, 1. Teil, 3. Aufl. 1988, 2. Teil, 3. Aufl. 1991, Berlin/New York.

Christians, F. W., Finanzierungshandbuch, 2. Aufl., Wiesbaden 1988.

Degenhart, C., Staatsrecht I, 14. Aufl., Heidelberg 1998.

Delhaes, K., Das konkursrechtliche Verteilungsverfahren in der Praxis, KTS 1963, S. 240-253.

De Weerth, J., Die Verwertung sicherungsübereigneter Gegenstände nach Inkrafttreten der Insolvenzreform im Blickwinkel des Umsatzsteuerrechts, BB 1999, S. 821-828.

De Weerth, J., Umsatzsteuer bei der Verwertung sicherungsübereigneter Gegenstände, UR 2003, S. 161-168.

De Weerth, J., Zu Auswirkungen der Steuerhaftung nach § 13 c UStG – Insbesondere auf die Insolvenzpraxis, ZinsO 2004, S. 190-193.

Dobler, T., Das Insolvenzverfahren, Steuer- und handelsrechtliche Grundsätze bei der Rechnungslegung, Wiesbaden 2002.

Dreier, H./Bauer, H./Gröschner, R., Grundgesetz, Kommentar, Bd. 1, Tübingen 1996-2000.

Dreyer, G./Schmidt, H./Kronat, O., Bilanzbefreiende Wirkung von Asset-Backed-Securities Transaktionen, BB 2003, S. 91-97.

Eickmann, D./Flessner, A./Irschlinger, F., Heidelberger Kommentar zur Insolvenzordnung (InsO), 3. Aufl., Heidelberg 2003.

Esser, J./Weyers H.-L., Schuldrecht, Bd. II, Besonderer Teil, Teilbd. 1 (BT 1), 8. Aufl., Heidelberg 1998.

Flockermann, P.G., Warum keine Einzelhandelsteuer?, UR 1968, S. 357-361.

Friedrich-Vache, H., Verbrauchsteuerkonforme Umsatzbesteuerung von Finanzdienstleistungen – Plädoyer für die Abschaffung unechter Steuerbefreiungen, Köln 2005.

Frotscher, G., Besteuerung bei Insolvenz, 5. Aufl., Heidelberg 2000.

Furherr, G., Die umsatzsteuerliche Behandlung von ABS-Transaktionen in Österreich und Deutschland nach EuGH, Rechtssache MKG-Kraftfahrzeuge-GmbH, IStR 2004, S. 10-16.

Geurts, M., Umsatzsteuerliche Aspekte bei Insolvenzverfahren nach dem 1.1.1999, DB 1999, S. 818-820.

Giesberts, F. J., Zum Leistungsbegriff und zum Beginn eines Unternehmens im Sinne des Umsatzsteuerrechts, StuW 1991, S. 175.

Gottwald, P., Insolvenzrechtshandbuch, 2. Aufl., München 2001.

Gottwald, P./Adolphsen, J., Die Rechtsstellung dinglich gesicherter Gläubiger in der Insolvenzordnung, in: Fuchs, K.-H., Kölner Schrift zur Insolvenzordnung: das neue Insolvenzrecht in der Praxis, Herne 2000.

Groels, J., Umsatzsteuer, Wiesbaden 2001.

Gräber, F./Groll, R./von Koch, H.-R./Ruban, R., Finanzgerichtsordnung: mit Nebengesetzen (FGO), Kommentar, 5. Aufl., München 2002.

Haarmeyer, H./Wutzke, W./Förster, K., Handbuch zur Insolvenzordnung, 3. Aufl., München 2001.

Häsemeyer, L, Insolvenzrecht, 2.Aufl., Köln 1998.

Häsemeyer, L., Die Gleichbehandlung der Konkursgläubiger, KTS 1982, S. 507-575.

Hahne, K. D., Die Haftung für Umsatzsteuerschulden bei der Abtretung und Verpfändungen von Forderungen nach § 13c UStG n.F., BB 2003, S. 2720-2724.

Hahne, K. D., Der Haftungstatbestand nach § 13c UStG n.F. – Zugleich Nachweis der Notwendigkeit einer teleologischen Reduktion des Anwendungsbereichs der Vorschrift, DStR 2004, S. 210-214.

Hahne, K. D., Haftung für Umsatzsteuerschulden bei der Abtretung, Pfändung und Verpfändung von Forderungen – Anmerkungen zum BMF-Schreiben vom 24.5.2004 zur Anwendung von § 13 c UStG n.F., UR 2004, S. 633-639.

Harder, P., Das Auswahlermessen bei der Steuerhaftung, DB 1988, S. 2022.

Hartmann, A./Birkenfeld, W./Hille, J., Umsatzsteuergesetz (UStG), Kommentar, Loseblattsammlung, 7. Aufl., Berlin 1996.

Haunhorst, S., Haftungsfalle Forderungsabtretung?! – Zweifelsfragen zur Neuregelung des § 13 c UStG, UVR 2004, 377-382.

Hespler, H., Umsatzsteuer bei Verwertung von Sicherungsgut im Konkurs des Sicherungsgebers, BB 1971, S. 1548.

Hess, H., Kommentar zur Insolvenzordnung mit EGInsO (InsO), 2. Aufl., Heidelberg 2001.

Hübschmann, W./Hepp, E./Spitaler, A., Abgabenordnung, Finanzgerichtsordnung, Kommentar (AO), 10.Aufl., Köln 2005.

Hultsch, C., Wirtschaftliche Zurechnung von Forderungen bei Asset-Backed Securities-Transaktionen, DB 2000, S. 2129-2132.

Jarass, H. D./Peiroth, B., Grundgesetz für die Bundesrepublik Deutschland, Kommentar, 7. Aufl., München 2004.

Jaeger, E./Henckel, W./Weber, F., Konkursordnung, Kommentar (KO), 9.Aufl., Berlin 1997.

Kilger, J./Schmidt, K./Böhle-Stramschräder, A., Insolvenzgesetze KO, VerglO, GesO, 17. Aufl., München 1997.

Kirchhof, P., Staatliche Einnahmen, in: Isensee, J./Kirchhof, P. (Hrsg.), Handbuch des Staatsrechts der Bundesrepublik Deutschland, Bd. IV, Heidelberg 1990, S. 87-233.

Kirchhof, P., Gleichheit in der Funktionsordnung, in: Isensee, J./Kirchhof, P. (Hrsg.), Handbuch des Staatsrechts der Bundesrepublik Deutschland, Bd. V (HStR V), Heidelberg 1992, S. 977-978.

Kirchhof, P., Entwicklungsmöglichkeiten der Umsatzsteuer im Rahmen von Verfassungs- und Europarecht, UR 2002, S. 541-548.

Kirchhof, H.-P./Lwowski, H.-J./Stürner, R. (Hrsg.), Münchener Kommentar zur Insolvenzordnung (InsO), München 2001.

Klever A., Zeitpunkt der Lieferung bei Verwertung von Sicherungsgut insbesondere bei dessen Freigabe, UVR 1992, S. 73.

Knobbe-Keuk, B., Konkurs und Umsatzsteuer, BB 1977, S. 757.

Krause, R./Veelken, W./Vieweg, K., Recht der Wirtschaft und der Arbeit in Europa, Gedächtnisschrift für Wolfgang Blomeyer, Berlin 2004.

Kübler, B. H./Holzer, J., Kommentar zur Insolvenzordnung (InsO), Köln 2002.

Kübler, B. M./Prütting, H., Insolvenzordnung (InsO), Köln 2002.

Kühn, A., Betrugsresistentere Umsatzsteuer – eine Verpflichtung für Wirtschaft und Fiskus, UR 2003, S. 530-534.

Kuhn, G./Uhlenbruck, W./Mentzel, F., Konkursordnung, Kommentar (KO), 11. Aufl., München 1994.

Lackmann, R., Zwangsvollstreckungsrecht mit Grundzügen des Insolvenzrechts, 6. Aufl., München 2003.

Lambert-Lang, H./Tropf, F./Frenz, N. (Hrsg.), Handbuch der Grundstückspraxis, 2. Aufl., Herne/Berlin 2005.

Larenz, K./Canaris, C.-W., Lehrbuch des Schuldrechts, Bd. II, Besonderer Teil, Halbbd. 2, 13. Aufl., München 1994.

Lickteig, T., Umsatzsteuerliche Behandlung des Factorings – EuGH-Rechtsprechung und Nachfolgeurteile des BFH, UR 2004, S. 454-461.

Liebau, T., Die Versagung des Vorsteuerabzugs im „Umsatzsteuerkarussell“, BB 2005, S. 415-420.

Lippross, O.-G., Umsatzsteuer, 20. Aufl., Achim bei Bremen 2000.

Lohse, C. W., Die Zuordnung im Mehrwertsteuerrecht, Köln 1999.

Lohse, C. W., Neutralitätsgrundsatz im Umsatz-/Mehrwertsteuerrecht – Gefestigte Erkenntnisse und neue Fragen, UR 2004, S. 582-590.

Martinek, M., Moderne Vertragstypen, Bd. I, München 1991.

Marx, S., § 13 c UStG n.F. – Eine Gefahr für Sicherungszessionen als Instrument zur Beschaffung von (Waren-)Krediten und als Sicherheit für Lieferanten?, NZI 2005, S. 258-262.

Matheis, P./Groß, S., Best of Both Worlds? – Lösungsansätze zur Ausgestaltung und Umsetzung des Reverse-Charge-Verfahrens – , UR 2006, S. 379-389.

Maunz, T./Zippelius, R., Deutsches Staatsrecht, 29. Aufl., München 2004.

Medicus, D., Schuldrecht I – Allgemeiner Teil (Schuldrecht), 16. Aufl., München 2004.

Mende, S., Umsatzsteuerliche Haftungsvorschriften, NWB Nr. 35 vom 23.8.2004, Fach 7, S. 2725-2738.

Müller, F., Stand der Umsatzsteuerharmonisierung in der EWG, UR 1972, S. 17-21.

Nerlich, J./Römermann, V., Insolvenzordnung, InsO, Kommentar, Loseblattsammlung, München 2000.

Neumark, F./Albers, W./Andel, N./Dressig, W. (Hrsg.), Handbuch der Finanzwissenschaft, 3. Aufl., Tübingen 1977-1983.

Niesert, B., Aus- und Absonderungsrechte in der Insolvenz, Andersen, Freihalter Rechtsanwalts GmbH (Hrsg.), Herne/Berlin 1999.

Nieskens, H., Wichtigste Änderungen der Umsatzsteuer durch das Steueränderungsgesetz 2003 und das Haushaltsbegleitgesetz 2004, UR 2004, S. 105-136.

Nieskens, H., Aktuelles zur EuGH-Rechtsprechung – Fünf Thesen zum besseren Missverständnis des EuGH, UR 2004, S. 441-453.

Onusseit, D., Umsatzsteuer im Konkurs, Köln 1988.

Onusseit, D., Die insolvenzrechtlichen Kostenbeiträge unter Berücksichtigung ihrer Konsequenzen sowie Massebelastungen durch Grundstückseigentum, ZIP 2000, S. 777-787.

Oetker, H./Maultzsch, F., Vertragliche Schuldverhältnisse, 2. Aufl., Berlin/Heidelberg/New York u.a. 2004.

Offerhaus, K./Söhn, H./Lange, H.-F., Umsatzsteuer, Kommentar (UStG), Loseblatt, Heidelberg 1997.

o.V., EU lehnt Pläne gegen Betrug bei Umsatzsteuer ab, Handelsblatt Nr. 138 v. 20.7.2006, S. 4.

Pape, G./Uhlenbruck, W., Insolvenzrecht, München 2002.

Palandt, O., Bürgerliches Gesetzbuch (BGB), Kommentar, 63. Aufl., München 2004.

Pieroth, B./Schlink, B., Grundrechte Staatsrecht II, 14. Aufl., Heidelberg 1998.

Plückebaum, K./Malitzky, H., Umsatzsteuergesetz, Kommentar (UStG), 10. Aufl., Köln 2004.

Pohmer, D./Pflugmann-Hohlstein, B., 25 Jahre Nettoumsatzsteuer in Deutschland, UR 1993, S. 37-48.

PSP Peters Schönberger GmbH, Planspiel zur systembezogenen Änderung bei der Umsatzsteuer „Reverse Charge Verfahren", Zusammenfassender Ergebnisbericht, München, November 2005.

Rau, G./Dürrwächter, E., Umsatzsteuergesetz, Kommentar (UStG), 8. Aufl., Köln 1997, Loseblatt, Stand: April 2004.

Reiß, W./Kraeusel, J./Langer, M., Umsatzsteuergesetz, UStG mit Nebenbestimmungen, Gemeinschaftsrecht, Kommentar (UStG), Bonn 1994, Loseblatt, Stand: April 2004.

Reiß, W., Zur Umsatzsteuer, StuW 1983, S. 364-378.

Reiß, W., Finanzdienstleistungen und Mehrwertsteuer – Generalthema II des IFA-Kongresses Sydney, IStR 2003, S. 515-518.

Reiß, W., Neutralitätsgebot und Sofortabzug der Vorsteuer, UR 2004, S. 275-285.

Reiß, W., Umsatzsteuerrecht, 9.Aufl., Münster/Köln 2005.

Reiß, W., Factoring und Forderungsverkauf in der Umsatzsteuer – Zugleich ein Beitrag zur Haftung des Forderungserwerbers (Factoring), in: Carle, D./Stahl, R./Strahl, M. (Hrsg.), Gestaltung und Abwehr im Steuerrecht, Festschrift für Klaus Korn, Bonn/Berlin 2005, S. 521-554.

Reiter, G., Factoring und Umsatzsteuer – Zum Urteil des Bundesfinanzhofes vom 10.12.1981 – V R 75/76, BB 1982, S. 1718-1724.

Riewald, A./Becker, E/Koch, K., Reichsabgabenordnung – mit Nebengesetzen (RAO), 9. Aufl. Köln 1963.

Rose, G., Umsatzsteuer: mit Grunderwerbsteuer und kleineren Verkehrsteuern (Umsatzsteuer), 15. Aufl., Bielefeld 2002.

Runkel, H.-P., Probleme bei Neuerwerb in der Insolvenz, in: Prütting, H./Vallender, H., Insolvenzrecht in Wissenschaft und Praxis, Festschrift für Wilhelm Uhlenbruck, Köln 2000.

Ruppe, H. G., Umsatzsteuergesetz 1994, Kommentar (UStG 1994), 2. Aufl., Wien 1999.

Schlienkamp, A., Die neue Umsatzsteuer (Mehrwertsteuer), BB 1967, Beilage 5, S. 1-20.

Schmidt-Räntsch, R., Insolvenzordnung mit Einführungsgesetz, Köln 1995.

Schmidt, K., Factoring – Globalzession und verlängerter Eigentumsvorbehalt, DB 1977, S. 65-71.

Schmidt, R.-E., Die Umsatzbesteuerung der Bankeinlagen im Einlagen und Kreditgeschäft, Frankfurt am Main 2003.

Schmölders, G./Hansmeyer, K.-H., Allgemeine Steuerlehre, 5. Aufl., Berlin 1980.

Schwarz, B., Erwerb der Verfügungsmacht durch den Sicherungsnehmer vor Verwertung des Sicherungsgutes, UR 1989, S. 339.

Sellien, R./Sellien, H. (Hrsg.), Gabler Wirtschafts-Lexikon (Wirtschaftslexikon), 16. Aufl., Wiesbaden 2004.

Siebert, J., Der neue Haftungstatbestand des § 13 c UStG, UStB 2004, S. 279-285.

Sinz, R., Leasing und Factoring im Insolvenzverfahren, in: Fuchs, K.-H., Kölner Schrift zur Insolvenzordnung: das neue Insolvenzrecht in der Praxis, Herne 2000.

Sinz, R., Factoring in der Insolvenz (Factoring), RWS-Verl. Kommunikationsforum (Beiträge zum Insolvenzrecht) 1997.

Slotty-Harms, U./Jansen, A., Auswirkungen des neuen Haftungstatbestands in § 13 c UStG n.F. bei Abtretung, Verpfändung und Pfändung von Forderungen, UR 2004, S. 221-227.

Söhn, H., Die Umsatzsteuer als indirekte, allgemeine Verbrauchsteuer, StuW 1996, S. 165-168.

Söhn, H., Die Umsatzsteuer als Verkehrsteuer und/oder Verbrauchsteuer, StuW 1975, S. 1-18.

Sölch, O./Ringleb, K., Umsatzsteuer, Kommentar (UStG), München 1989, Loseblatt, Stand: September 2003.

Soergel, H.-T., Bürgerliches Gesetzbuch mit Einführungsgesetzes und Nebengesetzen, 13. Aufl., Stuttgart/Berlin/Köln 1988.

Sonnenschein, J., Interner Steuerausgleich zusammen veranlagter Ehegatten, NJW 1980, S. 257-263.

Stadie, H., Allgemeines Steuerrecht: ein systematischer Grundriss (Allgemeines Steuerrecht), Köln 2003.

Stadie, H., Das unsinnige sog. Soll-Prinzip bei der Umsatzsteuer, UR 2004, S. 136-142.

Staudinger, J., Kommentar zum Bürgerlichen Gesetzbuch mit Einführungsgesetz und Nebengesetzen, Zweites Buch, Recht der Schuldverhältnisse (BGB), 13. Aufl., Berlin 2005.

Stern, K., Das Staatsrecht der Bundesrepublik Deutschland, München 1994.

Streng, J., Zuschüsse und Subventionen im Umsatzsteuerrecht, Köln 1999.

Strickrodt, G./Wöhe, G., Handwörterbuch des Steuerrechts, München 1981.

Tiede, K., Die Holding als umsatzsteuerlicher Unternehmer: zur Konkretisierung des Begriffs des mittelbaren Unternehmers im Umsatzsteuerrecht (Umsatzsteuerlicher Unternehmer), Köln 2001.

Tiedtke, W., Systemwechsel bei der Umsatzsteuer – Das Reverse Charge Modell steht vor der Einführung –, UR 2006, S. 249-308.

Tipke, K., Die Steuerrechtsordnung, Steuerrechtfertigungstheorie, Anwendung auf alle Steuerarten, sachgerechtes Steuersystem, Bd. 2 (Steuerrechtsordnung II), Köln 1993.

Tipke, K./Lang, J., Steuerrecht, 18. Aufl., Köln 2005.

Tipke, K./Kruse, H.W., Abgabenordnung, Kommentar zur AO und FGO (AO), 16. Auf., Köln 1996, Stand Oktober 2004.

Thomas, H./Putzo, H., Zivilprozessordnung (ZPO), Kommentar, 26. Aufl., München 2004.

Toth, G.-M., Die steuerliche Zurechnung des Leasingobjekts beim Immobilien-Leasing, BB 1994, S. 263-266.

Uhlenbruck, W., Insolvenzordnung (InsO), Kommentar, 12. Aufl., München 2003.

Uhlenbruck, W., Das neue Insolvenzrecht: Insolvenzordnung und Einführungsgesetz nebst Materialien, Herne 1994.

Völkel, D./Karg, H., Umsatzsteuer, 10. Aufl., Stuttgart 2000.

Vormbaum, H., Finanzierung der Betriebe, 9. Aufl. Wiesbaden 1995.

Wagner, W., Vor- und Nachteile des Reverse-Charge-Modells aus der Sicht der Gerichtsbarkeit, UVR 2006, S. 141-146.

Walden, P., Die Umsatzsteuer als indirekte Verbrauchssteuer: eine steuerwissenschaftliche Untersuchung zur Systemgerechtigkeit der Umsatzsteuer, Berlin 1988.

Walkenhorst, R., Änderungen des UStG und der UStDV durch das StÄndG 2003, SteuerStud 2004, S. 140-159.

Weber, S./Hamacher, R./Geurts, M., Umsatzsteuer im Bank- und Finanzgeschäft (Bankgeschäfte), 2. Aufl., Köln 2003.

Weber, S./Reiß, W., Umsatzsteuerliche Beurteilung von ABS-Transaktionen – Die Bedeutung der Neuregelung des § 13 c UStG und der geänderten BFH-Rechtsprechung zum Factoring unter besonderer Berücksichtigung der neuen BMF-Schreiben vom 24.5.2004 und vom 3.6.2004, BB 2004, S. 1367-1374.

Weimann, R., Umsatzsteuer – national und international, Kompakt-Kommentar (UStG), Stuttgart 2004.

Weiß, E., Verwertung von Sicherungsgut im Konkurs, UR 1987, S. 290.

Weiß, E., Insolvenz und Steuern, Köln 1989.

Wendt, R., Der Garantiegehalt der Grundrechte und das Übermaßverbot, zur maßstabsetzenden Kraft der Grundrechte in der Übermaßprüfung, AöR 1979, S. 414.

Wesselbaum-Neugebauer, C., Soll- versus Ist-Besteuerung oder die Finanzierungsneutralität der Umsatzsteuer, UR 2004, S. 401-410.

Widmann, W., Vorsteuerabzug bei Sacheinlagen bzw. bei gemischter Verwendung eines Gegenstandes, UR 1991, S. 294

Widmann, W., Soll oder Ist – das ist jetzt nicht die Frage!, UR 2004, S. 177-220.

Widmann, W., Die wichtigsten Änderungen bei der Umsatzsteuer im vergangenen Jahr, vor allem durch das Richtlinien-Umsetzungsgesetz, DB 2005, S. 183-187.

Wiese, G./Gradl, S., Die neuen Haftungstatbestände § 13 c und § 13 d UStG, DB 2004, S. 844-846.

Wimmer, K. (Hrsg.), Frankfurter Kommentar zur Insolvenzordnung (InsO), 4. Aufl., Neuwied 2006.

Winter, M./Höink, C., Cross-Border-Leasing „Lieferung oder sonstige Leistung?“ – Qualifikationskonflikte beim grenzüberschreitenden Mobilienleasing, UR 2006, S. 326-330.

Witzani, E., Steuerrechtliche Beurteilung von Asset Backed Securities – Transaktionen bei Kreditinstituten, BB 2000, S. 2125-2130.

Wöhe, G., Einführung in die Allgemeine Betriebswirtschaftslehre, 22. Aufl., München 2005.

Zöller, R., Zivilprozessordnung, Kommentar, 25. Aufl., Köln 2005.

Rechtsquellenverzeichnis

I. Gerichtsentscheidungen

1. Europäischer Gerichtshof

Datum	Aktenzeichen Namensbezeichnung	Quelle
14.2.1985	Rs. 268/83 Rompelman	Slg. 1985, 660-666
16.3.1987	Rs. 235/85 Kommission/Niederlande	Slg. 1987, 1472
21.9.1988	Rs. 50/87 Kommission/Frankreich	Slg. 1988, 4813-4820
23.11.1988	Rs. 230/87 Naturally Yours Cosmetic	Slg. 1988, 6385-6392
15.6.1989	Rs. 348/87 Stichting Uitvoering Financiëll Acties	Slg. 1989, 1749-1754
27.6.1989	Rs. C-50/88 Kühne/Finanzamt München III	Slg. 1989, I-1948-1957
4.12.1990	Rs. C-186/89 van Tiem	Slg. 1990 I-4363
11.7.1991	Rs. C-97/90 Lennartz	Slg. 1991, I-3795
25.5.1993	Rs. C-18/92 Bally	Slg. 1993, I-2890-2898
22.6.1993	Rs. C-333/91 Sofitam	Slg. 1993, I-3538-3544
6.4.1995	Rs. C-4/94 BLP Group	Slg. 1995, I-1001-1013
6.7.1995	Rs. C-62/93 BP Soupergaz	Slg. 1995, I-1883
26.10.1995	Rs. C-144/94 Ittalitica	Slg.1995, I-3653

29.2.1996	Rs. C-215/94 Mohr	Slg. 1996, I-972-981
11.7.1996	Rs. C-306/94 Regie dauphinoise	Slg. 1996, I-3715
26.9.1996	Rs. C-327/94 Dudda	Slg. 1996, I-4595
24.10.1996	Rs. C-317/94 Elida Gibbs	Slg. 1996, I-5357-5371
6.2.1997	Rs. C-80/95 Harnes&Helm	Slg. 1997, I-745
29.5.1997	Rs. C. 63/96 Skripalle	Slg. 1997, I-2866-2879
5.6.1997	Rs. C-2/95 SDC	Slg. 1997, I-3041-3067
18.12.1997	verb. Rs. C-286/94, C 340/95 C-401/95, C-47/96 Garage Molenheide	Slg. 1997, I-7281
18.12.1997	Rs. C-384/95 Landboden-Agrardienste	Slg. 1997, I-7399-7409
15.1.1998	Rs. C-37/95 Ghent Coal Terminal	Slg. 1998, I-17-26
12.2.1998	Rs. C-346/95 Blasi	Slg. 1998, I-491
28.5.1998	Rs. C-3/97 Goodwin und Unstead	Slg. 1998, I-3257
11.6.1998	Rs. C-283/95 Fischer	Slg. 1998, I-3369
21.3.2000	Rs. C-110/98 und Rs. C-147/98 Gabalfrisa u.a.	Slg. 2000, I-1595-1618
8.6.2000	Rs. C-396/98 Schloßstraße	Slg. 2000, I-4296-4320
8.6.2000	Rs. C-98/98 Midland Bank	Slg. 2000, I-4198-4215
8.6.2000	Rs. C-400/98 Breitsohl	Slg. 2000, I-4352-4377

12.9.2000	Rs. C-358/97 Kommission/Irland	Slg. 2000, I-6328-6353
19.9.2000	Rs. C-454/98 Schmeink&Cofreth und Strobel	Slg. 2000, I-6973
26.9.2000	Rs. C-455/98 Salumets	Slg. 2000, I-5003
22.2.2001	Rs. C-408/98 Abbey National	Slg. 2001, I-1378-1394
27.9.2001	Rs. C-16/00 Cibo Participations	Slg. 2001, I-6679-6698
9.10.2001	C-108/99 Cantor Fitzgerald International	Slg. 2001, I-7257
15.10.2002	Rs. C-427/98 Kommission/Bundesrepublik	Slg. 2002, I-8315
26.6.2003	Rs. C-305/01 MKG-Kraftfahrzeuge- Factoring GmbH	Slg. 2003, I-6739-6769
29.4.2004	Rs. C-152/02 Terra Baubedarf-Handel	IStR 2004, 493-495
12.6.2004	Rs. C-275/01 Sinclair Collins	UR 2003, 348
21.2.2006	Rs. C-255/02 Halifax plc.	DStR 2006, 420-426
11.5.2006	Rs. C-384/04 Federation of Technological Industries	DStR 2006, 897-902

2. Bundesverfassungsgericht

Datum	Aktenzeichen	Quelle
23.10.1951	2 BvL 1/51	BVerfGE 1, 14-73
5.4.1952	2 BvH 1/52	BVerfGE 1, 208-260
17.12.1953	1 BvR 147/52	BVerfGE 3, 58-162
14.4.1959	1 BvL 23, 34/57	BVerfGE 9, 237-250
27.5.1964	1 BvL 4/59	BVerfGE 18, 38-55

14.2.1968	2 BvR 557/62	BVerfGE 23, 99-113
6.3.1968	1 BvL 2/63	BVerfGE 23, 135
23.2.1972	2 BvL 36/71	BVerfGE 32, 346-360
28.2.1973	2 BvR 487/71	BVerfGE 34, 325-334
3.4.1974	1 BvR 282, 305/73	BVerfGE 37, 104-121
4.12.1974	1 BvL 14/73	BVerfGE 38, 241-263
24.3.1976	2 BvR 804/75	BVerfGE 42, 64-75
10.10.1978	2 BvL 3/78	BVerfGE 49, 280-289
28.2.1979	2 BvR 84/79	BVerfGE 50, 287-336
26.3.1980	1 BvR 121, 122/76	BVerfGE 54, 11-39
7.10.1980	1 BvL50, 89/79, 1 BvR 240/79	BVerfGE 55, 72-95
26.5.1981	1 BvL 56, 57, 58/78	BVerfGE 57, 139-170
16.3.1982	1 BvR 938/81	BVerfGE 60, 123-135
16.11.1982	1 BvL 16/75 und 36/79	BVerfGE 62, 256-295
4.10.1983	1 BvL 2/81	BVerfGE 65, 104-115
7.12.1983	2 BvR 282/86	BVerfGE 65, 377-387
15.12.1983	1 BvR 209, 269, 362, 420, 440, 484/83	BVerfGE 65, 1-71
20.3.1984	1 BvL 27/82	BVerfGE 66, 234-248
17.7.1984	1 BvL 24/83	BVerfGE 67, 231-239
3.7.1985	1 BvR 1428/82	BVerfGE 70, 230-242
15.10.1985	2 BvL 4/83	BVerfGE 71, 39-64
25.3.1986	1 BvL 5/80, 1 BvR, 1023, 1052/83 und 1227/84	BverfGE 72, 84-91
1.7.1986	1 BvL 26/83	BVerfGE 73, 301-322
18.11.1986	1 BvL 29, 30, 33, 34, 36/83	BVerfGE 74, 9-28
8.4.1987	1 BvR 564, 684, 877, 886 1134, 1636, 1711/84	BVerfGE 75, 78-107
5.5.1987	1 BvR 981/81	BVerfGE 75, 284-302
31.5.1988	1 BvL 22/85	BVerfGE 78, 232-249
23.1.1990	1 BvL 4, 5, 6, 7/87	BVerfGE 81, 228-242
30.5.1990	1 BvL 2/83, 9, 10/84, 3/85 11, 12, 13/89, 4/90 und 1 BvR 764/86	BVerfGE 82, 126-156
19.2.1991	1 BvR 1231/85	BVerfGE 83, 395-403
24.4.1991	1 BvR 1341/90	BVerfGE 84, 133-160
11.6.1991	1 BvR 538/90	BVerfGE 84, 197-203
8.10.1991	1 BvL 50/86	BVerfGE 84, 348-365
26.1.1992	1 BvL 38/92	BVerfGE 88, 87-99
8.6.1993	1 BvL 20/85	BVerfGE 89, 15-24

12.10.1994	1 BvL 19/90	BVerfGE 91, 207-226

3. Bundesgerichtshof

Datum	Aktenzeichen	Quelle
25.4.1962	VIII Z R 43/61	NJW 1962, 1200
10.1.1963	II Z R 95/61	NJW 1964, 641-644
3.5.1972	VIII Z R 170/71	NJW 1972, 1715
2.4.1973	VIII Z R 108/72	NJW 1973, 1077-1078
19.9.1977	VIII Z R 169/76	NJW 1977, 2207
7.6.1978	VIII Z R 80/77	NJW 1978, 1972
28.6.1978	VIII Z R 60/77	NJW 1978, 1856-1860
18.6.1979	VIII Z R 84/78	NJW 1979, 2198-2199
12.5.1980	VIII Z R 167/79	NJW 1980, 2473
5.3.1981	III Z R 115/80	NJW 1981, 1666-1668
13.5.1981	VIII Z R 117/80	NJW 1981, 1835-1836
14.10.1981	VIII Z R 149/80	NJW 1982, 164
15.4.1987	VIII Z R 97/86	NJW 1987, 1878-1880
11.2.1988	IX Z R 36/87	NJW 1989, 1282
12.10.1989	IX Z R 184/88	NJW 1990, 45-47
4.7.1990	VIII Z R 288/89	NJW 1990, 3016-3018
22.10.1993	IX Z R 244/91	NJW 1993, 585-588
11.7.1996	IX Z R 304/95	NJW 1996, 3008
26.2.1997	VIII ZR 128/96	NJW-RR 1997, 604-606
9.1.1998	IX ZR 131/97	NJW 1998, 992
19.3.1998	IX ZR 242/97	NJW 1998, 2134
8.2.2000	XI Z R 313/98	NJW 2000, 1408-1409
17.7.2001	X Z R 13/99	NJW-RR 1997, 1054
21.3.2002	IX Z R 105/00	NJW 2002, 1946-1947
16.4.2002	XI Z R 375/00	NJW 2002, 2234-2238
24.9.2002	XI Z R 420/01	NJW 2002, 3698-3700
13.1.2004	XI Z R 479/02	NJW-RR 2004, 481-483
16.3.2004	XI Z R 13/03	NJW-RR 2004, 1124-1126

4. Bundesfinanzhof

Datum	Aktenzeichen	Quelle
27.1.1955	V 198/54	BStBl. III 1955, 94
8.3.1956	V 216/54 U	BStBl. III 1956, 158
18.5.1956	V 276/55 U	BStBl. III 1956, 198
11.5.1966	II 171/63	BStBl. III 1966, 400

22.4.1966	VI 137/65	BStBl. III 1966, 394
28.4.1966	V R 158/63	BStBl. III 1966, 476
27.10.1967	V 206/64	BStBl. II 1968, 128
27.3.1968	II 98/62	BStBl. II 1968, 376
26.1.1970	IV R 144/66	BStBl. II 1970, 264
1.10.1970	V R 49/70	BStBl. II 1971, 34
28.2.1973	II R 57/71	BStBl. II 1973, 573
16.4.1975	V R 2/71	BStBl. II 1975, 622
12.6.1975	V R 42/74	BStBl. II 1975, 755
12.5.1976	II R 187/72	BStBl. II 1976, 579
20.7.1978	V R 2/75	BStBl. II 1978, 684
24.10.1979	VII R 7/77	BStBl. II 1980, 58
17.7.1980	V R 124/75	BStBl. II 1980, 673
7.5.1981	V R 47/76	BStBl. II 1981, 495
10.12.1981	V R 75/76	BStBl. II 1982, 200
29.6.1982	VIII R 181/78	BStBl. I 1982, 753
10.3.1983	V R 46/80	BStBl. II 1983, 389
21.7.1983	IV R 59/80	BStBl. II 1983, 763
28.7.1983	V S 8/81	BStBl. II 1983, 694
10.11.1983	V R 13/79	BStBl. II 1984, 185
19.12.1985	V R 139/76	BStBl. II 1986, 500
20.2.1986	V R 135/75	BFH/NV 1986, 311
30.7.1986	V R 99/76	BStBl. II 1986, 877
2.10.1986	VII R 28/83	BFH/NV 1987, 349
13.11.1986	V R 59/79	BStBl. II 1987, 226
22.10.1986	I R 107/82	BStBl. II 1987, 293
18.3.1987	II R 35/86	BStBl. II 1987, 419
7.5.1987	V R 56/79	BStBl. II 1987, 582
27.5.1987	X R 2/81	BStBl. II 1987/ 739
4.6.1987	V R 57/79	BStBl. II 1987, 341
16.7.1987	V R 80/82	BStBl. II 1987, 691
24.9.1987	V R 196/83	BStBl. II 1987,873
29.9.1987	X R 13/81	BStBl. II 1988, 153
7.10.1987	V R 2/97	BStBl. II 1988, 88
11.11.1987	X R 62/81	BStBl. II 1988, 194
23.6.1988	V R 203/83	BStBl. II 1988, 920
21.7.1988	V R 201/83	BFHE 154, 261
5.3.1991	VII R 93/88	BStBl. II 1991, 678
18.7.1991	V R 42/91	BStBl. II 1991, 888
8.8.1991	V R 19/88	BStBl. II 1991, 939
7.11.1991	IV R 43/90	BStBl. II 1992, 398
13.5.1992	V B 9/92	BFH/NV 1992,846
10.9.1992	V R 99/88	BStBl. II 1993, 316

2.3.1993	VII R 90/90	BFH/NV 1994, 526
12.5.1993	XI R 49/90	BFH/NV 1994, 274
12.5.1993	XI R 59/90	BFH/NV 1994, 276
23.6.1993	X R 214/87	BFH/NV 1994, 295
21.9.1993	VII R 119/91	BStBl. II 1994, 83
9.12.1993	V R 108/91	BStBl. II 94/ 483
29.10.1993	V B 112/93	BFH/NV 1994, 420
5.5.1994	V R 23/93	BFHE 174, 565
20.5.1994	VI R 105/92	BStBl. II 1994, 836
21.7.1994	V R 114/91	BStBl. II 1994, 878
11.1.1995	II R 125/91	BStBl. II 1995, 302
9.3.1995	V R 102/89	BStBl. II 1995, 564
22.8.1995	VII B 107/95	BStBl. II 1995, 916
29.9.1995	V B 38/95	BFH/NV 1996, 277
7.11.1995	VII R 26/95	BFH/NV 1996, 379
8.11.1995	XI R 63/94	BStBl. II 1996, 114
25.1.1996	IV R 114/94	BStBl. II 1997, 382
12.6.1996	II R 71/74	BFH/NV 1996, 873
4.12.1996	I R 151/93	BStBl. II 1997, 327
10.4.1997	V R 26/96	BStBl. II 1997, 552
16.4.1997	XI R 87/96	BStBl. II 1997, 588
8.10.1997	XI R 25/97	BStBl. II 1998, 69
23.10.1997	V R 36/96	BStBl. II 1998, 584
13.11.1997	V R 66/96	BFH/NV 1998, 555
28.11.1997	V B 90/97	BFH/NV 1998, 628
14.5.1998	XI B 74, 75/97	BStBl. II 1998, 634
29.10.1998	V R 38/98	BFH/NV 99, 680
17.12.1998	VII R 47/98	BStBl. II 1999, 423
15.6.1999	VII R 3/97	BStBl. II 2000, 46
12.10.1999	VII R 98/98	BStBl. II 2000, 486
9.12.1999	III R 74/97	BStBl. II 2001, 314
28.6.2000	V R 87/99	BStBl. II 2000, 639
28.6.2000	V R 45/99	BStBl. II 2000, 703
16.8.2001	V R 59/99	BStBl. II 2003, 208
18.10.2001	V R 44/00	BStBl. II 2002, 171
18.12.2002	I R 33/01	BStBl. II 2003, 630
4.9.2003	V R 34/99	BFH/NV 03, 1675
16.12.2003	VII R 77/00	BStBl. II 2005, 249
11.3.2004	VII R 19/02	BStBl. II 2004, 967
4.5.2004	VII R 45/03	BStBl. II 2004, 815
1.7.2004	V R 33/01	BStBl. II 2004, 861

5. Finanzgerichte

Gericht	Datum	Aktenzeichen	Quelle
OLG Frankfurt	5.11.1976	10 U 66/76	NJW 1977, 906
FG Köln	9.9.1997	7 K 1402/89	EFG 1998, 155
FG Düsseldorf	31.7.1998	18 K 7008/85	EFG 1998, 1500
FG Berlin	27.1.2004	5 K 5076/01	EFG 2004, 841

II. Verwaltungsanweisungen

BMF-Schreiben v. 19.4.1971, IV b/2 – S 2179 – 31/71, BStBl. I 1971, 264.
BMF-Schreiben v. 5.12.2001, IV D 1 S 7104 – 47/01, BStBl. I 2001, 1013.
BMF-Schreiben v. 12.11.2003, IV B 2 – S 7050 – 107/03, UR 2004, 16.
BMF-Schreiben v. 24.5.2004, IV B 7 – S 7279 a – 17/04, IV B 7 – S 7279 b – 2/04, BStBl. I 2004, 514.
BMF-Schreiben v. 3.6.2004, IV B 7 – S 7104 – 18/04, BStBl. I 2004, 737.
BMF-Schreiben v. 30.1.2006, IV A 5 – S 7279 a – 2/06, BStBl. I 2006, 207.

OFD Nürnberg, Verfügung v. 5.1.2005, DStR 2005, 697.

Verzeichnis der sonstigen Quellen

Gesetzestexte, Gesetze, Verordnungen, Richtlinien

BGB i.d.F. der Bekanntmachung v. 2.1.2002, BGBl. I 2002, S. 42, ber. S. 2909 und BGBl. I 2003, S. 738.

InsO i.d.F. der Bekanntmachung v. 5.10.1994, BGBl. I 1994, S. 2866.

HGB i.d.F. der Bekanntmachung v. 10.5.1897, RGBl. 1897, S. 219.

KO i.d.F. der Bekanntmachung v. 4.7.1980, BGBl. I 1980, S. 836.

UStG 1999 i.d.F. der Bekanntmachung v. 9.6.1999, BGBl. I 1999, S. 1270, BStBl. I 1999, S. 595.

UStDV 1999 i.d.F. der Bekanntmachung v. 9.6.1999, BGBl. I 1999, S. 633, BStBl. I 1999, S. 633.

UStR 2000 i.d.F. der Bekanntmachung v. 10.12.1999, BStBl. I 1999, Sondernummer 2/1999.

UStDB 1934, BGBl. I 1934, S. 947.

Zweites Gesetz zur Änderung des Umsatzsteuergesetzes (UStÄndG) v. 30.3.1990, BStBl. I 1990, S. 213.

Gesetz v. 22.12.1999 zur Bereinigung von steuerlichen Vorschriften (Steuerbereinigungsgesetz 1999), BGBl. I 1999, S. 2601.

Steueränderungsgesetz 2001 v. 20.12.2001, BGBl. I 2001, S. 3794.

Das Zweite Gesetz zur Änderung steuerlicher Vorschriften (StÄndG) v. 15.12.2003, BGBl. I 2003, S. 2645.

Erste Richtlinie 67/227/EWG des Rates v. 11.4.1967 zur Harmonisierung der Rechtsvorschriften der Mitgliedstaaten über die Umsatzsteuer, ABl. EG 1967 Nr. L 71, S. 1301.

Zweite Richtlinie 68/228/EWG des Rates v. 11.4.1967 zur Harmonisierung der Rechtsvorschriften der Mitgliedstaaten über die Umsatzsteuer – Struktur und Anwendungsmodalitäten des gemeinsamen Mehrwertsteuersystems, ABl. EG 1967 Nr. L 71, S. 1303.

Sechste Richtlinie 77/388/EWG des Rates v. 17.5.1977 zur Harmonisierung der Rechtsvorschriften der Mitgliedstaaten über die Umsatzsteuern – Gemeinsames Mehrwertsteuersystem: einheitliche steuerpflichtige Bemessungsgrundlage, ABl. EG 1977 Nr. L 145, S. 1.

Beschluss des Rates v. 31.10.1994 über das System der Eigenmittel der Europäischen Gemeinschaften, 94/728/EG, ABl. EG 1994 Nr. L 293, S. 9.

Richtlinie 2001/115/EG des Rates v. 20.12.2001 zur Änderung der Richtlinie 77/388/EWG mit dem Ziel der Vereinfachung, Modernisierung und Harmonisierung der mehrwertsteuerlichen Anforderungen an die Rechnungsstellung, ABl. EG 2002 Nr. L 15, S. 24.

Richtlinie 2006/112/EG des Rates vom 28.11.2006 über das gemeinsame Mehrwertsteuersystem, ABl. EG 2006 Nr. 347, S. 1 (MwStSystRL).

Drucksachen

BT-Drucks. 5/1581
BT-Drucks. 6/1982
BT-Drucks. 12/2443
BT-Drucks. 15/1495
BT-Drucks. 15/1562
BT-Drucks. 15/1798
BT-Drucks. 16/752

BR-Drucks. 630/03
BR-Drucks. 40/06

Sonstiges

Koalitionsvertrag zwischen CDU, CSU und SPD vom 11.11.2005, http://www.cdu.de/doc/pdf/05_11_11_Koalition_Langfassung_navigierbar.pdf, S. 72 ff. (22.7.2006).

Deutschen Bundesbank, Monatsbericht vom August 1997, http://www.bundesbank.de/download/volkswirtschaft/mba/1997/199708mba_geldmeng.pdf (20.6.2005).

Regierungsentwurf zum Jahressteuergesetz 2008 S. 35, 138, http://www.bundesfinanzministerium.de/lang_de/nn_216/nsc_true/DE/Aktuelles/Aktuelle__Gesetze/Gesetzentwuerfe__Arbeitsfassungen/046__1,templateId=raw,property=publicationFile.pdf (23.08.2007).

Clemens Fischer

Die Rechtfertigung einer Umsatzbesteuerung und ihre Vereinbarkeit mit den Grundrechten

Frankfurt am Main, Berlin, Bern, Bruxelles, New York, Oxford, Wien, 2007.
389 S., zahlr. Tab.
Europäische Hochschulschriften: Reihe 2, Rechtswissenschaft. Bd. 4467
ISBN 978-3-631-55298-8 · br. € 56.50*

Die Arbeit befasst sich mit der Frage, warum es ausgerechnet eine Umsatzbesteuerung gibt und wie sie zu rechtfertigen ist. In diesem Zusammenhang wird ebenso ihre Vereinbarkeit mit den Grundrechten des deutschen Verfassungsrechts untersucht, wie auch die Bezüge mit den Grundrechtsverbürgungen des Europarechts dargestellt. Dabei werden die zentralen rechtlich verbindlichen Leitlinien herausgearbeitet, in deren Rahmen sich eine systematisch ausgestaltete Umsatzbesteuerung zu halten hat, darüber hinaus praktische Hinweise für den nationalen Gesetzgeber. Ferner wird die Zukunft der Umsatzbesteuerung in der Europäischen Union skizziert sowie Lösungsmöglichkeiten für den Gemeinschaftsgesetzgeber aufgezeigt. Insofern will das Werk einen Beitrag zur notwendigen nationalen und europäischen Reform der Umsatzbesteuerung leisten.

Aus dem Inhalt: Charakter und Geschichte der Umsatzbesteuerung · Gründe für die Umsatzbesteuerung · Verfassungsprinzipien einer Umsatzbesteuerung · Europarechtliche Prinzipien einer Umsatzbesteuerung · Die Umsatzbesteuerung und die Freiheitsgrundrechte nach deutschem Verfassungsrecht · Die Umsatzbesteuerung und der Gleichheitssatz · Umsatzbesteuerung und europäische Grundrechtsverbürgungen · Die Umsatzbesteuerung in der Europäischen Union – ein Ausblick

Kolibri 360 GmbH
Ferdinand-Jühlke-Straße 7
99095 Erfurt, Deutschland
produktsicherheit@kolibri360.de

Druck:
CPI Druckdienstleistungen GmbH
im Auftrag der
Kolibri 360 GmbH
Ferdinand-Jühlke-Str. 7
99095 Erfurt